Quand la Syrie s'éveillera...

Ouvrages de Richard Labévière

Contre la société de communication, Editions de l'Aire, 1989.
A demain Karl. Pour sortir de la fin des idéologies, avec Jean Ziegler, Editions Ramsay, 1991.
Duel aux sommets. La montagne à l'épreuve de la démocratie, avec Christophe Devouassoux, Editions Syros-Alternatives, 1992.
Les Dollars de la terreur. Les Etats-Unis et les islamistes, Editions Grasset, 1999.
Bethléem en Palestine, avec Pierre Péan, Editions Fayard, 2000.
Oussama Ben Laden ou le meurtre du père. Etats-Unis, Arabie Saoudite, Pakistan, Editions Favre, 2002.
Les Coulisses de la terreur, Editions Grasset, 2004.
Le Grand Retournement. Bagdad/Beyrouth, Editions du Seuil, 2006.
Bernard-Henri Lévy ou la règle du Je, avec Bruno Jeanmart, Editions Le Temps des cerises, 2007.
La bataille du Grand Nord a commencé. Géopolitiques de l'Arctique, avec François Thual, Editions Perrin, 2008.
La Tuerie d'Ehden ou la malédiction des Arabes chrétiens, Editions Fayard, 2009.
The Lebanon Wars, Osprey Publishing-Oxford, 2010.

Ouvrages collectifs

Dictionnaire mondial de l'islamisme, collectif sous la direction des Cahiers de l'Orient, Editions Plon, 2002.
Guerre et économie, collectif sous la direction de Jean-François Daguzan et Pascal Lorot, Editions Ellipses, 2003.
Atlas de l'islam radical, collectif dirigé par Xavier Raufer, Editions du CNRS, 2007.

Richard Labévière
Talal el-Atrache

Quand la Syrie s'éveillera...

PERRIN
www.editions-perrin.fr

Cartes réalisées par Hugues Dumont,
consultant en systèmes d'information

ISBN : 978-2-262-03378-1

A

Cengiz Akyüz,
Ali Haydar Bengi,
Ibrahim Bilgen,
Furkan Doğan,
Cevdet Kiliçlar,
Cengiz Songür,
ÇetinTopçuoğlu,
Fahri Yaldiz,
Necdet Yildirim,

assassinés par des pirates le 30 mai 2010
dans les eaux internationales au large de Gaza,

et, pour l'avenir, à Valentin D., Souha D. et aux enfants d'Hajar.

Préface

Peu de Français sont capables de situer sans hésiter la Syrie sur une mappemonde. Encore moins nombreux sont ceux qui connaissent son histoire. Le fait est d'autant plus troublant qu'après avoir été l'un des berceaux des civilisations méditerranéennes et mésopotamiennes, ce pays fut pendant près de cinq mille ans un carrefour des peuples où s'entrecroisèrent les influences et occupations égyptienne, perse, grecque, romaine, byzantine, franque et croisée, turque puis ottomane, pour se terminer entre les deux guerres mondiales par une trentaine d'années d'occupation militaire et d'administration françaises. La Syrie demeure également l'un des berceaux de la Chrétienté, où saint Paul trouva le chemin de Damas, où, dans certains villages, on parle encore l'araméen, la langue du Christ, et où vivent, dans une totale liberté de culte inconnue dans tout le reste du monde arabe à l'exception du Liban, près de 2 millions de Chrétiens de toutes obédiences qui représentent environ 10 % de la population. La Syrie est en effet l'un des seuls Etats arabes à avoir inscrit la laïcité dans sa Constitution, à garantir un égal accès aux fonctions publiques et privées à tous ses citoyens, hommes et femmes, quelle que soit leur confession... et à avoir prohibé depuis longtemps le port du niqab dans les lieux d'éducation, écoles et universités.

Malgré cela, la Syrie est régulièrement présentée par les médias occidentaux, en particulier français, comme une sorte de dictature ubuesque sur le modèle de la Corée du

Nord avec laquelle elle partage d'ailleurs le douteux privilège d'être classée dans l'axe du mal par l'administration américaine. Toujours selon ces mêmes médias, les dirigeants syriens cultiveraient la volonté obsessionnelle de maintenir leur population sous une chape de plomb, de rayer Israël de la carte, d'annexer le fragile Liban, de se doter d'armes de destruction massive y compris nucléaires, de soutenir toutes les entreprises terroristes, d'entretenir un désordre permanent dans l'ensemble du Moyen-Orient et d'être le dernier obstacle à la paix dans la région. Au total, le monde se diviserait partout et sur tous les sujets en deux catégories bien distinctes : les « bons », qui sont viscéralement et intégralement antisyriens, et les « méchants », qui ne partageraient pas en tous points ce sentiment. Autant prévenir le lecteur tout de suite : ce livre est écrit par des « méchants ».

Même si je ne partage pas tous leurs jugements, les auteurs ont l'incontestable mérite de faire le lit d'une présentation aussi manichéenne. Car, à défaut de simple bon sens, un court séjour sur place démontre vite l'inanité des condamnations manichéennes. La Syrie vit certes sous un régime présidentiel autoritaire. Mais elle dispose d'un parlement élu où siègent les représentants de différents partis politiques, dont un parti communiste qui a droit de cité dans ce pays à majorité musulmane. Les élections n'y ont peut-être pas la régularité et la transparence de celles d'une Europe de l'Ouest de longue tradition démocratique, mais elles ne se différencient guère des pratiques électorales du Maroc ou de la Jordanie pourtant présentés comme des modèles de démocratie en marche. Les femmes disposent dans les institutions syriennes des mêmes droits que les hommes, ce qui est rare dans les pays de la région, et le gouvernement compte en son sein plusieurs femmes à des postes majeurs. Le système judiciaire et les droits de l'homme y subissent des entorses que l'on ne manque pas de stigmatiser à juste titre, mais beaucoup moins qu'en Tunisie, en Arabie ou en Egypte, alliés privilégiés de l'Occident, et pas plus que dans certains pays de l'ex-bloc soviétique qui ont récemment rejoint l'UE. Depuis la fin des années 1990, l'accès à Internet, à la réception télévisée satellitaire et aux téléphones portables est autorisé sans restriction, ce qui a conduit une presse locale jusque-là plutôt servile à l'égard du pouvoir à chercher des voies d'analyses moins complaisantes. Enfin, s'il est parfaitement exact que la Syrie a jadis fait du terrorisme une arme ordinaire de ses relations internationales dans des rapports du faible au fort, elle y a renoncé dès la fin des années 1980, a participé aux côtés de la coalition internationale à la première guerre du Golfe et a fourni aux Etats-Unis ainsi qu'aux Européens une assistance précieuse contre le terrorisme d'al-Qaïda.

Dès lors, le Syrien moyen, traditionnellement ouvert aux échanges et au commerce avec le reste du monde, friand – parfois jusqu'à la caricature – du mode de vie occidental, volontiers critique et ironique à l'égard de ses propres institutions et gouvernants, s'étonne que la faveur de l'Occident, Etats-Unis en tête, aille aux pays les plus réactionnaires, les plus intégristes et les plus antidémocratiques de la région, soutiens avérés du terrorisme jihadiste tels que l'Arabie Saoudite, les pétromonarchies du Golfe ou le Pakistan. Et il a tout de même du mal à comprendre l'image que la presse occidentale donne de son pays, les pressions politiques et les menaces militaires constantes dont il est l'objet de la part de l'administration américaine, les sanctions économiques et financières permanentes qui ralentissent son développement industriel et social, décidées non par l'Organisation des Nations unies, mais unilatéralement à Washington, et qui s'imposent néanmoins à toute la communauté internationale.

Confrontés à ce système léonin et incompréhensible pour eux, les dirigeants syriens, mais aussi les simples citoyens, qu'ils soient opposants ou favorables au régime, se replient sur un nationalisme ombrageux. Ce qui nous replonge en plein paradoxe. Car s'il existe bien depuis la plus haute antiquité une « aire syrienne » entre l'Euphrate et la Méditerranée, le pays lui-même est né en 1920 et l'idée nationale n'y a vraiment émergé que vers les années 1940. Il existait bien sûr des solidarités urbaines autour des grandes villes, des solidarités villageoises en zone rurale, des solidarités claniques et tribales dans les montagnes et les déserts, mais rien qui ressemble à un esprit national tel qu'on reconnaît en Europe depuis le XVIIIe siècle.

Ayant reçu mandat de la Société des Nations après la guerre de 1914-1918 d'amener les débris de l'Empire ottoman à l'indépendance, la France et l'Angleterre s'installent au Levant en 1919 comme dans des colonies et y taillent leurs zones de domination respectives à grands coups de crayon rouge et bleu sur la carte en fonction de leurs seuls intérêts ou appétits particuliers. De ce dépeçage hâtif émergent des entités parfaitement hétéroclites dans une région où pullulent les minorités et communautés religieuses, confessionnelles, ethniques et linguistiques. Les Ottomans avaient résolu le problème en accordant à ces minorités le droit de s'autogérer pourvu qu'elles payent l'impôt et ne se mêlent ni de guerres ni de relations internationales. Des expéditions punitives sanglantes venaient de temps à autre rappeler les mauvais payeurs à leur devoir de soumission. Plus cartésiens, mais aussi plus intrusifs, les Européens ne l'entendent pas de cette oreille et refusent de prolonger des situations d'autonomie susceptibles de conduire à des idées d'indépendance.

Dans sa zone de domination (Irak, Transjordanie, Palestine), la Grande-Bretagne joue – comme plus tard les Américains – la carte des majorités en installant deux monarchies arabes sunnites confiées aux héritiers du chérif Hussein, gardien des lieux saints d'Arabie, à Bagdad et Amman ainsi qu'en développant le pouvoir du grand mufti de Jérusalem en Palestine pour contrer les prétentions du mouvement sioniste européen. La France ayant reçu une « Grande Syrie », qui comprend alors le Liban, joue de son côté une politique des minorités en divisant la zone en micro-Etats communautaires (Liban, Etat des Alaouites, Djebel Druze).

A l'exception de la Transjordanie, peu peuplée et presque intégralement arabe et sunnite, aucune de ces solutions ne convient aux habitants de la zone. Soit parce qu'elle place les minorités sous domination arabe sunnite exclusive (le résultat catastrophique en Irak), soit parce qu'en les particularisant en unités faibles, elle les désigne aux coups et à la vindicte de l'océan arabe sunnite alentour, ce qui est aujourd'hui le cas d'Israël et du Liban. La situation est particulièrement critique en Syrie qui compte environ 30 % de non-sunnites, chrétiens de toutes confessions, chi'ites, mais surtout des minorités issues de l'islam (Alaouites, Druzes, Ismaéliens) considérées comme hérétiques et contre lesquelles Ibn Taimiyya, père fondateur du wahhabisme contemporain de l'Arabie Saoudite, a décrété le jihad par fatwa : « La guerre sainte est légitime contre ces sectateurs du sens caché, plus infidèles que les Chrétiens et les Juifs, plus infidèles que les idolâtres, qui ont fait plus de mal à la religion que les croisés... » Et la situation n'est guère plus supportable pour les Sunnites de Syrie, pratiquants d'un islam modéré, rompus depuis l'Antiquité aux échanges et au commerce avec le monde, pour qui une domination régionale des « Bédouins intégristes » constituerait une vraie catastrophe humaine et culturelle.

C'est bien involontairement que les Français fourniront une solution au problème. En focalisant contre leur gestion coloniale et malavisée la résistance de toutes les communautés locales réunies, ils contribuent à l'émergence d'un sentiment national dépassant les querelles religieuses. La lutte commune démontre en effet que le nationalisme peut fournir un cadre collectif où toutes les minorités peuvent coexister avec la majorité sans considération de leur appartenance confessionnelle. Cependant, pour ne pas subir l'anathème islamique jeté sur les idéologies « importées », comme le communisme matérialiste qui pouvait lui aussi fournir un cadre laïque, ce nationalisme ne pouvait être exclusivement syrien. Il se devait d'être panarabe, faute de quoi il aurait soumis l'ensemble du pays à la vindicte musulmane orthodoxe portée aux communautés dissidentes. C'est ainsi qu'à l'initiative de différents intellectuels chrétiens, alaouites, druzes et sunnites modérés a été créé en 1943 le parti Ba'ath, parti « de la résurrection arabe », qui s'affirme nationaliste panarabe, laïque et socialiste, sans aucune référence religieuse.

C'est évidemment cette affirmation du panarabisme qui l'a sauvé de la vindicte des intégristes musulmans et l'a rendu populaire de l'Irak à l'Algérie et de la Mauritanie au Yémen, parmi toutes les élites du monde arabe qui souhaitent vivre dans un monde où la Charia n'est pas le seul référentiel juridique. Mais toute médaille a son revers. S'affirmer nationaliste arabe suppose d'être à la pointe de tous les combats arabes, justifiables ou non, faute de quoi la critique islamique aurait beau jeu de dénoncer les infidèles socialistes et laïques. La Syrie a donc apporté son soutien actif à l'Egypte lors de la crise de Suez ainsi qu'aux luttes de décolonisation au Maghreb, en particulier au FLN algérien, ce qui n'a pas contribué à apaiser ses relations avec la France et l'Angleterre. Surtout, la Syrie se doit, plus que tout autre pays de la région, de faire preuve d'intransigeance dans la confrontation israélo-arabe et d'afficher une solidarité sans faille avec tout pays ou faction en lutte contre l'Etat hébreu. Pays de « la ligne de front », elle se trouve placée sous l'œil vigilant des pays islamiques, qui ne manqueront pas de dénoncer les « hérétiques » si elle s'engage dans la voie du compromis et qui ne lui pardonneront pas ce qu'ils ont finalement toléré, non sans dégâts, de puissances sunnites comme l'Egypte ou la Jordanie.

De fait, et les Syriens le savent bien, les ennemis de leur pays ne sont pas en Occident, à l'exception de quelques néo-conservateurs américains soucieux de plaire à leur partenaires de la péninsule Arabique. Mais le soutien politique et militaire massif apporté depuis 1945 par l'Amérique aux régimes et aux factions les plus intégristes du monde sunnite au nom de la confrontation Est-Ouest ne pouvait que pousser la Syrie, pays de moins de 20 millions d'habitants aux ressources limitées, dans les bras de l'URSS jusqu'en 1990 et dans ceux de l'Iran aujourd'hui, seules puissances susceptibles de la protéger et de lui donner de la profondeur stratégique face à la menace islamique sunnite et aux pressions occidentales. De même, la Syrie ne peut qu'être très attentive, voire interventionniste, dans des Etats voisins livrés au désordre civil comme le Liban ou l'Irak, où l'anarchie ambiante peut être mise à profit par des groupes islamistes pour porter la subversion à Damas.

Le temps n'est plus où le pouvoir communautaire syrien menacé de *jihad* se repliait frileusement sur lui-même, montrait systématiquement les dents, accaparait tout l'appareil d'Etat de peur d'en être collectivement dépossédé à jamais. Ce que nous pressentions il y a quinze ans[1] a finalement été mis en œuvre par le président Hafez al-Assad à la fin des

---

1. Alain Chouet, « L'espace alaouite à l'épreuve du pouvoir, la désintégration par le politique » *in* « Tribus, tribalisme et Etats au Moyen-Orient », *Maghreb-Machrek*, n° 147, mars 1995.

années 1990 et surtout par le président Bachar al-Assad depuis. Ces dix dernières années, la Syrie a connu un important mouvement de libéralisation politique et sociale, de modernisation économique et financière, de désenclavement de la vie publique où le talent et la compétence l'emportent maintenant largement sur l'appartenance communautaire, d'ouverture sur le monde extérieur avec la participation de Damas à l'Union pour la Méditerranée, la collaboration avec les services de sécurité occidentaux contre le terrorisme, la recherche d'un *modus vivendi* avec le roi Abdallah d'Arabie et l'acceptation d'un dialogue à bas bruit avec Israël sous parrainage turc et qatari.

L'entreprise n'était pas sans danger. Même si les autorités syriennes peinent à le reconnaître pour ne pas en faire la promotion, la contestation islamiste, parfois violente sous forme d'attentats sanglants, y a gagné un espace d'expression. C'est pourquoi la Syrie ne peut courir le risque d'ouvrir en grand la porte à ce type de contestation, d'autant que celle-ci trouve déjà un terreau fertile dans une région fortement déstabilisée par les errements de la politique américaine. On ne peut s'attendre à ce que la Syrie prenne des initiatives de paix spectaculaires avec Israël alors que le plus fidèle allié de l'Amérique dans la région, l'Arabie Saoudite, refuse tout compromis et menace d'anathème, si ce n'est de mort par Frères musulmans interposés, quiconque cède à la tentation. De même, on ne peut exiger de la Syrie qu'elle se désintéresse de la situation au Liban ou en Irak, ses plus proches voisins où la subversion islamiste est prégnante. Enfin, il serait vain d'espérer que les communautés non musulmanes ou non sunnites de Syrie renoncent à leur alliance stratégique avec l'Iran chi'ite, seule puissance régionale susceptible de leur fournir un appui politique, financier et éventuellement militaire face à le menace intégriste wahhabite.

La Syrie a besoin, pour évoluer encore, d'être rassurée face à son environnement islamique et d'obtenir des garanties de sécurité internationalement reconnues et durables. Elle n'a obtenu pour l'instant que mépris, menaces et sanctions de la part de l'hyperpuissance américaine que son intransigeance et sa posture face à Israël agacent manifestement, de même que certaines chancelleries occidentales qui s'irritent de voir qu'on leur tient tête. Nos diplomates et nos milieux de presse feraient mieux de s'inquiéter d'une déstabilisation de ce pays qui ouvrirait, bien plus qu'en Irak, toute grande la porte aux jihadistes wahhabites et à la persécution de cinq millions de Chrétiens et de Musulmans non sunnites. Ni l'Occident, ni surtout Israël, qui veut à juste titre vivre dans un environnement apaisé, n'ont intérêt à créer les conditions d'un tel désastre.

Les études et publications concernant la Syrie sont rares en France. Peut-être faut-il voir là une grande partie de l'ignorance et de l'incompréhension qui l'entourent. Talal el-Atrache et Richard Labévière s'emploient dans ce livre à démonter la mécanique complexe de ce pays par des rappels historiques documentés et l'analyse détaillée des sujets les plus actuels, les plus brûlants et les plus controversés. Ils n'échapperont pas à la critique acerbe de tous ceux qui pensent que le monde se divise entre le bien et le mal, les bons et les méchants. Personne, pas même le président Bachar al-Assad, ne prétend que la Syrie est le paradis sur terre ou le parangon de toutes les vertus. C'est un pays comme les autres, avec ses qualités et ses défauts, ses réussites et ses échecs, ses succès et ses erreurs, et qui ne demande qu'à être traité comme les autres. Si ce livre peut y contribuer, ne serait-ce qu'auprès de ceux qui ne se satisfont pas des clichés, ses auteurs n'auront pas perdu leur temps.

Alain CHOUET
Ancien directeur du Service
de renseignement de sécurité de la DGSE
(Direction générale de la sécurité extérieure),
chargé de la lutte antiterroriste, de la contre-criminalité
et du contre-espionnage à l'étranger.

INTRODUCTION

Trois obstacles épistémologiques

« La connaissance du réel est une lumière qui projette toujours quelque part des ombres. Elle n'est jamais immédiate et pleine. Les révélations du réel sont toujours récurrentes. Le réel n'est jamais "ce qu'on pourrait croire" mais il est toujours ce qu'on aurait dû penser. La pensée empirique est claire, après coup, quand l'appareil des raisons a été mis au point. En revenant sur un passé d'erreurs, on trouve la vérité en un véritable repentir intellectuel. En fait, on connaît contre une connaissance antérieure, en détruisant des connaissances mal faites, en surmontant ce qui dans l'esprit même fait obstacle à la spiritualisation. »

Gaston BACHELARD,
La Formation de l'esprit scientifique.

Se garder de « réactions d'Occidentaux », avertissait Alain Peyrefitte, en préambule de son livre *Quand la Chine s'éveillera... le monde tremblera*. Avec trente ans d'avance, le ministre du général de Gaulle décrivait l'ampleur d'une émergence à venir en privilégiant les ressorts politiques par rapport aux facteurs économiques traditionnellement avancés pour évaluer l'importance des nations : « Des changements qui ont bouleversé la Chine, le plus profond est celui qui a affecté son comportement par rapport aux autres pays. Elle s'est tirée d'affaire elle-même. Elle est devenue une puissance thermonucléaire par ses propres moyens. Elle est entrée aux Nations unies malgré l'hostilité américaine et l'inimitié soviétique. C'est beaucoup plus important que si, pendant ce temps, elle avait accru son revenu annuel de quelques dizaines de dollars de plus par an[1]. »

Ce primat du politique fonde notre titre comme hypothèse de travail. Celui-ci ne postule pas l'inéluctabilité de nouveaux tremblements mais anticipe plutôt quelque possibilité de corriger les conséquences de l'émiettement proche et moyen-oriental.

Une dizaine d'années avant la publication du livre d'Alain Peyrefitte, prolongeant une filiation qui mène de Hobbes à Clausewitz, Raymond Aron aussi soulignait la prééminence potentielle du politique sur les pesanteurs économiques dans l'évolution des relations internationales. Elaboré durant l'affaire des missiles de Cuba[2], son célèbre ajustement conceptuel a passablement renouvelé la compréhension des crises internationales. Celui-ci éclaircit parfaitement l'évolution de la Syrie contemporaine. Car celle-ci n'a cessé de se transformer à travers une série d'à-coups dont le point culminant fut atteint avec l'assassinat de l'ex-Premier ministre libanais Rafic Hariri, le 14 février 2005.

On se souvient comment, seulement quelques secondes après l'annonce de cet assassinat, la majorité des chancelleries occidentales et des médias internationaux se déchaîna contre la Syrie de Bachar al-Assad, l'accusant sans retenue d'avoir commis cette forfaiture. Trop unilatérale pour être honnête, cette réaction pavlovienne devait être examinée de plus près. Durant plus d'une année, nous avons essayé de remonter aux causes de cet effet de condensation idéologique, et découvert que les éditorialistes avaient été un peu vite en besogne[3]. Au moment où les mêmes imprécateurs s'apprêtent à faire œuvre d'une précipitation similaire à l'encontre de l'Iran, il importe de remettre l'ouvrage sur le métier.

---

1. Alain Peyrefitte, *Quand la Chine s'éveillera... le monde tremblera*. Paris, Fayard, 1973.

2. La crise de Cuba (aussi appelée « crise des missiles ») opposa, du 16 au 28 octobre 1962, les Etats-Unis et l'Union soviétique au sujet des missiles nucléaires soviétiques pointés sur le territoire des Etats-Unis depuis l'île de Cuba, et plaça le monde au bord de la guerre nucléaire.

3. Richard Labévière, *Le Grand Retournement. Bagdad/Beyrouth*. Paris, Le Seuil, 2006.

« Globalement la "syrianophobie", après une brève période de grâce, est devenue une quasi-constante en France. Au mieux l'image du pays a oscillé entre indifférence/ignorance et répulsion/méfiance. Bastion du nationalisme arabe, farouche opposant à Israël, satellite soviétique, dictature, repaire terroriste, les raisons de défiance se sont diversifiées mais n'ont jamais cessé au fil du temps », écrit Marie-Thérèse Oliver-Saidi dans son beau livre *Le Liban et la Syrie au Miroir français (1946-1991)*[1].

« Mais c'est très exagéré ! », répondit Mark Twain au *New York Times* qui venait d'annoncer prématurément sa mort. La boutade alimente notre conversation avec François Burgat[2] sur la chute régulièrement annoncée du régime syrien, ce mardi 16 mars 2010. Deux jours plus tard, nous devons parler de la Syrie à des députés français chargés de rédiger un rapport sur la place de Damas dans les relations internationales. La discussion revient principalement sur les trois « obstacles épistémologiques[3] » qui pèsent invariablement sur l'image du pays : 1) son alliance passée avec l'URSS ; 2) son engagement dans les guerres libano-régionales (1975-1990) ; 3) son implication supposée dans l'assassinat de Rafic Hariri et son soutien, autant supposé, au terrorisme proche-oriental.

Ce même jour, le futur ambassadeur américain en Syrie Robert Ford déclare devant la commission des Affaires étrangères du Sénat que la Syrie « continue de soutenir les organisations terroristes comme le Hamas, le Hezbollah et le Jihad islamique ». Il assure qu'il parlera au régime de Bachar al-Assad de manière « directe et sans filtre ».

Avant de déconstruire quelques certitudes simplistes concernant l'« Orient compliqué », rappelons la permanence

---

1. Paris, L'Harmattan, 2010.

2. François Burgat est directeur de recherche au CNRS. Il dirige l'Institut français du Proche-Orient (IFPO) de Damas depuis mai 2008.

3. Ce texte reprend l'essentiel de l'exposé « La Syrie, facteur de stabilité dans un contexte régional précaire » (18 mars 2010) présenté aux députés, membres de la commission des Affaires étrangères de l'Assemblée nationale française, chargés d'un rapport sur « la place de la Syrie dans la communauté internationale ». Voir chapitre 15 : « Une certaine idée de la Syrie... »

historique de ces trois obstacles qui freinent l'appréciation dépassionnée du rôle régional et international de Damas. Les trois écueils – Moscou, Beyrouth et Rafic Hariri – incarnent les figures d'une mythologie syrienne récurrente, accréditant l'idée de la survivance illégitime d'un régime qui menacerait l'ordre du monde, et en particulier l'ordre américano-israélien.

En premier lieu, rappelons qu'au début des années 1950, après avoir refusé de participer à la construction du barrage d'Assouan, Washington pousse littéralement Gamal Abdel Nasser dans les bras de l'Union soviétique. Déterminé à symboliser l'émancipation du monde arabe, le Raïs égyptien personnifie surtout la montée en puissance du nationalisme arabe dont l'une des filiations principales trouve, justement, sa source dans la capitale des Omeyyades.

Au-delà des péripéties de la République arabe unie – RAU – (1958-1961), opérant la fusion éphémère entre l'Egypte et la Syrie, Damas demeurera l'allié arabe le plus fidèle de l'Union soviétique, quasiment jusqu'à la chute du mur de Berlin en novembre 1989. Les relations actuelles de la Syrie de Bachar al-Assad avec la Russie de Dimitri Medvedev et Vladimir Poutine en constituent l'héritage, et continuent à alimenter les soupçons à l'égard des intérêts de Moscou dans la région.

Ensuite, et sans relater toutes les guerres du Liban, rappelons qu'en juin 1976, l'armée syrienne est intervenue au Liban à la demande expresse des organisations chrétiennes dont le parti Kataëb de Pierre Gemayel. De retournement en retournement, cette armée syrienne s'est imposée comme l'un des acteurs d'une série de guerres régionales sur le sol libanais, impliquant également Israël, l'Iran, les Etats-Unis et plusieurs pays européens dont la France. Depuis le démantèlement de l'Empire ottoman, ces mêmes puissances occidentales n'en finissent pas de privilégier leurs propres intérêts au détriment de l'émergence d'une stabilité régionale durable, autocentrée et autodéterminée.

La question des responsabilités des uns et des autres demeure un objet historique largement ouvert. Mais, d'ores et déjà, on peut constater que le rôle de la Syrie ne fut pas plus déstabilisateur que celui d'Israël et des puissances occidentales. L'engagement syrien au Liban ne peut s'expliquer sans tenir compte des contradictions du conflit israélo-arabe, facteur constant de déstabilisation et d'émiettement territorial et politique de la région.

Enfin, le troisième obstacle demeure le plus actuel, le plus permanent et le plus difficilement surmontable. Nous étions à Beyrouth le jour de l'assassinat de Rafic Hariri, dont on cherche toujours les auteurs. Sous nos pieds, nous avons senti la vibration de l'explosion meurtrière. Nous avons vu de quelle manière pléthore de responsables politiques libanais, arabes et occidentaux, d'observateurs – journalistes et chercheurs – pointèrent immédiatement leur doigt accusateur en direction de Damas et de son président. Depuis septembre 2004, la résolution 1559[1] du Conseil de sécurité des Nations unies avait armé le bras des assassins. Eux aussi, travaillant à la chute du régime syrien, espéraient que la disparition brutale de l'ancien Premier ministre libanais changerait radicalement la donne régionale.

Emprisonnés quelques mois plus tard sur recommandation de la Commission internationale d'enquête, quatre généraux libanais – hâtivement qualifiés de pro-syriens – seront libérés par la même Commission qui avait dû réorienter ses recherches en direction de la piste salafiste. Aujourd'hui, si l'identité des exécutants est quasiment établie, celle des commanditaires demeure un mystère. La poursuite de l'enquête et des investigations du tribunal international *ad hoc* connaîtra d'autres rebondissements médiatiques. Ce processus éminemment politique n'a pas encore épuisé toutes ses ruses.

En novembre 2005, nous sommes présents lorsque le pré-

1. La résolution 1559 a été adoptée le 2 septembre 2004 par le Conseil de sécurité des Nations unies, à l'initiative conjointe de la France et des Etats-Unis, par 9 voix (Allemagne, Angola, Bénin, Chili, Espagne, Etats-Unis, France, Roumanie, Royaume-Uni) et 6 abstentions (Algérie, Brésil, Chine, Pakistan, Philippines, Russie). Elle appelle au respect de la souveraineté et de l'indépendance du Liban, au retrait de toutes les troupes étrangères de son sol et à une élection présidentielle libre et équitable. Le 14 juillet 2006, Jacques Chirac déclare que cette résolution « est le résultat d'une action commune entre les Etats-Unis et la France. C'est un élément déterminant de la stabilité de la région. De ce point de vue nous avons eu une approche commune. Peut-être que nous n'avions pas exactement les mêmes arrière-pensées. »

sident Bachar al-Assad prononce son allocution à l'université de Damas. Discours fondateur à double titre : d'une part, il répond point par point aux accusations à charge du juge international Detlev Mehlis qui accuse la Syrie et ses plus hautes autorités d'avoir commandité l'assassinat. D'autre part, face à l'intensité des pressions internationales, il lance un appel à « la patrie en danger ». Le jeune président galvanise la mémoire et les énergies. Interpellant directement le gouvernement libanais de Fouad Siniora et l'administration américaine, il invoque l'unité de la nation syrienne, la continuité intangible de l'Etat et l'esprit de résistance.

Trois étapes essentielles suivront. D'abord, le sommet arabe de Damas des 29 et 30 mars 2008 permet au ministre syrien des Affaires étrangères Walid Mouallem d'ouvrir trois perspectives : celle d'un parrainage régional avec le Qatar, celle du lancement de négociations indirectes avec Israël par l'intermédiaire de la Turquie et, enfin, celle d'une normalisation des relations syro-libanaises.

Ensuite, après la confrontation armée entre le Hezbollah et les milices pro-Hariri *Moustaqbal* les 7 et 8 mai 2008 à Beyrouth, le processus dit de Doha aboutit notamment à l'élection du général Michel Sleiman à la présidence de la République libanaise le 25 mai 2008. Cette évolution desserre l'étau et signe le début du retour de la Syrie dans le concert des nations.

Enfin, l'élection du président libanais entraîne le rétablissement spectaculaire de la relation franco-syrienne gelée depuis juin 2003, date du lancement du processus de la résolution 1559. Le 12 juillet 2008 à Paris se tient un sommet quadripartite entre les trois présidents français, libanais, syrien et l'émir du Qatar. Le lendemain, Bachar al-Assad participe à l'installation de l'Union pour la Méditerranée (UPM). Le 14 juillet, le président syrien siège à la tribune d'honneur du défilé militaire de la fête nationale française.

En septembre 2008, Nicolas Sarkozy se rend à Damas pour un sommet bilatéral avec son homologue syrien avant une autre réunion quadripartite Syrie, Turquie, Qatar, France. L'année 2009 voit se multiplier les échanges diplomatiques bilatéraux et une reprise de l'activité économique. En novembre 2009, le président Assad séjourne à Paris où il est beaucoup question d'intensifier les relations d'affaires mais aussi de la stabilité régionale, en commençant par les dossiers israélo-palestinien, irakien et iranien.

A la faveur d'une autre normalisation de ses relations en direction de l'Arabie Saoudite, la Syrie retrouve progressivement le poids diplomatique de sa géographie. Entre la Turquie, l'Irak, le Liban et les monarchies pétrolières, sans oublier sa façade méditerranéenne, la Syrie a toujours rempli la fonction d'un Etat pivot, nécessaire au chantier permanent des rééquilibrages régionaux depuis le démantèlement de l'Empire ottoman. Le théorème proche-oriental préféré de l'ex-secrétaire d'Etat américain Henry Kissinger s'adosse à cette géographie : « Au Moyen-Orient, on ne peut pas faire la guerre sans l'Egypte, mais on ne peut pas faire la paix sans la Syrie. »

La paix... ou du moins l'espoir de relance d'un processus qui porte son nom renaît avec le départ de George W. Bush et de ses idéologues néoconservateurs. A partir du 11 décembre 2008, l'armée israélienne mène une nouvelle guerre contre la population civile de Gaza qu'elle interrompt brusquement le 19 janvier 2010, la veille de l'entrée en fonction de la nouvelle administration démocrate américaine. Non sans une certaine candeur, le président Barack Obama appelle aussitôt le gouvernement israélien à arrêter son entreprise de colonisation, comme condition préalable à la relance d'un processus de négociation.

A plusieurs reprises, le Premier ministre Benyamin Netanyahou et son ministre d'extrême droite Avigdor Lieberman opposent une fin de non-recevoir, affirmant qu'Israël ne cessera pas la construction de ses nouvelles colonies en Cisjordanie ni à Jérusalem-Est, censée devenir la capitale du futur Etat palestinien. Les provocations répétées de Lieberman ferment momentanément la porte à toute reprise sérieuse de pourparlers de paix entre Israéliens et Palestiniens, mais aussi entre Tel-Aviv et le reste du monde arabe.

Cette impasse précipite le sommet tripartite de Damas le 27 février 2010 entre le secrétaire général du Hezbollah, Hassan Nasrallah, le président iranien Mahmoud Ahmadinejad et Bachar al-Assad. Réponse aux menaces militaires israéliennes, la réunion apporte aussi un cinglant démenti aux efforts américains et européens visant à distendre, sinon à mettre fin au partenariat stratégique liant Damas, Téhéran et les résistances palestinienne et libanaise. Dans le prolongement de ce sommet, trois remarques s'imposent.

– Le partenariat stratégique syro-iranien établi dès le lendemain de la révolution islamique d'Iran et consolidé durant la guerre Irak-Iran (1980-1988) demeure une donnée géopolitique essentielle. Il a été consolidé par la chute de Bagdad au printemps 2003 et n'a cessé de se renforcer.

– Le lien entre la libération du Golan syrien et celle des territoires palestiniens dans les limites des frontières de juin 1967 (résolution 242 des Nations unies) est tout aussi capital et demeure la clef d'un règlement régional global.

– Enfin, la normalisation reconstruite entre la Syrie et l'Arabie Saoudite replace au centre le plan de paix proposé par le roi Abdallah lors du sommet arabe de Beyrouth en octobre 2002. Recouvrant ce qui reste d'une « feuille de route » en lambeaux, il est, à ce jour, le seul document sur la table.

L'évolution de ces trois chantiers ne pourra faire abstraction du chemin de Damas. Sans préjuger de ces itinéraires à venir, en deçà et au-delà de la restauration de la relation Paris-Damas – Damas-Paris, les lignes qui suivent proposent une Syrie à quatre mains : celles d'un journaliste syrien, arrière-petit-fils de Sultan Pacha el-Atrache – le chef de la révolution syrienne de 1925-1927 – et celles d'un journaliste français qui couvre l'actualité proche et moyen-orientale depuis une trentaine d'années.

Au lendemain des attentats du 11 septembre 2001, le président George W. Bush interpelle le monde entier, et oblige la totalité des Etats membres des Nations unies à prendre parti : avec ou contre les Etats-Unis. Après une intervention en Afghanistan, dix-huit mois plus tard, l'armée américaine envahit l'Irak. Alors engagée dans une coopération sécuritaire sans précédent avec Washington contre la nébuleuse al-Qaïda, Damas juge cette nouvelle invasion très inopportune parce que susceptible d'ajouter encore plus de chaos et de désolation dans l'ensemble de la région. Le spectre de « l'irakisation » plane d'ailleurs sur la Syrie prise en tenaille par les armées américaine et israélienne à ses frontières est et ouest, dans la ligne de mire de l'administration Bush et frappée de plein fouet par les sanctions américaines. Au Pentagone, au Secrétariat d'Etat et à la Maison-Blanche, beaucoup préconisent un changement de régime à Damas.

Après avoir bombardé l'Irak et démantelé ses institutions, les Etats-Unis accusent le régime syrien de déstabiliser le Moyen-Orient. En visite à Damas, le secrétaire d'Etat américain Colin Powell déclare qu'il est dans l'intérêt de la Syrie de « s'adapter à la nouvelle situation » issue de l'installation des troupes américaines en Irak. Deux ans plus tard, alors que la première armée du monde s'enlise inextricablement dans le bourbier irakien, c'est au tour de Damas d'appeler Washington à la raison : « Les Etats-Unis ont besoin de la Syrie car ce pays est essentiel aussi bien pour l'Irak que pour le processus de paix au Proche-Orient[1] », déclare le président Bachar al-Assad. « Tôt ou tard ils se rendront compte que nous sommes la clé de la solution. Vous verrez bien qu'un jour les Américains viendront frapper à notre porte. »

Acculée par l'hyperpuissance, la Syrie opte pour la résistance et une opposition résolue à l'administration Bush, convaincue que la voie des concessions empruntée par Bagdad tout au long de douze années d'un embargo impitoyable n'a pu épargner à l'ancienne capitale de l'Empire abbasside le sort que lui ont préparé les néoconservateurs américains. C'est dans cette optique que Damas renforce son réseau d'alliances régionales, en resserrant ses liens stratégiques avec l'Iran, le Hezbollah libanais, le Hamas palestinien et différents mouvements de la résistance irakienne, tout en consolidant ses capacités militaires avec l'aide de la Russie. Conçu à l'origine comme un moyen de pression pour forcer Israël à retirer ses troupes des territoires arabes occupés en 1967, ce système d'alliances se trouve une fois de plus au centre de la stratégie syrienne.

Il s'agit de mettre en échec le projet de remodelage du « Grand Moyen-Orient » préconisé par la secrétaire d'Etat Condoleezza Rice. Dénonçant ouvertement l'unilatéralisme planétaire des Etats-Unis, la Syrie renoue avec la voie ouverte

1. *La Repubblica*, 28 février 2005.

par les pays non alignés en 1955 à la conférence de Bandung, et se range du côté des forces militant activement pour l'émergence d'un monde multipolaire.

Le refus de souscrire au nouvel ordre régional préconisé par Washington et Tel-Aviv conforte la popularité du jeune président syrien qui a succédé à son père Hafez en juillet 2000. Cette période d'affirmation de la continuité du régime succède au « Printemps de Damas », bref épisode d'ouverture politique qui a suivi l'arrivée au pouvoir de Bachar al-Assad. Les espoirs suscités par cette expérience éphémère avaient été brusquement interrompus par la fermeture des nouveaux « forums de discussion politique », la neutralisation de l'opposition et l'incarcération de ses principaux représentants. Après ce premier contact avec les réalités du pouvoir et en quête de légitimité populaire face au nouveau chaos régional engendré par l'occupation de l'Irak, le jeune président veut rassembler les Syriens face au « péril américain ». Il se pose en champion de la stabilité, de la prospérité et de l'indépendance dans des Proche et Moyen-Orient mis à feu et à sang par les interventions militaires israéliennes et américaines.

A Washington, la réaction syrienne est vécue comme un défi et une entrave aux prétentions *civilisatrices* dans cette région qui recèle près de la moitié des réserves d'hydrocarbures de la planète. Ainsi, l'administration Bush orchestre une campagne sans précédent contre Damas en l'accusant de soutenir, sinon de provoquer, le terrorisme international. Ruse de l'histoire, la Syrie laïque et anti-islamiste est accusée d'instrumentaliser le Sunnisme radical par une Amérique alliée inconditionnelle du royaume wahhabite d'Arabie Saoudite, d'où sont issus quinze des dix-neuf auteurs des attentats du 11 septembre 2001.

Mais au fil des jours, l'Irak occupé plonge dans le chaos. Loin d'« avoir conquis les cœurs et les esprits », la première armée du monde s'enlise sans répit dans les sables mouvants du « Pays des deux fleuves ». Avec l'augmentation du chiffre de soldats américains tués[1], le Grand Moyen-Orient imaginé par

1. Depuis mai 2003, 4 397 soldats américains ont été tués et 31 808 blessés (mai 2010). Au total, en comptant les victimes britanniques, ces chiffres atteignent respectivement 4 715 victimes et plus de 32 000 blessés.

les idéologues néoconservateurs est un fiasco total. L'échec des campagnes militaires israéliennes contre le Hezbollah libanais et le Hamas palestinien, tous deux alliés de Damas, inversent l'équilibre stratégique de la région et révèlent les limites des projections militaires de l'hyperpuissance.

Au « changement de régime » en Syrie succède un « changement de stratégie » en Irak. La nouvelle *théorie des dominos* prévoyant l'effondrement en chaîne des régimes antidémocratiques – et antiaméricains –, après la « libération » de l'Irak, se solde par la défaite des néoconservateurs aux élections législatives américaines d'octobre 2006. Aux Etats-Unis, des voix, et non des moindres, appellent à relancer avec la Syrie un dialogue jadis constructif sous l'administration Clinton. De vieux républicains comme James Baker, Brent Scowcroft et Henry Kissinger se souviennent de la Syrie des années 1970 comme d'un pôle de stabilité au milieu de l'anomie des guerres libanaises et régionales.

Tantôt encensée, tantôt diabolisée et placée au sommet de l'axe du mal des néoconservateurs, la Syrie finit toujours par encaisser les dividendes de sa géographie. Héritière du Croissant fertile[1] et d'un nationalisme arabe profondément ancré dans la mémoire collective et la culture des Syriens, Damas n'a jamais abandonné le rêve d'une entité arabe qui aurait toute sa place au sein du monde de l'après-Guerre froide. Cette aspiration s'appuie sur une vision idéalisée de l'histoire considérée comme la réalisation en acte de l'Esprit universel. Selon Hegel : « Chaque peuple a son principe propre et il tend vers lui comme s'il constituait la fin de son être[2]. »

Effectivement, comme si elle avait une tâche à remplir, l'histoire de la Syrie moderne se confond avec celle du nationalisme arabe sous l'effet de l'héritage omeyyade, ce vaste empire qui jadis rayonna de l'Andalousie jusqu'à l'Indus. Tombée dans l'oubli durant la « nuit ottomane », elle stagne

1. Le Croissant fertile, l'équivalent de la Syrie historique, comprend les territoires des Etats actuels d'Israël, du Liban, de Palestine (Cisjordanie et Gaza), ainsi que de la Jordanie, de l'Irak et de la Syrie actuelle. Le terme « Croissant fertile » fut inventé par l'archéologue James Henry Breasted de l'université de Chicago.

2. Georg Wilhelm Friedrich Hegel, *La Raison dans l'histoire*, Paris, Christian Bourgois, « 10/18 », 1965.

tout au long des quatre siècles de domination turque. Le réveil sera brutal et inachevé. A peine libérée du joug ottoman en 1918, la Syrie est militairement investie par la France selon les principes du colonialisme européen. Morcelée par le pouvoir mandataire au nom de la « défense des minorités », puis réunifiée au nom du nationalisme arabe qui transcende ces appartenances minoritaires au profit d'une conception moderne de l'Etat-nation, son indépendance s'affirme laborieusement. En avril 1946, il n'y a plus de troupes étrangères en Syrie, mais les séquelles des découpages de l'administration mandataire vont alimenter un climat d'instabilité qui va perdurer jusqu'à l'arrivée au pouvoir, vingt-cinq ans plus tard, de Hafez al-Assad.

Amputée du sandjak d'Alexandrette en 1939, du Golan en 1967, la Syrie est privée de ses droits hydrauliques sur les eaux du Tigre et de l'Euphrate. Sa souveraineté territoriale demeure constamment menacée par Israël et les Etats-Unis, comme si elle vivait encore sous tutelle mandataire.

Prise dans la machinerie du conflit israélo-arabe, le pays s'accroche pourtant au modèle d'un Etat-nation unitaire et ouvert. Terre d'asile et de refuge, le pays a accueilli, durant les cent dernières années, presque tous les peuples opprimés de la région : les Arméniens, les Assyriens, les Kurdes en butte aux persécutions de la Turquie kémaliste et la première vague de Palestiniens expulsés par les milices israéliennes de l'Irgoun et de la Haganah en 1948. L'occupation et la colonisation israéliennes continueront à produire régulièrement de nouveaux réfugiés palestiniens. En Syrie, leur nombre est aujourd'hui estimé à près d'un demi-million de personnes.

Après la chute de Bagdad, le 9 avril 2003, la Syrie admet près de deux millions de réfugiés victimes de la guerre – tout comme elle avait abrité des centaines de milliers de Libanais fuyant successivement l'invasion israélienne en 1982 et, plus récemment, les destructions de l'été 2006. Très ancienne, cette tradition d'hospitalité a aussi bénéficié à des peuples de la péninsule Arabique, d'Europe et d'Asie centrale. C'est l'exemple des Tcherkesses fuyant les persécutions de la Russie tsariste en 1840 et des communautés juives confrontées aux pogroms d'Europe centrale et aux campagnes de l'Inquisition depuis le XVe siècle.

Intégrés dans leur pays d'accueil, ces nouveaux habitants ont contribué à façonner l'histoire de la Syrie moderne. Aujourd'hui, ils défendent jalousement l'indépendance de leur nouvelle patrie. Fierté nationale qui alimente les discours officiels, cette vieille tradition d'accueil et d'intégration est régulièrement avancée pour expliquer l'échec des politiques coloniales successives dans la région. Composée essentiellement de Sunnites, mais aussi d'importantes minorités catholique, orthodoxe, maronite, protestante, chi'ite, alaouite, ismaélite et druze, la population syrienne dépasse aujourd'hui 20 millions d'habitants. En dépit des difficultés, cette diversité socioculturelle confirme la persistance d'un fait national syrien toujours au cœur du régime.

Jadis berceau du christianisme et capitale de l'Empire omeyyade, la Syrie contemporaine s'affirme comme un pays de coexistence intercommunautaire. « Aujourd'hui, les minorités en Syrie jouissent d'une sécurité et d'une stabilité bien plus grande que leurs pairs dans les autres pays de la région, relève le quotidien américain *International Herald Tribune*. C'est particulièrement vrai pour les anciennes communautés chrétiennes de Syrie. Presque partout ailleurs au Levant, à cause de la discrimination et parfois de persécutions, les Chrétiens partent. Ces faits devraient être pris en compte par les faucons du Pentagone[1]. » Le métropolite d'Alep, Mgr Gregorios Ibrahim, se plaît à répéter que « sans l'existence de la Syrie, nous serions condamnés à disparaître. C'est un sanctuaire pour les Chrétiens chassés d'Irak, les Arméniens chassés de Turquie et les Palestiniens chrétiens chassés par Israël ».

Lors de sa visite en Syrie en mai 2001, le pape Jean-Paul II a souligné la contribution du pays à l'histoire générale du christianisme, tout en évoquant son rôle historique comme « terre natale de multiples saints, papes et philosophes qui ont enrichi la pensée chrétienne ». Il a rendu hommage à « l'influence culturelle de l'islam en Syrie, notamment à l'époque des Omeyyades ». Evoquant sa fonction de terre d'asile pour les minorités chrétiennes persécutées, arméniennes, chaldéennes et assyriennes, le pape s'est déclaré

1. *International Herald Tribune*, 13 juin 2003.

« témoin devant le monde entier » de l'harmonie « régnante en terre syrienne entre le christianisme et l'islam ».

Face aux nombreux défis qui, depuis son indépendance, freinent son développement et son émergence, la Syrie aspire aujourd'hui à consolider les structures de son Etat-nation en modernisant ses administrations, en décartellisant son économie et en diversifiant ses relations internationales. Dans une région en proie à des fragmentations territoriales et confessionnelles structurellement entretenues, la stabilité syrienne fait figure d'exception. Après le démantèlement de l'Irak, la Syrie – résultante du dépeçage de l'Empire ottoman, du nationalisme arabe et de la résistance au nouvel ordre que Washington et Tel-Aviv veulent imposer – reste un Etat-nation inachevé. Cet inachèvement est partiellement lié à sa lutte pour une indépendance et une souveraineté qui font défaut à la majorité des pays de la région.

Même si les services de renseignements et de sécurité restent omniprésents dans un pays toujours en état d'urgence ; même si le clientélisme demeure une réalité en dépit des « campagnes anti-corruption » régulièrement engagées ; même si, dans cette « dictature sans dictateur » décrite par l'intellectuel syrien Antoun Makdessi, la majorité des Syriens aspire aujourd'hui à l'installation d'une « démocratie nationale ». Cette perspective s'envisage indépendamment de toute ingérence étrangère et « solution importée ». Voisin immédiat, l'Irak post-Saddam Hussein incarne l'antimodèle.

En affirmant sa volonté de promulguer une loi sur le multipartisme, de réformer le système politique et de démocratiser la Syrie, Bachar al-Assad s'est engagé à modifier la nature autoritaire du régime. Il préconise une modernisation qui, pour ne pas déstabiliser le pays, devrait découler d'une évolution économique et sociale graduelle. Répondant aux questions insistantes d'un présentateur du journal de France 2[1] sur la nature du régime et les droits de l'homme, le président syrien estime qu'il faut s'émanciper du fétichisme des mots : « La démocratie n'est pas une fin en soi, mais un moyen. En la matière, nous évoluerons à notre rythme et selon nos priorités. »

Ces évolutions internes, on l'a dit, mais il faut constamment

1. France 2, journal de 20 heures, 13 juillet 2008.

y revenir, restent tributaires d'un règlement régional et global du conflit israélo-arabe. En attendant – et nous achevons ainsi notre propos à l'adresse des députés français –, la Syrie peut apporter un peu de stabilité à la géopolitique régionale. Trois perspectives sont simultanément ensivageables :

– Une Syrie partenaire de l'Iran et des nationalistes arabes d'Irak. Partenaire stratégique de l'Iran, la Syrie n'est pas un simple satellite de la République islamique et privilégie, en Irak, les organisations nationalistes arabes au détriment d'un continuum purement chi'ite. C'est un facteur positif et prometteur pour ce pays qui n'existe plus en tant qu'Etat-nation depuis l'invasion anglo-américaine.

– Une Syrie au cœur d'une normalisation chi'ite-sunnite, entre Riyad et Téhéran. En effet, Damas ne joue pas le croissant chi'ite – pour reprendre l'expression malheureuse du roi Abdallah de Jordanie, qui lui a été soufflée par le néoconservateur Robert Satloff, directeur exécutif du *Washington Institute for Near-East Policy* – mais une certaine idée de l'Etat-nation et de l'unité du monde arabe.

– Une Syrie réconciliée avec la France et en train de renégocier son partenariat avec l'Union européenne.

Avant d'examiner ces effets stabilisants comme autant de conditions régionales et internationales d'une paix possible, nous commencerons par revenir à l'histoire pour essayer de comprendre cette malédiction permanente qui semble peser sur la Syrie depuis la fin de l'Empire ottoman.

Nous interrogeons ensuite les particularités de la *Pax Americana,* poursuite de la tutelle coloniale par d'autres moyens. Et dans ce registre, on pourra se demander à qui, vraiment, profite l'assassinat de l'ex-Premier ministre libanais Rafic Hariri.

Il s'agira alors d'évaluer la nouvelle donne issue de la guerre de l'été 2006 contre le Liban. Cette guerre israélienne ratée constitue une véritable coupure stratégique.

Cette coupure signe, notamment, le début de la fin de l'isolement diplomatique de la Syrie. Avant d'appréhender les dimensions et les conséquences du retour de la Syrie sur la scène internationale, il faudra rappeler comment Damas a retrouvé l'influence diplomatique de sa géographie.

Enfin, et pour ne pas conclure, nous verrons comment Bachar al-Assad est en train de mettre en œuvre « une certaine idée » de son pays en privilégiant la souveraineté et l'indépendance nationales.

Brasilia, le 14 février 2010.

Le Moyen-Orient

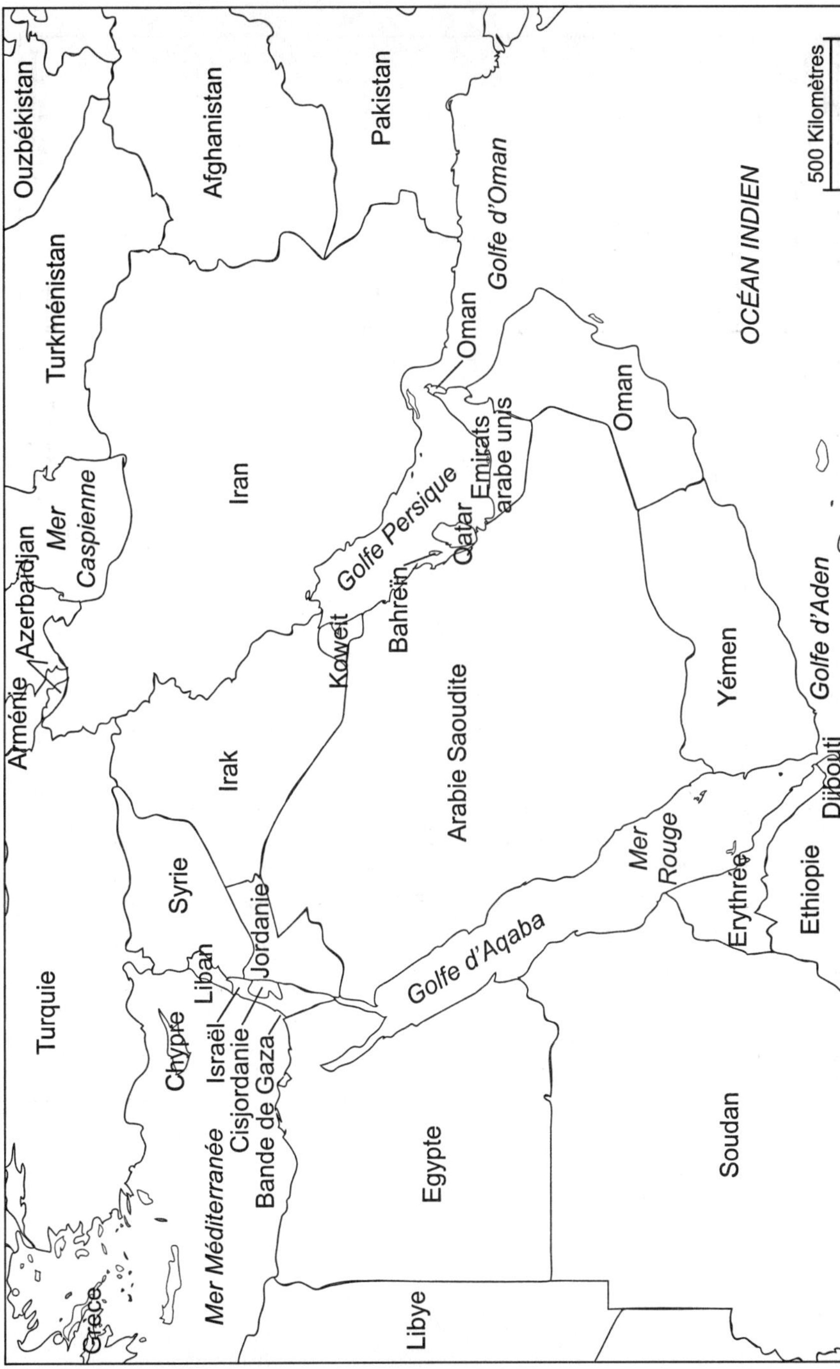

La Syrie administrative

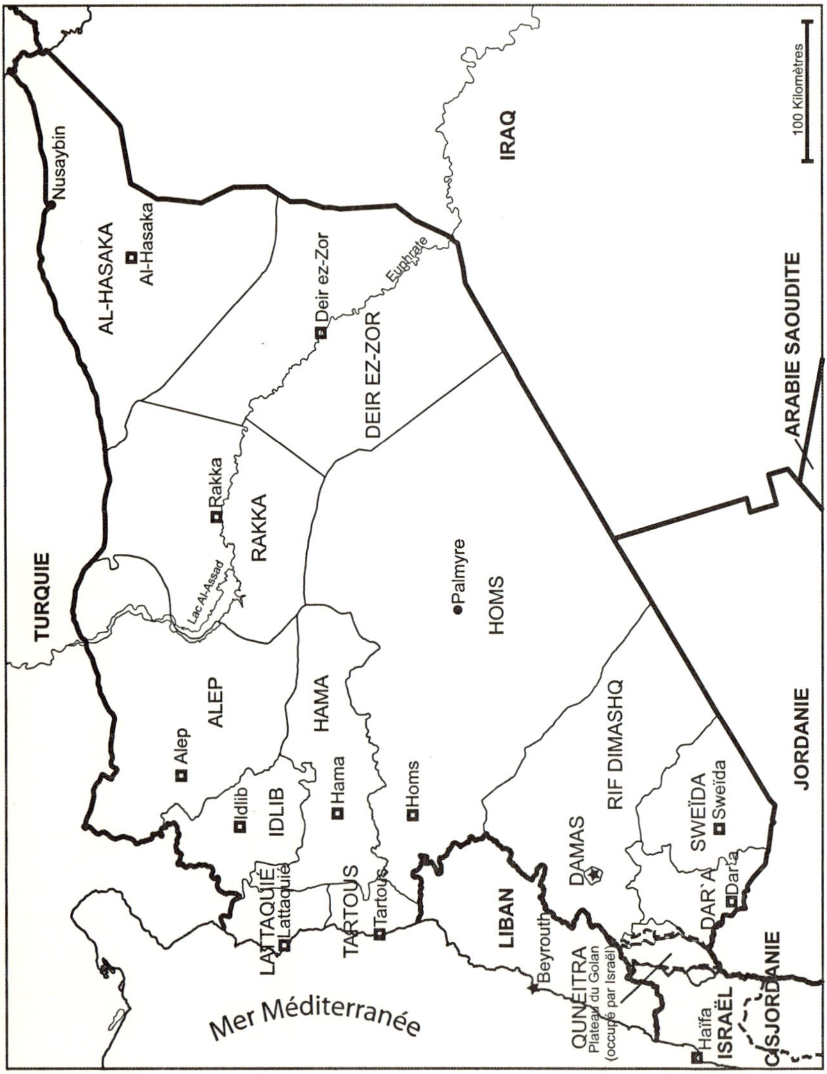

1

Du Croissant fertile à l'indépendance inachevée

« Eh bien je parle – et pourtant je ne sais de quelle audace ni de quelles paroles il me faudra user pour parler, et pour entreprendre d'abord de persuader les dirigeants eux-mêmes et les militaires, et ensuite le reste de la cité également, de ceci : que ce dont nous les avons pourvus en les élevant et en les éduquant, c'était comme un songe qui leur donnait l'impression d'éprouver tout cela et de le voir se produire autour d'eux : mais qu'en vérité ils étaient alors sous la terre, en son sein, en train d'être modelés et élevés eux-mêmes, leurs armes et tout le reste de leur équipement étant en cours de fabrication; qu'une fois que leur fabrication avait été terminée, la terre, qui est leur mère, les avait mis au monde; et qu'à présent ils doivent délibérer au sujet du pays où ils sont, et le défendre contre quiconque l'attaque, comme si c'était là leur mère et leur nourrice, et penser aux autres citoyens comme à des frères nés comme eux de la terre. »

PLATON, *République*.

Les archives soigneusement conservées par Sultan el-Atrache[1] contiennent un document daté de 1931, dont un tampon mentionne en français et en arabe « Etat du Djebel Druze ». Deux timbres officiels arborent le buste de Marianne et portent la mention « République française ». C'était l'époque du mandat français en Syrie. La province majoritairement druze de Sweïda avait été séparée du reste de la Syrie et érigée

1. Né à Paris en 1975, Talal el-Atrache (le coauteur de cet ouvrage) est l'arrière-petit-fils de Sultan el-Atrache.

en Etat indépendant. Les frontières administratives actuelles de cette province syrienne coïncident avec celles de l'ancien Etat créé en 1921 sur les ruines de l'éphémère royaume arabe du monarque Fayçal.

Aujourd'hui, un monument dédié à la mémoire des martyrs de la grande révolte contre le mandat français (1925-1927) orne le centre-ville de Sweïda, pour rappeler à ceux qui l'auraient oublié que les invasions étrangères – turque ou française – successives, ont essuyé dans ce massif volcanique leurs plus grandes défaites militaires.

L'Etat du Djebel Druze a été rattaché à la mère-patrie et rebaptisé « Djebel Arabe » par les révolutionnaires druzes qui entendaient ainsi marquer leur identité arabe et syrienne face à la politique *partitionniste* mise en place par l'occupant colonial.

Dès son établissement en Syrie en 1920, le pouvoir mandataire a divisé le pays en plusieurs mini-Etats confessionnels : Etat des Alaouites le long du littoral, Etat d'Alep au nord, Etat de Damas au sud et Etat du Djebel Druze au sud-est. Détaché de la Syrie à la veille de la Seconde Guerre mondiale, le sandjak d'Alexandrette fut cédé par la France à la Turquie en 1939 afin de garantir la neutralité d'Ankara dans le conflit mondial qui s'annonçait. Les Syriens ont longtemps gardé dans leur mémoire collective le souvenir amer de ces années tumultueuses. Si la puissance mandataire a changé de nom, la dernière invasion de l'Irak semble avoir ravivé un passé qu'ils croyaient à jamais révolu. Si la Société des Nations a cédé la place à l'Organisation des Nations unies, cette incarnation de la « communauté internationale » représente pour les Syriens en particulier, et plus généralement pour les populations arabes, le club des grandes puissances victorieuses de la Seconde Guerre mondiale. Honteuses de leur incapacité à avoir pu empêcher l'Holocauste, l'une des pages les plus sombres d'un conflit qui n'a pas impliqué directement les populations arabes, ces mêmes puissances n'en finissent pas aujourd'hui d'expier leurs fautes par un soutien parfois inconditionnel au jeune Etat d'Israël.

La Syrie historique, jadis appelée en arabe *Bilad al-Cham* (Pays de Cham), englobait le Liban, la Palestine, la Jordanie et la Syrie actuelle. La Syrie et la Mésopotamie forment le

Croissant fertile. Située aux confins de l'Europe, de l'Asie et de l'Afrique, cette région fut le carrefour de plusieurs civilisations. Jamais le Croissant fertile n'a connu de paix ni la prospérité en étant divisé. En revanche, cette zone stratégique a vécu ses siècles de gloire et de progrès lorsqu'elle était géographiquement et politiquement unifiée. L'union engendra dans le passé une dynamique qui contribua à l'éclosion des civilisations assyrienne, babylonienne, omeyyade et abbasside. C'est dans cette perspective que Damas, qualifiée de « cœur battant de l'arabisme », a œuvré tout au long du XXe siècle à l'élaboration d'une solidarité panarabe, parfois de manière spontanée et hâtive, comme ce fut le cas lors de l'union improvisée avec l'Egypte nassérienne, la République arabe unie (RAU)[1].

Conquise en 1516 par le calife ottoman Selim Ier, la Syrie sombre dans l'oubli pendant quatre siècles. Elle restera partie intégrante de l'Empire ottoman jusqu'en 1918. La prise de conscience identitaire arabe émerge au début du XIXe siècle, sous l'égide des précurseurs arabes chrétiens, bientôt rejoints par une partie de l'élite musulmane. Encouragés par la vague indépendantiste dans les Balkans, les Arabes de l'Empire s'engagent dans un mouvement de renaissance politico-culturelle qui se propage dans l'ensemble du monde arabe. La *Nahda* préconise un nationalisme arabe laïc, qui transcende les différences confessionnelles. Ce mouvement se distingue de la solidarité islamique – à vocation universelle – sur laquelle repose la légitimité du régime théocratique du califat ottoman.

La *Nahda* s'affermit en réaction au coup d'Etat des Jeunes-Turcs en 1908, qui, sous la direction d'Enver Pacha, instaure un *pantouranisme*[2] visant à assimiler les Arabes à la langue,

1. La République arabe unie (RAU) (الجمهورية العربية المتحدة al jumhūrīya al-arabīya al-muttaĥida) a été créée en 1958, fruit de l'union de l'Egypte nassérienne et de la Syrie. La RAU a disparu en 1961, bien que l'Egypte ait conservé cette appellation jusqu'en 1971.

2. Le pantouranisme, appelé aussi panturquisme, vise l'unité de tous les peuples turcs et leur rassemblement au sein d'un seul Etat. Dès 1839 se constitue en Turquie une « Société touranienne » qui se fixe comme objectif de fonder un « Empire du Touran ». En 1915, les Jeunes-Turcs, qui dirigent le gouvernement de l'Empire ottoman, déclarent que leur objectif de guerre est l'unité de tous les peuples turcs.

la culture et l'identité turques. Empreinte par la nostalgie de la glorieuse époque des Omeyyades de Damas en Andalousie, la littérature arabe levantine du début du xxe siècle traduit toute l'ampleur et les limites de cette renaissance culturelle et politique. Non sans un certain romantisme, la *Nahda* exprime à la fois les grandeurs passées d'une civilisation et son incapacité à jeter les bases d'un projet géopolitique adapté au réveil des nationalités d'Orient.

La Première Guerre mondiale et l'alignement de l'Empire ottoman sur l'Allemagne accélèrent le démembrement du grand « Homme malade ». La Grande-Bretagne promet aux Arabes la création d'un royaume indépendant au sud du 36e parallèle, englobant la Syrie, la Mésopotamie et la péninsule Arabique, en échange du soulèvement des tribus contre les Ottomans. Contrairement aux engagements pris envers les Arabes, Londres signe secrètement avec Paris en 1916 les accords Sykes-Picot[1], prévoyant le partage du Croissant fertile entre la France et la Grande-Bretagne après le démantèlement de l'Empire ottoman. En vertu de l'accord, l'Angleterre obtient un mandat de la SDN sur la Mésopotamie et la Palestine alors que la France est chargée de la Syrie au nom des droits historiques dont elle se prévaut depuis le temps des royaumes latins[2]. Simultanément, avec la déclaration Balfour[3] du 2 novembre 1917, la Grande-Bretagne promet

1. Voir chapitre 6 : « Attaquer et sanctionner... ».

2. Durant la première croisade, plusieurs chefs croisés se taillèrent des fiefs en Orient : comté d'Edesse (1098-1146); principauté d'Antioche (1098-1268); royaume de Jérusalem (1099-1291) et comté de Tripoli (1102-1288). Richard Cœur de Lion conquit l'île de Chypre et la donna à Guy de Lusignan qui y fonda une monarchie : le royaume de Chypre (1192-1489). Lors de la prise de Constantinople, au cours de la quatrième croisade, furent fondés plusieurs Etats dans l'Empire byzantin : l'Empire latin de Constantinople (1204-1261); le royaume de Thessalonique (1205-1222); la principauté d'Achaïe (1205-1428); le duché d'Athènes (1205-1458) et le duché de Naxos (1210-1566).

3. La déclaration Balfour de 1917 est une lettre ouverte adressée à Lord Lionel Walter Rothschild (1868-1937), publiée le 2 novembre 1917 par Arthur James Balfour, le ministre britannique des Affaires étrangères, en accord avec Chaïm Weizmann, alors président de la Fédération sioniste et futur président de l'Etat d'Israël en 1948. Par cette lettre, le Royaume-Uni se déclare en faveur de l'établissement en Palestine d'un Foyer national pour le peuple juif.

aux Juifs britanniques l'établissement d'un « Foyer national juif » en Palestine.

L'alliance arabo-britannique est scellée par Thomas Edward Lawrence, dit Lawrence d'Arabie. Les Arabes se soulèvent contre les Ottomans, qui battent déjà en retraite sur plusieurs fronts. Le 1er novembre 1918, les troupes du prince Fayçal, fils du chérif Hussein de La Mecque et les soldats britanniques font une entrée triomphale dans l'ancienne capitale des Omeyyades, marquant ainsi la fin de quatre siècles de domination ottomane.

L'Etat arabe unifié, laïc et multiconfessionnel est aussitôt proclamé. Il s'agit d'une monarchie parlementaire comprenant la Syrie historique et la Mésopotamie, avec Damas pour capitale. Mais l'enthousiasme cède vite à la désillusion lorsque l'armée britannique investit la Mésopotamie. Le 8 octobre 1918, le général Allenby occupe Beyrouth et déloge le gouvernement arabe. Le général Henri Gouraud, nommé haut-commissaire français en Syrie, débarque au Liban le 21 novembre 1919. Le 14 juillet 1920, il lance un ultimatum ordonnant au gouvernement syrien une reddition sans condition. Le jeune ministre de la Défense Youssef al-Azmeh rassemble les quelque 600 militaires mal équipés de la jeune armée syrienne et décide d'affronter la puissance de feu française près de l'actuelle frontière syro-libanaise. « L'histoire ne dira pas que Damas est tombé sans que les Arabes aient combattu pour la défendre », déclare-t-il. Le 24 juillet, 10 000 militaires français équipés de chars, de canons et d'avions de chasse anéantissent en moins d'une heure le bataillon syrien dans la bourgade de Mayssaloun. Youssef al-Azmeh est tué pendant la bataille. Sa statue, érigée en plein centre de Damas, maintient le souvenir de cette épopée anticoloniale.

Le lendemain, les troupes françaises entrent dans la capitale syrienne alors que le roi Fayçal prend le chemin d'un exil qui le conduira sur le trône d'Irak déjà sous tutelle britannique. A Damas, le haut-commissaire français se rend sur le tombeau du vainqueur des Francs au XIe siècle. « Saladin, réveille-toi, nous sommes revenus ! », lance le général Gouraud, en posant sa botte sur la pierre tombale du vainqueur de Jérusalem. Colportée jusqu'à nos jours, cette déclaration demeure pour les Arabes un sujet d'amertume et de ressentiment à l'égard de la politique coloniale franco-britannique. Dès son installation, la France joue des rivalités confessionnelles conformément à la vieille recette « diviser pour mieux régner ». L'historien Gérard Degeorge relève que « soucieuse d'enrayer les aspirations unitaires dans lesquelles elle ne cessera de voir la pire menace contre son autorité, la France procédera, sous couvert d'une politique de défense des minorités et en contradiction avec l'esprit du mandat, à un morcellement du pays[1] ». Cette politique suscite une levée de boucliers parmi les nationalistes de confession chrétienne, à l'instar du ministre des Finances Fares Khoury, qui va jusqu'à se déclarer prêt à se convertir à l'islam puisque l'intervention française était officiellement destinée à « protéger les Chrétiens d'Orient ».

Le 1er septembre 1920, le général Gouraud proclame à Beyrouth l'indépendance du Grand Liban, une démarche qui ravive les antagonismes entre partisans et opposants au rattachement à la Syrie. Le nouvel Etat comprend le Mont-Liban, historiquement autonome et plutôt favorable à la présence française, auquel il intègre la plaine de la Bekaa traditionnellement liée à Damas, et l'ensemble du littoral de Tripoli au nord jusqu'au Jabal Amil au sud, en passant par Tyr, Saïda et Beyrouth, « contre les vœux des populations ainsi annexées[2] ». Ces territoires, majoritairement sunnites et chi'ites, ne cesseront d'exiger leur rattachement à Damas. La création de l'entité libanaise « pouvait certes se prévaloir du soutien d'une fraction de la population autochtone, en particulier le clergé et la plupart des notables maronites. Pas tous cependant : plusieurs personnalités chrétiennes, parmi lesquelles le propre frère du patriarche maronite [...], furent déportées pour faire taire toute opposition[3] ». Au Liban, le pouvoir mandataire institutionnalise le confessionnalisme politique. Au fil du temps, ce mode d'administration devient le principal obstacle à l'émergence d'un Etat-nation moderne,

1. Gérard Degeorge, *Damas, des Ottomans à nos jours*, Paris, L'Harmattan, « Comprendre le Moyen-Orient », 1999.
2. Samir Kassir, *Histoire de Beyrouth*, Paris, Fayard, 1999.
3. *Ibid.*

en entretenant un morcellement politique régi par les grandes familles issues du système féodal et clanique[1].

La Syrie moderne est scindée en quatre mini-Etats : l'Etat de Damas, l'Etat d'Alep, l'Etat des Alaouites et l'Etat druze. Cette stratégie est explicitement exposée dans un rapport confidentiel du lieutenant-colonel Catroux, alors commandant de l'antenne du renseignement militaire : « Pour dissocier l'effort unitaire, nous avons démembré les territoires qui avaient formé le royaume de Fayçal[2]. » Dans sa dépêche de synthèse, il insiste sur l'objectif politique de la division administrative : « Telle est la régression douloureuse à l'amour-propre national syrien, spécialement humiliante pour l'orgueilleuse capitale des Omeyyades, qui a accompagné en ce qui touche l'aspiration unitaire la destitution de Fayçal à l'avènement du mandat[3]. » Adjoint du général Gouraud, le diplomate Robert de Caix choisit pour base les « entités cohérentes » tels le Mont-Liban, la montagne alaouite, Damas et Alep. Mais sur le littoral syrien (de la Cilicie à la Palestine), la « mosaïque sociale » est trop forte : « A cette poussière politique, il faudrait appliquer une poussière de protections. » Il propose, dans un premier temps, de reprendre le cadre administratif ottoman et de laisser les villages et quartiers urbains se gouverner « par leurs curés ou chefs notables ». Une gendarmerie mobile française maintiendra l'ordre entre tous les groupes. A la faveur du développement économique de la région, l'administration française pourra intervenir au niveau des petites unités territoriales. De son côté, Emmanuel de Martonne explique que la Syrie est « un mélange de races et de religions tel qu'il est impossible de parler d'une nationalité syrienne et de prétendre qu'il existe un sentiment général

1. L'œuvre de l'historien Gérard Khoury, associé à l'Institut de recherches et d'études sur le monde arabe et musulman (IREMAM) à Aix-en-Provence, constitue la référence indispensable pour la question de la formation de la Syrie et du Liban contemporains : *La France et l'Orient arabe*, Paris, Armand Colin, 1994 ; *Une tutelle coloniale. Le mandat français en Syrie et au Liban. Ecrits politiques de Robert de Caix*, Paris, Belin, 2007 ; *La France et l'Orient arabe. Naissance du Liban moderne. 1914-1920*, Paris, Albin Michel, 2009.

2. Lieutenant-colonel Catroux, cité dans Gérard Degeorge, *Damas des Ottomans à nos jours*, *op. cit.*, p. 26.

3. *Ibid.*

réclamant une autonomie complète». De Caix et Martonne semblent à ce moment-là être au courant des projets d'Etats arabes sur la Syrie intérieure. «Il ne faut pas créer une unité fictive du pays. Il faut accepter les divisions des tribus et les délimitations actuelles, avoir une série de protectorats ou petites autonomies, donc des gouverneurs ou résidents français[1] », affirme Robert de Caix dès 1916.

Ce passé récent reste ancré dans la mémoire collective syrienne comme l'un des obstacles fondateurs et persistants à l'achèvement de l'unité nationale.

Après le détachement du Grand Liban, de la Palestine, de la Transjordanie et la création d'Etats communautaires, le dépeçage du pays accroît l'exaspération des Syriens, qui y perçoivent une atteinte à leur identité nationale et une violation des obligations de puissance mandataire de la France. Ils ne tarderont pas à exprimer leur colère. En juillet 1921, Ibrahim Hananou lance une insurrection à Alep, suivie en octobre par celle de cheikh Saleh al-Ali dans la montagne alaouite. Celle-ci exige son rattachement à la Syrie. Réprimées dans le sang, ces révoltes poussent néanmoins la France à réunifier Damas et Alep en un seul Etat. L'opposition nationaliste se regroupe en 1925 autour du Dr Abdel Rahman Chahbandar au sein du Parti du Peuple, dont le rôle sera déterminant dans la lutte politique pour l'indépendance du pays.

Mais c'est la montagne druze qui reprend le flambeau du nationalisme arabe en déclenchant une insurrection pour la réunification et l'indépendance de la Syrie[2]. A la tête d'une armée de 500 «chevaliers», Sultan el-Atrache proclame la rébellion contre le mandat le 14 juillet 1925, date choisie à dessein pour coïncider avec celle de la Révolution française. Engagée dans plusieurs expéditions punitives, l'armée fran-

1. Vincent Cloarec, *La France et la question de Syrie 1914-1918*, Paris, éditions du CNRS, 2002.

2. Une première révolte avait éclaté à Sweïda en 1922 lorsque le nationaliste arabe Adham Khanjar, un militant chi'ite libanais du Djebel Amil, avait tenté d'assassiner le général Gouraud. Ayant échoué dans sa tentative, Khanjar chercha refuge à Sweïda chez Sultan el-Atrache, mais fut arrêté par l'armée française avant son arrivée. Il fut transféré à Beyrouth avant d'être exécuté. Son arrestation déclencha la première révolte de Sultan el-Atrache, qui tourna court.

çaise est défaite le 21 juillet à la bataille d'Al-Kafr. Cette victoire tactique ravive l'espoir des nationalistes. Le 3 août, 8 000 soldats français appuyés par de l'artillerie lourde, des chars et des avions, enregistrent une nouvelle défaite face aux 3 000 guerriers druzes de Sweïda.

A l'issue de quatre jours de combats acharnés, les insurgés syriens récupèrent un important stock de matériel abandonné par les unités françaises. Après un revers lors de la bataille de Mseifra, les résistants repoussent plusieurs contre-attaques françaises et remportent des victoires décisives lors des confrontations de Rsas et de Sweïda. L'armée française est contrainte de se replier. La montagne tout entière est libérée. Ces succès encouragent les nationalistes syriens, notamment le Dr Chahbandar et Choukri Quwwatli, futur premier président de la Syrie indépendante. Ils rejoignent les rebelles à Sweïda, où ils nomment Sultan el-Atrache « commandant général de la Grande révolution syrienne ».

De son bastion, déclaré « territoire libre », Sultan el-Atrache appelle les « descendants des glorieux Arabes » à prendre les armes en faveur d'une « Syrie libre, indépendante et souveraine ». Son appel, lancé le 23 août, est explicite : « Les colonialistes [...] ont érigé des barrières artificielles à l'intérieur de notre Nation, et nous ont divisés en mini-Etats sur des bases confessionnelles. Ils nous ont privés [...] du libre commerce et de la libre circulation, même à l'intérieur de notre pays. » Il revendique « l'unité de la Syrie naturelle, la reconnaissance de son identité arabe, de son unité, de son indépendance, le retrait des forces d'occupation de toute la Syrie et la mise en place d'une armée nationale en vue d'assurer la sécurité du pays ». L'homme, qui vouait une grande admiration aux principes de la Révolution française, exigea du pouvoir mandataire « la reconnaissance de ses idéaux, à savoir le respect des droits de l'homme, la liberté, l'égalité et la fraternité ».

« Sultan el-Atrache ! Ce nom évoque le plus pénible souvenir de notre séjour en Syrie. C'est lui qui, en 1925, prit la tête de la rébellion de la Montagne druze, laquelle nous coûta 2 000 hommes, entraîna la révolte de Damas, du Hauran, du Liban-Sud et de l'Anti-Liban, et nous mit à deux doigts d'un désastre[1] », écrivent en 1937 les romanciers orientalistes Jérôme et Jean Tharaud.

Pendant deux ans, la guerre fait rage en Syrie. Les combattants druzes s'infiltrent à Damas, entraînant leurs homologues damascènes à se soulever à leur tour. La capitale syrienne est violemment bombardée par l'armée française. Dans un document saisissant de réalisme, une résidente française relate les faits au jour le jour : « L'affreuse journée ! Vers trois heures, cet après-midi, est arrivé par la rue Droite un cortège macabre de chameaux porteurs de cadavres, qu'on disposa à terre, bien alignés sur la place El Merdjé. Une de nos amies en état de grossesse, regardant par sa fenêtre, en fut tellement saisie qu'elle dut s'aliter. Tout autour, des soldats l'arme au pied. Au centre de la place, des gendarmes, les mains dans leurs poches, le chef de la police avec sa cravache, et des autorités militaires et civiles. A terre, de longues traînées de sang. C'était d'une horreur dantesque : les chaussures des cadavres étaient éparpillées çà et là ; ils avaient des visages tragiques, des bras tendus ; l'un, tout jeune, semblait encore crier quelque chose, la bouche ouverte ; cervelles sanguinolentes, entrailles sortant de ventres ouverts, c'était un étal de boucherie humaine. Pour moi, ce fut un affreux scandale. Que devait-ce être pour les Damascains et surtout pour les Musulmans, qui observent si strictement le respect de leurs morts, Dans un coin de la place, un groupe de femmes voilées, accroupies, sanglotaient, gémissant avec leurs enfants criards. Interrogées par les assistants, elles racontèrent que les "brigands" s'étant enfuis, les soldats, au lieu de les poursuivre, avaient tiré sur les paysans qui travaillaient dans leurs champs. "Par Allah ! criaient-elles, ils étaient innocents !..." Tout cela soulevait le cœur[2]. »

Une partie de la vieille ville, totalement incendiée, est rebaptisée quartier de *Harika* (incendie). La révolution se répand dans tout le pays. Elle gagne le mont Hermon au

1. Jérôme et Jean Tharaud, *Alerte en Syrie !*, Paris, Librairie Plon, 1937.
2. Alice Poulleau, *Damas sous les bombes. Journal d'une Française pendant la révolte syrienne (1924-1926)*, Bretteville frères imprimeurs, rue de la République, Yvetot. Ce document a été retrouvé par François Burgat, directeur de l'Institut français du Proche-Orient (IFPO) à Damas. Il doit être réédité prochainement.

Liban, après que les troupes conduites par Zeid el-Atrache, frère cadet de Sultan, eurent libéré le Golan ainsi que les régions de Majdal Chams, Rachayya et Hasbayya. Débordé, le pouvoir mandataire dépêche en renfort des bataillons en provenance des colonies nord-africaines et asiatiques. Au printemps 1926, il bombarde les principales villes syriennes et lance une attaque terrestre et aérienne contre Sweïda. Pendant des mois, la ville assiégée résiste. La montagne finira par tomber en août, après l'entrée des troupes françaises dans Sweïda. Les nationalistes sont traqués, arrêtés et pendus en public. Sultan el-Atrache et son état-major prennent le chemin de l'exil. La révolution s'effondre en 1927. Le Dr Chahbandar est arrêté, et restera emprisonné jusqu'en 1936, avant de finir assassiné dans sa clinique en 1940.

A partir de 1927, et malgré l'échec militaire, les nationalistes syriens poursuivent leur combat politique, conduits par le fondateur du Bloc national Hachem Atassi[1]. Cette organisation rassemble une brochette de fortes personnalités dont Khaled al-Azmeh, Fares Khoury, Rachad Barmada, Nazem Qoudsi, Ibrahim Hananou, l'émir Hassan el-Atrache, Choukri Quwwatli et Saadallah Jabiri[2]. Installé en 1928, le parlement

---

1. Né à Homs, Hachem Atassi (1875-1960) occupe des postes-clés dans l'administration ottomane. Il devient successivement gouverneur de Homs, Hama, Baalbek et Jaffa. Après l'effondrement de l'Empire ottoman, il est élu chef du Conseil national syrien, qui déclare l'indépendance de la Syrie en 1920. Il est nommé Premier ministre en mars et forme un gouvernement éphémère qui sera dissous après la débâcle de Mayssaloun le 24 juillet 1920. Il fonde en 1927 le Bloc national, qui se donne pour objectif l'indépendance de la Syrie. Il sera élu trois fois président de la République (1936-1939, 1949-1951, 1954-1955).

2. Khaled al-Azem (1903-1965) a été six fois Premier ministre. Malgré son appartenance à la grande bourgeoisie damascène, ses tendances procommunistes dans les années 1950 lui valurent le surnom de « millionnaire rouge ».

Eminent juriste, Fares Khoury (1877-1962) est né à Hasbaya au Liban, lorsque celui-ci faisait partie de la Syrie. Il entame une carrière de professeur au Syrian Protestant College (aujourd'hui l'American University of Beirut) au Liban, avant de rejoindre en 1916 la grande révolte arabe du chérif Hussein. Il est ministre des Finances jusqu'au 24 juillet 1920, date de l'arrivée des troupes françaises. Il s'oppose farouchement au mandat, au dépeçage de la Syrie et à la séparation du Liban. Il devient ministre de l'Education en 1926, puis président du Parlement (1936-1939). Il est deux fois Premier ministre (1944-1945, 1954-1955) et à nouveau président du Parlement (1945-1949). Il préside la délégation syrienne à la conférence

syrien réclame avec insistance l'indépendance du pays, ce qui amène l'autorité mandataire à le dissoudre en 1934. Un traité franco-syrien est signé sous les auspices du Front populaire en 1936. Ce dernier prévoit l'indépendance de la Syrie. Pourtant, celle-ci ne verra pas le jour. En juin 1939, la France cède à la Turquie la ville d'Antioche, ancienne capitale syrienne, et sa région, le sandjak d'Alexandrette, débouché naturel de la ville d'Alep sur la Méditerranée. Cette concession vise à obtenir la neutralité d'Ankara dans la nouvelle tragédie mondiale qui s'annonce.

Révoltés par les promesses non tenues des Anglais puis des Français, les nationalistes déclenchent le 29 mai 1945 un

---

de San Francisco en 1945, représentant la Syrie, l'un des 53 pays fondateurs de l'ONU.

Rachad Barmada est l'un des principaux militants opposés au mandat français. L'un des dirigeants du Parti du Peuple, il est ministre de la Défense avant l'union avec l'Egypte.

Nazem Qoudsi est l'une des plus grandes figures de la lutte politique durant le mandat. Il fut président du Parlement, Premier ministre et deux fois président de la République.

Issu d'une famille de notables d'Alep, Ibrahim Hananou (1869-1935) entame sa carrière au sein de l'administration ottomane avant de rejoindre la grande révolte arabe de 1916. Il propage les idées nationalistes arabes au sein de l'élite alépine et organise en 1919 un soulèvement armé qui unit Alep, Antioche et Idlib contre les troupes mandataires. Il reçoit un précieux soutien du mouvement nationaliste turc dirigé par Mustafa Kemal (Atatürk), alors en guerre contre l'armée française pour le contrôle de la Cilicie et de l'Anatolie du Sud. La révolte s'effondre brusquement lorsque la Turquie interrompt son soutien militaire suite à l'accord Franklin-Bouillon signé en octobre 1921. En 1927, il participe à la création du Bloc national qui milite en faveur de l'indépendance de la Syrie.

Bien que Sultan el-Atrache soit perçu comme l'un des leaders incontestés de la Syrie, c'est pourtant à son cousin et allié Hassan el-Atrache que revient le titre héréditaire d'émir de la Montagne druze. Le 29 mars 1945, il dirige un soulèvement qui fera de la Montagne druze la première et seule province syrienne à se libérer par ses propres moyens du mandat. Il occupa plusieurs postes ministériels.

Choukri Quwwatli (1881-1967) a été deux fois président de la République (1943-1949 et 1955-1958). Opposé au mandat français, il est condamné à mort en 1920. Il s'exile en Suisse jusqu'en 1924, lorsqu'il rejoint Sultan el-Atrache lors de la révolte de 1925-1927. Il s'exile à nouveau après l'effondrement du soulèvement. Il revient au pays en 1931 à la faveur d'une amnistie générale et reprend son combat pour l'indépendance.

Originaire d'Alep, Saadallah Jabiri (1891-1948) a dirigé le Bloc national avant de devenir deux fois Premier ministre. Il occupa également le poste de ministre des Affaires étrangères dans plusieurs cabinets ministériels.

nouveau soulèvement armé minutieusement préparé à travers le pays. Il est violemment réprimé par les troupes mandataires, qui bombardent le parlement syrien et le centre de la capitale. Une partie de la citadelle de Damas deux fois millénaire est détruite par la canonnade qui fait près de 700 victimes. Renouant avec sa longue tradition d'insoumission, Sweïda est la première province syrienne à se libérer de la tutelle coloniale avec le soutien de la Grande-Bretagne qui arme les différentes forces politiques syriennes opposées au Mandat français. Ce soutien logistique et financier s'était accentué avec la fin du Mandat, car la Grande-Bretagne cherchait absolument à contenir, sinon à faire disparaître toute espèce d'influence française au Levant. Soumises aux pressions britanniques qui attisent le front intérieur, les troupes françaises quittent définitivement la Syrie le 17 avril 1946.

Le soulèvement général des Druzes, des Chrétiens, des Alaouites et des Sunnites contre la partition de la Syrie apporte un démenti à la théorie des minorités, image pieuse des orientalistes selon lesquels l'Orient arabe serait composé d'une mosaïque de tribus hétérogènes incapables de coexister. Malgré le réveil des nationalités arabes, cette thèse va pourtant perdurer et se transmettre aux tutelles coloniales successives jusqu'à aujourd'hui. Du mandat français à la domination britannique, elle a servi à David Ben Gourion, l'un des fondateurs de l'Etat d'Israël, pour diviser et affaiblir ses voisins. Principale source d'inspiration des néoconservateurs qui vont influencer la politique arabe des deux administrations Bush, elle inspirera encore certains conseillers de Barack Obama.

2

Michel Aflaq, le Ba'ath et le panarabisme

« Il est logique que le nationalisme abstrait de l'Occident dissocie nationalisme et religion. En effet, la religion leur étant parvenue de l'extérieur, elle est étrangère à la nature et à l'histoire de l'Europe. Quintessence de la doctrine supraterrestre et de l'éthique, elle ne fut pas révélée dans les langues nationales de l'Europe, elle n'exprima pas le besoin propre à son environnement et ne se confondit pas avec son histoire. Quant à l'islam, il ne représente pas pour les Arabes une doctrine supraterrestre unique. Il n'est pas non plus une éthique pure mais la manifestation la plus claire de leur conscience de l'univers et de leur vision de la vie, l'expression la plus forte de l'unité de leur personnalité dans laquelle la parole fusionne avec le cœur et l'esprit, la méditation avec l'action, l'âme avec le destin. Bien plus encore, l'islam est la plus belle illustration de leur langue et de leur littérature, le chapitre le plus volumineux de leur histoire nationale. Il n'est donc pas possible de célébrer un de nos héros immortels en tant qu'Arabe et de l'ignorer ou de le rejeter en tant que Musulman. Notre nationalisme est un organisme vivant aux membres emmêlés : toute dissection de ce corps et toute dissociation de ses organes lui sont fatales. »

Michel Aflaq,
Discours prononcé dans l'amphithéâtre de l'Université syrienne, le 5 avril 1943.

Bien que les marchandages consécutifs à la Première Guerre mondiale aient été réalisés au détriment des pays arabes, au seul profit des vainqueurs occidentaux, le conflit a néanmoins créé un sursaut parmi les peuples colonisés en faveur de leur indépendance. Les Arabes du Levant prennent la mesure de leurs atouts : un poids démographique ; un riche héritage historique et culturel et la territorialité géostratégique d'une « Nation arabe » aux confins des continents européen, asiatique et africain. Cette « Nation arabe », qui s'étend de l'Atlantique jusqu'au Golfe arabe, une utopie pour certains, constitue un idéal et un objectif à atteindre pour d'autres.

Contre l'établissement du Foyer national juif de la déclaration Balfour, une révolte éclate en Palestine en 1929. L'amputation d'un morceau de la Palestine historique jusque-là considérée comme la « Syrie du Sud », est une hypothèse inconcevable pour les nationalistes arabes.

Au Liban, les « Conférences du littoral » de 1933 et 1936 revendiquent, en vain, le rattachement du pays du Cèdre à la Syrie. En 1932, Antoun Saadé[1], un chrétien du Mont-Liban, fonde le Parti social national syrien (PSNS), qui s'implante rapidement au Liban, en Syrie et en Palestine. En quelques années, il deviendra l'une des plus importantes formations laïques du Levant arabe. Auteur d'une « Genèse des nations », l'idéologue du parti préconise l'union des Etats de la « Syrie naturelle » qui correspond au Croissant fertile et puise ses racines dans les civilisations assyrienne et babylonienne. Emprisonné à plusieurs reprises à l'époque du mandat français, ce nationaliste syrien participe à la guerre de Palestine en 1948-1949. Face à la montée en puissance de son parti, il est accusé par les régimes en place de préparer un coup d'Etat au Liban. Il est arrêté à Damas par le gouvernement militaire pro-occidental de Hosni Zaim, redoutant l'influence grandissante du PSNS en Syrie. Livré sur-le-champ au gouvernement libanais, Antoun Saadé est sommairement jugé et fusillé le 8 juillet 1949. Son parti s'enracinera surtout au Liban et en Syrie, où il est toujours implanté, notamment dans les milieux chrétiens, druzes et alaouites.

Les pays arabes devenus indépendants s'organisent en 1945 au sein de la Ligue arabe. La Syrie et le Liban sont membres fondateurs de cette alliance qui se donne pour objectif la libération des pays arabes sous tutelle étrangère,

---

1. Antoun Saadé (1904-1949), journaliste et philosophe libanais, est le fondateur du Parti social national syrien (PSNS).

notamment la Palestine et les pays du Maghreb, prélude à l'unité arabe.

En 1952, Georges Habache, un Palestinien chrétien, crée le Mouvement des nationalistes arabes (MNA). Fondée après la proclamation de l'Etat hébreu en Palestine, cette organisation déclare que « tant qu'il n'existera pas d'Etat unifié regroupant l'Irak, la Jordanie et la Syrie (comme première étape), notre confrontation avec les Juifs (sionistes) et l'alliance occidentale sera quasiment impossible[1] ». Par la suite, Georges Habache fonde le Front populaire de libération de la Palestine (FPLP) qui s'imposera comme l'une des composantes majeures du mouvement national palestinien. Le FPLP préconise un Etat laïc pour les Juifs et les Arabes, chrétiens et musulmans confondus, intégré à la nation arabe.

Mais c'est une figure héritière de la *Nahda*[2], Michel Aflaq, un Syrien chrétien né à Damas en 1912, qui élabore les premiers fondements d'une doctrine nationaliste arabe ainsi que son corollaire économique, un plan de développement. Etudiant à la faculté d'histoire de la Sorbonne à partir de 1928, Michel Aflaq se passionne pour l'histoire des idées politiques des XIXe et XXe siècles. Il apprécie particulièrement les œuvres de Proudhon, Marx, Lénine, Nietzsche, Georges Sorel, Maurras, Bergson, André Gide et Romain Rolland. Dans un entretien avec Charles Saint-Prot, il explique qu'avant de venir en France il n'était qu'un nationaliste de sentiment et que c'est en entamant ses études à Paris qu'il comprend comment le nationalisme arabe doit dépasser ce cadre affectif pour reposer sur des bases solides intégrant les différentes dimensions d'un projet historique : la politique, l'économie, la culture et les questions sociales.

A Paris, il fait la connaissance d'un Musulman sunnite, Salah Bitar, lui aussi fervent nationaliste arabe. Ensemble, ils lancent l'Union des étudiants arabes en France. De retour en Syrie, Michel Aflaq devient professeur d'histoire à Damas. C'est là qu'il finalise les bases de sa doctrine panarabe, s'appuyant sur une identité commune au-delà des frontières et des découpages territoriaux tracés par les anciennes puis-

1. Gérard Degeorge : *Damas, des Ottomans à nos jours, op. cit.*
2. Voir chapitre 1 : « Du Croissant fertile à l'indépendance inachevée. »

sances coloniales. Par leur langue, leur histoire et leur culture commune, écrit-il, les Arabes forment un seul peuple et une seule nation. Dès 1941, Michel Aflaq et Salah Bitar organisent un nouveau parti, le futur Ba'ath arabe (la résurrection arabe) qui s'implante rapidement, notamment dans les milieux estudiantins et académiques. Lorsque la Syrie moderne accède à l'indépendance le 17 avril 1946, le Ba'ath est déjà structuré comme un véritable parti politique.

Le congrès fondateur du « Parti Ba'ath arabe » se tient du 4 au 7 avril 1947 dans le café Rachid à Damas. Les délégués syriens et de nombreux représentants venus du Liban, de Palestine, de Jordanie et d'Irak, se réunissent sous le signe de l'unité arabe, de la liberté et du socialisme, qui sont les devises officielles du parti. Dans son discours d'ouverture, Michel Aflaq déclare : « Notre objectif est clair et il ne souffre aucune ambiguïté : une seule nation arabe, de l'Atlantique au Golfe. Les Arabes forment une seule nation ayant le droit inaliénable de vivre dans un Etat libre. Les moyens de la résurrection sont les suivants : l'unité, la liberté, le socialisme. » Le Ba'ath se dote d'une charte, dont l'article 7 précise que « la patrie des Arabes est le territoire qu'habite la nation arabe. Celle-ci se situe entre les montagnes du Taurus et de Bashtakwey, le golfe de Basra, la mer d'Arabie, les montagnes d'Ethiopie, le Sahara, l'Atlantique et la Méditerranée[1] ». Michel Aflaq conclut : « Le nationalisme arabe est étranger à tout esprit d'exclusion, de sectarisme, de supériorité d'un prétendu peuple élu ou d'une race supérieure[2]. »

La notion de résurrection – ba'ath – engage la nation arabe à renouer avec son passé glorieux. « La libération que nous réclamons n'est rien d'autre que la libération du poids des chaînes qui se sont accumulées[3] » pendant les siècles durant lesquels les Arabes sont demeurés divisés et soumis aux occupations étrangères. Officiellement laïc, le Ba'ath constitue,

1. Charte du Parti Ba'ath arabe socialiste – www.baath-party.org/old/constitution2.htm.

2. Michel Aflaq, cité dans Philippe Conrad, « Le Ba'ath, parti de la résurrection arabe », site clio.fr.

3. Al Ba'ath : *Le socialisme assurera la survie de la nation arabe et son progrès*, 7 octobre 1950. www.albaath.online.fr/Francais/Aflak-CH03-Le%20Socialisme.htm.

avec le Parti social national syrien, la première grande organisation politique arabe à rejeter le concept de religion d'Etat. Il s'oppose à la répartition confessionnelle et communautaire des sièges au Parlement syrien et se prononce en faveur d'une démocratie pluraliste. Toutefois, Michel Aflaq reconnaît à l'islam son rôle historique d'enrichissement de la civilisation et du patrimoine culturel arabe, notamment à l'époque des Omeyyades et des Abbassides. L'islam fait donc partie du patrimoine commun à tous les Arabes, y compris chrétiens, dont il est aussi l'héritage national et culturel. « L'islam a été la pulsion vitale qui a révélé aux Arabes les potentialités et les forces latentes qui résidaient en eux. Il les a projetés sur la scène de l'Histoire », déclare-t-il en 1943, dans un discours « à la mémoire du prophète arabe ».

Le fondateur du Ba'ath accorde à l'économie une fonction clé : sortir la nation arabe de son sous-développement et rattraper le retard pris sur l'Occident. Il estime que le développement économique précède et prépare l'unité politique du monde arabe. Par conséquent, le parti se donne pour objectif principal la mise en œuvre du progrès économique comme étape indispensable à l'unité et la souveraineté politique.

Si Michel Aflaq adopte officiellement le socialisme d'Etat, pour sortir du sous-développement et de la pauvreté, il prend toutefois ses distances vis-à-vis du modèle communiste dont il critique le caractère autoritaire. Reconnaissant les apports scientifiques et politiques du marxisme, il théorise un socialisme ba'athiste qui privilégie l'homme plutôt que le système. Michel Aflaq estime que l'abolition de la propriété privée tue l'initiative personnelle et affecte le sens de la responsabilité. « La philosophie marxiste est matérialiste et totalisante, donc totalitaire. Elle ne considère que la collectivité et marginalise la personne humaine. Elle entend s'imposer n'importe où et n'importe comment. Mais le socialisme ne doit pas écraser l'individu. Il doit, au contraire, être à son service[1] », estime le fondateur du parti.

Sur le plan international, Michel Aflaq préconise une « neutralité positive » entre les deux blocs qui se partagent le

1. Michel Aflaq, cité par Charles Saint-Prot dans *Histoire de l'Irak*, Paris, Ellipses, 1999.

monde. Sous l'influence du Ba'ath, la Syrie jouera un rôle actif dans la création du Mouvement des pays non alignés[1]. Selon la charte du parti, les Arabes doivent combattre l'impérialisme dont ils sont victimes et le colonialisme, qualifié de « criminel et immoral », dans le monde entier, conformément à leurs capacités. Le premier congrès du parti identifie comme puissances « impérialistes » la Grande-Bretagne dont les troupes occupent l'Irak, l'Egypte, la Libye, le Soudan, la Palestine et la Transjordanie, et la France administrant le Maroc, l'Algérie et la Tunisie, ainsi que l'Espagne qui a annexé les territoires marocains de Ceuta et Melilla. A ces Etats s'ajoutent la Turquie, accusée d'avoir annexé la province arabe d'Alexandrette, et l'Iran qui a étendu sa souveraineté sur la région arabe de l'Ahwaz (rebaptisée Khouzistan par Téhéran). Les Etats-Unis, qui font figure à l'époque de puissance anticolonialiste, sont également inscrits sur la liste des Etats impérialistes car ils « s'immiscent dans les affaires du Proche-Orient dans un sens contraire aux intérêts arabes ».

En 1953, le Ba'ath arabe fusionne avec le Parti socialiste arabe d'Akram Hourani, fondé en 1945, et prend le nom de Parti Ba'ath arabe socialiste.

L'Union syro-égyptienne

Depuis l'évacuation des troupes françaises en 1946, la politique étrangère de la Syrie s'exprime à travers deux grandes

---

1. Le Mouvement des pays non alignés est une organisation internationale regroupant en 2008 118 Etats (17 Etats et 9 organisations internationales y ont un statut d'observateur) se définissant indépendants des grandes puissances mondiales. Le but de l'organisation tel que défini dans la « Déclaration de La Havane » de 1979 est d'assurer « l'indépendance nationale, la souveraineté, l'intégrité territoriale et la sécurité des pays non alignés dans leur lutte contre l'impérialisme, le colonialisme, le néocolonialisme, la ségrégation, le racisme, le sionisme et toute forme d'agression étrangère, d'occupation, de domination, d'interférence ou d'hégémonie de la part de grandes puissances ou de blocs politiques » et de promouvoir la solidarité entre les peuples du tiers-monde. L'organisation, dont le siège est à Lusaka en Zambie, regroupe près des deux tiers des membres des Nations unies et 55 % de la population mondiale.

perspectives : la recherche d'une solidarité panarabe et la libération de la Palestine, liée à celle du plateau du Golan occupé depuis juin 1967. Mais la dynamique unioniste arabe préconisée par les gouvernements successifs surmonte difficilement la corruption des régimes en place et surtout leur laxisme face à la tragédie palestinienne. L'accumulation de ces inconséquences ouvre la voie aux coups d'Etat militaires à répétition et aux dérives autoritaires qui gagnent l'ensemble de la région.

Les premières années de l'indépendance de la Syrie sont marquées par une réduction des effectifs de l'armée. Le système politique, dominé par une bourgeoisie urbaine affairiste et corrompue, installe une démocratie fragile qui ne survivra pas à la guerre de Palestine. Lorsque celle-ci éclate le 16 mai 1948, l'armée syrienne ne dispose que de 3 000 hommes mal équipés, mal encadrés, et non entraînés.

A Damas, la défaite est vécue comme une profonde humiliation et compromet la légitimité du système mis en place par les notables. L'émergence de l'Etat d'Israël sur les ruines de la Palestine, l'arrivée de dizaines de milliers de réfugiés palestiniens et le soutien occidental au nouvel Etat alimentent des troubles politiques et des réactions populaires en série dans l'ensemble des Proche et Moyen-Orient, tout particulièrement en Syrie. Alarmées par l'effervescence de la population syrienne, par l'intensité de son rejet d'un régime défaillant et sa défiance envers les parrains européens d'Israël, les chancelleries occidentales entrent en action. Instrumentalisant les différends communautaires, elles organisent une série de coups d'Etat militaires qui mettent un terme à l'éphémère expérience démocratique syrienne.

Les exécutants de ces coups sont des militaires formés et installés par le pouvoir mandataire. Ils ont maintenu des liens étroits avec l'ancienne puissance coloniale ou avec les services britanniques qui achètent leurs allégeances. Entre 1949 et 1950, la Syrie est gouvernée ainsi par quatre présidents dont trois généraux putschistes : Husni al-Zaïm, Sami Hinnawi et Adib Chichakli, qui prend le pouvoir le 19 décembre 1950. Vantant les bienfaits d'un pouvoir centralisé et puissant, le général Chichakli installe une dictature implacable et impose l'autorité de l'Etat à travers le pays. Il prend la direction de l'armée, dissout le Parlement, interdit les partis politiques et la presse. Afin de prémunir son régime contre les possibilités de soulèvements démocratiques, il délocalise une partie de l'armée à Sweïda, où les manifestations sont les plus violentes.

Pendant six mois, ses troupes s'enlisent dans la province du Sud, violemment persécutée. Le général Chichakli cherche à encercler Sultan Pacha el-Atrache dans son village de Kraya près de Sweïda, pour l'arrêter. L'insurrection gagne alors toute la province druze et l'armée intervient brutalement dans les villages de la montagne suspectés d'héberger et de soutenir el-Atrache. La répression sanglante qui s'abat sur les civils finit par susciter la colère de l'armée. Le capitaine ba'athiste Moustafa Hamdoun fomente un soulèvement militaire à partir d'Alep, deuxième ville du pays. Le reste de l'armée se soulève et le dictateur Chichakli s'enfuit au Liban le 25 février 1954. Il gagnera ensuite le Brésil et sera assassiné dans sa propre ferme près de Brasilia par Nawaf Ghazaleh, un citoyen de Sweïda qui voulait venger les victimes de sa province tombées sous son « règne ».

L'armée remet le pouvoir aux civils. Le système parlementaire est rétabli, et la Syrie renoue avec une démocratie libérale qui se traduit par un multipartisme et une liberté de la presse sans précédent. Des élections libres ont lieu le 24 septembre 1954. Renforcé par son alliance avec le parti socialiste d'Akram Hourani, le Ba'ath obtient 22 des 142 sièges du Parlement. En août 1955, Choukri Quwwatli[1] est à nouveau

1. Choukri Quwwatli (1881-1967) a été deux fois président de la Syrie (1943-1949 et 1955-1958). Opposé au mandat français, il est condamné à mort en 1920, s'enfuit vers l'Egypte et s'exile en Suisse. Il retourne en Syrie en 1924, rejoint Sultan el-Atrache lors du soulèvement de 1925-1927 et s'exile à nouveau lors de l'effondrement de la révolte. A la faveur d'une amnistie générale, il retourne en Syrie en 1931 et rejoint le Bloc national, l'un des partis politiques qui se donne pour objectif l'indépendance de la Syrie. Ce mouvement est alors dirigé par la bourgeoisie urbaine (grands notables, commerçants et propriétaires terriens) qui détient les richesses du pays. Candidat du Bloc national, Quwwatli remporte l'élection présidentielle de 1943 et devient le premier chef d'Etat de la Syrie indépendante lors de l'évacuation des troupes françaises le 17 avril 1946. Il est réélu en 1948 avant d'être renversé par le colonel Husni al-Zaïm l'année suivante. Après le rétablissement de la démocratie en 1955, il dirige le Parti national (successeur du Bloc national) et est réélu président de la République. Lorsque la Syrie et l'Egypte fusionnent au sein de la

élu président de la République. Sous son mandat, trois événements régionaux majeurs vont accélérer le rapprochement avec l'Union soviétique et l'Egypte de Nasser.

Conclu la même année, dans un contexte de recrudescence de la Guerre froide, le pacte de Bagdad réunit cinq pays ayant fait allégeance aux Etats-Unis : l'Irak hachémite, l'Iran impérial, la Turquie kémaliste, le Pakistan pro-occidental et la Grande-Bretagne. Destinée à contrer le danger communiste au Moyen-Orient, cette alliance vise notamment l'Egypte de Nasser et la Syrie, toutes deux proches de Moscou.

Un an plus tard, en 1956, c'est l'expédition de Suez. Le 6 novembre 1956, à minuit, elle s'achève en fiasco[1]. Les parachutistes français et britanniques doivent cesser le feu quelques heures à peine après avoir sauté sur le canal et défait les troupes égyptiennes. Imposé par les Soviétiques et les Américains, ce cessez-le-feu sonne, pour la France et la Grande-Bretagne, la fin de l'ère coloniale et celle de leur influence au Moyen-Orient. Il annonce aussi l'émergence du tiers-monde et des pays arabes ainsi que la prédominance des Etats-Unis dans la politique moyen-orientale. Désormais, au nom de la « doctrine Eisenhower », riposte préventive à la progression de l'influence communiste dans le monde, Washington s'octroie un droit permanent d'intervention aux Proche et Moyen-Orient.

L'opération franco-israélo-britannique de 1956 contre Nasser et la politique d'endiguement adoptée par les Etats-Unis ravivent le sentiment identitaire arabe à Damas. Plusieurs officiers syriens participent aux combats dans des unités égyptiennes. Cet élan de solidarité culmine avec l'opération kamikaze menée par le marin syrien Jules Jammal contre le cuirassé français *Jean-Bart*[2]. Après le retrait des

République arabe unie (1958), Choukri Quwwatli démissionne en faveur du président Gamal Abdel Nasser.

1. Denis Lefebvre, *Les Secrets de l'Expédition de Suez (1956)*, Paris, Perrin, 2010.

2. Légèrement endommagé, le *Jean-Bart* participe néanmoins aux opérations de débarquement en Egypte. Après l'expédition de Suez, il abrite l'école des canonniers. A partir de 1957, il est mis en réserve et ne sera plus utilisé que comme bâtiment-base pour les écoles de la marine avant d'être condamné et démoli à partir de septembre 1970. Pendant toutes ces années, il restera amarré dans la rade de Toulon.

troupes françaises, britanniques et israéliennes du canal, le président Nasser apparaît comme le nouveau champion du nationalisme arabe. La population syrienne manifeste en faveur d'un ralliement à l'Egypte, considéré comme le prélude à l'unité de la Nation arabe. Le 1er février 1958 est créée la République arabe unie (RAU). La Syrie devient la « Province du nord ». L'Egypte est désignée « Province du sud ». Les partis politiques s'autodissolvent alors qu'une seule formation voit le jour : l'Union socialiste arabe (USA), dirigée par Gamal Abdel Nasser.

Michel Aflaq dissout le Ba'ath et entend diffuser sa doctrine au sein du parti nassérien. La RAU suscite des manifestations de soutien dans plusieurs pays arabes qui réclament l'adhésion de leur pays. Les Irakiens se soulèvent contre le pacte de Bagdad, qui est abrogé le 14 juillet 1958, lorsqu'un coup d'Etat militaire renverse la monarchie hachémite et le gouvernement pro-britannique de Nouri Saïd. Le Liban est déchiré par une guerre interne entre partisans et opposants de la RAU, qui se solde par le débarquement des Marines de la VIe flotte américaine à Beyrouth.

Mais l'euphorie cède vite la place à la frustration. Nasser abroge la liberté de la presse, les partis politiques ainsi que toute forme d'opposition. Il gouverne à travers ses redoutables services de renseignements – les *moukhabarat* –, sévissant aussi bien en Egypte qu'en Syrie. Déçus par le comportement des militaires et des responsables égyptiens, souvent corrompus et incompétents, les Syriens déchantent au point de se demander si le concept d'union n'a pas cédé la place à une simple subordination aux seuls intérêts de la puissante « Province du sud ».

Dans les institutions et l'administration, le président Nasser impose un régime bureaucratique pyramidal, monopolisé par les cadres du parti unique, excluant de fait toute espèce de participation populaire. Avec l'aggravation de la crise sociale et politique, le Ba'ath retire son appui à la politique gouvernementale jugée désastreuse. Les ministres issus du parti démissionnent en novembre 1959. Sans réclamer l'abolition de la RAU, ils préconisent une réforme gouvernementale et politique générale. Inspiré et soutenu par l'Arabie Saoudite et les Etats-Unis, un coup d'Etat sécessionniste met un terme à l'Union éphémère le 28 février 1961. Le Ba'ath impute partiellement l'échec de la RAU à une Egypte désireuse d'imposer son hégémonie au nom du nationalisme arabe. Les tentatives successives de fusion avec l'Irak, le Liban et la Libye échoueront pour la même raison.

Syrie/Irak, la guerre des camarades

On a souvent qualifié d'idéologique le différend survenu entre les branches syrienne et irakienne du Ba'ath. Un an avant son assassinat à Paris en 1980, le cofondateur du parti, Salah Bitar, déclarait : « Il n'y a plus de Ba'ath, ni à Damas, ni à Bagdad. » Pour bien comprendre cette évolution, il faut remonter au début des années 1960.

En Syrie, le Ba'ath accède au pouvoir à l'issue d'un coup d'Etat militaire, le 8 mars 1963, à la suite duquel une direction collégiale est mise en place. Le divorce entre les deux factions ba'athistes est consommé le 23 février 1966, lorsque les généraux Salah Jedid (décédé en prison en 1991) et Hafez al-Assad écartent la direction nationale du parti regroupée autour de Michel Aflaq et de Salah Bitar, cofondateurs du parti en 1947. Le chef de l'Etat Amine Hafez est renversé et les dirigeants historiques du parti sont incarcérés ou en fuite. Un mandat d'arrêt est lancé à leur encontre.

Les Ba'athistes qui s'emparent du pouvoir en Irak le 17 juillet 1968, se proclament fidèles à la direction évincée à Damas. Ils entrent dans un conflit frontal de légitimité avec leurs camarades syriens. Maîtres absolus dans leurs capitales respectives, les frères ennemis entraînent leur pays dans l'engrenage de la dispute, puis du conflit.

En octobre 1973, après un rapprochement éphémère dû à l'intervention d'unités irakiennes venues épauler les Syriens sur le Golan contre l'armée israélienne, la confrontation reprend. L'Irak isolée assiste impuissante aux prémices d'un processus de paix animé par Henry Kissinger qui aboutit à la conférence de paix de Genève en 1975. Au grand dam de Bagdad, Damas joue le jeu du dialogue avec le secrétaire d'Etat américain. La guerre des communiqués entre l'Irak et la Syrie est à son paroxysme.

La volte-face d'Anouar al-Sadate suscite un nouveau rapprochement des frères ennemis. Se retirant des discussions de Genève, le président égyptien lâche l'allié syrien et se rend à Jérusalem. Trois ans plus tard, en 1978, il signe un traité de paix séparée avec Israël, sous l'égide du président américain Jimmy Carter. Laissés-pour-compte et abandonnés à leur sort, les Syriens crient à la trahison. Organisé à Bagdad à l'initiative de la Syrie et de l'Irak, le sommet extraordinaire de la Ligue arabe scelle les retrouvailles entre les deux pays et consacre leur leadership. Il condamne à l'unanimité les accords « traîtres » de Camp David, suspend l'adhésion de l'Egypte et transfert le siège de la Ligue à Tunis. Une charte d'action commune est alors signée par les présidents Hafez al-Assad et Hassan al-Bakr. Elle prévoit des négociations pour une coopération dans tous les domaines, prélude à la fusion des deux pays. Nouvelle tentative de fédération arabe après la défunte RAU, l'unification des commandements politique et militaire est proclamée avec une alternance à la tête de l'Etat fédéral entre les présidents Assad et Bakr.

Hostile à ces mesures susceptibles de le marginaliser, le vice-président irakien, Saddam Hussein, véritable homme fort du régime, réagit avec vigueur. Le président Bakr démissionne « pour raison de santé ». Convoquée au palais présidentiel, la direction du parti est prise au dépourvu. Cinq des quinze membres – chi'ites et considérés comme pro-syriens – sont exclus du parti, condamnés à mort et exécutés sur-le-champ. Saddam Hussein est « élu » président de la République. Le projet d'unification entre la Syrie et l'Irak est annulé. Désormais, la guerre entre les deux pays sera sans merci : complots, sabotages, assassinats... tous les coups sont permis. Le régime laïc de Bagdad s'allie aux Frères musulmans contre celui de Damas, tandis que le régime ba'athiste syrien soutient les sécessionnistes kurdes d'Irak et sympathise avec l'Iran non arabe dans sa guerre contre l'Irak (1980-1988).

A la suite de l'occupation du Koweït en 1990, le régime syrien se range aux côtés des Etats-Unis et des monarchies pétrolières dans la guerre contre l'Irak. Comme le reste des pays arabes, il se conformera aux sanctions imposées au régime de Saddam Hussein, contrariant l'opinion publique syrienne, majoritairement favorable à Bagdad.

En 1997, l'alliance militaire entre la Turquie et Israël, encouragée par Washington, pousse Damas à se rapprocher de Bagdad. Le contexte régional, marqué par les pressions américaines contre la Syrie ainsi que la multiplication des bombardements américains en Irak, accélère cette évolution. La Syrie se trouve désormais cernée : Israël au sud, la flotte américaine en Méditerranée et la Turquie sur son flanc septentrional. La deuxième Intifada dans les territoires palestiniens occupés et l'impasse sur le front du Golan accentuent cet axe syro-irakien. Fermées depuis 1981, les frontières communes sont rouvertes, et l'oléoduc Kirkouk-Banias est réhabilité. Un accord conclu en 1998 permet la reprise du transit vers la Méditerranée de 300 000 barils/jour de pétrole irakien à travers la Syrie. Construite en 1940 et fermée depuis 1982, la liaison ferroviaire Mossoul-Alep est rétablie en août 2000.

Ce réchauffement aboutit à la création d'une zone de libre-échange, à la réouverture des ambassades dans les deux capitales, et surtout à la libre circulation des citoyens des deux pays sans autorisations ni visas préalables. Ces mesures constituent un atout de taille pour deux économies frappées de plein fouet, l'une par une récession chronique, l'autre par un embargo sans cesse renouvelé par les gardiens de la « légalité internationale » au prétexte fallacieux de présence d'armes de destruction massive.

En mars 2003, à la veille de la nouvelle intervention américaine en Irak, les échanges commerciaux Syrie/Irak frôlent les 3 milliards de dollars. Dans cette logique de réconciliation, la Syrie jouera un rôle de médiation entre Bagdad et Téhéran. Damas cherchera à convaincre Téhéran de participer au démantèlement du blocus anglo-américain en permettant le transit du pétrole irakien à travers ses eaux territoriales.

Cette évolution stratégique soulève bien des inquiétudes américaines et israéliennes. Le rapprochement entre l'Irak et une Syrie alliée à l'Iran, soutenant le Hezbollah libanais et la résistance palestinienne, risque d'ébranler les projets américains dans la région et de bouleverser l'équilibre des forces établi par Washington depuis février 1991, aux lendemains de la première guerre d'Irak.

Mais tout a commencé avec le premier conflit israélo-arabe, juste après la création de l'Etat d'Israël en 1948.

3

Le conflit israélo-arabe ou la fabrique de l'émiettement

« La décomposition du Liban en cinq provinces préfigure le sort qui attend le monde arabe tout entier, y compris l'Egypte, la Syrie, l'Irak et toute la péninsule Arabe. Au Liban, c'est un fait accompli. La désintégration de la Syrie et de l'Irak en provinces ethniquement ou religieusement homogènes, comme au Liban, est l'objectif prioritaire d'Israël, à long terme, sur son front est ; à court terme, l'objectif est la dissolution militaire de ces Etats. La Syrie va se diviser en plusieurs Etats, suivant les communautés ethniques, de telle sorte que la côte deviendra un Etat alaouite chi'ite ; la région d'Alep un Etat sunnite ; à Damas, un autre Etat sunnite hostile à son voisin du nord ; les Druzes constitueront leur propre Etat, qui s'étendra sur notre Golan peut-être, et en tout cas dans le Hourân et en Jordanie du Nord. Cet Etat garantira la paix et la sécurité dans la région, à long terme : c'est un objectif qui est maintenant à notre portée. »

Oded Yinon, *Kivunim*, 1982.

L'expérience éphémère de la RAU et les dérives autoritaires mettent à rude épreuve l'élan fédératif, un idéal toujours vivant chez les Syriens. Mais c'est surtout la violente implantation d'Israël en Palestine et ses conséquences pour le monde arabe qui affecteront jusqu'à nos jours la Syrie et l'ensemble des pays de la région. La *nakba* (la catastrophe) de 1948 et les défaites successives des régimes arabes contribuent largement à discréditer les pouvoirs en place et les idéologies laïques sur lesquelles ils se fondent. Ces revers successifs alimenteront le fondamentalisme islamiste dont les manifestations débordent aujourd'hui les frontières du monde arabo-musulman.

« L'usurpation de la Palestine, le Sud du pays de Cham (Damas en arabe), aura eu l'effet d'un tremblement de terre en Syrie, donnant au conflit avec Israël un caractère existentiel qu'il n'avait pas nécessairement pour les autres pays arabes[1]. » Cette onde de choc suscite la crainte d'un nouveau démembrement de la Syrie en mini-Etats communautaires, un projet caressé par différents stratèges israéliens. La création d'Israël a brisé l'équilibre socio-ethnique millénaire de la région, engendrant l'instabilité, les conflits et les haines mutuelles. Naît ainsi une situation où chacun refuse l'existence et la reconnaissance de l'autre et cherche à le détruire. Ce bouleversement a modifié de fond en comble le destin du Proche-Orient et de la Syrie, et conditionne encore aujourd'hui la politique de Damas. Ainsi, depuis plus de soixante ans, diplomatie et politique intérieure syriennes s'élaborent en fonction du conflit israélo-arabe.

Inspiré par le colonialisme européen qui culmine dans la deuxième moitié du XIXe siècle, le fondateur du mouvement sioniste Theodor Herzl préconise la création d'un foyer national juif en Argentine, en Ouganda puis en Palestine. Le premier Congrès juif mondial qui se tient à Bâle du 29 au 31 août 1897 tranchera en faveur d'un Etat juif en Palestine. Le 2 novembre 1917, le congrès obtient un important soutien lorsque Lord Arthur James Balfour, ministre britannique des Affaires étrangères du gouvernement Disraeli, déclare dans une lettre à Lord Walter Rothschild, représentant de la communauté juive britannique, que « le gouvernement de Sa Majesté envisage favorablement l'établissement en Palestine d'un foyer national pour le peuple juif[2] ». Comme le nota ironiquement l'écrivain hongrois Arthur Koestler, « une nation a solennellement promis à une seconde le territoire d'une troisième[3] ».

1. Walid Charara et Frédéric Domont, *Le Hezbollah, un mouvement islamo-nationaliste*, Paris, Fayard, 2004.
2. Cité par Alain Gresh et Dominique Vidal, *Les 100 portes du Proche-Orient*, Paris, Autrement, 1998.
3. *Ibid.*

Le 8 avril 1925, c'est Lord Balfour lui-même qui prend le chemin de Damas. « Il est reçu par de violentes manifestations qui l'obligent à quitter le pays[1]. » Le mouvement sioniste tente à plusieurs reprises de rallier la Syrie à son projet. Le 16 juillet 1936 à Damas, le directeur des Affaires arabes de l'Agence nationale juive, Eliahou Epstein, rencontre le chef du Bloc national au pouvoir, Fakhri Baroudi[2]. Il lui propose en vain d'engager son mouvement en faveur de l'indépendance de la Syrie, en échange du feu vert syrien à l'établissement d'un Etat juif en Palestine. Le 1er août, Epstein revient à Damas à la tête d'une délégation sioniste européenne pour négocier une collaboration syro-juive avec Choukri Quwwatli. Les rencontres, qui durent jusqu'au 9 août, n'aboutissent à aucun résultat.

Pour créer un Etat hébreu dans une Palestine qui ne comptait que 2 % de Juifs palestiniens à la fin du XIXe siècle, le mouvement sioniste organise l'immigration et la colonisation du pays. Leo Motzkin, l'un des idéologues les plus libéraux du mouvement, résume ainsi la stratégie sioniste : « Nous pensons que la colonisation de la Palestine doit être centrée sur deux axes principaux : l'implantation juive dans Eretz Israël (le Grand Israël) et la réinstallation des Arabes d'Eretz Israël à l'extérieur du pays[3]. » Le nombre de résidents juifs augmente massivement. Il passe de 24 000 en 1880 à 174 000 en 1931, puis à 335 000 quatre ans plus tard, pour finalement atteindre 650 000 en 1948.

Dès mars 1948, soit deux mois avant la déclaration d'indépendance d'Israël et le début de la première guerre israélo-arabe, les milices juives de l'Irgoun et de la Hagana procèdent à l'expulsion systématique des Arabes. Le chef du département arabe du parti israélien Mapam, Aharon Cohen, affirme le 6 mai dans un mémorandum qu'« une expulsion délibérée [des Arabes] se déroule [...]. D'autres peuvent se réjouir – moi, en tant que socialiste, j'ai honte et je suis effrayé [...]. En gagnant la guerre et en perdant la paix, l'Etat d'Israël,

1. Sami Moubayed : Syrian History – www.syrianhistory.com.
2. *Ibid.*
3. Alexandre Bein, *The Motzkin Book*, cité par Ilan Pappe dans *The Ethnic Cleansing of Palestine*, Oneworld Publications Limited, 2006.

lorsqu'il sera créé, vivra sur son épée[1] ». Le plan de transfert forcé des Arabes « constituait clairement une opération de purification ethnique, interprété aujourd'hui au regard de la loi internationale comme un crime contre l'humanité[2] ».

Le 15 mai 1948, David Ben Gourion proclame *l'indépendance d'Israël* au moment même où prend fin le mandat britannique en Palestine. Un mois plus tard, le ministre israélien de l'Agriculture, Aharon Zisling, lui reproche l'expulsion des Palestiniens et la destruction des villes arabes. « Des centaines de milliers d'Arabes dépossédés [...] grandissent dans la haine et nous feront la guerre à travers tout le Moyen-Orient. [...] Ils porteront dans leur poitrine le désir de revanche, d'indemnisation et de retour[3]. » Israël promulgue une loi sur le retour – la *Alia* – permettant aux Juifs des quatre coins de la planète de s'installer en Palestine occupée. En revanche, exigé par les résolutions 187 et 194 des Nations unies, le droit au retour des Palestiniens sur leur terre est systématiquement rejeté par Tel-Aviv.

La création violente d'Israël et sa politique expansionniste s'expliquent en grande partie par l'indéfectible soutien d'un Occident qui vient de découvrir les horreurs commises à l'encontre des Juifs occidentaux durant la Seconde Guerre mondiale. Du point de vue de la Syrie, les Palestiniens paient le prix des massacres et des déportations de Juifs en Allemagne, en France, en Italie, en Pologne et dans le reste de l'Europe. Commentant l'unanimité juive en faveur de la création d'Israël, l'historien israélien Elie Barnavi note : « Pour choquant que cela puisse paraître, Hitler a certainement été le levier le plus puissant dans l'édification de l'Etat juif[4]. »

Cette remarque n'a pourtant rien de particulièrement choquant après la lecture du journal de Theodor Herzl. Le fondateur du sionisme estime que l'internationalisation de la « cause juive » par le biais de l'antisémitisme constitue un instrument essentiel pour aboutir à la création d'un Etat sio-

1. Cité par Dominique Vidal et Joseph Algazy, *Le Péché originel d'Israël. L'expulsion des Palestiniens revisitée par les nouveaux historiens israéliens*, Paris, éditions de l'Atelier, 2001.
2. Ilan Pappe, *The Ethnic Cleansing of Palestine, op. cit.*
3. *Ibid.*
4. Elie Barnavi, *Une histoire moderne d'Israël*, Paris, Flammarion, 1998.

niste. A la page 19 de son journal, Herzl souligne que « les antisémites deviendront nos plus proches amis et les pays antisémites nos alliés ». Cette prophétie visait, à l'époque, principalement l'Allemagne, la Russie et les pays occidentaux. En 1933, un accord fut conclu entre le mouvement sioniste et l'Allemagne hitlérienne prévoyant le soutien des nazis à un plan de transfert de Juifs vers la Palestine[1]. Cette convergence d'intérêts permettait à l'Allemagne de se débarrasser de ses ressortissants juifs et aux organisations sionistes d'accélérer la colonisation de la Palestine. On sait ce qu'il advint de ces calculs qui aboutiront à la Solution finale[2].

En novembre 2003, lors d'une visite officielle à Rome, le Premier ministre israélien Ariel Sharon déclare devant la communauté juive d'Italie que le meilleur moyen d'échapper à la « grande vague d'antisémitisme » qui sévit en Europe est d'émigrer en Israël[3].

« Les réfugiés palestiniens auront finalement remplacé une partie de la diaspora juive à un moment de la Guerre froide où Israël était considéré comme la tête de pont du "monde libre" en Orient, explique un diplomate européen en poste à Tel-Aviv; mais malgré la fin de l'affrontement Est-Ouest, le préjugé a perduré associant toujours le refus arabe de l'implantation violente de l'Etat israélien à une négation de l'existence du peuple juif, ce qui constitue un contresens absolu[4]. » Ce « transfert de culpabilité » décrit par l'écrivain égyptien Loutfallah Sleiman fut une constante des politiques occidentales vis-à-vis des Etats arabes. En accusant régulièrement les différents acteurs de la résistance palestinienne d'antisémitisme, certaines organisations sionistes euro-

1. Mark Weber, *Le Sionisme et le Troisième Reich*, Institute for historical Review, 1975.

2. La date précise de la décision par les nazis de mettre en œuvre la Solution finale n'est pas connue. Les persécutions et la ségrégation des Juifs furent engagées en plusieurs étapes. Après l'accession au pouvoir du parti nazi, le racisme d'Etat donna lieu à une législation antijuive, à des boycotts, à « l'aryanisation », et aux pogroms de la *Kristallnacht* (la Nuit de cristal), des événements dont le but était d'isoler les Juifs de la société allemande et de les inciter à quitter l'Allemagne.

3. BBC, 17 novembre 2003 – http://news.bbc.co.uk/1:hl/world/middle-east/3275979.stm.

4. Entretien avec les auteurs en janvier 2009 à Beyrouth.

péennes réitèrent cette confusion et ce transfert de culpabilité, réduisant une revendication politique à une pulsion raciste.

Dans son ouvrage *L'Industrie de l'Holocauste*, le professeur Norman Finkelstein, lui-même fils de rescapé des camps de concentration, rejoint les remarques de Loutfallah Sleiman, pour lequel l'amalgame entre antisémitisme et résistance anti-israélienne est motivé par la volonté de légitimer l'occupation et la colonisation des territoires palestiniens. « Les ambiguïtés du langage ne sont-elles entretenues que pour refléter divers traumatismes et pour faciliter un transfert de culpabilité en nous faisant assumer l'antisémitisme des autres ? demande Loutfallah Sleiman dans la prestigieuse revue de Jean-Paul Sartre. Dès qu'on parle d'Israël et du conflit israélo-arabe, on a tendance à passionner un débat qui gagnerait pourtant à ne pas l'être, si l'on veut vraiment sortir de l'impasse. Au bout de l'impasse, il ne peut y avoir que l'absurde, avec tout ce que cela comporte – toute littérature mise à part – d'irrationnel et d'horrible. En ce qui concerne le conflit israélo-arabe, l'absurde, c'est la guerre permanente dans une région de paix et l'horrible, c'est le chauvinisme racial, l'antisémitisme, les luttes de religions. [...] En ce qui concerne les Juifs, les Arabes n'ont rien à se faire pardonner. Pas de pogroms, pas de Dreyfus, pas de Treblinka[1]. » Loutfallah Sleiman résume parfaitement l'opinion générale qui prévaut encore aujourd'hui en Syrie et dans la majorité des pays arabes vis-à-vis de la communauté juive. Il n'est en outre pas rare, malheureusement, de voir encore figurer *Les Protocoles des Sages de Sion* à la devanture de certaines librairies de Damas et du Caire[2].

Lorsque s'ouvrent en 1991, à Madrid, les négociations de paix entre les pays arabes et Israël, la Syrie réclame l'applica-

1. Loutfallah Sleiman : « Le conflit israélo-arabe », *Les Temps modernes*, n° 253 *bis* (1967).

2. *Les Protocoles des Sages de Sion* est un faux document censé être un plan de conquête du monde par les Juifs et la franc-maçonnerie. Il fut fabriqué à la demande de la police secrète du tsar et à l'intention de Nicolas II de Russie, qui, bien que antisémite, refusa d'en faire un instrument de propagande, ayant rapidement découvert la supercherie et estimant que ce texte décrédibiliserait son action.

tion intégrale des résolutions des Nations unies. Cette simple revendication de l'application du droit international lui vaut des critiques pour son « intransigeance » et son incapacité à faire des « concessions ». La vision israélienne d'une paix en dehors du cadrage de l'Onu a sans cesse été condamnée par le président Hafez al-Assad. « Pour eux, la paix signifie que nous devons faire des concessions sur une partie de nos droits et qu'Israël doit faire des concessions sur une autre partie de nos droits », répète-t-il à la veille de l'ouverture de la conférence.

Loin d'être unilatérales, les revendications régionales des régimes arabes constituent un impératif catégorique, voire une condition *sine qua non* à leur survie. « Qu'on le veuille ou non, le conflit israélo-arabe, à cause de l'appui occidental décisif à Israël et du sort lamentable fait aux Palestiniens, est devenu l'abcès de fixation du conflit avec l'Occident qui remonte loin dans la mémoire historique des Arabes, sinon des Musulmans du monde entier. Si les experts américains peuvent oublier ce contexte, les dirigeants saoudiens, koweïtiens ou même égyptiens y vivent en permanence. Et, à supposer qu'ils aient pu l'oublier, les radios de Damas, de Tripoli, ou même de Téhéran sont là pour leur rappeler, tous les jours, le sort de Nokrachi Pacha, du roi Abdallah de Transjordanie ou d'Anouar al-Sadate, tués pour avoir oublié ce fondement intangible de la culture politique[1]. »

Un enchaînement désastreux

L'armée syrienne, qui avait participé à la guerre de 1948, subit une défaite humiliante. La décision de participer au conflit fut prise quelques jours après le massacre de Deir Yassine en Palestine : les 245 habitants du village – hommes, femmes et enfants – furent fusillés par les milices juives conduites par le futur Premier ministre israélien Menahem Begin. A la suite de ce tragique événement, de violentes manifestations éclatent en Syrie, exigeant l'intervention en

1. Ghassan Salameh, *Politique étrangère*, n° 3, 1983, cité par Alain Gresh et Dominique Vidal, *op. cit.*

Palestine. Ainsi, plusieurs centaines de volontaires syriens sont tués en Galilée, suivant l'exemple du martyr Ezzedine Qassam, tombé en 1935 lors d'affrontements contre les troupes britanniques. En 1987, il donnera son nom à la branche militaire du Hamas palestinien.

Plus de 100 000 Palestiniens chassés par l'Irgoun et la Hagana se réfugient en Syrie. L'historien israélien Simha Flapan constate : « Au lieu de gagner leur indépendance nationale, les Palestiniens sont devenus un peuple de réfugiés. En conséquence, le conflit est devenu plus profond et plus vaste, transformant le Proche-Orient en une zone d'instabilité, de violence et de guerre. De manière différente, les deux peuples paient aujourd'hui le prix de cet échec[1]. » Le drame palestinien s'est ancré dans la mémoire collective des Arabes, notamment en Syrie, comme le prouve le succès, en octobre 2007, du feuilleton *Retour à Haïfa* diffusé par la chaîne nationale syrienne. Cette série raconte les circonstances de « la purification ethnique de la Palestine », pour reprendre le titre du livre de l'historien israélien Illan Pappe.

En septembre 1948, les milices juives mettent en œuvre le plan baptisé « opération Snir » visant à l'occupation du Golan syrien ainsi que la ville de Quneitra. Les Syriens repoussent les offensives israéliennes successives jusqu'au printemps 1949. Signé la même année sous l'égide de l'ONU, le cessez-le-feu syro-israélien marque une pause dans les combats, cédant la place à une véritable paix d'usure entre Damas et Tel-Aviv. Ayant participé à la guerre comme volontaire, Michel Aflaq écrit dans son journal *Al Ba'ath*, le 4 janvier 1950 : « Après le désastre que nous avons essuyé en Palestine, plus personne ne peut encore se laisser leurrer par les apparences. Sept Etats arabes ont été vaincus par un ennemi qui ne disposait pas d'une armée organisée, mais seulement de bandes de terroristes. Il est clair que le nombre ne dispense pas de la qualité. »

Les zones démilitarisées établies le long de la ligne de démarcation, du nord au sud du lac de Tibériade, sont graduellement investies par l'armée israélienne lors d'accrochages sporadiques. Entre 1948 et 1967, des combats et

1. Simha Flapan, *The Birth of Israel. Myths and Realities*, cité par Dominique Vidal et Joseph Algazy, *op. cit.*

échanges de tirs éclatent fréquemment. Tel-Aviv accuse régulièrement Damas de pilonner les kibboutz israéliens à partir des hauteurs du Golan, argument qui servira à justifier l'occupation du plateau syrien en 1967. Dans son édition du 27 avril 1997, le quotidien israélien *Yediot Aharonot* publie une interview – datée de 1976 – avec Moshe Dayan, l'ancien ministre de la Défense. Il explique qu'« au moins 80 % des incidents avec la Syrie ont éclaté suite aux tentatives israéliennes de cultiver cette région et que ces accrochages étaient inutiles [...]. Cela se passait ainsi. Nous envoyions un tracteur pour labourer la terre dans un lieu inexploitable de la zone démilitarisée, sachant d'avance que les Syriens commenceraient à ouvrir le feu. S'ils ne tiraient pas, nous demandions au tracteur d'aller plus loin, jusqu'à ce que les Syriens perdent leur sang-froid et commencent à tirer. Et alors, nous répliquions puis expédions les forces aériennes [...]. Nous pensions à l'époque, et cela a été ainsi pendant un certain temps, que nous pouvions déplacer les lignes du cessez-le-feu par l'action militaire. Cela veut clairement dire : en prenant des terres et en les gardant jusqu'à ce que l'ennemi finisse par céder et nous les abandonner[1] ».

Plusieurs officiers israéliens ayant participé à la guerre de 1948 accusaient David Ben Gourion d'avoir refusé qu'ils conquièrent des territoires, notamment la vieille ville de Jérusalem et la Cisjordanie. Ces griefs sont exprimés entre autres par le général Yigal Allon : « Je n'ai jamais pardonné au gouvernement israélien, sous Ben Gourion, de nous avoir empêchés de terminer le travail en 49-50, aussi bien militairement que politiquement[2]. » Les visées territoriales de Tel-Aviv s'intensifieront, notamment après l'expédition de Suez en 1956. Le journaliste israélien Tom Seguev relate les échanges qui ont précédé la guerre des Six-Jours : « Quelques généraux qui croyaient qu'Israël devait étendre ses frontières ont envisagé la possibilité d'investir la Cisjordanie [...] puis d'annexer Jérusalem, ou d'établir un Etat tampon palestinien. Shimon Peres, alors vice-ministre de la Défense, souligna que

1. Tom Seguev, *1967. Israel, the War and the Year that transformed the Middle East*, Metropolitan Books, 1977.
2. *Ibid.*

l'époque de la géographie était révolue et avait cédé la place à la technologie : la dissuasion nucléaire rendrait l'expansion territoriale insignifiante. Cependant, même si les capacités nucléaires israéliennes finiront par mener à la paix, comme nous l'espérons, il serait préférable d'adopter des mesures préventives afin de garantir des frontières plus confortables. L'idée que les Forces de défense israélienne (FDI) pourraient chercher activement à étendre les frontières israéliennes fut évoquée à plusieurs reprises durant la moitié des années 1960[1]. » Tel-Aviv obtiendra les deux : des territoires supplémentaires et la bombe atomique en 1967, grâce à l'aide de la France et des Etats-Unis, qui lui fourniront une partie de la technologie nécessaire.

Selon plusieurs sources militaires européennes, Tel-Aviv détiendrait aujourd'hui plus de 200 têtes nucléaires. Plusieurs centaines de missiles de croisière (moyenne et longue portée), quelque deux cents bombardiers et quatre sous-marins sont capables de délivrer ces armes. En 1986, un technicien de la centrale de Dimona, Mordechai Vanunu, a confirmé l'existence de la réalité du programme nucléaire israélien. En représailles, les services secrets l'ont kidnappé à Rome avant de l'incarcérer en Israël où il a été condamné à dix-huit ans de prison. Le 11 décembre 2006, sur une chaîne allemande de télévision, le ministre israélien de la Défense, Ehoud Olmert lui-même, s'est félicité de l'existence de la bombe atomique israélienne.

Dans un mémorandum daté du 19 juillet 1969, Henry Kissinger, alors conseiller à la sécurité nationale de Richard Nixon, illustre le silence bienveillant des Etats-Unis à l'égard du programme nucléaire israélien. « Il existe des preuves selon lesquelles des matériaux fissiles utilisés pour le développement d'armes en Israël ont été obtenus illégalement des Etats-Unis vers 1965 », écrit-il, tout en rejetant l'idée de mener des inspections (« nous ne pourrions jamais inspecter toutes les cachettes possibles en Israël[2] »). A ce jour, Israël est

1. *Ibid.*

2. US National Archives, cité dans le *New York Times* du 30 novembre 2007. Le mémorandum de Kissinger a été rendu public le 29 novembre 2007, en vertu de la loi qui autorise l'accès aux documents classés après un délai de vingt-cinq ans.

le seul pays de la région à ne pas avoir signé le traité de non-prolifération nucléaire (TNP).

La possession de l'arme nucléaire joua un rôle déterminant dans la décision d'Israël d'attaquer les pays arabes le 5 juin 1967. Cette posture stratégique a déclenché une course régionale aux armements. A partir de 1973, la Syrie opte pour la résistance armée et l'acquisition d'armes non conventionnelles de dissuasion. Ces armes ne sont jamais sorties de leur cadre strictement dissuasif, contrairement à celles d'Israël qui a notamment employé des agents toxiques – napalm et bombes à fragmentation – au Sud-Liban.

Un nouvel incident offre aux Israéliens le prétexte pour lancer leur offensive et acquérir de nouveaux territoires, ainsi que les ressources hydrauliques du Jourdain et du mont Hermon. Le 7 avril 1967, des combats (pourtant fréquents à la frontière syro-israélienne) dégénèrent en bataille aérienne. Six avions syriens sont abattus par la chasse israélienne au-dessus de Damas. L'homme fort du régime, Salah Jedid, dénonce alors l'agression d'Israël qu'il accuse de vouloir occuper Damas et renverser le régime syrien, tout en reprochant à Nasser son laxisme face à Tel-Aviv. Embarrassé par ces critiques et des informations en provenance de Moscou selon lesquelles Israël pourrait attaquer la Syrie, Nasser met en œuvre une série de mesures théâtrales pour sauver la face, ignorant que Tel-Aviv lui tend un piège pour déclencher la guerre.

Le 16 mai 1967, Nasser demande le retrait des Casques bleus d'Egypte. Celui-ci sera effectif le 18 mai. Le lendemain, Tel-Aviv décrète la mobilisation générale. Le 22 mai, le Raïs annonce la fermeture du détroit de Tiran à la navigation israélienne. Autant de mauvais calculs de l'Egypte, qui ignore les véritables intentions de Tel-Aviv. Le 1er juin, un gouvernement d'union nationale est formé en Israël, et déclenche les hostilités dans la nuit du 4 au 5 juin 1967. En moins de quatre heures, l'aviation égyptienne, prise de court, est détruite au sol. En l'espace de cinq jours, Tel-Aviv investit militairement la péninsule égyptienne du Sinaï, Jérusalem-Est, la Cisjordanie et la Bande de Gaza. Le 7 juin, le Conseil de sécurité des Nations unies adopte une résolution appelant à un cessez-le-feu, accepté le jour même par la Jordanie, le lendemain par l'Egypte et la Syrie. Israël l'ignore délibérément.

Le 9 juin 1967, des unités blindées attaquent la Syrie. Considéré comme imprenable, le plateau stratégique du Golan finit par tomber après trente et une heures de combats.

Le Golan syrien, une préoccupation permanente

Le plateau du Golan revêt une importance stratégique pour Israël, parce qu'il surplombe la Galilée, et pour la Syrie, parce qu'il commande la route vers la capitale syrienne. Mais il recèle surtout d'importantes ressources hydrauliques. Désormais, celles-ci se trouvent sous contrôle israélien.

La guerre de 1967 augmente le flux de réfugiés. Plus de 300000 Palestiniens prennent le chemin de l'exil vers la Jordanie. La plupart des 151000 Syriens qui peuplaient le plateau ont soit fui, soit été expulsés par l'occupant israélien. Plus de 500000 personnes s'entassent désormais dans les camps de la banlieue de Damas, s'ajoutant aux 400000 réfugiés palestiniens issus de la guerre de 1948. Quelque 24000 Syriens – pour la plupart des Druzes – s'accrochent au plateau, répartis dans cinq villages du mont Hermon. Ils peuplent les localités de Majdal Chams, Massadeh, Baqaatha, Ein Qenyeh et Ghajar.

En décembre 1981, en violation des résolutions 242 et 338 du Conseil de sécurité, Tel-Aviv annexe officiellement Jérusalem-Est et le Golan syrien. Pour consolider son annexion, l'armée d'occupation tente en vain d'imposer la citoyenneté israélienne aux Druzes syriens, qui déclenchent une émeute en février 1982. Celle-ci dure six mois. Expédiées dans la région, les unités israéliennes sont reçues par des volées de pierres lancées par les habitants qui continuent à revendiquer leur appartenance à la Syrie. La répression militaire et l'arrestation de dizaines de manifestants accroissent la détermination des villageois syriens. Il reste aujourd'hui plus de 23000 Druzes et 1500 Alaouites à incarner les droits de la souveraineté syrienne sur le Golan.

Depuis 1974, le gouvernement syrien multiplie les efforts pour entretenir les liens et soutenir la présence des habitants du Golan. Tous les ans, près de 400 étudiants du plateau franchissent la ligne de démarcation, escortés par le CICR, pour étudier dans les universités de Damas, où ils bénéficient d'une bourse d'Etat. Une fois leurs études terminées, ils retournent sur le plateau qui doit conserver ses derniers habitants. Cette situation engendre des situations douloureuses pour les familles divisées de part et d'autre de la ligne. La vallée qui sépare le village occupé de Majdal Chams, dans la localité de Ain al-Tiné en Syrie, est devenue le point de rencontre obligé. C'est aujourd'hui un véritable lieu de pèlerinage pour les centaines de milliers de Syriens déracinés qui aspirent à se réinstaller sur leur terre natale.

Régulièrement, des étudiants se rendent dans la « vallée des larmes ». C'est ainsi qu'elle a été baptisée. A l'aide de hauts-parleurs, ils échangent quelques mots avec leurs parents. Ainsi, des frères maintiennent le contact après plus de quarante ans de séparation. De part et d'autre de la vallée se déroulent des funérailles et des mariages communs aux familles séparées[1]. Les célébrations du 17 avril – jour de l'indépendance de la Syrie – et la fête des Mères constituent autant d'occasions de rapprochements familiaux, mais aussi d'affirmation identitaire pour ces populations déchirées par l'occupation étrangère. Outre les étudiants, des délégations de religieux druzes du plateau effectuent tous les ans un pèlerinage au site de Nabi Habil, au cœur des montagnes surplombant Damas, ainsi qu'à Sweïda, au sud du pays. Manifestations socio-religieuses, ces processions revêtent évidemment une dimension foncièrement politique défiant l'armée israélienne.

La résistance des Druzes du Golan s'est transformée en un véritable phénomène socio-identitaire, comme en témoigne le politologue Wadii Awaida : « Pour garantir le maintien de l'appartenance à la Syrie et faire échec à tous les complots de l'occupant, la population du Golan ne s'appuie pas seulement sur l'autonomie économique ni sur l'attachement à l'identité nationale, mais elle a imposé le boycott contre tous ceux qui s'allient à l'occupant ou qui acceptent l'identité israélienne,

1. Comme le montre par exemple le film *La Fiancée syrienne*, de Eran Riklis, 2004.

après la loi d'annexion de 1981. Ce boycott est une mesure efficace entre les mains de la population druze qui peuple les villages, hormis Al Ghajar. Tous ceux qui vont à l'encontre de l'unanimité seront exposés au boycott total de la population en ce qui concerne leur vie sociale, leur économie, les mariages, les enterrements. Il est arrivé que la population de Majdal Chams refuse de participer au convoi mortuaire d'une personne ayant accepté la carte d'identité israélienne[1]. »

Selon le Comité de soutien aux détenus du Golan occupé, 14 Syriens du plateau sont détenus en Israël pour « actes de résistance contre l'occupation israélienne ». Cinq d'entre eux ont purgé des peines de prison de plus de vingt ans. Atteint d'un cancer, Sitane Wali a été libéré en juillet 2008 pour ne pas mourir en prison, après vingt-trois ans de détention. En juillet 2006, Hayel Abou Zeid, originaire du village occupé de Majdal Chams, est mort d'un cancer après vingt et un ans de réclusion. Il a été élevé au rang de martyr de la nation syrienne.

En tout, plus de 200 Syriens druzes du plateau sont ainsi détenus pour de longues peines dans les prisons israéliennes. Des centaines d'autres ont été provisoirement incarcérés, sans mandat d'arrêt ni motif d'inculpation, par les forces d'occupation. A Damas, les étudiants manifestent souvent en faveur des détenus. En avril 2010, ils étaient une centaine originaires du Golan à défiler contre les conditions de détention « arbitraires et inhumaines » de leurs compatriotes. Mais les manifestants protestent aussi contre « le manque de soutien des autorités syriennes aux anciens détenus dont plusieurs sont devenus handicapés à vie », expliquent les organisateurs.

La défaite arabe de 1967 a stimulé les appétits expansionnistes d'Israël, qui se traduisent par la multiplication des colonies en Cisjordanie et sur le Golan. Actuellement, près de 18000 colons juifs sont répartis dans une quarantaine de nouvelles colonies qui ont remplacé les 159 villages syriens rayés de la carte. La plus grande construction – Katzrim – fait figure de véritable centre urbain pour les installations israéliennes qui l'entourent. Un plan de l'administration d'oc-

1. Wadii Awaida – www.arabs48.com. 13 janvier 2004.

cupation prévoit la construction de nouvelles colonies destinées à tripler la population israélienne sur le plateau.

Afin de consolider sa suprématie et sa mainmise sur les territoires conquis, Tel-Aviv adopte une stratégie de partition sur des bases communautaires. Reproduisant les vieilles recettes mandataires, l'occupant instaure ainsi sa démocratie sélective et théocratique selon laquelle tous les citoyens sont égaux, mais certains plus égaux que d'autres...

Aussi inspirée du mandat français, l'idée d'un Etat-tampon druze, détaché de la Syrie, refait régulièrement surface[1]. La stratégie israélienne fut toujours d'utiliser les dissensions politiques internes du parti Ba'ath au pouvoir, au sein duquel Druzes, Alaouites et Chrétiens disposaient alors d'un rôle déterminant. Les services secrets de Tel-Aviv ont toujours cherché à transformer les désaccords fluctuants en conflit interreligieux susceptible de provoquer un repli sécessionniste des Druzes. Cette approche s'est révélée d'autant plus dangereuse qu'à Damas le pouvoir central était loin d'être stabilisé, notamment après l'exécution du commandant druze Salim Hatoum, un farouche nationaliste arabe entré en conflit avec ses camarades ba'athistes. Cet officier, l'un des plus influents du parti, venait de tenter un coup d'Etat contre le général Salah Jedid. L'homme fort du Ba'ath en profitera pour mener une purge contre l'ensemble des cadres druzes opposés à son pouvoir personnel.

Pour favoriser l'irrédentisme druze, les services de renseignements israéliens établissent un réseau d'espionnage et des points de collaboration au sein des villages occupés du Golan

1. Dans son livre *1967. Israel, the War and the Year that transformed the Middle East, op. cit.*, Tom Seguev fait état d'un mémorandum en ce sens de Yigal Allon : « Un Etat druze constituerait un tampon entre la Syrie, la Jordanie et Israël. La Jordanie ne s'y opposerait pas. Un pacte commun de défense entre l'Etat druze et Israël garantirait à Israël le contrôle permanent du Golan. En outre, un soulèvement druze réussi pourrait provoquer l'effondrement du régime syrien et limiterait l'importance de l'implication soviétique. Allon suggéra ainsi la mise en place d'un organisme spécial, représentant le Shaback, les Forces de défense israéliennes (FDI) et le ministère des Affaires étrangères, chargé de planifier et mettre en œuvre cette idée. Il suggéra aussi la création d'un comité constitué d'Eshkol, Eban, Dayan, Begin et lui-même. Eshkol répliqua que l'affaire serait examinée et mise en œuvre. »

et dans la profondeur du territoire syrien. Mais ils sous-estiment l'impopularité dont ils faisaient l'objet au sein de la communauté druze de Syrie. L'un des dignitaires druzes du Golan, Kamal Kanj Abou Saleh, jouera un rôle déterminant dans l'infiltration et la neutralisation du réseau israélien. Membre du Parti social national syrien et ex-député au Parlement syrien en 1947, il établit un réseau de contre-espionnage en coordination avec le fondateur du Parti socialiste arabe Akram Hourani et Akram Deiri, un officier des renseignements syriens. Son action permettra de démasquer les membres du réseau. Le commandant de la station d'écoute du Golan avouera avoir reçu de Kanj des informations fabriquées, destinées à identifier les taupes israéliennes infiltrées et leurs relais[1]. Abou Saleh est arrêté en 1969 par le Mossad et condamné à vingt-sept années de prison. Il sera libéré en 1974 à l'issu d'un échange de prisonniers entre Damas et Tel-Aviv après la guerre de 1973.

Le Front du refus et la guerre de 1973

Depuis juin 1967, les résolutions 242 et 338 du Conseil de sécurité des Nations unies, qui exigent le retrait israélien des territoires occupés en 1967 dont le Golan, sont rejetées par Israël. Le mutisme de l'Occident à l'égard de Tel-Aviv contraste pour beaucoup avec les violentes réactions contre l'Irak depuis 1991 ou contre la Serbie en 1999. Les populations arabes comprennent mal pourquoi l'Onu n'agit pas de la même manière envers Israël qui viole tout autant le droit international.

Face à cette situation, la Syrie cherche des partenaires régionaux, des méthodes susceptibles de contrebalancer un équilibre des forces structurellement favorable à Tel-Aviv. Face à une incontestable supériorité stratégique, garantie en permanence par des transferts de technologies militaires américaines et britanniques, Damas travaille à la formation d'un « Front du refus ». Depuis plus de quarante ans, celui-ci

1. Ayman Abou Jabal, *Un Etat tampon druze entre la Syrie et Israël*, Organisation pour le développement des villages arabes.

s'efforce de regrouper et de coordonner les initiatives des pays opposés à la politique d'Israël et surtout de consolider une alliance militaire avec la république islamique d'Iran, avec le Hezbollah libanais, le Hamas palestinien et les groupes les plus importants de la résistance irakienne.

La *nakssa* (défaite en arabe) condamne les pays arabes, comme Israël, à une militarisation permanente. Régulièrement, l'Etat hébreu prend à témoin l'opinion internationale pour dénoncer l'encerclement arabe destiné à le submerger. De la même façon, les capitales arabes mettent en avant l'existence d'un complot occidental soutenant Israël pour humilier les populations musulmanes, une façon de poursuivre les croisades par d'autres moyens[1].

Consécutive à la création de l'Etat d'Israël, la première des fractures s'opérera au sein du monde arabe lui-même. Les Palestiniens sont désormais convaincus de la nécessité d'organiser leur propre résistance armée indépendamment des pays arabes pour récupérer leurs droits reconnus par les Nations unies, mais ignorées par les pays occidentaux. La *nakssa* engendre une nouvelle prise de conscience identitaire et régionale propre aux Palestiniens. « Face à Israël, le Proche-Orient arabe se retrouvait dans le même état de fragmentation et de rivalité politique qu'à la veille des croisades. Quant aux Palestiniens, de plus en plus conscients, face aux intérêts égoïstes et divergents des Etats arabes voisins, de la spécificité de leur cause, ce fut pour eux le début d'un lent processus de modification identitaire tendant à les dissocier de leur arrière-pays syrien. Petit à petit se fit jour la notion de *peuple* palestinien. La revendication initiale et tant de fois exprimée d'unité avec la Syrie fit progressivement place à celle de libération pure et simple de la Palestine par les Palestiniens eux-mêmes[2]. » Cherchant à mobiliser l'attention internationale sur leur cause, ils conduisent des opérations de plus en plus spectaculaires dont la prise d'otage suivie de

1. Voir Amin Maalouf, *Les Croisades vues par les Arabes*, Paris, JC Lattès, 1983.
2. Gérard Degeorge, *Damas, des Ottomans à nos jours, op. cit.*

l'exécution de onze athlètes israéliens lors des jeux Olympiques de Munich en 1972[1].

La Jordanie, dont la population se compose à 70 % de Palestiniens, constitue un sanctuaire naturel pour les groupes armés de l'Organisation de libération de la Palestine (OLP), engagée depuis les années 1960 dans des opérations commandos particulièrement meurtrières contre Israël.

Le 6 septembre 1970, le Front populaire de libération de la Palestine (FPLP) de Georges Habache détourne en Europe trois avions de ligne obligés d'atterrir à Zarka, en Jordanie. Allié historique des Britanniques et des Israéliens, le roi Hussein saisit l'occasion pour sévir contre les organisations palestiniennes basées à l'est du Jourdain et soutenues par Damas. Le 15 septembre 1970, le roi nomme un cabinet militaire qui entre en confrontation directe avec les Palestiniens. Les combats de *Septembre noir* dégénèrent en une véritable guerre civile, causant des milliers de victimes. La Syrie intervient aux côtés des Palestiniens. Ses chars pénètrent en territoire jordanien jusqu'à la ville de Jarash. Croisant en Méditerranée, la VIe flotte américaine se rapproche des côtes syriennes alors que l'aviation israélienne survole les blindés engagés par Damas. Ces réactions divisent le commandement syrien entre partisans et opposants de la confrontation. Sous la menace, l'armée syrienne est contrainte de se replier. Les organisations palestiniennes doivent quitter la Jordanie et se redéploient dans le sud du Liban. En vertu d'un accord signé au Caire en 1969, la direction palestinienne est autorisée à utiliser le territoire libanais pour continuer sa résistance armée.

Ce type d'arrangement n'atténue guère le traumatisme de la défaite de juin 1967 qui a passablement discrédité les régimes arabes en place. Pour se racheter aux yeux de leurs opinions respectives, ces derniers adoptent une option de harcèlement tactique, le long des lignes de démarcation avec Israël. Cette posture n'arrange rien. Allié à la complaisance de la communauté internationale, ce besoin de reconquérir

1. La prise d'otages se termine le 6 septembre 1972 dans un bain de sang, coûtant la vie à onze membres de l'équipe olympique israélienne, à cinq des huit membres du groupe palestinien et à un policier allemand.

le soutien de leur population pousse l'Egypte d'Anouar al-Sadate et la Syrie de Hafez al-Assad à adopter une option plus stratégique : celle d'une nouvelle offensive pour récupérer le Sinaï égyptien et le Golan syrien.

La décision d'attaquer est prise en août 1973. L'offensive syro-égyptienne est prévue pour octobre. Réitérant son engagement aérien de juin 1967 et pour sonder le dispositif des batteries syriennes, Israël lance une attaque massive à la veille du déclenchement officiel des hostilités. Durant cette première opération, 13 Mig syriens sont abattus. Les Israéliens ne perdent qu'un appareil. Damas, qui dispose pourtant de nouveaux missiles Sam-6 soviétiques, s'abstient d'engager – dans un premier temps – cette arme stratégique. Cette retenue lui permettra de détruire ultérieurement plusieurs dizaines d'avions israéliens.

Les armées syriennes et égyptiennes passent à l'offensive le 6 octobre 1973, jour sacré de Yom Kippour pour les Israéliens, qui correspond cette année-là au Ramadan pour les Musulmans. Brisant la ligne israélienne *Bar Lev* réputée indestructible, les unités égyptiennes passent le canal de Suez et s'enfoncent d'une dizaine de kilomètres dans le Sinaï, à distance de la couverture de leurs missiles sol-air. Les Syriens effectuent une percée substantielle sur le Golan. Ils progressent dans les secteurs nord et sud du plateau avant d'investir la station d'écoute israélienne du mont Hermon, réputée imprenable.

Dans ses Mémoires, Moshe Dayan décrit l'inquiétude qui s'empare des forces israéliennes pendant la première journée des combats : « J'atteignis le QG avancé de la région Nord peu avant 6 heures pour apprendre que nos défenses avaient cédé dans tout le secteur sud du Golan. Les Syriens avaient bousculé la brigade Barak, avançant à travers la partie sud du plateau et se trouvant presque à mi-chemin du Jourdain. » Le jour suivant, « des chars syriens surgirent brusquement devant les barbelés de notre camp à Nafekh, au sud-ouest de Quneitra, et à moins de dix kilomètres d'un pont sur le Jourdain qui donnait accès à tous nos kibboutzim et autres colonies agricoles dans le nord de la Galilée. Quand les nôtres les repérèrent, ils parvinrent à envoyer en toute hâte quelques petites unités qui refoulèrent les assaillants hors du camp mais non du secteur et l'adversaire finit par trouver une brèche qui lui permit de s'engouffrer jusqu'au pont[1]. »

En trois jours de combat, l'armée syrienne récupère la presque totalité des territoires perdus en 1967 et atteint la rive est du lac de Tibériade, alors que les colonies israéliennes du Golan se vident brusquement. Israël pilonne Damas, Alep, Tartous et Lattaquié tandis que l'aviation syrienne bombarde Haïfa. En tout, près de 90 avions israéliens sont abattus au-dessus de la Syrie et plusieurs centaines de chars sont détruits.

Le 9 octobre 1973, les troupes égyptiennes interrompent soudainement leurs opérations dans le Sinaï, estimant leurs objectifs atteints après les trois premiers jours d'hostilité. En flagrante contradiction avec les plans préparés conjointement par les états-majors égyptien et syrien, cette décision brise l'option stratégique qui obligeait l'armée israélienne à se battre simultanément sur deux fronts. Hafez al-Assad s'estime trahi par son homologue égyptien. Il ne pardonnera jamais à Anouar al-Sadate cette décision catastrophique qui modifia de fond en comble le cours et l'issue de la guerre de 1973.

En concertation avec Washington, Tel-Aviv décide alors de concentrer ses efforts sur le front syrien qui demeure le plus préoccupant. Le ministre israélien de la Défense, Moshe Dayan, explique cette priorité par l'avancée des unités syriennes à proximité des zones de peuplement israéliens. « Ce plateau n'a même pas vingt-cinq kilomètres de large, donc si les forces syriennes atteignaient la descente sur le Jourdain, il serait bien difficile de les repousser, d'autant que leurs effectifs en hommes et en matériel étaient impressionnants[2]. » Le Premier ministre israélien Golda Meir exige et obtient des Etats-Unis l'établissement d'un pont aérien pour sauver Tel-Aviv de la catastrophe. Dans un appel pathétique présentant la guerre comme une confrontation indirecte entre le « monde libre » et l'Union soviétique, Golda Meir lance une menace à peine voilée de recourir à l'arme nucléaire si Washington hésite à lui fournir l'appui demandé.

1. Moshe Dayan, *Histoire de ma vie*, Paris, Fayard, 1970.
2. *Ibid.*

A partir du 13 octobre 1973, les armes américaines se déversent sur Tel-Aviv. Sur le terrain, la situation s'inverse brusquement.

Les troupes syriennes battent en retraite et sont refoulées aux frontières d'avant la guerre. L'armée israélienne effectue une percée en direction de Damas. Appuyée par les forces irakiennes envoyées par Saddam Hussein, l'armée syrienne stoppe l'offensive dans la localité de Saassa. Pressé par son état-major et les critiques qui s'abattent sur lui, Sadate décide de reprendre l'offensive. Mais il est trop tard. L'effet de surprise de la double percée est cassé. Rassérénée par le pont aérien américain, la contre-offensive israélienne du général Ariel Sharon franchit le canal de Suez dans le secteur nord.

Le 23 octobre 1973, alors que Hafez al-Assad s'apprête à lancer une nouvelle opération d'envergure pour récupérer le Golan, le président égyptien accepte le cessez-le-feu sans consulter son allié syrien. Une nouvelle fois pris de court par son partenaire égyptien, le président Assad suspend l'offensive et accepte à son tour l'arrêt des hostilités. Mais l'armée israélienne poursuit son offensive dans le Sinaï jusqu'au 25 octobre, isolant la ville de Suez, achevant ainsi l'encerclement de la 3e armée égyptienne. Les troupes du Raïs sont une nouvelle fois en pleine déroute.

Malgré les engagements pris, le président égyptien avait conçu sa participation à l'offensive comme un signal afin d'obliger les Etats-Unis à parrainer des négociations de paix, tandis que Hafez al-Assad voulait dès le départ une guerre de libération destinée à récupérer les territoires égyptiens et syriens occupés. C'était un peu l'expédition de Suez à l'envers... Le calcul diplomatique de Camp David mobilise déjà l'esprit du président égyptien qui s'est désintéressé de la réalité du terrain. Pourtant, et pour la première fois depuis 1948, des armées arabes prenaient l'avantage sur l'ennemi et auraient, peut-être, pu atteindre leurs objectifs si l'un des deux fronts n'avait pas brutalement cédé. Malgré tout, le mythe de l'« invincibilité de Tsahal » a été écorné et l'analyse des événements renvoie le camp arabe à ses propres divisions. En germe dans cette défaite d'octobre 1973, la plus importante est pourtant à venir. La paix séparée de l'Egypte d'Anouar al-Sadate avec Israël sera vécue comme une trahison.

Camp David, la déchirure...

Hafez al-Assad négocie l'accord de désengagement syro-israélien par l'intermédiaire du secrétaire d'Etat américain Henry Kissinger. Le texte est conclu le 29 mai 1974. Il récupère la ville de Quneitra, qui est détruite par l'armée israélienne avant son évacuation. Ainsi gelé, le front syrien deviendra la plus calme des frontières israélo-arabes.

Cet accord est le prélude à l'ouverture des pourparlers de paix arabo-israéliens de Genève en 1975. Pour négocier en position de force face à une partie israélienne intransigeante et soutenue par la première puissance mondiale, le président syrien préconise en vain la formation d'une délégation arabe commune : égyptienne, syrienne, jordanienne et palestinienne. Pour Hafez al-Assad, ce format est le seul viable pour une négociation régionale globale sous l'égide des Etats-Unis, de l'Union soviétique et des Nations unies. Mais partant du principe que le processus de Genève n'aboutirait à rien en raison des exigences syriennes, l'Egypte se retire brusquement et engage sa négociation séparée avec Israël.

En novembre 1977, sans prévenir les Américains, Sadate annonce qu'il est prêt à se rendre à Jérusalem pour entreprendre des pourparlers directs avec les Israéliens. Il devient ainsi le premier dirigeant d'un pays arabe à rendre une visite officielle à Israël, reconnaissant ainsi implicitement son existence. Les motivations de Sadate sont notamment d'ordre financier. Il cherche l'appui américain pour renflouer une économie égyptienne au bord de la faillite et il est persuadé que son geste va servir de catalyseur pour sortir de l'impasse les relations entre Israël et tous ses voisins arabes. De son côté, Tel-Aviv a tout intérêt à favoriser une telle démarche lui permettant de traiter bilatéralement et sur un pied d'égalité avec le plus puissant des Etats arabes.

Les accords de Camp David sont signés le 17 septembre 1978, par le président égyptien et le Premier ministre israélien Menahem Begin, sous la médiation du président des Etats-Unis, Jimmy Carter. Ils consistent en deux accords-cadres signés à la Maison-Blanche après treize jours de négociations secrètes à Camp David. Ils sont suivis en 1979 de la signature du premier traité de paix entre Israël et un pays arabe. Bien qu'il permette au Caire de récupérer la péninsule du Sinaï, ce traité met l'Egypte au ban de la communauté arabe et inaugure la stratégie israélienne du saucissonnage. Celle-ci se déploie en triptyque : multiplier des paix séparées avec les Etats arabes voisins afin de casser leur front unitaire; affaiblir ces mêmes Etats en favorisant leurs différences confessionnelles; retribaliser ces mêmes confessions pour casser tout Etat-nation arabe susceptible de s'opposer à la *Pax Americana* visant la défense des seuls intérêts israéliens.

En décembre 1981, Israël, enhardi par la neutralité de l'Egypte, annexe le Golan, en violation des résolutions de l'Onu. C'est d'ailleurs à la suite des accords de Camp David qu'Israël entame une colonisation intensive des territoires syriens et palestiniens occupés, à l'exception du Liban, où la résistance menée par la gauche palestino-libanaise, relayée graduellement par le Hezbollah à partir de 1982, empêche l'implantation israélienne.

Débarrassé de la menace militaire égyptienne, Tel-Aviv investit la même année le sud du Liban jusqu'au fleuve Litani. Depuis 1917, les fondateurs du mouvement sioniste veulent en faire la frontière nord du Grand Israël. L'invasion du Liban en 1978, suivie de celle de 1982, veut réduire le sanctuaire palestinien installé au pays du Cèdre. Mais Tel-Aviv cherche surtout à renouveler le coup de Camp David avec le jeune leader chrétien Béchir Gemayel que Menahem Begin aide à conquérir la présidence du Liban. Le jeune chef maronite sera assassiné avant son investiture, le 14 septembre 1982, victime notamment de la vieille théorie des minorités – instrumentalisées par l'occupant –, successivement promue par la France, l'Empire britannique et les Etats-Unis[1]. Décidément, les séquelles du démantèlement de l'Empire ottoman sont loin d'être digérées.

Plusieurs stratèges israéliens réactualisent les textes fondateurs du mandat que Ben Gourion avait repris à son compte pour établir de nouveaux plans de démembrement des pays

1. Richard Labévière, *La Tuerie d'Ehden ou la malédiction des Arabes chrétiens*, Paris, Fayard, 2009.

de la région et favoriser la création de micro-Etats sur des bases confessionnelles, à l'image de l'Etat hébreu lui-même. Emiettement et désintégration sont ainsi les deux concepts clés, « désintégration sans laquelle la survie isolée d'un Etat, dont le critère exclusif d'existence et le fonctionnement reposent sur une identité religieuse, peut en effet être difficilement envisageable à long terme[1] ».

Pour les Syriens, la chanson est connue. Elle ravive le souvenir des politiques coloniales mises en œuvre par la France et la Grande-Bretagne à l'époque du mandat. Dans son édition du 14 février 1982, la revue *Kivunim* (Orientations), publiée par l'Organisation sioniste mondiale à Jérusalem[2], expose par le menu la nouvelle stratégie « partitionniste » de Tel-Aviv, préconisant des Proche et Moyen-Orient divisés en micro-Etats ethnico-confessionnels sous tutelle israélienne : « L'éclatement de la Syrie et de l'Irak en régions déterminées sur la base de critères ethniques ou religieux doit être, à long terme, un but prioritaire pour Israël, la première étape étant la destruction de la puissance militaire de ces Etats », précise l'auteur, Oded Yinon.

« Le mythe de l'Egypte, poursuit la note, "leader du monde arabe" est bien mort [...] et, face à Israël et au reste du monde arabe, elle a perdu 50 % de sa puissance. A court terme, elle pourra tirer avantage de la restitution du Sinaï, mais cela ne changera pas fondamentalement le rapport de force. En tant que corps centralisé, l'Egypte est déjà un cadavre, surtout si l'on tient compte de l'affrontement de plus en plus dur entre Musulmans et Chrétiens. Sa division en provinces géographiques distinctes doit être notre objectif politique pour les années 1990, sur le front occidental. Une fois l'Egypte ainsi disloquée et privée de pouvoir central, des pays comme la Libye, le Soudan, et d'autres plus éloignés, connaîtront la même dissolution. La formation d'un Etat copte en Haute-Egypte, et celle de petites entités régionales de faible importance, est la clef d'un développement historique actuellement retardé par l'accord de paix, mais inéluctable à long terme. »

1. Georges Corm, *Le Liban contemporain*, Paris, La Découverte, 1999.
2. N° 14, février 1982.

Riche en pétrole, et en proie à des luttes intestines, l'Irak se retrouve dans la ligne de mire israélienne. « Sa dissolution serait, pour nous, plus importante que celle de la Syrie, car c'est lui qui représente, à court terme, la plus sérieuse menace pour Israël. Une guerre syro-irakienne favoriserait son effondrement de l'intérieur, avant qu'il ne soit en mesure de se lancer dans un conflit d'envergure contre nous. Toute forme de confrontations interarabes nous sera utile et hâtera l'heure de cet éclatement. »

La Jordanie est un objectif stratégique immédiat. « A long terme, elle ne constituera plus une menace pour nous après [...] le transfert du pouvoir aux mains de la majorité palestinienne. C'est à quoi doit tendre la politique israélienne. Ce changement signifiera la solution du problème de la rive occidentale, à forte densité de population arabe. L'émigration de ces Arabes à l'Est – dans des conditions pacifiques ou à la suite d'une guerre – et le gel de leur croissance économique et démographique sont les garanties des transformations à venir. Nous devons tout faire pour hâter ce processus. Il faut rejeter le plan d'autonomie, et tout autre qui impliquerait un compromis ou une participation des Territoires et ferait obstacle à la séparation des deux nations : conditions indispensables d'une véritable coexistence pacifique. Les Arabes israéliens doivent comprendre qu'ils ne pourront avoir de patrie qu'en Jordanie. »

Israël Shahak, président de la Ligue israélienne des droits de l'homme (non reconnue par le gouvernement israélien), estime que « ce projet reproduit fidèlement les théories *géopolitiques* qui avaient cours en Allemagne dans les années 1890-1933, et qui furent adoptées telles quelles par Hitler et les dignitaires nazis, guidant leur politique en Europe de l'Est. Les objectifs fixés par ces théories, en particulier le démantèlement des Etats existants, reçurent un début de réalisation de 1939 à 1941. Seule une coalition à l'échelle mondiale en empêcha l'application à long terme[1] ».

Les événements intervenus aux Proche et Moyen-Orient depuis la publication de cette note stratégique ont partiellement réalisé le programme du démembrement des Etats-

1. Cité par la *Revue d'études palestiniennes*, n° 5, automne 1982.

nations arabes. Sa dernière version s'illustre à travers les recommandations du « Grand Moyen-Orient » de Condoleezza Rice. La répartition confessionnelle des sièges dans le nouveau Parlement irakien – installé par le proconsul américain Paul Bremer – ainsi que la loi d'octobre 2007 du Congrès américain divisant l'Irak en trois micro-Etats confessionnels – kurde, sunnite et chi'ite – constituent une nouvelle étape de l'émiettement. Après la destruction de son administration et de ses infrastructures, l'Etat-nation irakien n'existe plus, et la privatisation de ses ressources pétrolières au profit des sociétés américaines s'est imposée comme une donnée géopolitique sans doute irréversible.

Hafez al-Assad et la parité stratégique avec Israël

A la faveur de la guerre d'octobre 1973, Hafez al-Assad poursuivait trois objectifs : récupérer le plateau du Golan; détruire le mythe de l'invincibilité de l'armée israélienne; devenir le champion de la cause palestinienne. Une victoire lui aurait permis de négocier en position de force un accord de paix global avec Israël, reposant sur la création d'un Etat palestinien en Cisjordanie et dans la Bande de Gaza. Une telle solution aurait conforté la Syrie dans son rôle de puissance régionale. Dans ces conditions, Hafez al-Assad envisageait de fédérer le territoire national avec le nouvel Etat palestinien, la Jordanie et le Liban. La réalisation de ce plan aurait permis à la Syrie de renverser à son profit l'ordre régional établi par les accords Sykes-Picot (1916) et d'accomplir le vieux rêve de la « Grande Syrie ».

Bien qu'ayant démontré les faiblesses logistiques d'une armée israélienne structurellement dépendante des industries d'armement américaines, le demi-échec de 1973 tourne une nouvelle page des relations syro-américaines rétablies depuis 1974. Dans ses discours, du moins dans ceux qu'il prononce jusqu'en 1977, Hafez al-Assad s'en tient pourtant à une rhétorique farouchement antiaméricaine et anti-impérialiste : « Les Etats-Unis sont les ennemis mortels de notre peuple, de la nation arabe et de son unité [...] L'objectif de l'impérialisme américain est de consacrer l'occupation israélienne afin de permettre à Tel-Aviv de demeurer l'une de ses bases pour menacer la région en anéantissant tout mouvement d'émancipation [...]. Le reproche essentiel que nous formulons à leur égard est que le rôle des Etats-Unis n'est pas conforme à leurs responsabilités spécifiques au Moyen-Orient ni à leurs intérêts et encore moins aux principes de justice pour lesquels combattit le peuple américain[1]. »

La dénonciation de l'alliance « impérialo-sioniste » constitue le fil rouge des interventions publiques du président syrien : « Nous leur disons (aux Etats-Unis) : ce qui nous menace c'est votre alignement total et votre soutien illimité, en argent, en armes et en soutien politique à Israël. [...] Les Etats-Unis sont totalement alignés sur Israël, ce qui ne les rend pas aptes à jouer un rôle constructif dans la crise proche-orientale[2]. » Mais derrière ces discours officiels à destination du monde arabe, le président Assad sait parfaitement gérer la relation avec Washington. Il reçoit Richard Nixon au lendemain de la guerre de 1973 et négocie, avec le secrétaire d'Etat Henry Kissinger, l'accord de désengagement d'Israël, en vertu duquel il récupère la ville de Quneitra. C'est aussi avec le soutien du secrétaire d'Etat américain qu'il prend la décision d'intervenir militairement au Liban en 1976. Le déploiement syrien au pays du Cèdre s'effectue contre l'avis des Soviétiques, mais avec la bienveillante neutralité du Premier ministre israélien Yitzhak Rabin, garantie par Henry Kissinger et avec l'aval du roi Hussein de Jordanie.

En 1977, Hafez al-Assad rencontre Jimmy Carter, avant de reprendre ses distances avec Washington qui parraine les accords de Camp David. Il finit par signer en 1980 un traité d'amitié et de coopération avec Moscou. Plusieurs milliers de coopérants soviétiques s'installent alors en Syrie. Mais le président syrien se garde bien de rompre avec Washington quoique les relations se dégradent à nouveau avec Ronald Reagan. La Syrie se déchaîne une nouvelle fois contre la politique américaine en 1982 lorsque les Israéliens envahissent

1. Hafez al-Assad, *Kadhalika qâla al-Assad* (Ainsi parlait Assad) : morceaux choisis des discours et interviews du président recueillis par son compagnon Mustafa Tlass. Cité par Daniel Le Gac, *La Syrie du général Assad*, Bruxelles, Complexe, 1991.

2. *Ibid.*

la plaine de la Bekaa, le long de la frontière syrienne. Un an plus tard, en 1983, Hafez al-Assad oblige l'armée américaine à se retirer du Liban, à la suite du double attentat contre le quartier général des Marines et le Drakkar, caserne des parachutistes français. Cette victoire marque l'apogée de la puissance régionale syrienne, une puissance sans commune mesure avec son poids réel, même si elle bénéficie du soutien soviétique.

Dans leurs négociations avec la Syrie, « les Américains veulent faire monter les enchères. Le président Assad n'est pas dupe car c'est au moindre prix qu'il entend acheter, écrit l'ancien responsable des Phalanges libanaises, Karim Pakradouni[1]. Il sait profiter de l'occasion, choisir le moment propice, abattre son jeu au moment où l'Américain fait une faute et s'enlise dans les sables mouvants. Alors il le force dans ses retranchements, n'hésitant pas devant le chantage. Doté par nature du don de la patience, il étudie avec soin toutes les données, convaincu que rien n'est définitif et que tout vient à point à qui sait attendre ».

Dans la salle de réception où il accueillait la plupart de ses visiteurs trône un imposant tableau représentant la bataille de Hattin en 1187, à l'issue de laquelle les troupes de Saladin s'emparèrent de Jérusalem défendu par les Croisés. Commentant la toile, Hafez al-Assad aimait répéter que les Etats latins, « bâtis pour l'éternité », n'avaient pas résisté « au cours têtu de l'histoire ». « Dans ces mêmes circonstances, raconte un diplomate européen, il mettait un point d'honneur à critiquer durement les dirigeants arabes qui préconisent la paix en les qualifiant de "défaitistes". » « Pourquoi tant de hâte à reconnaître la défaite ?, s'exclamait-il dans un discours en 1985. Nous ne pouvons pas et ne devons pas léguer aux prochaines générations une défaite remplie d'amertume. »

Malgré les sanctions américaines contre la Syrie adoptées en 1986, le président Assad reprend les négociations l'année suivante avec Richard Murphy, April Glaspie et George Shultz[2].

1. Karim Pakradouni, *Le Piège. Le mandat d'Elias Sarkis (1976-1982)*, éditions FMA, 1984.
2. Voir chapitre 10 : « En attendant Godot... »

En 1990, saisissant l'occasion offerte par l'invasion irakienne du Koweït, il attendra le feu vert américain pour neutraliser le général Michel Aoun. A contre-courant de son opinion publique, Assad privilégie les résultats concrets aux considérations idéologiques et envoie 20000 soldats syriens en Arabie Saoudite aux côtés de l'armada américaine venue libérer le Koweït. « Face aux Américains, Hafez al-Assad donne toute la mesure de son talent. Ses rapports avec eux sont une longue succession de manœuvres, de feintes et de ruses, ajoute Karim Pakradouni. Assad n'est, en fait, ni un allié ni un adversaire de Washington. Il garde ses distances. Son opposition aux Etats-Unis ne va jamais jusqu'à la confrontation, de même que son entente avec eux ne va jamais jusqu'à l'alliance. A aucun moment il ne leur fournit de prétexte pour une action militaire contre lui comme le firent Kadhafi et Saddam Hussein. Il ne les suit pas aveuglément, prenant leur sillage comme fit Sadate. Il nourrit contre l'Amérique un grief capital : elle est totalement et sans réserve aux côtés d'Israël. Il qualifie volontiers ses contacts avec elle de dialogue de sourds[1]. »

Ce dialogue paradoxal peut se résumer à trois séquences successives : la première s'étend de 1970 à 1978, à l'époque de la signature des accords de Camp David. Les Etats-Unis découvrent que la Syrie est désormais dirigée par un homme d'Etat bien décidé à peser sur la scène régionale. Ensuite, de 1978 à 1988, jusqu'au départ de Ronald Reagan, la Syrie est marginalisée par Washington qui la considère comme un satellite de l'URSS et un soutien du terrorisme international. Enfin, depuis 1988, Washington semble avoir compris que la Syrie n'était pas qu'un simple exécutant des volontés soviétiques.

En amont de ces trois séquences – depuis les années 1970 –, la Syrie s'est engagée dans une course aux armements susceptible de créer un équilibre stratégique avec Israël. Malgré le soutien soviétique, relayé par la Russie fédérale, Damas a toujours peiné à obtenir l'approvisionnement militaire nécessaire. Malgré, ou en dépit des aides financières saoudiennes fluctuantes, Hafez al-Assad n'a jamais pu réaliser

1. *Ibid.*

son grand dessein de parité stratégique avec l'Etat hébreu, notamment dans le domaine aérien. Pour réduire ce handicap, il n'a cessé de monnayer son soutien conditionnel aux mouvements régionaux de libération nationale, tels que le Hezbollah et le Hamas, voire à d'autres partenaires plus inavouables. Cette instrumentalisation savante et continue des capacités de nuisance d'acteurs multiples lui permettra d'instaurer, à son avantage, un rapport asymétrique avec le pôle américano-israélien. Tout en évitant un nouvel affrontement direct avec un voisin qui continue à occuper une partie du territoire syrien, il a su le contenir et lui porter des coups en entretenant une chaîne diversifiée de menaces au Liban, en Palestine et en Irak.

Prononcée au lendemain de la finalisation des accords de Camp David en 1979, la célèbre déclaration de Kissinger conserve toute sa pertinence. Le secrétaire d'Etat américain avait alors affirmé qu'« au Proche-Orient, si on ne peut pas faire la guerre sans l'Egypte, on ne peut pas faire la paix sans la Syrie ».

En trente ans de pouvoir, Hafez al-Assad est parvenu à hisser son pays au rang d'interlocuteur international, en rentabilisant quatre cartes majeures : son partenariat stratégique avec la république islamique d'Iran; son alliance renouvelée avec l'ex-URSS; son indéfectible soutien au Hezbollah libanais; enfin son appui politique et logistique au Hamas palestinien et à toutes les organisations récusant la logique des accords d'Oslo.

Les bouleversements qui ont suivi la chute de l'URSS ont considérablement affaibli la Syrie. Anticipant le changement de la donne stratégique, le président syrien est entré prudemment dans la logique des négociations de paix avec Israël initiées par la conférence de Madrid[1]. En 1994, il a rencontré Bill Clinton à Genève. Mais deux ans plus tard, il a défié ouvertement les Etats-Unis en refusant de recevoir le secrétaire d'Etat américain Warren Christopher venu négocier un cessez-le-feu entre le Hezbollah et Tel-Aviv lors de la campagne israélienne au Liban, baptisée « Raisins de la colère ».

1. Voir chapitre 10 : « En attendant Godot... »

Chaotiques, ses relations avec les Etats-Unis finiront par se stabiliser jusqu'à sa mort, en juin 2000.

Le président Hafez al-Assad laisse alors un héritage à la fois simple et problématique : la relation avec Washington demeure la priorité de la diplomatie syrienne.

4

L'héritage piégé...

« Le mythe prive l'objet dont il parle de toute Histoire. »

Roland Barthes, *Mythologies*, 1957.

Le 29 mai 2007, Bachar al-Assad est élu pour un deuxième mandat de sept ans. Agé de quarante-deux ans, il remporte sans surprise, avec... 97,62 % des voix, l'élection présidentielle après un premier septennat périlleux marqué par l'invasion américaine en Irak, le retrait de l'armée syrienne du Liban et les tensions avec Israël. Le scrutin s'est déroulé en l'absence de toute contestation interne et un mois après la condamnation des principaux opposants laïcs à de lourdes peines de prison, dont Michel Kilo, l'un des symboles de l'opposition démocrate et nationaliste.

Outre la victoire attendue du président syrien, le scrutin revêt une signification particulière pour le pouvoir qui l'a célébré en grande pompe, comme pour signifier à ceux qui préconisaient un « changement de régime » à l'irakienne que celui-ci est plus fort et plus stable que jamais. De gigantesques portraits jamais vus, des tentes électorales et des banderoles pavoisent les villes et les agglomérations syriennes. Des orchestres accompagnent à longueur de journée chants et hymnes patriotiques sur les places et près des restaurants improvisés qui offrent gratuitement sandwiches et boissons aux passants. Ces célébrations sont financées par les milieux d'affaires de la capitale syrienne qui spéculent sur l'ouverture économique du pays.

La presse internationale, qui n'avait pas misé cher sur la longévité du jeune président, persuadée qu'il ne pourrait jamais assumer l'héritage de son père, doit faire amende honorable. Après sept ans de pouvoir, l'héritier de Hafez s'est fait un prénom et forgé une stature de chef d'Etat. Il a prouvé à ses concitoyens qu'il pouvait tenir tête à l'hyper-puissance enlisée en Irak. Capitalisant les difficultés américaines, il incarne la fierté et l'indépendance nationale arabe dans une région à feu et à sang. Avec Hassan Nasrallah, le secrétaire général du Hezbollah, il est en partie perçu comme le champion de la cause palestinienne. A l'image de son père, le jeune président se révèle un fin stratège, calculateur et réfléchi, qui, sans reculer devant les menaces israélo-américaines, s'applique à ménager les susceptibilités de l'administration Bush sans rien céder sur le fond. Savamment mise en œuvre par Hafez al-Assad, la « politique du bord du gouffre » est de nouveau à l'honneur en Syrie.

Né en 1965, Bachar al-Assad n'a jamais envisagé de succéder à son père. Le destin en a décidé autrement. En 1994, la mort tragique de son frère aîné Bassel, dans un accident de voiture, fait de lui le dernier recours. Après la mort du « Vieux Lion » en juin 2000, cet héritier involontaire doit assumer la suite de trente ans d'un pouvoir sans partage. Médecin, Bachar al-Assad est forcé d'interrompre sa spécialisation d'ophtalmologie qu'il poursuivait à Londres. A la faveur d'un stage présidentiel intensif de six ans, il gravit rapidement les échelons de l'armée, devient colonel et gère les dossiers libanais et turc (PKK kurde), sous la supervision directe de son père et du précepteur de l'ombre, le général Ali Aslan, chef d'état-major de l'armée. C'est lui qui orchestrera la transition pacifique du pouvoir.

En 1999, le président Jacques Chirac reçoit le futur président à l'Elysée. Le 11 juin 2000, le *docteur*, comme on l'appelle au pays, est nommé commandant en chef des forces armées, avant d'être élu secrétaire général du Ba'ath, une semaine plus tard. Candidat unique à la présidence, il est plébiscité avec 97,29 % des voix et devient, le 11 juillet 2000, le seizième président du pays. Il a trente-quatre ans. Les opposants dénoncent l'avènement d'une république héréditaire et d'une dictature.

Bachar maîtrise parfaitement l'anglais et parle un peu le français qu'il a appris au lycée franco-arabe Al-Hourriya de Damas. Grand, les yeux bleus, le visage barré d'une fine moustache, il se distingue de son père par son franc-parler, son allure décontractée et sa relative proximité avec la population. Loquace mais toujours à l'écoute de ses interlocuteurs, il affectionne les rencontres avec les journalistes, qu'il encourage à poser les questions les plus délicates. S'agissant de l'ouverture politique qui tarde à se concrétiser ou de la campagne anticorruption, il s'efforce de parler clair, peu enclin, comme il le répète souvent, à « la langue de bois et ses faux-fuyants[1] ».

Affectionnant le terrain, il cherche à imposer son style dit de « la porte ouverte » à l'adresse des représentants des différentes composantes politico-sociales. Laïc par formation et conviction, il se veut rassembleur, tout en soutenant la diversité culturelle et en se rapprochant des différentes communautés chrétiennes, sunnites, chi'ites, druzes et alaouites. Il multiplie les sorties improvisées dans les restaurants populaires, au théâtre et lors des cérémonies nationales, manifestant ainsi son désir d'aller à la rencontre des Syriens pour écouter leurs préoccupations quotidiennes, voire les griefs à l'encontre du gouvernement. De confession alaouite, il se marie avec Asma Akhrass qu'il a connue à Londres. Issue de la bourgeoisie sunnite de Homs, la première dame est diplômée en économie. De cette union sont nés deux garçons et une fille : Hafiz, Zein et Karim.

Lorsqu'il accède au pouvoir, Bachar al-Assad donne l'image d'un homme élégant et moderne mais plutôt réservé, sinon timide. Au fur et à mesure que les défis s'accumulent et que les menaces se focalisent sur sa personne et son pays, il se révèle calme et déterminé, manifestant un charisme certain que les Syriens vont découvrir. Dans un premier temps, la presse occidentale salue le réformateur avant de se retourner et de brocarder le dictateur qui ose défier l'ordre du monde

1. Entretien avec les auteurs le 8 juillet 2008 à Damas.

parce qu'il s'imposera comme l'un des obstacles les plus sérieux aux vélléités américano-israéliennes dans la région.

Affaibli par les difficultés libanaises, son opposition résolue à l'axe Washington/Tel-Aviv lui revaudra la popularité qui lui manqua à ses débuts. Il joue subtilement les cartes dont il dispose : son alliance avec la Russie, l'Iran, le Hezbollah, le Hamas, ainsi que les différents courants de la résistance irakienne. Comme son père, adoptant une rhétorique farouchement antiaméricaine et anti-impérialiste, il ne s'interdit pas de tempérer, sinon d'obtempérer en coopérant avec Washington sur le front de la lutte antiterroriste.

Priorité au développement économique

Les thèmes mis en avant pour le nouveau septennat sont la « sécurité, la stabilité et le développement économique » dont il se veut le garant dans une région qui reste déstabilisée depuis la fin de l'Empire ottoman. Son grand atout : malgré les sanctions économiques[1], la Syrie enregistre un taux de croissance constant de 5,1 % en 2005, de 5,4 % en 2006, de 5 % en 2007, de 5,1 % en 2008 et de 4 % en 2009.

Certes, le pays n'est pas la *Confédération helvétique*, mais il enregistre des progrès certains en matière de libertés civiles et politiques. Dans sa magistrale étude *La Construction nationale syrienne*, le chercheur Stéphane Valter précise : « Le régime syrien peut être qualifié d'autoritaire, mais non de totalitaire dans le sens où reste conservé le “maintien du cli-

1. Les sanctions américaines contre la Syrie résultent de l'*Executive Order* du 11 mai 2004, en application du *Syrian Accountability and Lebanese Sovereignty Act* de 2003. Ces sanctions consistent en :

– l'interdiction des exportations et des réexportations vers la Syrie, par toute *US person* (incluant les succursales étrangères d'entités américaines), de biens figurant sur la *United States Munitions List* et sur la *Commerce Control List*, à l'exception des biens librement exportables (informations, logiciels et technologies dans le domaine public), ou exportables sous licence (médicaments, composants d'avion et composants de sécurité pour le transport civil) ;

– un embargo aérien ;

– le gel de certains avoirs appartenant à certains particuliers et entités syriens présumés impliqués dans des activités terroristes ou dans le gouvernement syrien.

vage et de la relation différenciée entre l'Etat et la société[1]", et où existe un certain respect du *consensus juris* (tel que défini par Hannah Arendt) et où l'autoritarisme syrien tolère "la persistance d'autres espaces de socialisation que l'Etat ou le parti unique"[2]. » La libération de nombreux prisonniers politiques, le refus des ingérences américaines et l'amorce d'une ouverture économique permettant la création des premières banques privées, semblent accueillis favorablement par la population syrienne.

Les dix premières années du pouvoir de Bachar al-Assad ont été dominées par la gestion des menaces extérieures et la consolidation du régime. Mais voulant imposer son style en se différenciant de son père, qui s'était surtout occupé des dossiers de politique étrangère, le jeune président tient à imprimer sa marque dans la façon d'aborder les questions domestiques, à travers sa volonté de modernisation économique. Sur ce terrain-là aussi, il veut faire prévaloir une voie spécifiquement syrienne sans céder aux contraintes de la Banque mondiale et du Fonds monétaire international, dont les programmes d'ajustements structurels ont ravagé de nombreux pays du tiers-monde. Le spectre de la banqueroute argentine hante encore les élites économiques syriennes.

En juin 2005, le 10e congrès du Ba'ath a fixé les lignes directrices pour la mise en œuvre d'une « économie sociale de marché ». Bachar al-Assad a pu y manifester sa volonté de libéraliser l'économie du pays tout en maintenant le rôle régulateur de l'Etat en faveur des classes les plus défavorisées.

Adossée, comme on l'a vu, à un taux de croissance moyen d'environ 5 %, la priorité a été donnée au règlement de la dette extérieure. « C'était le premier grand pas à franchir pour assainir l'économie syrienne avant de vouloir la transformer, insiste Bachar al-Assad[3]. Elle atteint aujourd'hui quelque trois milliards de dollars et ne représente plus que

1. Stéphane Valter, *La Construction nationale syrienne*, Paris, éditions du CNRS, 2002.

2. Guy Hermet, « L'autoritarisme », *in* Madeleine Grawitz et Jean Leca, *Traité de science politique*, Paris, PUF, 1985 et Jacques Lagroye, « La légitimation », *ibid.* Voir également les analyses de Michel Seurat sur cette question (cf. bibliographie).

3. Discours d'investiture, 17 juillet 2007.

8 % du PNB alors qu'elle était de 106 % en 2000. Ainsi, la Syrie est devenue l'un des pays les moins endettés de la planète. Ses investissements se sont multipliés par 12 depuis 2001, alors que les exportations syriennes atteignent 505 milliards de livres syriennes (11 milliards de dollars), soit le double de ce qu'elles étaient en 2000[1]. »

Par ailleurs, le bilan économique du premier mandat est plutôt positif : les salaires du secteur public ont substantiellement augmenté en alimentant la hausse du pouvoir d'achat. Les banques et universités privées ont fait leur apparition. Les réformes fiscales et monétaires sont suivies de la création d'une Bourse des valeurs à Damas. Le secteur privé est en pleine expansion. Il représenterait aujourd'hui 68 % du PNB syrien[2]. Le gouvernement continue à investir dans le secteur énergétique tandis que l'agriculture poursuit sa modernisation. Soutenu par l'investissement public, un secteur agro-alimentaire naissant commence à exporter.

Pour contourner les sanctions américaines, la Syrie diversifie ses sources d'approvisionnement et ses débouchés commerciaux. Elle consolide ses échanges avec la Russie et plusieurs républiques de l'ex-Union soviétique, notamment le Kazakhstan et la Biélorussie. Les échanges commerciaux avec les pays asiatiques dont la Chine, la Malaisie et surtout la Turquie suivent une courbe exponentielle. En juin 2010, Bachar al-Assad a effectué une tournée en Amérique latine et signé plusieurs contrats de raffinage pétrolier avec le Venezuela de Hugo Chavez et d'autres accords commerciaux avec le Brésil. Les investissements en provenance des pétromonarchies du Golfe sont aussi en progression, notamment dans les secteurs de la construction et du tourisme. Encore épargnée par le tourisme de masse, la Syrie mise sur la valorisation de ses patrimoines historiques régionaux en privilégiant des structures d'accueil intégrées (transport, hôtellerie, visites guidées, etc.) pour pallier le tassement de sa production pétrolière.

1. Voir chapitre 13 : « Un petit tigre oriental. »
2. Amer Loutfi, ministre de l'Economie, cité par le quotidien *Al-Ba'ath* du 27 mai 2007.

Une grande incertitude plane sur les sanctions américaines qui pénalisent notamment les secteurs de pointe comme l'aéronautique, l'ingénierie et les banques. En mai 2010, elles ont été reconduites pour une durée d'un an. Dans un message adressé au Congrès, Barack Obama renouvelle ces sanctions imposées par son prédécesseur George W. Bush en 2004, affirmant néanmoins que le gouvernement syrien « a fait des progrès » pour lutter contre l'infiltration de combattants étrangers en Irak. Mais, ajoute-t-il, « la Syrie continue à soutenir des organisations terroristes et cherche toujours à détenir des armes de destruction massive et des missiles », constituant « une menace inhabituelle et extraordinaire » pour « la sécurité nationale, la politique étrangère et l'économie des Etats-Unis ». Le président américain appelle les autorités de Damas à « continuer à faire des progrès » dans tous les domaines qui, selon Washington, justifient ces sanctions, « afin qu'elles puissent être levées à l'avenir[1] ».

En réalité, c'est surtout la mise au ban de la Banque commerciale de Syrie (BCS) qui est la plus handicapante, même si certaines transactions normalement de son ressort ont pu être réalisées hors boycott par la Banque centrale de Syrie. L'économie syrienne demeure extrêmement dollarisée et la banque dispose d'avoirs extérieurs importants[2]. Les sanctions ont obligé les autorités à effectuer leurs transactions commerciales extérieures en euros par l'intermédiaire de banques européennes. Cette situation a ralenti les réformes monétaires en cours et a avantagé les nouvelles banques privées, essentiellement libanaises en raison de contrats d'affaires ou familiaux entre les populations des deux pays, qui ont permis de contourner l'obstacle d'une participation majoritaire syrienne au capital de ces nouvelles banques[3]. En définitive, les sanctions américaines ont empêché l'Etat syrien de financer efficacement son commerce extérieur et, par conséquent, de relocaliser et légaliser le marché des changes à l'intérieur du pays.

---

1. Barack Obama, message au Congrès, 4 mai 2010.
2. Fin 2009, les avoirs extérieurs de la Banque commerciale de Syrie étaient estimés à une vingtaine de milliards de dollars.
3. La loi sur ce point vient à peine de changer, ce qui devrait favoriser l'arrivée de nouveaux acteurs.

Un pari politique pascalien

En juin 2000, l'accession de Bachar à la présidence a soulevé beaucoup d'espoir. Dans son allocution d'investiture, l'héritier a commencé par revendiquer un « droit à la différence », une manière de souligner que le contexte de la Guerre froide était révolu et que le style de pouvoir imposé au pays par son père ne serait pas le sien. Mais cette manifestation d'originalité, sinon d'indépendance, s'inscrivait toutefois dans les limites d'une continuité politique et institutionnelle liée à la sauvegarde de la souveraineté nationale. Et le jeune président ajoutait aussitôt que la Syrie n'adopterait pas « la démocratie des autres », mais une solution « issue de sa propre histoire, de sa culture et de ses intérêts en fonction des besoins de sa société et de ses réalités ».

Encouragés par les promesses réformistes du jeune président, 99 intellectuels et artistes syriens signent un communiqué en septembre 2000, réclamant « l'amnistie générale pour tous les prisonniers politiques, la restauration de l'Etat de droit et des libertés publiques, la reconnaissance du pluralisme politique et la liberté d'opinion, de réunion, d'expression et de publication ». L'Association des amis de la société civile voit le jour, des mouvements de droits de l'homme sont autorisés et 70 forums de discussion libre sont créés à travers le pays. Sept cents prisonniers politiques sont libérés, la célèbre prison de Mezzeh est fermée, la loi martiale officiellement « gelée ». Un air inédit de liberté souffle sur le pays. Le « printemps de Damas » fait florès, le régime accorde libertés d'expression et de publication et annonce une prochaine réforme du système électoral. Les Frères musulmans en exil signent un communiqué dans lequel ils appellent au dialogue, renoncent à la lutte armée et abandonnent leur conception théocratique du pouvoir. Sans être organisée ni coordonnée nationalement, sans s'appuyer sur un programme alternatif de gouvernement, une véritable opposition civile commence à vivre dans le pays.

Mais le développement spectaculaire de ces activités, qui traduisent l'émergence d'une opposition politique autonome, préoccupe les cadres du régime qui l'interprètent comme une menace à leur hégémonie, voire comme un risque de déstabilisation du pays. Certains craignent que le mouvement social n'aboutisse à la formation d'un bloc parlementaire d'opposition susceptible de remettre en cause leur pouvoir et, à terme, leurs privilèges. D'autres ont peur de l'ouverture d'anciens dossiers relatifs à la corruption et aux violations des droits de l'homme. En mars 2001, les dirigeants syriens rappellent les lignes rouges à ne pas franchir. Le président lui-même s'applique à définir « les principes auxquels personne ne doit porter atteinte », parmi lesquels l'intangible « primauté du Ba'ath et les fondamentaux de l'héritage du président défunt ».

Avant que la contestation et les débordements ne gagnent la rue, la vieille garde décide de reprendre l'initiative. Après moins d'un an, le printemps de Damas a vécu.

Les promesses d'ouverture politique se transforment en poursuites contre les personnalités de l'opposition, qui sont traquées et incarcérées à l'automne 2001. Les principaux opposants, notamment le responsable communiste Riad al-Turk et l'ancien doyen de la faculté d'économie de l'université de Damas Aref Dalila sont emprisonnés. Le député et homme d'affaires Riad Seif est condamné à cinq ans de prison pour avoir proposé des modifications de la Constitution.

C'est le vice-président Abdel Halim Khaddam qui sonne la charge contre les représentants de la société civile qu'il accuse d'être à la solde des ambassades étrangères, espérant ainsi favoriser ses projets personnels. Mais cet activisme n'impressionne guère le jeune président qui se méfie de ce personnage pétri d'ambition. Abdel Halim Khaddam fera défection après l'assassinat de l'ancien Premier ministre libanais Rafic Hariri. Le 6 juin 2005, il démissionne du Ba'ath et quitte la Syrie en novembre. Il accorde sa première interview de rupture avec Damas le 30 décembre 2005 à la chaîne de télévision saoudienne Al-Arabia, annonçant qu'il entend désormais incarner l'alternative à Bachar al-Assad qu'il accuse d'être responsable de tous les maux du Moyen-Orient.

Les tribulations du printemps de Damas révèlent l'inachèvement d'une succession problématique. En effet, autour de l'héritier, une sourde lutte oppose les différents cercles du pouvoir. Les arrestations arbitraires sont suivies de procès devant des tribunaux d'exception dont les verdicts restent sans appel. Des débats surveillés ou franchement manipulés remplacent les forums de discussion qui tournent court. Seule une certaine opposition « légale » est tolérée, voire encouragée. Les promesses d'ouverture font les frais d'une succession qui a aiguisé les ambitions, les appétits et des tentatives contradictoires d'instrumentalisation du nouveau président.

Très au fait des turbulences dont l'avenir de son pouvoir est l'enjeu, Bachar al-Assad dit vouloir s'inspirer du modèle chinois en déclarant que « les réformes économiques passent avant les réformes politiques ». Cette approche est frontalement contestée par les opposants, qui réclament immédiatement l'abolition de l'état d'urgence, l'indépendance du système judiciaire, une réelle campagne contre la corruption et la lutte contre le clientélisme politico-économique. C'est dans cet état d'esprit que le président annoncera la mise en chantier officielle d'une « économie sociale de marché » lors du 10e congrès du Ba'ath.

Tout en constituant progressivement ses propres équipes, le jeune président adopte une méthode plus autoritaire dans la gestion des affaires. Les promesses relatives à la promulgation d'une loi sur le multipartisme et l'organisation d'élections législatives libres sont officiellement remises à des jours meilleurs. Ce décalage, que beaucoup considèrent comme un reniement, est principalement imputé aux menaces militaires qui s'aggravent de jour en jour depuis l'invasion américaine en Irak. Le Ba'ath, qui gouverne le pays depuis 1963, conserve son rôle de « dirigeant de l'Etat et de la société », conformément à l'article 8 de la Constitution. Les élections parlementaires d'avril 2007 voient le Front national progressiste (FNP) – la coalition des 10 partis au pouvoir conduite par le Ba'ath – passer de 167 à 172 sièges sur les 250 que compte le Parlement, les autres sièges étant occupés par des personnalités de la société civile.

Cette progression symbolique du FNP est clairement perçue comme une suspension des réformes politiques. L'ouverture annoncée se heurte aux résistances de l'establishment politico-militaire fortement enraciné depuis plus de trois décennies. Une relecture minutieuse du premier mandat permet de dégager les lignes directrices d'une ouverture politique vraisemblablement planifiée de longue date par Hafez al-Assad lui-même après la dislocation du bloc de l'Est. Il s'agissait avant tout de réformer les appareils d'Etat en modernisant d'abord l'économie du pays pour, dans un deuxième temps, élargir la base sociale du pouvoir afin d'assurer la pérennité du régime.

Amorcée par le « Vieux Lion », cette timide évolution vers le pluralisme a été conçue de manière à ne pas remettre en cause le leadership du Ba'ath, considéré comme le fondement du pays. Même si, désormais, les critiques visant les membres du gouvernement, la politique économique et même le parti sont tolérées, elles ne peuvent aller jusqu'à la remise en cause du système. Les attaques frontales contre les fonctions d'encadrement politiques et économiques du Ba'ath demeurent sévèrement sanctionnées et les coupables emprisonnés.

Les réponses au printemps de Damas

Après les arrestations du printemps 2001, le pouvoir se lance dans la promotion de sa conception d'une ouverture contrôlée qui repose essentiellement sur la nécessité d'élargir la base sociale du régime. Il s'agit de répondre au printemps qui a tourné court dans des circonstances mal maîtrisées et qui laisseront des traces jusqu'au cœur du pouvoir. Cette tentative a un goût de déjà-vu.

Trente ans auparavant, la recherche d'un élargissement de sa base populaire avait conduit Hafez al-Assad à s'attirer le soutien des différentes composantes de la société syrienne. Cette volonté s'était traduite dans trois directions : la création du Front national progressiste (FNP) pour élargir la base électorale du Ba'ath ; la promotion d'un islam pro-gouvernemental après la sévère répression des Frères musulmans en 1982 et l'intéressement de la bourgeoisie urbaine commerçante au pouvoir. La création du FNP permit d'arrimer durablement les organisations politiques existantes au Ba'ath et de légitimer son hégémonie, sinon son monopole dans la gestion du champ politique. La tenue des élections de 1992 a confirmé cette volonté d'instiller une dose de libéralisation dans le système. Elle permet aux personnalités de la société civile d'occuper un tiers des sièges du Parlement (Conseil du Peuple), autrefois monopolisé par les ba'athistes.

Mais l'extrême centralisation des appareils d'Etat s'est progressivement substituée à cette construction dans laquelle le Ba'ath lui-même apparaît comme une simple courroie de transmission. Aux mêmes maux, mêmes remèdes, trente ans plus tard le chantier de la réforme politique est rouvert.

Aujourd'hui, l'effort principal porte sur la modernisation de ce système que plusieurs politologues ont qualifié de « multipartisme d'Etat ». La volonté d'élargissement de la base sociale du régime s'est traduite, une fois de plus, par l'octroi d'une certaine autonomie aux partis du FNP. La promotion d'une opposition strictement canalisée par le régime a donné lieu à la création du Rassemblement national démocratique (RND). Celui-ci regroupe quatre formations déclarées d'opposition nationale, dans le respect des intérêts vitaux du pays.

Les partis du FNP se voient autorisés à recruter de nouveaux membres, à organiser des activités politico-culturelles dans les milieux estudiantins, à ouvrir des bureaux en province et à publier leurs propres journaux. Très encadrés, des forums de discussion, portant sur les droits de l'homme, les réformes politiques et économiques et les questions sociales, ont remplacé les 70 cercles de discussion interdits en février 2001. Une nouvelle loi sur les imprimés, certes plus libérale, rappelle toutefois les « lignes rouges » à ne pas franchir. Néanmoins, les trois quotidiens d'Etat, *Al Ba'ath*, *Tichrine* et *al-Thawra* manifestent désormais un certain pluralisme en ouvrant leurs colonnes à des plumes souvent très acerbes pour le régime.

Des mouvements islamiques officiels ont été promus pour capter un courant islamiste en pleine expansion. Bien que celui-ci ne soit pas organisé de manière pyramidale, il est de plus en plus présent sur les terrains sociaux, notamment celui de l'éducation. Cette réaffirmation de l'islam sunnite manifeste toutes les caractéristiques d'un mouvement social à la recherche d'une expression politique. Le souvenir de la répression de 1982 contre les Frères musulmans faisant toujours référence, leurs interventions sont strictement cantonnées aux questions sociales.

Cette tentative de modernisation du multipartisme d'Etat n'est pas achevée puisque sa finalité déclarée vise la tenue d'élections parlementaires « pluralistes ». Le président Bachar al-Assad estime que la poursuite du processus aboutira, le moment venu, en fonction d'un calendrier qui reste largement tributaire des pressions internationales.

La déclaration de Damas

Après la chute de Bagdad au printemps 2003, plusieurs intellectuels réclament des réformes de fond en réponse à l'offensive idéologique des néoconservateurs américains qui ont décidé la mise à mort du régime syrien. Tout en revendiquant l'instauration d'un régime démocratique, ils rejettent farouchement toute espèce d'ingérence étrangère. Initialement diffus, ce courant prend une certaine vigueur, cherchant à s'organiser à partir des réseaux endormis du *printemps de Damas*.

Le projet de constituer à terme une alternative démocratique au multipartisme d'Etat resurgit à la faveur de l'effervescence qui traverse les intelligentsias du monde arabe, réveillées par la chute de Bagdad. Plusieurs acteurs de la société civile estiment qu'après quarante ans d'autoritarisme, le temps est venu d'amorcer une transition démocratique authentique par le lancement d'une alternative viable. Les promoteurs de cette nouvelle initiative prennent soin d'indiquer que cet effort doit s'inscrire dans un temps plus ou moins long et que sa finalité ne vise pas à provoquer le chaos ni le renversement du régime ba'athiste.

En octobre 2005, cette renaissance démocratique s'affirme autour de la rédaction d'un texte programmatique : la « déclaration de Damas », qui préconise un « changement démocratique radical ». Elle appelle à une mobilisation générale de toutes les forces sociales et politiques pour moderniser le pays et renforcer un front national face aux menaces extérieures attisées par Washington, Tel-Aviv et leurs alliés.

C'est la première fois, depuis l'interruption du printemps, qu'un pôle d'opposition, toutes tendances confondues, se rassemble autour d'un programme en vue de l'édification d'une alliance nationale. Communistes, nationalistes, libéraux ainsi que les partis kurdes auxquels se sont jointes plusieurs personnalités indépendantes signent la déclaration, qui bénéficie aussi du « soutien total » de la Confrérie des Frères musulmans. Cette initiative intervient six mois après la fermeture du dernier cercle de discussion, le forum Jamal Atassi, et l'arrestation de plusieurs opposants, notamment Ali Abdallah, toujours incarcéré pour avoir lu publiquement un message d'Ali Sadreddine Bayanouni, dirigeant des Frères musulmans installé à Londres.

Principalement issus du forum dissous, quelque 500 représentants de quatorze formations clandestines ont appelé à la rédaction d'une telle plate-forme susceptible d'apporter une réponse crédible à la perpétuation du régime. Parmi les principaux signataires figurent le Rassemblement national démocratique (RND) et ses quatre partis récemment autorisés, les Comités de la société civile ainsi que des « personnalités représentatives » qu'on peut qualifier de leaders d'opinion. Ce rassemblement entend se démarquer des oppositions établies à l'étranger, qualifiées d'opportunistes, instrumentalisées par les Etats-Unis ou alignées sur les options occidentales, à l'instar de celle d'un certain Farid al-Ghadri, établi aux Etats-Unis, lié aux services secrets américains et qualifié de « Chalabi syrien[1] ».

La déclaration de Damas proclame : « La Syrie traverse

1. Né le 30 octobre 1944, Ahmed Chalabi est un homme politique irakien, professeur de mathématiques ayant travaillé à l'université de Chicago et au Massachusetts Institute of Technology. Honorable correspondant de la CIA, cet opposant au régime de Saddam Hussein fut placé à la tête du Congrès national irakien par les Etats-Unis afin de légitimer l'invasion de l'Irak. Il fut ministre du Pétrole par intérim (avril 2005-janvier 2006) et vice-Premier ministre (mai 2005-mai 2006). Plusieurs réunions d'opposants syriens ont été organisées à l'étranger (à Washington en 2004 et à Paris début 2005) par les services de renseignements britanniques et américains. Durant la même période, Claude Moniquet, un agent d'influence israélien de nationalité belge, a piloté plusieurs campagnes d'un « collectif d'opposants syriens » avec différents organismes de l'Union européenne à Bruxelles et Strasbourg.

aujourd'hui des dangers qu'elle n'a jamais connus auparavant, résultats des politiques inappropriées mises en œuvre par le régime. Le pays se trouve aujourd'hui à la croisée des chemins [...]. La mainmise sur le pouvoir depuis plus de trente ans par un régime totalitaire a conduit à l'effritement du tissu social, à la disparition de toute activité politique, à l'effondrement économique et aux crises polymorphes qui se succèdent [...]. A ce bilan intérieur s'ajoute l'isolement international dans lequel le régime a placé le pays, résultat de sa politique aventurière et à courte vue au sein du monde arabe, comme dans la région proche-orientale notamment au Liban. »

Les signataires préconisent « une opération de sauvetage » mise en œuvre par l'ensemble du peuple syrien afin de faire passer le pays d'un « Etat sécuritaire » à celui d'un « régime démocratique fondé sur les valeurs de la liberté ». La déclaration appelle à l'instauration d'un « Etat moderne, impliquant la mise en place d'un nouveau contrat social ». Elle invite « le peuple syrien dans toutes ses composantes » à œuvrer de façon pacifique pour un « changement radical », en refusant « les réformes partielles et sectorielles ».

La déclaration de Damas se veut patriotique, affirmant vouloir agir en conformité avec la loi annoncée autorisant les partis. Elle prend soin de récuser toute forme d'appartenance ethnique et confessionnelle et annonce que les signataires vont prochainement se doter d'une nouvelle organisation et d'une direction politique.

Le 11 décembre 2007, près de 40 membres du mouvement se réunissent à Damas et élisent un conseil national. La majorité d'entre eux sont interpellés par les services de sécurité. Douze signataires de la déclaration sont incarcérés dont le Dr Fida Hourani, l'ex-député et homme d'affaires Riad Seif, le politologue Akram al-Bounni lui aussi ex-détenu, le journaliste Ali Abdallah et le docteur Yasser al-Eiti[1].

Ces arrestations interviennent après la condamnation de

1. Les autres sont : le Dr Walid al-Bounni, le Dr Jabre al-Choufi, le journaliste Fayez Sara, le peintre Talal Abou Dan, le Dr Mohamad Haj-Darwish, l'ingénieur Marwan al-Esh et le chirurgien-dentiste Ahmad Tohmeh. Ils ont été libérés entre juin et juillet 2010.

l'écrivain Michel Kilo, l'un des auteurs de la déclaration de Damas, et du militant des droits de l'homme Mahmoud Issa, à trois ans de prison ferme. L'avocat Anouar al-Bounni est condamné à cinq ans. Les trois étaient les auteurs de la pétition Damas-Beyrouth-Damas appelant à une réforme de la relation syro-libanaise. Ils sont accusés de « propagation de fausses informations » susceptibles d'atteindre à « l'unité nationale ».

Au lendemain de l'incarcération de son frère Anouar et de Michel Kilo[1], le politologue Akram al-Bounni déclare qu'« en prononçant de sévères peines à l'encontre de Michel Kilo et de ses compagnons, le régime veut adresser un message clair aux militants de l'opposition démocratique. Il n'y a pas de place aujourd'hui en Syrie pour l'action politique modérée comme pour toute participation à la vie publique. Cet état de fait est de nature à encourager le fondamentalisme islamique et engage à la violence – comme seule alternative – tous ceux qui aspirent à jouer un rôle dans la vie publique du pays[2] ». Pour l'avocat Ammar al-Qorabi, président de l'Organisation nationale des droits de l'homme en Syrie, « ces peines interviennent malheureusement sous la couverture de l'état d'urgence, prorogé depuis le 8 mars 1963, date qui coïncide avec l'arrivée au pouvoir du Ba'ath. Quarante-cinq ans après l'instauration de cet état d'exception, les libertés sont inexistantes, il n'y a pas de démocratie, pas de législation sur les partis et les organisations non gouvernementales[3] ».

Sévices et servitudes de l'état d'exception

En vigueur depuis 1963, l'état d'urgence a justifié la répression de nombreux opposants politiques, parfois sans jugement ou à la suite de procès inéquitables devant des tribunaux d'exception. Dans cette logique que l'opposant

1. Michel Kilo est journaliste et politologue de tendance marxiste. Militant démocrate, il est l'un des fondateurs de « Hourriat », un centre de la liberté de presse basé à Damas en 2005. Il figure parmi les signataires de la « déclaration de Damas ».
2. Entretien avec les auteurs, 25 juin 2007.
3. Entretien avec les auteurs, 30 octobre 2008.

Riad al-Turk qualifie de « royaume du silence », la loi martiale l'emporte sur l'indépendance du système judiciaire.

Depuis plus de quatre décennies, ces arrestations arbitraires sont régulièrement dénoncées par les défenseurs des droits de l'homme et les ONG. Pourtant, la Constitution syrienne garantit les libertés fondamentales. Elle consacre douze articles aux libertés publiques et individuelles. L'article 28 interdit spécifiquement les arrestations arbitraires. Le paragraphe 3 du même article stipule que « nul ne peut être torturé physiquement, moralement ou faire l'objet d'un traitement dégradant. La loi détermine les sanctions à infliger aux auteurs de tels actes ». L'article 25 consacre la primauté de la loi ainsi que l'égalité, la dignité et les libertés individuelles, et l'article 38 garantit la liberté d'expression.

C'est effectivement à la faveur du coup d'Etat du 8 mars 1963 que le Ba'ath est arrivé au pouvoir. Un conseil révolutionnaire a aussitôt décrété l'état d'urgence. Cette mesure fut imposée en flagrante contradiction avec la Constitution de 1962 et la loi 51, précisant les circonstances et les modalités à respecter pour instaurer l'état d'exception. Ces textes stipulent qu'il doit être approuvé par le Conseil des ministres et le Parlement avant d'être ratifié par le président de la République pour entrer en vigueur.

L'avocat Ammar al-Qorabi, président de l'Organisation nationale pour la défense des droits de l'homme en Syrie, est arrêté à l'aéroport de Damas et incarcéré pendant trois jours alors qu'il rentrait d'une tournée en Europe[1]. « L'état d'urgence bloque et entrave en tout 142 articles de la Constitution qui relevaient autrefois de la compétence des cours ordinaires. Ils relèvent désormais du domaine réservé de trois tribunaux spéciaux dont les verdicts sont sans appel : la Cour itinérante, la Cour de sûreté de l'Etat et le Tribunal militaire. Ces juridictions sont placées sous la tutelle des services de sécurité. Condamnés à un strict isolement, les détenus ne peuvent être représentés par un avocat et n'ont pas droit aux visites de leurs familles », explique l'avocat.

Ô Montesquieu ! En Syrie les pouvoirs législatif et judiciaire ne sont pas indépendants, mais sous la coupe du pouvoir

1. Entretien avec les auteurs, 9 avril 2006.

exécutif. Adopté dans le cadre de la loi d'urgence, l'article 132 de la Constitution de 1973 énonce que le président de la République bénéficie de la préséance sur le Conseil supérieur de la justice. « Les juges sont désignés en fonction de leur allégeance politique au Ba'ath. Leur désignation doit être préalablement approuvée par les services de renseignements », ajoute maître Qorabi, qui rappelle que « les lois et décrets relatifs aux infractions politiques priment sur la Constitution et sont en contradiction avec elle ». Il cite en exemple la loi 49 de juillet 1980 qui prescrit la peine de mort : « Toujours en vigueur, cette loi contredit la Constitution qui exonère de cette peine toute personne de moins de 18 ans. »

Pour l'avocat Mohammad Hallak, député et professeur de droit à l'université de Damas, « selon les autorités, le maintien de l'état d'urgence se justifie par les impératifs du conflit israélo-arabe ». En 2002 et 2003, un comité dont il faisait partie avec des représentants des ministères de la Défense et de l'Intérieur, a été chargé d'amender les textes justifiant la reconduction de l'état d'urgence. « Les bouleversements survenus dans la région, notamment l'invasion anglo-américaine de l'Irak, ont bien évidemment retardé les travaux du comité », note le député. Celui-ci ne perd pas l'espoir d'aboutir à « un allègement substantiel » de la loi martiale même si les militants des droits de l'homme continuent légitimement à dénoncer l'état d'exception comme « anticonstitutionnel[1] ».

« La loi 51 précise que l'état d'urgence doit être proclamé pour une durée limitée et précisée lors de sa proclamation. Voilà quarante-trois ans que cette situation perdure selon des modalités d'application formelle sans aucune évolution, poursuit Ammar al-Qorabi. Les conventions des Nations unies et les traités internationaux auxquels la Syrie a adhéré, ainsi que la Constitution syrienne, précisent de toutes les manières possibles que l'état d'exception est, comme son nom l'indique, exceptionnel et qu'il peut être appliqué aux régions victimes soit de catastrophes naturelles, soit de guerres civiles. Pourtant, en Syrie, la loi d'urgence s'étend à l'ensemble du territoire national dans le cadre du conflit avec Israël qui perdure. »

1. Entretien avec les auteurs, 8 avril 2006.

« Invoquant la priorité de la lutte contre Israël, les régimes arabes ont privé leurs peuples de liberté pendant soixante ans, souligne un politologue syrien. La démocratie pouvait attendre, alors que la libération de la terre est une urgence. Les réformes politiques et la modernisation des institutions étaient sans cesse reportées en attendant "la victoire finale". Le développement économique était négligé au profit du renforcement des capacités militaires pour faire face à "l'expansionnisme sioniste". Ceux qui militaient pour la démocratisation étaient accusés de mettre la charrue avant les bœufs : la libération d'abord, la liberté ensuite. Ceux qui proposaient une simultanéité entre la démocratie et la lutte contre Israël étaient accusés de trahison, jetés dans les cachots ou pendus sur les places publiques. Ceux qui réclamaient une amélioration des conditions de vie étaient soupçonnés de faire le jeu de l'ennemi et d'attenter à l'unité nationale. Ce terrorisme intellectuel a justifié les pires atrocités contre les opposants et a permis aux régimes de se maintenir en place pendant des décennies[1]. »

Selon l'écrivain Yassine Hajj Saleh, l'instauration de l'état d'exception en Syrie ne coïncide pas avec le début du conflit israélo-arabe. « L'application de la loi d'urgence est la sœur jumelle du régime. En réalité, elle justifie ainsi son existence pour préserver le pouvoir des critiques intérieures. On est loin de la mobilisation de la Patrie en danger contre Israël. L'ère de glaciation ba'athiste se caractérise par l'irrespect généralisé des cadres constitutionnels[2]. »

Membre du Parti de l'action communiste, Hajj Saleh a été arrêté à l'aube du 7 décembre 1980 alors qu'il venait d'avoir dix-neuf ans. Détenu sans mandat d'arrêt, en raison de son affiliation politique, ce n'est qu'en 1992, onze ans plus tard, qu'il est jugé par la Cour de sûreté de l'Etat. Son procès dure deux ans : « Nous étions quelque 600 prisonniers appartenant aux mouvances communiste, nassérienne et ba'athiste, opposées au régime. Nous avons été accusés d'opposition à la révolution du 8 mars 1963, d'appartenance à des organisations secrètes et de vouloir renverser le régime. Ces actes

1. Entretien avec les auteurs, 9 avril 2006.
2. *Ibid.*

d'accusation se fondaient uniquement sur les rapports d'enquête des services de renseignements, dans le meilleur des cas, et dans le pire, sur des confessions arrachées sous la torture[1]. » Il est condamné à quinze ans de prison. Après avoir purgé sa peine, il passe une année supplémentaire dans la redoutable prison de Palmyre où les sévices corporels sont alors monnaie courante.

Il est finalement libéré le 21 décembre 1996. Conformément au verdict de la cour, il est privé de ses droits civils pour quinze années supplémentaires. Sans passeport, il ne peut voyager et se voit interdit de travailler pour le service public. Caractéristiques des années 1980, ces pratiques ont aujourd'hui disparu bien que les contestataires demeurent soumis à des traitements draconiens.

Le poète et journaliste Anouar Omrane, membre de l'Organisation des droits de l'homme en Syrie, remarque que le pouvoir s'allie avec le courant islamiste officiel pour combattre les opposants démocrates : « Avec le soutien du régime, les dignitaires religieux sont entrés dans ce jeu méprisable qui vise à diaboliser et à jeter l'anathème sur les représentants de la société civile. Ils sont présentés comme les ennemis de la religion et des valeurs sacrées parce qu'ils sont favorables au mariage civil et à la libération de la femme[2]. »

Yassine Hajj Saleh souligne de son côté que le pouvoir applique la « bonne vieille méthode » qui vise à considérer tout opposant comme un traître : « Cette pratique se fonde sur un concept qui veut que le régime et la nation ne forment qu'une seule et même entité. Quiconque s'oppose au régime s'oppose à la nation et vice-versa. » Il considère que la poursuite de l'état d'urgence a non seulement perdu toute pertinence mais qu'elle porte gravement atteinte à la crédibilité du pays lui-même : « A force de crier au loup en permanence, l'Etat finit par se priver de tout moyen de mobiliser le peuple en cas de véritable danger. Or la Syrie est réellement menacée par l'encerclement d'armées étrangères. Mais en suivant cette méthode inappropriée, les autorités se privent des vrais leviers d'une mobilisation citoyenne consensuelle et efficace. »

1. Entretien avec les auteurs, 10 avril 2006.
2. Entretien avec les auteurs, 9 avril 2006.

Le politologue conclut que deux générations complètes ont ainsi été marginalisées, sinon sacrifiées : « Outre l'incapacité à lutter efficacement contre la corruption, l'autoritarisme généré par l'état d'exception a gelé les esprits et la société en général. La loi et la justice ont perdu toute espèce de signification réelle. »

« Nous revendiquons l'abolition de la loi d'exception et l'indépendance du système judiciaire, conclut Ammar al-Qorabi. Il s'agit d'une première étape vers l'émergence d'un Etat de droit garant d'une réforme des institutions et de la reconnaissance de la société civile. Dans notre pays, l'instauration de la démocratie passe, en premier lieu, par l'indépendance du système judiciaire. » Ces différents constats ramènent inéluctablement au parti Ba'ath et à son évolution.

Le Ba'ath, le pouvoir et la démocratie

Michel Aflaq, l'un des théoriciens et créateurs du Ba'ath[1], a consacré de nombreux écrits à l'étude de la démocratie moderne comme réponse aux différentes formes de régimes autoritaires et dictatoriaux. « Pour les Arabes d'aujourd'hui, dit-il, la solution réside dans l'unité et la route qui y mène passe par la démocratie. » L'article 14 de la charte du Ba'ath affirme : « Le régime de gouvernement de l'Etat arabe est un régime parlementaire, constitutionnel, dans lequel le pouvoir exécutif est responsable devant le pouvoir législatif, directement élu par le peuple. »

Pour lui, démocratie, socialisme et nationalisme sont des concepts indissociables s'enchaînant nécessairement les uns aux autres d'une manière rationnelle et construite. Dans cette perspective, une démocratie sans socialisme n'est que la façade de l'exploitation capitaliste. Le socialisme est donc la garantie du bon fonctionnement d'une démocratie, sans quoi celle-ci serait abandonnée à une caste affairiste engagée dans l'accumulation de richesses et de pouvoirs. Symétriquement,

1. Voir chapitre 2 : « Michel Aflaq, le Ba'ath et le panarabisme. »

le socialisme ne peut réussir en dehors du cadre démocratique au risque de dégénérer en despotisme bureaucratique.

Cette doctrine politique va connaître l'épreuve du réel à partir du coup d'Etat du 16 novembre 1970. Avec l'accession au pouvoir de Hafez al-Assad, le Ba'ath devient un parti de gouvernement et tourne une nouvelle page de l'histoire syrienne. Commémoré chaque année comme un « mouvement correctionniste », le coup d'Etat installe un régime monocratique, certes, mais pragmatique. Ainsi, la Syrie connaît une période de stabilité sans précédent au cours de laquelle le pays s'impose comme une puissance incontournable au Proche-Orient.

Conformément à la Constitution de 1973, le Ba'ath est reconnu comme « le dirigeant de l'Etat et de la société ». Nommé commandant suprême des forces armées, le président Assad devient le chef du pouvoir exécutif. Il nomme le Premier ministre, dispose du droit de dissoudre le Parlement et peut légiférer par décrets. Le président de la République est élu tous les sept ans. Il est le candidat unique, désigné par le commandement régional du parti, lui-même présidé par Hafez al-Assad. Mais c'est à travers les services de renseignements, véritable colonne vertébrale du régime, que le pouvoir gère les affaires courantes, encadre la société et dirige vraiment le pays. Les partis politiques existants sont inféodés au Ba'ath, qui apparaît lui-même, au fil du temps, comme le seul instrument de légitimation du pouvoir.

A partir de 1976, les Frères musulmans s'opposent militairement au pouvoir. De l'extérieur, la confrérie islamiste est soutenue par la Jordanie et, à partir de 1981, par l'Irak. Des attentats spectaculaires visent les plus hauts responsables du régime, de l'armée et des services de renseignements. Parallèlement à la Confrérie, les intellectuels, militants et membres de l'opposition laïque dénoncent l'autoritarisme et l'intervention de l'armée syrienne aux côtés des milices phalangistes du Liban en 1976. Plusieurs manifestations et grèves sont organisées par les associations professionnelles, notamment celles des ingénieurs, des avocats et des médecins, qui conservaient leur indépendance à l'égard de l'Etat.

La violente répression contre les islamistes n'épargne pas l'opposition laïque. Nombre d'intellectuels, d'avocats, de médecins et de militants associatifs sont incarcérés au même titre que les militants islamistes. Les incidents culminent en février 1982, lorsqu'une véritable bataille oppose le bras armé des Frères musulmans à l'armée syrienne. Les Frères parviennent à s'emparer du centre-ville de Hama et aménagent des camps retranchés dans la région d'Alep – deuxième ville du pays – en appelant à la désobéissance générale et au soulèvement armé. La riposte est d'une violence extrême.

Les combats font entre 15 000 et 25 000 morts à Hama, une partie du centre historique est complètement rasée par l'artillerie lourde. Les islamistes sont défaits et ne réussiront plus jamais à reconstituer leur appareil politico-militaire. Profondément ébranlé par ce soulèvement islamiste, le régime accorde des pouvoirs élargis aux services de sécurité et de renseignements qui deviennent, désormais, un Etat dans l'Etat. Ce n'est qu'en 1991, soit neuf ans plus tard, qu'une relative détente interviendra à travers une série d'amnisties. La plupart des prisonniers politiques des mouvements laïcs, militants communistes, ba'athistes dissidents et nassériens seront libérés. La majorité des détenus islamistes sera à son tour amnistiée vers la fin des années 1990.

Cette tentative de renversement du pouvoir par les Frères musulmans influencera durablement la vie politique syrienne. Bachar al-Assad hérite de ce traumatisme dont les traces seront durables dans les appareils sécuritaires et militaires du régime. A ce syndrome du complot de l'intérieur viendront s'ajouter nombre de menaces extérieures, à commencer par la grande entreprise américaine de « démocratisation » des Proche et Moyen-Orient.

5

Les impasses de la dialectique démocratique

« La politique révolutionnaire se donnait pour but prochain la synthèse. On allait voir paraître dans les faits la dialectique. La révolution, c'était le point sublime où le réel et les valeurs, le sujet et l'objet, le jugement et la discipline, l'individu et la totalité, le présent et l'avenir, au lieu d'entrer en collision, devaient peu à peu entrer en connivence. Le pouvoir du prolétariat était la nouveauté absolue d'une société qui se critique elle-même et qui élimine de soi les contradictions par un travail historique infini [...]. Que reste-t-il de ces espoirs ? Ce n'est pas tellement qu'ils aient été déçus et la révolution trahie : c'est plutôt qu'elle s'est trouvée chargée d'autres tâches, que le marxisme supposait accomplies. »

Maurice Merleau-Ponty,
Les Aventures de la dialectique.

La relation avec Washington, horizon indépassable de la diplomatie syrienne... Si d'aucuns ont pu penser et même écrire que la fin de la Guerre froide inaugurait une « fin de l'Histoire » annonçant un nouvel ordre diplomatique mondial[1] qui verrait un règlement généralisé des crises et des conflits, le réel, qui a plus d'un tour dans son sac, reprit vite le dessus. Aux Proche et Moyen-Orient, en tout cas, l'affrontement était loin d'être terminé et l'on vit la dialectique démocratique accoucher d'étranges retours d'histoire.

Alors que les pourparlers sur les volets palestinien et syrien

1. Luc Debieuvre : *A Safer World ?*, Garnet Publishing, 2007.

se perdent dans les sables, l'échec des négociations de Camp David entre Yasser Arafat et Ehoud Olmert débouche sur une deuxième Intifada[1] dans les territoires palestiniens occupés. Simultanément, l'arrivée au pouvoir des *faucons* aux Etats-Unis et en Israël inaugure l'un des moments les plus paradoxaux de la crise contemporaine des démocraties. Cette succession de nouvelles contradictions historiques marque un tournant dans l'histoire des Proche et Moyen-Orient et précipite la région dans une logique de guerre aux airs de « choc des civilisations[2] ».

Cette nouvelle accélération de l'Histoire culmine avec les attentats du 11 septembre 2001, perpétrés par les jihadistes d'Oussama ben Laden, un ex-allié des Etats-Unis considéré comme un « combattant de la liberté » à l'époque de la présence soviétique en Afghanistan. Armée et entraînée par la CIA et les services pakistanais, financée par l'Arabie Saoudite[3] en des temps où George Bush père dirigeait les services de renseignements américains, la nébuleuse Ben Laden se retournait contre ses anciens maîtres : *Un secret de famille de l'Amérique* pour reprendre le titre de l'ouvrage de l'écrivaine indienne Arundhati Roy[4].

La Syrie, qui fut l'un des premiers pays à condamner les attentats, s'engage dans une coopération antiterroriste sans précédent avec Washington. Elle fournit à la CIA des informations permettant de « sauver des vies américaines », selon l'aveu même de l'ancien secrétaire d'Etat américain Colin Powell. « Après les attaques, j'ai écrit au président Bush et lui ai proposé une coopération sécuritaire élargie. Cela a bien fonctionné pendant un certain temps », affirme Bachar al-Assad[5].

1. Septembre 2000.
2. *Le Choc des civilisations* (*The Clash of Civilizations and the Remaking of World Order*) est le titre d'un ouvrage du politologue américain Samuel Huntington, professeur à Harvard, paru en 1996 chez Simon & Schuster, et traduit en français en 1997. Très controversé depuis sa parution, cet essai a donné lieu à de nombreux débats.
3. Richard Labévière, *Les Dollars de la terreur. Les Etats-Unis et les islamistes*, Paris, Grasset, 1999.
4. Arundhati Roy, *Ben Laden, secret de famille de l'Amérique*, Paris, Gallimard, 2001.
5. *Der Spiegel*, 24 septembre 2006.

Le journaliste américain du *New Yorker* Seymour Hersh souligne l'ampleur de cette coopération éphémère[1]. « Des membres du renseignement et d'autres du Département d'Etat me dirent au début de 2002 que la Syrie avait été l'un des alliés les plus efficaces dans la lutte contre al-Qaïda. Damas avait fourni une pléthore d'informations et ne s'était arrêtée de le faire qu'avec l'invasion de l'Irak [...]. Les Syriens avaient rassemblé des centaines de dossiers sur al-Qaïda, y compris sur les hommes qui avaient pris part aux attentats et sur d'autres qui avaient souhaité y participer. Damas avait en outre infiltré les cellules d'al-Qaïda dans tout le Proche-Orient et les communautés arabes en exil en Europe. » Toutefois, « les agents de la CIA et du FBI furent bientôt submergés de données sans pouvoir les exploiter efficacement ».

Entre 1978 et 1982, la Syrie a été la cible d'attentats islamistes perpétrés par plusieurs organisations locales liées à la Confrérie des Frères musulmans dont la maison mère est toujours basée au Caire. Ces tentatives de déstabilisation du régime ont culminé avec le soulèvement de Hama[2]. Interdits et perçus comme la menace la plus dangereuse pour le pouvoir syrien, les activistes islamistes sont depuis lors traqués à l'intérieur et à l'extérieur du pays par les services syriens de renseignements. Durant les vingt dernières années, ils sont passés maîtres dans l'étude, la surveillance et la neutralisation des différents courants de l'islamisme radical sunnite. Mais cette excellence n'a pas toujours été bien perçue à Washington, tant elle a souvent mis au jour des collusions, sinon des complicités, entre les organisations islamistes et des acteurs importants de l'administration américaine[3]. Par conséquent, la coopération antiterroriste instaurée entre Damas et Washington ne pouvait que tourner court.

En 2000, l'élection controversée de George W. Bush est marquée par l'arrivée des idéologues néoconservateurs à la Maison-Blanche et au Pentagone. Réunis au sein de l'association *Project for a New American Century*[4] (Projet pour un nou-

---

1. Entretien avec les auteurs, 2 février 2006.
2. Voir chapitre 4 : « L'héritage piégé... »
3. Richard Labévière, *Les Dollars de la terreur, op. cit.*
4. Fondé au printemps 1997, le PNAC déclare être une organisation ayant comme objectif la promotion du leadership planétaire américain

veau siècle américain), ils élaborent en septembre 2000 un rapport intitulé « Reconstruire les défenses des Etats-Unis » *(Rebuilding America's Defenses)*, qui servira de référence à la politique étrangère de l'administration Bush.

Ce texte préconise l'augmentation des dépenses militaires, l'arrêt des pourparlers relatifs à la limitation des armes stratégiques et des actions militaires préventives contre tout pays qui menacerait les intérêts américains. Il prévoit le redéploiement de bases américaines sur tous les continents afin de créer ce que les rédacteurs du rapport nomment une « police planétaire », chargée de veiller à une « défense globale » des Etats-Unis. Par ailleurs, le rapport recommande la mise en chantier d'un bouclier antimissile (National Missile Defense) et l'accélération de la militarisation de l'espace. Le même texte conclut : « Les Etats-Unis sont la seule superpuissance [...]. La stratégie fondamentale a pour objectif la préservation et l'extension de cette position avantageuse aussi longtemps que possible dans l'avenir. » Le rôle des forces armées consiste à « empêcher l'émergence d'une nouvelle puissance rivale, à défendre les régions clés de l'Europe, de l'Asie de l'Est et du Moyen-Orient [...]. L'Asie de l'Est deviendra une région d'importance croissante. Le renforcement militaire américain en Asie est prioritaire pour contrer l'émergence de la Chine[1]. »

Ces différentes options de reconfiguration stratégique visaient officiellement à dissuader toute espèce d'obstacle à la pérennisation de l'hégémonie des Etats-Unis. Cette stratégie, espéraient ses auteurs, devait intimider les adversaires potentiels et restaurer la confiance des marchés déstabilisés par le ralentissement de l'économie mondiale, le déficit de la balance commerciale américaine (qui passe de 100 à 435 milliards de dollars de 1993 à 2002) et, enfin, par l'improbable financement de l'énormité de la dette américaine.

(American Global Leadership). Il se présente comme groupe de réflexion et d'influence, centré sur la recherche et l'adoption de moyens susceptibles d'assurer au XXIe siècle l'hégémonie militaire, politique, économique et culturelle des Etats-Unis.

1. *Rebuilding America's Defenses, Strategy, Forces and Resources for a New Century. A Report of The Project for The New American Century*, september 2000.

Elaboré avant les attentats de septembre 2001, le nouveau plan quadriennal pour la défense *(Quadriennal Defense Review)* est largement inspiré par le rapport susmentionné. Il est rendu officiel à peine quelques jours après la tragédie du World Trade Center. Début 2002, le Pentagone procède à la redéfinition de la doctrine nucléaire américaine. Dans une note de 56 pages intitulée *Nuclear Posture Review* (Révision de l'option nucléaire), les experts du Pentagone désignent sept pays contre lesquels les Etats-Unis pourraient désormais faire usage de la bombe atomique : la Syrie, la Chine, la Russie, l'Irak, l'Iran, la Corée du Nord et la Libye. Signé par Donald Rumsfeld, le document rompt avec la traditionnelle politique de dissuasion et prévoit l'utilisation de l'arme nucléaire contre des pays qui en sont dépourvus et dans le cadre de situations militaires classiques.

Cette mise à jour propose aussi de développer de nouvelles armes nucléaires miniaturisées plus « flexibles », car provoquant moins de « dommages collatéraux » et pouvant être engagées comme n'importe quelles autres armes conventionnelles. En d'autres termes, le rapport préconise la banalisation de la puissance nucléaire ainsi que des autres armes de destruction massive. Déjà testés lors de la première guerre d'Irak en 1991, les projectiles à uranium appauvri ont été systématiquement utilisés lors de l'invasion du même pays au printemps 2003, comme ils le seront lors de l'offensive israélienne contre le Liban durant l'été 2006.

Dans une lettre adressée le 21 avril 1991 à la Royal Ordonance (le Service du ravitaillement de l'armée royale britannique) et portant la mention « UK Restricted », Paddy Bartholomew, directeur du développement de l'AEA Technology – devanture commerciale de l'administration britannique en charge de l'énergie nucléaire –, révèle l'extrême dangerosité des armes de destruction massive utilisées par les troupes anglo-américaines en Irak. « Les chars américains ont tiré 5000 projectiles à l'uranium appauvri, les blindés britanniques en ont également utilisé et les bombardiers américains ont déversé des dizaines de milliers de bombes du même type [...]. Si la quantité d'uranium appauvri dégagé par les tirs des chars avait été inhalée, le Comité international pour la protection radiologique a calculé qu'elle aurait pu tuer plus d'un demi-million de personnes[1]. »

Le couronnement de ce durcissement américain intervient en septembre 2002, lorsque le président George Bush officialise sa nouvelle doctrine de la « guerre préventive », en vertu de laquelle les Etats-Unis s'octroient le droit d'intervenir militairement contre n'importe quel pays susceptible de « menacer leurs intérêts et leur sécurité ». Cette doctrine est explicitement énoncée dans la *National Security Strategy*. Selon cette directive, le concept de guerre préventive entre en vigueur pour une durée indéterminée.

Au printemps 2003, l'Irak a servi de premier laboratoire à cette dérive cherchant à légaliser l'usage unilatéral d'armes de dernière génération. Comme cette dialectique aventureuse dénoncée par Maurice Merleau-Ponty, parce qu'en cours de route « elle se trouve chargée d'autres tâches à accomplir », les idéaux de la première démocratie du monde produisent de singuliers retournements.

Noam Chomsky notait, lors de l'invasion américaine de l'Irak : « Si l'opération réussit [...], les législateurs internationaux et les intellectuels occidentaux parleront d'une nouvelle norme dans les affaires internationales. Il est important d'établir une telle norme si vous espérez gouverner le monde par la force dans un avenir proche [...]. De telles *normes* n'ont de valeur que lorsqu'une puissance occidentale agit, pas les autres. Cela fait partie du racisme profond de la culture occidentale, qui puise ses sources dans des siècles d'impérialisme et qui est si profond qu'il en devient inconscient. Je crois donc que cette guerre est une nouvelle étape importante, et c'est bien comme ça qu'ils la voient[2]. »

Les experts en stratégie militaire n'ont pas suffisamment relevé les influences réciproques israélo-américaines dans cette production de nouvelles normes. Autre aventure de la dialectique démocratique, le « Plan quadriennal pour la défense », ainsi que le « Projet pour un nouveau siècle améri-

1. Robert Fisk : « Une guerre occulte », cité dans *L'Irak assiégé, les conséquences mortelles de la guerre et des sanctions*, éditions Parangon, 2003.

2. Interview réalisée par V. K. Ramachandran, publiée sur le site Z Magazine (www.zcommunications.org), 2 avril 2003.

cain » s'appuient, presque terme à terme, sur les mêmes concepts qui déterminent les orientations stratégiques mises en œuvre par le Premier ministre israélien Benyamin Netanyahou.

Etablies dès 1996, celles-ci ont été diffusées dans un document officiel intitulé *A Clean Break – A New Strategy for Securing the Realm*[1]. Elaboré sous la houlette de Richard Perle – ancien rédacteur en chef du *Jerusalem Post* et directeur du *Defense Policy Board*, un centre de recherche du Pentagone –, la doctrine israélienne avance une série de recommandations visant à mettre un terme aux négociations de paix avec l'Autorité palestinienne. Le logiciel des pourparlers de Madrid et des accords d'Oslo – la paix contre la terre – est abandonné au profit du logiciel dernier cri – la paix contre une nouvelle donne stratégique – visant la destruction du Hamas palestinien et du Hezbollah libanais, comme de toute autre force susceptible de s'opposer au programme conjointement établi par Tel-Aviv et Washington.

Une faction radicalement pro-israélienne fait une entrée fracassante à Washington et va contrôler l'essentiel du pouvoir aussi bien au Pentagone, au Département d'Etat qu'à la Maison-Blanche. Elle sera à l'origine d'une diplomatie unilatéralement pro-israélienne qui sera, *in fine*, contraire aux intérêts américains fondamentaux. Cette connivence n'est pourtant pas qu'un accident de l'Histoire. Elle porte au pouvoir les trois principaux architectes de la nouvelle stratégie israélienne qui jouissent de la double nationalité américaine et israélienne. Il s'agit du secrétaire adjoint à la Défense Richard Perle, qui a conseillé plusieurs anciens Premiers ministres israéliens, du sous-secrétaire d'Etat à la Défense Douglas Feith et de David Wurmser, désigné en octobre 2003 conseiller du vice-président Dick Cheney.

Cette convergence idéologico-stratégique a trois origines. Héritée de la Guerre froide, la première considère Israël comme la tête de pont du *monde libre* en Orient. Issue en droite ligne de la thèse du « Choc des civilisations », la deuxième est une conséquence directe des attentats du 11 septembre 2001,

1. Une franche rupture. Une nouvelle stratégie pour sécuriser le royaume.

imputés indifféremment à un monde arabo-islamique foncièrement hostile aux valeurs occidentales. La troisième s'enracine plus profondément dans la relation forte qui existe entre les Eglises évangélistes et l'Etat d'Israël. Pour les évangélistes du monde entier, le retour des Juifs sur leur terre réalise une prophétie d'Ezéchiel, qui avait annoncé dans l'Ancien Testament le retour des Juifs après un exode de deux mille ans. La reprise de la Ville sainte de Jérusalem par les Israéliens, lors de la guerre de juin 1967, remplissait une autre condition. D'après la doctrine des évangélistes, plusieurs autres événements doivent encore avoir lieu pour que la prophétie s'accomplisse. Et c'est la victoire du bien contre le mal, et donc l'accomplissement de la paix, qui permettrait selon les évangélistes le retour du Messie sur Terre.

Cette « alliance » s'effectue notamment à travers l'association *Project for a New American Century*. Fondée par William Kristol et Robert Kagan, deux néoconservateurs, elle recrute des sionistes américains militants à l'instar de Richard Perle, Paul Wolfowitz, Daniel Pipes et Eliott Abrams, par ailleurs membres de l'*American Israeli Public Affairs Committee* (AIPAC), qui se définit officiellement comme « lobby américain pro-israélien ». Conseiller à la Sécurité nationale, Eliott Abrams deviendra, à partir de 2003, l'instigateur et le principal promoteur des sanctions américaines contre la Syrie. C'est lui qui prépare avec Jean-David Lévitte, alors ambassadeur de France à Washington, le projet de résolution 1559 qui contribuera à une nouvelle déstabilisation du Liban[1].

A plusieurs reprises, George W. Bush lui-même reconnaîtra être en phase avec les thèses de Nathan Sharansky. Son livre *The Case for Democracy*[2] fait partie des lectures favorites du président américain. Ancien dissident soviétique reconverti en faucon ultrasioniste après son émigration en Israël, plusieurs fois ministre sous Netanyahou, Barak et Sharon, Nathan Sharansky fut l'un des théoriciens des « assassinats ciblés » contre les Palestiniens. Il n'hésite pas à s'attaquer à la gauche israélienne et aux mouvements de paix

1. Richard Labévière, *Le Grand Retournement, op. cit.*
2. *Public Affairs*, 2006.

en les qualifiant de collaborateurs et suppôts de l'antisémitisme international[1].

L'idéologie d'un « Grand Moyen-Orient » démocratisé par la force trouve ses références dans les thèses de l'historien britannique Bernard Lewis. Celles-ci sont résumées dans un article paru dans la revue *Foreign Affairs*[2] intitulé « Remodeler le Moyen-Orient » *(Reshaping the Middle East)*. Bernard Lewis estime que la guerre du Golfe a sonné le glas du monde arabe en tant qu'entité politique et que, par conséquent, il incombe aux Etats-Unis, devenus maîtres incontestés du monde, de saisir cette occasion exceptionnelle pour imposer leurs vues en renversant les régimes en place et en redessinant leurs frontières géographiques. L'essence même de cette entreprise repose sur la négation de l'arabité comme identité politique et culturelle. L'historien britannique va jusqu'à conseiller l'abandon de l'expression « Monde arabe » pour ne retenir que celle de « Moyen-Orient ».

Comme le souligne le politologue libanais Walid Charara, « *remodelage* signifie *désarabisation*. Démocratisation et réformes politiques structurelles impliquent en fait la remise en cause des entités nationales issues de la décolonisation et du rôle des Etats centralisés et la reconstitution des systèmes politiques sur la base d'une représentation communautaire ethnique ou clanique, minant structurellement l'unité nationale de ces Etats et les rendant extrêmement vulnérables face aux pressions extérieures[3] ». La formule proposée en octobre 2007 par le Congrès américain, préconisant un Irak fédéral, sans identité nationale définie, illustre le modèle que Washington voudrait généraliser à l'échelle de l'Orient arabe, à commencer par la Syrie. Les entités ou micro-Etats religieux et ethniques qui émergeraient du remodelage se verraient contraints de s'adapter aux impératifs de la mondialisation anglo-américaine.

En écho à la fameuse note d'Oded Yinon de 1982, le dernier document stratégique israélien recommande le renverse-

1. Michael C. Desh, « Sharansky's Double Standard », *The American Conservative*, 28 mars 2005.
2. *Foreign Affairs*, septembre-octobre 1992.
3. Voir chapitre 4 : « L'héritage piégé... » et Walid Charara, « La Syrie dans la ligne de mire ». *L'Hedbo Magazine*, 4 avril 2003.

ment du régime laïc de Saddam Hussein, l'affaiblissement de la Syrie et sa perte d'influence au Liban. Il préconise également des attentats en territoire syrien par le biais de factions pro-israéliennes basées au Liban ainsi que des bombardements contre des objectifs militaires syriens au Liban et en Syrie. « Il s'agit d'un prélude au remodelage de la carte du Moyen-Orient, qui pourrait remettre en cause l'intégrité territoriale de la Syrie[1] », conclut le document.

Dans un rapport de suivi baptisé *Coping with Crumbling States*, David Wurmser suggère la création d'un nouvel ordre régional au Levant, dominé par des « coalitions tribales, familiales et claniques au sein de gouvernements faibles ». Cette note d'une trentaine de pages souligne que le renversement de Saddam Hussein constitue l'une des priorités israéliennes « de nature stratégique ». Ultime remarque : « Une domination syro-iranienne d'un Irak de l'après-Saddam constituerait la plus grande menace pour Israël[2]. »

Conception stratégique promue au rang de norme internationale, cette construction idéologique cherche à opérer une continuité structurelle entre les institutions des deux seuls Etats-nations arabes – l'Irak et la Syrie – et les réseaux du terrorisme islamiste. Dans cette perspective, il s'agit de mettre en œuvre, par la force militaire, la démocratisation de l'Irak, de la Syrie et de toute autre survivance étatique arabe. Seule cette démocratisation forcée peut assurer la sécurité de l'Etat israélien, sa nature de tête de pont occidentale et les conditions de sa survie. Grâce à ce recadrage stratégico-législatif – qui contredit nombre d'articles de la Constitution des Etats-Unis –, les guerres des deux mandats de George W. Bush provoqueront la mort de plusieurs centaines de milliers de personnes, en flagrante violation du droit international et des résolutions des Nations unies.

Mais contrairement aux résultats escomptés, la démocratie ne progressa pas et l'évolution sera contraire aux buts officiellement recherchés. Les guerres mettront en péril l'idéal

1. *A Clean Break : A New Strategy for Securing the Realm*, Institute for Advanced Strategic and Political Studies, 8 juillet 1996.

2. *Coping with Crumbling States: A Western and Israeli Balance-of-Power Strategy for the Levant*, Institute for Advanced Strategic and Political Studies, décembre 1996.

démocratique en discréditant ses fondements les plus profonds. La mise en œuvre de la démocratisation forcée des Proche et Moyen-Orient suscitera une forte réaction islamo-identitaire nourrissant des manifestations fondamentalistes les plus diverses et déchaînant à travers le monde entier des vagues d'une violence religieuse qu'on croyait révolue.

Par vocation, mais aussi par instinct de survie, la Syrie ne pouvait rester passive devant ces interventions. Selon Walid Charara : « Ce n'est pas un hasard que le nationalisme arabe contemporain y soit né [...]. Ce n'est pas un hasard non plus si elle fut qualifiée depuis le début des années 1950 de "cœur battant de l'arabité". Sa position géographique et son histoire la prédestinaient à ce rôle. Et lorsque c'est la survie même de l'arabité qui est en jeu, la Syrie ne peut qu'être aux premières lignes de la bataille[1]. »

En 2002, les signes avant-coureurs d'une invasion imminente de l'Irak se multiplient face à l'inertie des grandes puissances soucieuses de ménager Washington, même contre l'avis de leur opinion publique.

Anticipant les effets déstabilisants pour la région et pour sa propre position, la Syrie manifeste ouvertement son opposition à toute nouvelle action militaire dans la région. En concertation avec la France, la Syrie, qui siège au Conseil de sécurité des Nations unies, multiplie les interventions en faveur d'une solution diplomatique. Le président Bachar al-Assad s'entretient régulièrement par téléphone avec le ministre français des Affaires étrangères Dominique de Villepin, incarnation de l'opposition du président Chirac à une nouvelle guerre en Irak. Le 14 février 2003, le ministre français prononce un discours historique devant le Conseil de sécurité, qui, contrairement aux usages en vigueur, l'applaudit à tout rompre. En phase avec la position de la France, membre permanent du Conseil de sécurité, la Syrie condamne la marginalisation des Nations unies dans la gestion de la crise et la marche au coup de force.

Considérablement affaiblie par une première guerre menée par Bush père et par douze années de sanctions meurtrières, Bagdad est quasiment assiégée. Le 22 octobre 2002, cinq

1. Walid Charara, *op. cit.*

mois avant l'invasion américaine, le vice-Premier ministre irakien Tarek Aziz décrit[1] le schéma global dans lequel s'inscrit l'acharnement contre son pays. Il nous répète l'idée précédemment développée selon laquelle l'ancestrale tutelle coloniale cherche à se reproduire en tentant de casser les Etats arabes pour en retribaliser les populations : « La guerre américaine dans notre région a deux objectifs : le pétrole et l'entité sioniste. Les Etats-Unis cherchent à mettre la main sur le pétrole irakien, étendant ainsi son emprise sur l'ensemble des gisements de la région, cherchant ainsi à contrôler non seulement le Proche-Orient, mais l'ensemble de l'économie mondiale. L'autre objectif est la protection de l'entité sioniste. Elle consiste à fragiliser les Arabes, à démembrer leurs pays, à redessiner la carte politique du Moyen-Orient et à établir un nouvel arrangement Sykes-Picot garantissant à l'entité sioniste le rôle et le statut de puissance dominante dans cette partie du monde. C'était d'ailleurs l'objectif de Sykes et de Georges-Picot à l'époque, mais le développement des pays arabes a créé un nouvel équilibre des forces défavorable à Israël dont la survie à long terme n'était plus garantie. L'existence de l'Irak en tant qu'Etat-nation, son refus des plans américano-israéliens, la résistance de l'Intifada palestinienne, représentent des dangers incompatibles avec leur volonté commune de domination. Les Américains veulent que les sionistes soient la force dominante dans notre région. Pour ce faire, ils cherchent à démanteler les pays arabes en les morcelant en micro-Etats ethniques, confessionnels et religieux, tous faibles et vulnérables face à Israël. »

Au fur et à mesure que Washington masse ses troupes dans la région du Golfe, Damas poursuit son activisme diplomatique, bien conscient que l'installation d'un gouvernement proaméricain à Bagdad accentuerait son isolement et l'affaiblirait de toutes parts. La chute d'une nouvelle capitale arabe et un changement de régime par la force constituerait un précédent fâcheux risquant de faire école dans une région fragile qui ne s'est jamais réellement émancipée de ses tutelles coloniales successives.

1. Entretien avec Talal el-Atrache, *L'Hebdo-Magazine*, 1er novembre 2002.

Privée de sa profondeur stratégique irakienne, la Syrie est encerclée, au nord face à une Turquie puissante alors alliée d'Israël, du côté irakien ainsi que sur sa frontière avec la Jordanie – proche de Washington[1] – de même que sur sa façade méditerranéenne. En dépit de son partenariat stratégique avec l'Iran, Damas, dont l'armée conventionnelle a beaucoup souffert de la chute de l'URSS, devient plus vulnérable aux pressions occidentales.

Les dangers de cet isolement sont confirmés par les déclarations fracassantes de Richard Perle, selon lesquelles la Syrie et l'Iran seront les prochaines cibles de la campagne américaine. Ces étapes futures, estime Colin Powell, sont nécessaires pour continuer à « remodeler et démocratiser le Moyen-Orient[2] ».

Ainsi, le président Bush accentue ses pressions sur Damas au nom des libertés civiles et politiques. Il exige du régime syrien des réformes immédiates dans le cadre de sa stratégie de démocratisation de la région. Cette « mission civilisatrice », autrefois mise en œuvre par les puissances européennes pour justifier leurs pillages de l'Asie et de l'Afrique, connaît une singulière répétition. A l'initiative d'Elliott Abrams – qui accuse la Syrie de violer l'embargo contre l'Irak, de développer des armes de destruction massive, de soutenir le terrorisme et d'occuper le Liban –, l'ouverture des débats au Congrès américain sur le *Syrian Accountability Act* préfigure le sévère régime de sanctions qui sera adopté contre la Syrie en mai 2004.

Face à une menace qui ne cesse de s'intensifier, Damas s'engage dans une nouvelle partie d'équilibre avec Washington. Prolongeant la coopération antiterroriste activée après les attentats du 11 septembre 2001 et en dépit du pessimisme dû à l'arrivée des néoconservateurs, le régime compose... et multiplie les gestes d'apaisement. Le jeune président syrien

1. Fidèle alliée des Etats-Unis, la Jordanie est un marché important pour les sociétés américaines d'armement. Le roi Hussein de Jordanie (1935-1999) a été, vingt années durant, au service de la CIA (*Libération*, 22 mars 1999). Le service jordanien, appelé le « Directoire du renseignement général », est depuis des années l'un des plus proches et des plus utiles alliés des services américains aux Proche et Moyen-Orient.

2. 30 juin 2006.

réitère son engagement vis-à-vis d'un processus de paix israélo-arabe patronné par Washington, conseille prudence et modération aux Palestiniens, impose une certaine retenue au Hezbollah depuis le retrait forcé de l'armée israélienne du Sud-Liban en mai 2000 et fustige le terrorisme islamiste.

En dépit de ces gestes, la Syrie reste inscrite, en bonne place derrière l'Iran, sur la liste des pays de l'axe du mal inventé par les néoconservateurs. Le pays demeure aussi sur la liste américaine des pays soutenant le terrorisme international aux côtés notamment de l'Irak de Saddam Hussein et de la Libye du colonel Kadhafi. Désormais convaincu qu'il n'y a plus rien à gagner dans cette posture de conciliation et guère plus à perdre par le refus, Bachar al-Assad renoue avec une politique de confrontation.

A l'image de son père, qui, en 1983, obligea Ronald Reagan à retirer ses Marines du Liban, mais édifié surtout par la désastreuse expérience irakienne après douze années d'un embargo meurtrier assorti de vexations systématiques, Bachar al-Assad renoue avec la technique consistant à réveiller toutes les capacités régionales de nuisance. Partout aux Proche et Moyen-Orient, de l'Iran au Liban, en passant par l'Irak et les Territoires palestiniens, les réseaux hostiles à l'impérialisme américano-sioniste sont réactivés. Désormais, Damas est partout où souffre l'Amérique.

Lorsque, fin 2002, le Pentagone rassemble ses troupes dans les eaux du Golfe et en Jordanie, des milliers de volontaires syriens se mobilisent à leur tour pour se battre aux côtés des Irakiens. Comme beaucoup d'entre eux, nombreux sont les Syriens à n'avoir jamais reconnu la frontière coloniale séparant les deux pays. Tracée au crayon et à la règle par Sykes et Picot en 1916, elle est encore considérée comme une ligne de démarcation franco-anglaise. Bien qu'ayant avorté après le coup de force de Saddam Hussein contre le président Hassan al-Bakr, la dernière tentative de réunification des deux pays remonte à 1979.

A la veille de la guerre, la Syrie devient le lieu de transit obligé des volontaires arabes qui affluent vers l'Irak. L'ambassade irakienne à Damas est quotidiennement envahie par des centaines de volontaires, venus de Syrie, du Liban, de Jordanie, d'Algérie et des autres pays du Maghreb, pour défendre Bagdad, capitale des Abbassides et porte orientale du monde arabe. Parmi eux, un nombre important de femmes et d'adolescents. Affrétés par l'ambassade, des dizaines de bus effectuent quotidiennement la liaison Damas-Bagdad.

Cet élan de solidarité arabo-islamique rappelle l'effervescence des populations arabes en faveur de l'Egypte nassérienne lors de l'expédition de Suez en 1956. Qualifié de terroriste par l'agresseur anglo-américain, cet élan de solidarité transcende les clivages idéologiques, géographiques et sociaux, et ravive le sentiment nationaliste arabe dont Bernard Lewis avait signé l'acte de décès.

6

Attaquer et sanctionner...

« L'invention de cette nouvelle anatomie politique, il ne faut pas l'entendre comme une soudaine découverte ; mais comme une multiplicité de processus souvent mineurs, d'origine différente, de localisation éparse, qui se recoupent, se répètent, ou s'imitent, prennent appui les uns sur les autres, se distinguent selon leur domaine d'application, entrent en convergence et dessinent peu à peu l'épure d'une méthode générale... »

Michel FOUCAULT, *Surveiller et punir.*

L'attaque contre l'Irak est déclenchée dans la nuit du 20 au 21 mars 2003, sans l'approbation du Conseil de sécurité des Nations unies. La route reliant Bagdad à Damas est pilonnée par l'aviation anglo-américaine, provoquant la mort de centaines de civils irakiens. En Syrie, les manifestations spontanées de soutien au peuple irakien se forment un peu partout dans le centre des agglomérations, notamment aux abords des universités. A Damas, le 21 mars au matin, une foule compacte tente de prendre d'assaut l'ambassade des Etats-Unis, avant d'être dispersée par les forces de l'ordre.

Dès les premières heures de l'offensive, Washington accuse le régime syrien de soutenir les capacités défensives de Bagdad en laissant transiter par son territoire des volontaires arabes. Devant l'AIPAC, le secrétaire d'Etat américain Colin Powell menace Damas de graves représailles : « La Syrie peut ou bien continuer à soutenir directement les groupes terroristes et le régime agonisant de Saddam Hussein, ou bien s'engager dans une voie plus prometteuse[1] ». Réponse du berger à la bergère : « Colin Powell peut ou bien continuer à soutenir directement l'armée américaine dans son invasion de l'Irak ou bien s'engager dans une voie plus prometteuse en présentant sa démission », rétorque le quotidien officiel *Syria Times* du 1er avril 2003. Le ton est donné !

Le ministre des Affaires étrangères Farouk al-Chareh déclare : « La défaite de la coalition anglo-américaine est dans l'intérêt national de la Syrie[2]. » Donald Rumsfeld accuse Damas de fournir à l'armée irakienne des systèmes de vision nocturne. Ces propos constitueront le point de départ d'une longue campagne de pressions et d'intimidations, au cours de laquelle Washington menacera d'attaquer la Syrie.

Deux semaines après le début des hostilités, l'armée américaine, paralysée par la résistance irakienne[3], change de stratégie et fonce vers la capitale à travers le désert en évitant soigneusement les autres agglomérations. Bagdad tombe le 9 avril, sans combat. Vendu par la presse occidentale comme la « quatrième armée du monde », le dispositif défensif irakien s'est évanoui. Seules quelques poches de résistance subsistent dans les quartiers périphériques de la vieille ville. Repliés dans les ruelles du centre historique, plusieurs milliers de volontaires syriens résistent aux assauts des forces spéciales américaines. Elles viendront à bout du réduit syrien après quatre jours d'une lutte acharnée qui fera plusieurs centaines de morts parmi les unités d'élite de l'armée américaine.

Diffusées par les chaînes de télévision arabes, les images des cercueils brandis à bout de bras par des foules civiles compactes sont graduellement relayées par des images de cercueils recouverts du drapeau américain. En effet, dès la

1. *The Guardian*, 31 mars 2003. Discours de Colin Powell au congrès de l'American Israeli Public Affairs Committee.

2. 2 avril 2003.

3. A défaut d'une résistance globale de ce que les médias occidentaux avaient qualifié de « quatrième armée du monde », il est établi que des contre-attaques de l'armée irakienne ont eu lieu à Oum el-Qaser, Nassirya et dans la région de Najaf. Une bataille extrêmement violente a opposé la Garde républicaine aux troupes américaines à proximité de l'aéroport. Mais l'histoire réelle de l'invasion de l'Irak et de ses différents combats reste à écrire.

chute de Bagdad, une autre guerre a commencé, imposant son rythme et ses techniques asymétriques à la première armée du monde. Les déclarations indignées de George Bush, qui dénonce la présence de combattants étrangers en Irak, suscitent l'ironie des Syriens qui acquiescent aux propos présidentiels en rectifiant l'ordre des choses : les étrangers étant bien évidemment les soldats de l'armée d'occupation anglo-américaine.

La campagne d'Irak et celle d'Afghanistan qui l'a précédée en 2001 créent à l'évidence une nouvelle donne stratégique que l'administration Bush semble décidée à utiliser pour provoquer la reddition politique de la Syrie. La Maison-Blanche cultive encore l'illusion que l'onde de choc irakienne entraînera un effet dominos qui verra tomber les uns après les autres les régimes arabes ne partageant pas sa conception du Grand Moyen-Orient.

A Damas, chacun se souvient que vingt ans plus tôt, après avoir déployé ses Marines dans Beyrouth et violemment bombardé les alliés de Damas dans la montagne libanaise, l'administration Reagan avait menacé d'intervenir militairement en Syrie. Le Parti socialiste progressiste du leader druze Walid Joumblatt et le mouvement Amal dirigé par Nabih Berri avaient alors riposté en déclenchant une véritable guérilla contre le contingent américain. Deux attaques particulièrement meurtrières, l'une contre l'ambassade des Etats-Unis à Beyrouth et l'autre contre l'état-major des Marines, firent plus de 300 victimes américaines. Contraint de retirer ses troupes, le président Reagan renonçait à ses plans d'invasion tandis que le secrétaire général du Parti communiste soviétique Iouri Andropov plaçait Damas sous le parapluie nucléaire de l'URSS.

Mais en 2003, la logique des blocs n'est plus qu'un souvenir. L'Union soviétique n'est plus et la Syrie doit forger seule une alliance défensive. Dès les premières heures de la chute de Bagdad, les craintes syriennes sont confirmées par les propos de James Woolsey. L'ancien patron de la CIA déclare sans ambages que Washington adoptera désormais la politique du « gros bâton » pour contraindre Damas à accepter le nouvel ordre régional.

Dans un article intitulé « L'Amérique va gagner la quatrième guerre mondiale[1] », James Woolsey lie l'invasion de l'Irak aux menaces exercées à l'encontre de la Syrie comme les deux séquences d'un même processus assimilé à un conflit global : « Nous sommes entrés dans la quatrième guerre mondiale, écrit-il. Plus que la lutte contre le terrorisme, l'enjeu est d'étendre la démocratie aux parties du monde arabe et musulman qui menacent la civilisation libérale que nous avons construite et défendue tout au long du XXe siècle [...]. J'espère que sa durée n'atteindra pas les quarante ans de la Guerre froide, mais il est certain qu'elle durera plus longtemps que la Première et que la Deuxième. Il faut probablement envisager plusieurs décennies [...]. Il est clair que jamais la guerre terroriste ne disparaîtra tant que nous ne changerons pas la face du Proche-Orient, ce que nous avons précisément commencé de faire en Irak. »

La méthode irakienne

Le ministre israélien de la Défense Shaul Mofaz surenchérit : « Nous avons une longue liste de questions que nous allons soumettre à la Syrie et nous croyons que le meilleur moyen de le faire consiste à passer par les Américains[2]. »

Reprenant à la lettre les allégations de Shaul Mofaz et du Premier ministre israélien Ariel Sharon, l'administration Bush accuse Damas d'avoir livré du matériel militaire à Bagdad, d'héberger d'anciens dirigeants irakiens en fuite, d'ouvrir ses frontières aux volontaires arabes, de développer des armes non conventionnelles et, enfin, de dissimuler les armes de destruction massive irakiennes. Ces dernières restent introuvables alors qu'elles ont été l'un des prétextes avancés par Washington et Londres pour justifier la guerre ; l'autre mensonge étant que Saddam Hussein entretenait des relations étroites avec l'ennemi public numéro 1 Oussama ben Laden. Pas plus que le premier, ce dernier grief n'a jamais pu être établi. « Avant l'invasion, les Américains ont dit qu'il y avait des armes de destruction massive en Irak,

1. *Le Monde*, 8 avril 2003.
2. Associated Press, 14 avril 2003.

rappelle Bachar al-Assad, on n'a pas trouvé ce type d'arme. Ensuite, ils ont dit qu'il y avait un lien entre Saddam Hussein et al-Qaïda. Mais cela n'a toujours pas été prouvé. Alors pourquoi donc devrions-nous les croire aujourd'hui[1] ? »

Réitérant la méthode irakienne, Washington préconise des inspections militaires en Syrie, reprochant surtout au régime d'encourager les terrorismes libanais et palestiniens, sans mentionner les réalités régionales concernant l'occupation israélienne en Cisjordanie et sur le Golan, ainsi que l'expropriation des ressortissants palestiniens qui bat des records depuis les accords d'Oslo.

A Damas, les services de renseignements établissent un lien entre la disproportion de cette campagne et l'incapacité de Washington d'exhiber à la face du monde les fameuses armes irakiennes de destruction massive qui resteront obstinément introuvables. Une chercheuse, Thérèse Delpech[2], membre influent du gotha des études stratégiques françaises, pense avoir éclairci l'énigme en affirmant sans ciller que ces armes ont été enterrées[3]... Quant aux dignitaires irakiens recherchés, leurs visages et identités sont imprimés sur des cartes à jouer et des affichettes offrant des rançons hollywoodiennes. La plupart seront arrêtés et pour la majorité exécutés, à l'exception d'Izzat Ibrahim al-Douri, qui dirige toujours l'une des factions les plus importantes de la résistance intérieure.

Trois jours après la chute de Bagdad – le 13 avril 2003 –, Richard Perle menace de recourir à « toute la gamme de la puissance[4] » américaine si Damas ne se soumet pas aux

---

1. Interview réalisée par Diane Sawyer, ABC-News, le 6 février 2007.

2. Thérèse Delpech a occupé le poste de conseillère auprès du Premier ministre Alain Juppé pendant deux ans (1995-1997). Elle fait également partie du comité éditorial de l'édition française du magazine *Foreign Policy*, dont le premier numéro est sorti en septembre 2006. Elle est chercheur associé au Centre d'études et de recherches internationales (CERI), membre du conseil de direction de l'Institut international d'études stratégiques (IISS), un *think-tank* de recherches géostratégiques basé à Londres, et membre du comité consultatif pour l'Europe de la RAND Corporation. Elle a été invitée au Bilderberg en mai 2005. Elle écrit aussi dans la revue *Politique internationale* de Patrick Wajsman.

3. Précision apportée dans les réponses aux questions du public lors d'un colloque sur la prolifération nucléaire, CERI, 12 janvier 2006.

4. *International Herald Tribune*, 13 avril 2003.

injonctions de Washington. Il dresse une liste de pays directement visés par le remodelage du Grand Moyen-Orient : « Si la question est de savoir de quels pays les Etats-Unis doivent s'occuper parce qu'ils représentent une menace, alors la liste est clairement connue : ce sont l'Iran, la Corée du Nord, la Libye et la Syrie[1]. » Parallèlement, la presse américaine annonce que le Pentagone travaille à des « plans d'urgence de préparation militaire » pour envahir la Syrie.

Conformément à la liste établie par Shaul Mofaz le 14 avril 2003, l'objectif immédiat de Washington et Tel-Aviv est d'obliger Damas à réduire son potentiel militaire défensif et à dénoncer son système d'alliances régionales. L'obsession de la plupart des chancelleries occidentales est de voir la Syrie désarmer et démanteler le Hezbollah, cesser son soutien à la résistance palestinienne, rompre ses relations avec l'Iran et s'engager à négocier un traité de paix séparée avec Israël.

S'ensuit une intense guerre des ondes entre Damas, Washington et Tel-Aviv. La Syrie multiplie les déclarations violemment antiaméricaines, accusant Washington d'occuper l'Irak pour son pétrole et de perpétrer des « crimes de guerre » et des « crimes contre l'humanité ». Le ministre des Affaires étrangères Farouk al-Chareh va jusqu'à comparer les Etats-Unis de George Bush à l'Allemagne hitlérienne en soulignant que « beaucoup d'historiens estiment qu'il aurait fallu, dès le début, procéder à l'arrestation d'Adolf Hitler[2] ».

Le régime syrien, qui, trente années durant, a survécu à toutes les épreuves, est passé maître dans l'art de la gestion du temps et la sous-traitance de ses conflits d'intérêts. En misant sur les différents acteurs régionaux susceptibles de multiplier des guérillas d'usure contre l'armada anglo-américaine, la Syrie sait qu'elle va rendre la vie impossible aux États-Unis et à la Grande-Bretagne et qu'ils vont progressivement s'enliser dans le bourbier irakien. A terme, cette nouvelle équation changera la donne.

Simultanément, sur le front diplomatique, elle contre-attaque sur la question de la prolifération nucléaire, chimique

1. *Ibid.*
2. Reuters, 12 avril 2003, lors d'une conférence de presse conjointe de Farouk al-Chareh avec son homologue français Dominique de Villepin.

et bactériologique. Membre non permanent du Conseil de sécurité des Nations unies pour deux ans, la Syrie, qui a fermement refusé les inspections militaires réclamées par Washington, dépose le 16 avril 2003 un projet de résolution réclamant un moratoire sur l'ensemble des armes de destruction massive aux Proche et Moyen-Orient, Israël inclus. Le texte, dont Damas sait qu'il essuiera un veto américain, appelle tous les pays de la région à signer le traité de non-prolifération nucléaire (TNP) dont fait partie la Syrie, contrairement à Israël, seule puissance nucléaire proche-orientale.

Sur la question du Hezbollah considérée comme une ligne rouge, Damas fait preuve d'une intransigeance non négociable, faisant valoir que cette organisation politico-militaire libanaise bénéficie d'une incontestable légitimité dans plusieurs régions du pays du Cèdre : la plus grande partie du sud, la plaine de la Bekaa et plusieurs quartiers de Beyrouth. Le ministre syrien des Affaires étrangères réitère son soutien au parti chi'ite tant qu'Israël continuera de violer les résolutions des Nations unies. Constante de la politique syrienne, le soutien au Hezbollah demeure un principe sur lequel Damas refuse de transiger en l'absence d'un accord de paix régional/global.

La guerre des ondes et des communiqués

Deux conceptions de la *Pax Americana* s'affrontent dans les coulisses du pouvoir à Washington. Défendue par les faucons et les partisans du « Projet pour un nouveau siècle américain », la première considère qu'une occasion historique s'offre aux Etats-Unis, à la faveur de l'occupation militaire de Bagdad, pour pousser les pions plus avant afin de provoquer un changement de régime à Damas. Cette option est défendue par Paul Wolfowitz, Donald Rumsfeld et Richard Perle. La deuxième, celle des colombes, prend acte du pragmatisme syrien qui offre à Washington une alternative à la guerre. Le secrétaire d'Etat Colin Powell se rallie progressivement à cette école, estimant que Damas peut être récupéré par une diplomatie « ferme et volontaire ».

Au lendemain d'une nouvelle escalade verbale entre les deux capitales, Colin Powell prend le chemin de Damas[1] pour faire à nouveau jouer la menace des sanctions afin d'arracher la collaboration de la Syrie sur les dossiers prioritaires : condamnation de la deuxième Intifada palestinienne, fin du soutien au Hezbollah et aux résistances irakiennes, prise de distance avec les positions iraniennes. Le *Seattle Times* du 28 avril 2003 rappelle que « la tactique américaine consistant à exercer des pressions sur la Syrie pour qu'elle s'abstienne de soutenir les groupes terroristes n'est pas nouvelle. Mais ces requêtes renouvelées s'accompagneront cette fois d'une puissante présence militaire américaine en Irak ». Et le quotidien américain d'ajouter : « Le message qui cette fois-ci sera adressé à la Syrie fera partie d'un objectif plus vaste qui consiste à promouvoir la feuille de route[2] destinée à mettre fin au conflit israélo-palestinien tout en réclamant au gouvernement de Damas la suspension de son soutien aux organisations terroristes. »

Plus précisément, Colin Powell réclame la fermeture des bureaux des organisations palestiniennes installées à Damas et l'arrêt des livraisons d'armes au Hezbollah, reprenant mot pour mot les propos du représentant démocrate Tom Lantos qui venait d'être reçu par Bachar al-Assad. En sortant de l'entretien et après avoir proclamé son identité de « Juif, rescapé de l'Holocauste », l'envoyé démocrate avait tenu une conférence de presse pour exiger l'interdiction immédiate des « organisations terroristes palestiniennes » et une mise en quarantaine tout aussi rapide des « terroristes du Hezbollah, empêchant le retour de la paix aux Proche et Moyen-Orient ».

« Nous accueillons sur notre sol un demi-million de Palestiniens qui sont représentés légitimement par huit partis politiques, explique Bachar al-Assad. Ils sont là depuis des décennies. Ils ne sont pas autorisés à retourner chez eux. La situation normale voudrait qu'ils puissent regagner leur propre pays[3]. » Face à cette situation, la Syrie demande aussi

1. 2 mai 2003.
2. La feuille de route se propose de régler le conflit israélo-palestinien avec l'aide d'un quartet : Etats-Unis, Russie, Nations unies et Union européenne.
3. Entretien avec Christiane Amanpour, CNN, le 12 octobre 2005.

le soutien de la communauté internationale, liant la charge des réfugiés à l'accueil des représentations politiques palestiniennes sur son sol. L'aide internationale se faisant attendre, les autorités syriennes n'auront aucun mal à camper sur leur position.

Piètre défenseur d'une cause légitime, le représentant démocrate Tom Lantos exprime sa « profonde inquiétude » sur le dossier des droits de l'homme après « l'incarcération de députés, de journalistes et d'universitaires syriens ». La presse locale s'étonnera de cette « défense à géométrie variable des beaux principes occidentaux très fragilisés par le scandale des prisons d'Abou Graïb et de Guantanamo, les arrestations effectuées par la CIA sur le territoire de plusieurs pays européens et leur survol, sans autorisation, par les avions de la centrale américaine. Autant d'atteintes aux droits de l'homme, justifiés par le ministre américain de la Justice John Ashcroft, par ailleurs militant évangéliste ». A cette liste, il convient d'ajouter le licenciement, pour délit d'opinion, du reporter Peter Arnett, celui-ci ayant eu l'affront d'exprimer son opposition à l'invasion de l'Irak.

Les indignations sélectives de Tom Lantos sont symptomatiques : qualifiant d'« erreur historique », le soutien syrien à l'Irak, il engage Damas à « rectifier » sa position sous peine de nouvelles sanctions économiques et politiques avant le recours à d'autres moyens... Il estime aussi que le projet syrien d'un moratoire proche-oriental appliqué aux armes de destruction massive n'est « ni opportun, ni réaliste ».

En avril 2007, le même Tom Lantos fera partie de la délégation américaine dirigée par la présidente de la Chambre des représentants Nancy Pelosi, dépêchée à Damas après la publication du rapport Baker-Hamilton préconisant un retrait militaire d'Irak et l'ouverture d'une négociation avec la Syrie. Lantos se livrera alors à un réquisitoire en règle contre « la politique unilatérale de l'administration Bush » et appellera à une étroite coopération avec Damas.

A partir du 18 juin 2003, les pressions internationales sur la Syrie deviennent effectives. L'oléoduc reliant le pays à l'Irak est fermé. La chasse américaine bombarde un convoi de plusieurs dizaines de kilomètres à l'intérieur du territoire syrien. L'intervention d'avions AC-130, d'hélicoptères Apache, de commandos de la Delta Force et de la Task Force 20 dégénère en affrontement avec les gardes frontières syriens. Cinq soldats sont enlevés par une unité américaine avant d'être libérés dix jours plus tard. Vingt autres soldats syriens sont menottés et relâchés le jour même. Flagrante violation de la souveraineté syrienne, l'attaque est pourtant passée sous silence à Damas.

Le Pentagone et la Maison-Blanche justifient le bombardement qui a fait deux morts (une femme et sa fille âgée de sept ans) par la présence d'anciens dirigeants irakiens à bord de plusieurs véhicules du convoi. Un porte-parole de l'armée américaine affirme que l'opération a été lancée après l'interception satellitaire d'une conversation téléphonique avec l'un des membres de la famille de Saddam Hussein. L'information se révélera fausse, comme il sera établi que l'opération avait reçu l'approbation du Pentagone, alors que la CIA venait d'infirmer la présence de quelque dignitaire irakien que ce soit dans le convoi en question.

Six mois après la chute de Bagdad, le 7 octobre 2003, la chasse israélienne bombarde un camp d'entraînement désaffecté dans la région frontalière syro-libanaise de Ain Saheb. Cette action fait partie des représailles antipalestiniennes au lendemain d'un attentat suicide à Haïfa. L'opération est aussitôt approuvée par Washington, qui encourage son allié à « ne pas se sentir limité » dans ce qu'il considère être la « défense vitale de son territoire ». Ce bombardement s'inscrit dans le cadre de l'escalade politico-militaire programmée par le tandem Bush-Sharon. Après avoir pilonné à deux reprises des positions syriennes au Liban, tué précédemment un soldat syrien dans la zone démilitarisée du Golan le 8 janvier 2003 et survolé la résidence estivale de Bachar al-Assad, Israël rompt ainsi une trêve qui durait depuis trente ans.

Ce bellicisme est évidemment destiné à faire monter la tension alors que le Congrès américain débat du projet de sanctions baptisé *Syrian Accountability Act* dans un contexte pré-électoral, l'élection présidentielle devant avoir lieu le mardi 2 novembre 2004. Comme toujours, Tel-Aviv monnaie habilement le vote de la communauté juive américaine, alors qu'il accélère la construction d'un mur[1] et de nouvelles colonies à Jérusalem-Est et en Cisjordanie.

Conscient du rapport de force très défavorable, la Syrie condamne l'attaque mais n'engage pas de représailles afin de ne pas entrer dans la logique d'escalade qu'attise Israël pour encourager les Etats-Unis à étendre ses opérations irakiennes à la Syrie. En son temps, le Hezbollah répliquera à sa façon... Le chef de la diplomatie, Farouk al-Chareh, déclare seulement que Damas est capable de « créer un nouveau rapport des forces qui obligera Israël à reconsidérer sa politique ». Le lendemain, un soldat israélien est tué sur la frontière israélo-libanaise.

Pour apaiser ce climat de tension fabriquée, Damas adopte un profil bas et procède à quelques ajustements tactiques sans rien hypothéquer de ses orientations stratégiques concernant l'Iran, le Hezbollah et l'Intifada palestinienne.

Ainsi, la Syrie soutient officiellement la Feuille de route américaine. Le calme règne sur les frontières libano-israélienne et syro-irakienne. Plusieurs dirigeants irakiens cherchant refuge en Syrie sont refoulés en présence des médias. C'est notamment le cas du demi-frère de l'ex-président irakien Watban Hussein, arrêté par les troupes américaines quelques jours après avoir été interdit de séjour, et des fils de Saddam Hussein – Oudaï et Qoussaï –, tués en octobre 2003 à Mossoul après quatre heures d'affrontement avec 200 Marines. Ces hôtes encombrants avaient été invités à quitter le pays.

Plusieurs hommes d'affaires syriens participent officieusement au Forum économique de la mer Morte malgré la présence de Shimon Peres et de Paul Bremer, proconsul américain en Irak. Les représentations palestiniennes basées à Damas, notamment celles du Hamas et du Front populaire

1. Baptisé « barrière de séparation » ou de « sécurité », ce mur est construit sur le territoire de la Cisjordanie depuis l'été 2002. Son objectif déclaré est de « protéger la population israélienne » en empêchant physiquement toute « intrusion de terroristes palestiniens » sur le territoire israélien. L'existence et le tracé de cette construction, longue de plus de 700 kilomètres, dépassant 7 mètres de haut et incluant plusieurs grands blocs de colonies israéliennes, ont été condamnés par la Cour internationale de justice (CIJ) des Nations unies.

de libération de la Palestine (FPLP), mettent en sommeil leurs activités médiatiques. Le 9 avril 2005 en Italie, lors des funérailles du pape Jean-Paul II, Bachar al-Assad serre la main de son homologue israélien Moshe Katzav. Selon le ministère syrien de l'Information, il s'agit d'une « posture formelle, le protocole prévoyant que les participants se serrent la main à titre de formalité [...]. Ce geste n'a aucune signification politique et ne constitue pas un changement de cap de la politique syrienne[1] ».

Pour sa part, Washington témoigne de sa bonne volonté après l'application partielle par la Syrie des exigences américaines. Signe révélateur : la reprise, bien que limitée, des échanges commerciaux entre l'Irak et la Syrie, après que Washington eut interdit aux hommes d'affaires irakiens de traiter avec Damas. Ces signes d'apaisement ne vont pas durer. Interprétant le pragmatisme syrien comme un signe de faiblesse, l'administration américaine continue d'accuser Damas de soutenir la résistance irakienne, assimilée à la nébuleuse al-Qaïda dont des éléments sont assurément actifs en Irak. Le général George Casey, qui assure le commandement des forces américaines en Irak, affirme que plusieurs anciens responsables ba'athistes, dont l'ancien vice-président Ezzat Ibrahim el-Douri, dirigent la résistance à partir de la Syrie. William Kristol, l'influent directeur du *Project for the New American Century*, affirme que de « véritables options militaires » sont désormais nécessaires contre Damas. Il préconise des bombardements ciblant les principales infrastructures militaires et que des unités terrestres « passent en force la frontière syrienne » pour mettre fin aux infiltrations des combattants étrangers. « Nous pourrions occuper la ville syrienne d'Abou Kamal, qui semble être le centre de décision des activités syriennes en Irak. Nous pourrions aussi soutenir ouvertement ou plus discrètement l'opposition syrienne[2] », ajoute-t-il.

La ville frontalière d'Abou Kamal devient ainsi l'objet de toutes les attentions américaines. A l'appui d'une cartographie détaillée et d'écoutes téléphoniques, les experts du

1. Agence Sana, 9 avril 2005.
2. *Weekly Standard*, 20 décembre 2004.

Pentagone entendent prouver que cette région abrite le nouvel état-major clandestin du parti Ba'ath à partir duquel s'organise les cellules armées les plus actives responsables des pertes américaines. Une opération d'envergure est montée et attend vainement le feu vert de la Maison-Blanche.

Le veto provient conjointement de la CIA et du Secrétariat d'Etat, favorable à la reprise de la coopération antiterroriste avec Damas. Washington estime alors que de nouvelles pressions militaires et de nouvelles sanctions économiques n'ont guère de chance d'aboutir au Conseil de sécurité des Nations unies alors que l'Union européenne vient justement d'engager des négociations pour un accord d'association économique avec Damas[1].

Les cinq réclamations de Washington

Dans ce contexte apaisé, la Maison-Blanche renoue avec l'esprit de coopération instauré au lendemain des attentats du 11 septembre 2001. Engageant la Syrie à développer également des échanges de ce type avec la nouvelle administration irakienne, Washington fixe cinq conditions préalables à la reprise d'un « dialogue constructif » avec la Syrie.

La première prévoit l'installation à Damas d'une représentation sécuritaire pour accueillir des experts de la CIA et du FBI. Avec l'appui des services de renseignements syriens, celle-ci serait à pied d'œuvre pour empêcher l'infiltration de volontaires en Irak et démanteler leurs structures de financement et d'approvisionnement en armes.

Washington réclame aussi le démantèlement d'une « organisation secrète irakienne » d'anciens officiers ba'athistes opérant dans le triangle sunnite à partir du territoire syrien. Une délégation des services secrets de l'armée américaine serait envoyée à Damas pour procéder à son démantèlement en coordination avec les services syriens.

La troisième condition concerne l'octroi d'un « droit d'ingérence limité » en territoire syrien. En vertu d'une obligation de suivi, les unités américaines pourraient ainsi traverser la

1. Décembre 2004.

frontière syro-irakienne afin de pourchasser les activistes de la résistance et d'empêcher le transfert de fonds et d'armes vers l'Irak. A cette fin, Washington prévoit la mise sur pied de patrouilles mixtes, syriennes, irakiennes et américaines.

L'état-major américain réclame en outre à la Syrie de mettre un terme au «recrutement» de combattants libanais qui rejoignent les rangs de la résistance irakienne. Selon Washington, plusieurs centaines de ressortissants du pays du Cèdre seraient engagés dans le triangle sunnite contre les forces américaines.

La cinquième condition prévoit des inspections régulières des services américains de renseignements pour mettre au point des dispositifs tripartites – Etats-Unis, Irak, Syrie – chargés du suivi de la lutte antiterroriste pour l'ensemble de la sous-région (Irak, Jordanie, Syrie, Liban).

Qualifiées de «diktat» par Damas, ces réclamations sont jugées parfaitement irrecevables, puisque portant atteinte à la souveraineté du pays. Estimant que la coopération sécuritaire doit transiter par les ambassades respectives des deux pays, le régime refuse catégoriquement la présence d'agents de la CIA ou du FBI sur son territoire. Les services de renseignements syriens apportent un démenti formel à l'existence de réseaux dormants irakiens sur leur territoire. En revanche, Bachar al-Assad accepte le principe des patrouilles mixtes syro-irakiennes et se dit prêt à renforcer la coopération sécuritaire avec le gouvernement provisoire irakien.

Pourtant, Washington n'en finit pas d'imputer à la Syrie la responsabilité de ses difficultés irakiennes, entretenant à dessein l'amalgame entre résistance antioccidentale et terrorisme islamiste. «Avec nos seuls moyens, nous ne pouvons pas contrôler une frontière de 650 km en plein désert, explique Bachar al-Assad dans les colonnes du quotidien italien *La Repubblica*. J'en ai parlé avec les responsables du Département d'Etat et leur ai demandé la livraison de systèmes de vision nocturne et de radars identiques à ceux utilisés sur leur frontière avec le Mexique. En octobre 2004, j'ai accepté aussi la création des patrouilles mixtes. Mais j'attends toujours la réponse[1].»

1. *La Repubblica*, 28 février 2005.

La frontière de tous les malentendus

Le président syrien insiste sur la porosité de toutes les frontières du monde : « Aucun pays ne peut surveiller complètement ses frontières. Celle qui sépare les Etats-Unis du Mexique en est un bel exemple. Plusieurs responsables américains m'ont avoué l'impossibilité de la contrôler efficacement, alors qu'on exige de mon pays qu'il fasse l'impossible sur ses marches irakiennes. Je le répète, cela est techniquement impossible [...]. Nous avons pourtant sollicité une aide logistique et fait de gros efforts pour améliorer la surveillance de cette frontière. Mais ces signes de bonne volonté n'ont pas rencontré de réel partenaire, ni du côté irakien, ni de la part des autorités américaines[1]. »

« Aucun pays ne peut mettre un terme à l'insurrection », ajoute Bachar al-Assad, qui précise : « Le chaos en Irak est le résultat des problèmes politiques que traverse ce pays et non de la frontière syrienne. Soyons francs ! Le chaos crée un contexte favorable au terrorisme. Tel est le véritable problème [...]. La Syrie a tout intérêt au retour de la stabilité en Irak. Si l'insurrection et le terrorisme continuent, il y aura davantage de chaos et l'Irak risque d'imploser. Un tel scénario affecterait directement mon pays, car l'instabilité est contagieuse. Nous devons aider les Irakiens à retrouver la stabilité. Il faut toutefois faire la différence entre l'insurrection et les activistes qui combattent les troupes américaines et les Britanniques. Ce n'est pas la même chose. Lorsque je parle de terroristes, il s'agit de gens qui tuent des Irakiens. Nous sommes farouchement opposés à toutes les formes de terrorisme[2]. »

Dans l'effort syrien de clarification, la frontière avec l'Irak[3]

1. Interview avec Christiane Amanpour, CNN, 13 octobre 2005.
2. *Ibid.*
3. Tracée au crayon et à la règle en mai 1916 par Sir Mark Sykes du Foreign Office et François Georges-Picot du Quai d'Orsay, la frontière syro-irakienne délimite les futures zones d'influence britannique et française conformément aux accords franco-britanniques, négociés avec l'aval de la Russie tsariste avant le déclenchement de la grande révolte arabe.

occupe une place centrale, d'autant qu'à Damas les services de renseignements ne se privent pas d'expliquer à leurs homologues occidentaux – preuves à l'appui – que près de 80 % des infiltrations de volontaires et de matériels vers l'Irak transitent par le territoire de l'Arabie Saoudite qui continue de fermer les yeux. Même mutisme du côté du Pentagone, qui considère la monarchie pétrolière comme un allié intouchable depuis la signature du pacte du *Quincy*. Ce pacte scellé en février 1945 à bord d'un croiseur américain par le président Roosevelt et le roi Ibn Séoud, prévoit que les Etats-Unis assurent la sécurité du royaume et le maintien de la dynastie, en échange de la garantie d'un pétrole abondant et bon marché.

Très politiquement incorrecte, cette réalité n'a jamais donné lieu ni à un reportage de terrain ni à une enquête de fond dans la grande presse occidentale.

Pour les populations disséminées de part et d'autre de son tracé, cette frontière n'a toujours été qu'une ligne de démarcation franco-anglaise. Longue de 650 kilomètres, elle s'étend dans un désert dont la configuration change au gré du vent, au milieu d'une vaste plaine aride de quelque 800 kilomètres qui va des faubourgs de Damas jusqu'à ceux de Bagdad. A défaut d'une stricte unité physique, cet ensemble fait de dunes et de tôles ondulées impose une continuité géographique qu'aucun tracé, aucun stratège militaire n'ont jamais réussi à disjoindre.

Solidarités tribales

Cette partie du Croissant fertile abrite depuis des siècles plusieurs tribus et familles – nomades ou sédentaires – dont les mariages de part et d'autre de la frontière rapprochent les destins croisés en dépit de l'héritage colonial et des conflits qui ont souvent opposé les deux voisins. En cas de danger, de

---

Ces accords dits Sykes-Picot seront entérinés lors de la conférence de San Remo, le 24 avril 1920. Avec l'aval de la Société des Nations (SDN), le Comité supérieur de la conférence place la Palestine et l'Irak sous tutelle britannique. A la France échoit un Mandat sur le Levant incluant la Syrie et le Liban actuels.

plaines en vallons et de plateaux en collines, de grands feux s'allument et décrètent une mobilisation instantanée. « C'est justement ces brasiers dans la nuit que les soldats étrangers ne savent pas déchiffrer », explique Amr, notre guide.

L'exemple des tribus sunnites des Chummar (la plus grande d'Irak) et des Enezi traduit l'unité historico-identitaire de cette région transfrontalière. Etablies dans la région de Rabia près de Mossoul, dans la Djézireh irakienne et syrienne, notamment dans les provinces syriennes de Hassakeh et de Deir ez-Zor, ces tribus ont dominé la scène politico-militaire irakienne durant la totalité du règne de Saddam Hussein. D'autres tribus, comme les Dleim, peuplent la province irakienne d'al-Anbar (dont Ramadi est la capitale) et plusieurs villes syriennes ; les Tay installés à Mossoul, Baaqouba, Alep, Homs, Hama et dans la Djézireh ; les al-Machahida, de Bagdad, Mossoul, Alep, Homs et Damas ; ou encore les al-Baggara de part et d'autre de la Djézireh, structurent paradoxalement une unité réelle malgré l'existence des deux Etats respectifs.

Cette cohérence anthropologique n'est pas seulement le fait de la communauté sunnite. Des tribus chi'ites sont également disséminées de part et d'autre de la ligne, comme celle des Tamim (de Bagdad à Bassora), dispersée sur tout le territoire syrien, notamment près d'Alep ; mais aussi les Beni Assaad (de Bagdad, Baaqouba, Samarra, Nassiriya et Mouthanna), présents dans plusieurs régions de Syrie et du Liban.

En persistant à se représenter l'Irak comme une juxtaposition de zones confessionnelles compactes – sunnites au centre et chi'ites au sud –, les états-majors occidentaux ont longtemps ignoré ou voulu ignorer l'importance du lien d'allégeance des Irakiens à leur tribu. La caractéristique de certaines d'entre elles est justement d'être pluriconfessionnelle comme par exemple celle des al-Jbour, présente à Bagdad, Baaqouba, Babel, Mossoul, ainsi que dans tout le nord de la Syrie ; celle des al-Eguedat de la province irakienne d'al-Anbar (notamment dans les villes d'al-Qaem, Aana et Rawa) et dans les provinces syriennes de Deir ez-Zor, de Raqqa et d'al-Boukamal ; enfin celle des Bani Hamdane de Kirkouk, de Mossoul, de Bagdad et d'Alep.

Ces systèmes d'allégeances multiples et croisés expliquent en grande partie la présence en Irak de combattants de nationalité syrienne. Les pouvoirs centraux respectifs n'ont guère de prise sur cette réalité, ne disposant que d'une autorité limitée sur les confédérations tribales. Par conséquent, la porosité de la frontière syro-irakienne relève d'une irréductible donnée ethnologique et ne saurait se réduire à un simple phénomène politique ou sécuritaire.

Cette complexité traverse les mêmes lignes de parenté. Ainsi, les hommes de la tribu des Eguedat ont respectivement servi, sans véritable préférence ni distinction, dans les armées des deux pays. Premier ministre syrien de 1966 à 1970, Youssef el-Zaayem appartient à la branche syrienne de cette tribu. Son frère était médecin en Irak et son cousin fut ministre de la Santé à Bagdad. A cette même tribu appartient également le poète irakien Chafic el-Kamali, membre dirigeant du Ba'ath de Bagdad. Il est l'auteur de l'hymne national irakien. De nationalité syrienne, son frère Tawfic Kamali était professeur à l'université de Damas. Le frère du fameux politologue syrien Abdel Salam Oujeili est l'un des chefs de la branche irakienne des Eguedat. On pourrait multiplier les exemples.

En Syrie comme en Irak, les tribus mixtes jouent un rôle important dans les appareils d'Etat. A la faveur de la restructuration du régime irakien après la guerre de 1991, Saddam Hussein avait réactivé le rôle des tribus en leur accordant différentes fonctions dans l'administration publique, la police et les forces armées. L'ancien ministre de la Défense, le général Hachem Sultan, était un dignitaire de la tribu des Tay. Encore plus que par le passé, les signes d'allégeance et les voies d'accès à l'Etat transitent alors par les parentèles et l'organisation tribale, cette dernière ayant toujours fait bon ménage avec la citoyenneté.

Paradoxalement, la chute de Bagdad a renforcé l'affirmation des solidarités traditionnelles. Les chefs des grandes tribus se sont regroupés au sein d'un conseil destiné à coordonner leurs actions dans le nouveau contexte créé par l'occupation des troupes anglo-américaines. Il s'agissait alors de constituer un front commun pour suppléer à la vacance du pouvoir national, mais aussi et surtout de préserver les logiques sociales basiques de la société irakienne.

Cette réaction tribale fait écho à celle qui précéda la révolte de 1920 contre l'occupation britannique. Tenant compte de ces équilibres ancestraux, le régime de Damas a toujours entretenu des relations suivies avec les chefs des tribus syro-irakiennes. Aujourd'hui encore, celles-ci se manifestent par des visites régulières de fortes délégations à Damas.

Des terroristes venus d'Arabie Saoudite...

Dans ce contexte, on comprend mieux pourquoi ni l'Irak, ni la Syrie, ni *a fortiori* les Etats-Unis ou la Grande-Bretagne, ne peuvent prétendre contrôler les flux de personnes et de marchandises qui transitent par l'ancienne ligne Sykes-Picot. Tout au plus, le gouvernement syrien peut, comme il l'a démontré, freiner et identifier ces flux, mais, quand bien même il le déciderait, il ne pourra jamais y mettre un terme. En définitive, et les stratèges du Pentagone le savent parfaitement, la baisse d'intensité des affrontements en Irak ne passe pas par un improbable contrôle des frontières syrienne et saoudienne, mais par l'élaboration d'une solution politique interne qui ne trouvera tout son sens qu'avec le départ des troupes étrangères.

A mesure que la guérilla irakienne s'amplifie et que les troupes anglo-américaines s'embourbent un peu plus en Irak, la Syrie estime que la conjoncture s'améliore en sa faveur parce que, tôt ou tard, Washington cherchera à obtenir son concours pour calmer le jeu et lui permettre une sortie honorable.

Dans cette perspective, le pays dispose d'un atout supplémentaire à travers les relations historiques nouées avec les différents mouvements de l'ancienne opposition irakienne. La plupart de leurs dirigeants étaient réfugiés à Damas et leurs partis y disposaient de représentations, de militants et de journaux. A l'instar de la majorité du nouveau personnel ministériel et de la haute administration irakienne, le président Jalal Talabani, le vice-président Tarek Hachimi et les Premiers ministres Ibrahim Jaafari et Nouri al-Maliki ont vécu dans la capitale syrienne durant les années 1980 et 1990. Plusieurs d'entre eux, comme le président Talabani, étaient détenteurs d'un passeport syrien jusqu'au printemps 2003. En outre, Damas continue à soutenir les factions islamo-ba'athistes très actives dans les provinces d'al-Anbar, de Tikrit, de Mossoul et de Bagdad.

Ainsi la Syrie s'en tient à sa maïeutique traditionnelle : premièrement, persuader les Etats-Unis qu'ils sont engagés dans une impasse militaire sans issue ; deuxièmement, ouvrir le canal des coopérations régionales ; troisièmement, atténuer l'opposition occidentale de principe à l'encontre d'une Syrie prête à faire nombre de concessions. Mais celles-ci ont un coût que Washington entend marchander au meilleur prix.

Le 3 janvier 2005, le secrétaire d'Etat adjoint Richard Armitage fait lui aussi son chemin de Damas. Bien sûr, sa mission principale reste de rallier la Syrie à la *Pax Americana*, mais plus modestement il cherche surtout à instaurer une coopération sécuritaire similaire à celle ayant prévalu contre la nébuleuse al-Qaïda. Il souligne que l'assainissement des relations syro-américaines passe par l'Irak, sans toutefois ménager la Syrie sur le dossier libanais, une façon de dire que la logique des marchandages est plus que jamais d'actualité. Conformément à la politique du bâton et de la carotte, il exige l'application de la résolution 1559 du Conseil de sécurité, adoptée en septembre 2004. Celle-ci réclame notamment le retrait des troupes syriennes du Liban.

Par ailleurs, le sous-secrétaire d'Etat transmet aux autorités syriennes une nouvelle liste de huit responsables ba'athistes irakiens soupçonnés de commanditer des coups de main militaires à partir des agglomérations frontalières. Les services de renseignements syriens démontent l'argumentation en rappelant que deux des huit personnes mentionnées figuraient déjà sur une liste similaire remise par William Burns en septembre 2004 et qu'elles avaient été arrêtées à Amman et à Bagdad.

Afin de prouver sa bonne volonté et son engagement sans réserve dans la lutte contre le terrorisme, Damas organise un dispositif de surveillance renforcée à ses frontières pour neutraliser les tentatives d'infiltration de la nébuleuse al-Qaïda tant en Irak qu'en Syrie. Entre 2003 et 2005, l'effectif des unités frontalières passe de 3000 à plus de 10000 hommes. Des barrages de sable de trois mètres de hauteur sont érigés sur plus de 200 kilomètres. Des rideaux de fil de fer barbelé et des clôtures électriques sont installés aux points de passage les plus fréquentés. Quelque 540 postes de contrôle apparaissent tous les 500 mètres.

Entre 2003 et 2006, ces différentes mesures permettent d'arrêter plus de 4000 activistes jihadistes présumés. Le contingent le plus important provient toujours d'Arabie Saoudite. Le 14 avril 2005, le commandant en chef des troupes américaines en Irak, le général John Abizaid, révèle la présence de 10600 prisonniers, parmi lesquels ne figurent que 358 étrangers[1], dont une majorité de ressortissants saoudiens. Pour sa part, le Centre d'études stratégiques internationales estime à 30000 l'effectif de l'insurrection anti-occidentale en Irak, en précisant qu'on y enregistre moins de 10 % d'étrangers, dont une majorité d'activistes en provenance des monarchies pétrolières[2]. Disposant des mêmes statistiques, les autorités américaines refusent pourtant de confirmer et de diffuser ces données, qui restent classifiées. Mais cette omerta n'empêche pas le phénomène de perdurer et la frontière saoudienne d'être la voie royale des jihadistes du monde entier.

En dépit de ces informations, Washington maintient ses accusations, exigeant de Damas l'imposition de visas aux ressortissants arabes qui se rendent en Syrie. Damas réclame en vain une coopération syro-irakienne dans ses efforts de lutte antiterroriste. D'autant que depuis la chute de Bagdad, une mouvance salafiste s'est implantée en Syrie avec l'aide de réseaux dormants des Frères musulmans. Même si cette menace reste de faible intensité, plusieurs attentats salafistes sont commis dans différentes agglomérations du pays.

---

1. Cité par Imad Moustafa, ambassadeur de Syrie auprès des Nations unies à New York, dans une lettre adressée à Sue Kelly, membre de la Chambre des représentants. Le texte a été publié par le professeur Joshua Landis sur le site Syriacomments.com.
2. *Ibid.*

Un afflux de réfugiés

Mais une autre réalité préoccupe aussi les services syriens. Depuis l'invasion américaine, des centaines de milliers d'Irakiens ont afflué vers la Syrie : en 2010, les estimations officielles varient entre 1,5 et 2 millions de réfugiés. Pays d'accueil ou de transit vers l'Europe, l'Amérique ou l'Australie, Damas a ainsi géré près des deux tiers de l'ensemble des réfugiés irakiens dans le monde. La législation syrienne, qui facilite l'obtention de visas pour les populations arabes, explique en partie cet afflux massif.

La majorité s'est installée dans la capitale syrienne et ses environs, notamment dans la banlieue chi'ite de Saida Zeinab, à Jaramana, à Qodssaya ou dans la région du Tel. La demande des nouveaux arrivants s'est traduite par une inflation vertigineuse et une crise aiguë du logement. Le loyer moyen d'un appartement à Jaramana, normalement stabilisé entre 100 et 200 dollars par mois, a plus que doublé et avoisine maintenant les 500 dollars, montant inaccessible pour la plupart des Syriens. Les réfugiés bénéficient de la gratuité de la scolarité et des services de santé. Surpeuplés, écoles et hôpitaux publics sont contraints d'ouvrir leurs portes le soir et une partie de la nuit. La consommation d'énergie (essence, gaz et mazout domestique), largement subventionnée par l'Etat, a explosé et pèse sur la dépense publique. Contrairement à leurs homologues accueillis en Jordanie, les réfugiés de Syrie ont le droit de travailler alors que le chômage atteint officiellement 10 % de la population active.

L'importante aide apportée par le Croissant rouge syrien (lié au CICR), le Haut Commissariat des Nations unies pour les réfugiés (HCR), ainsi que les organisations humanitaires est insuffisante en l'absence d'un soutien réel d'une communauté internationale soucieuse de ménager la susceptibilité de Washington. La gestion de ces deux millions de personnes s'ajoute aux effets des sanctions américaines et aux difficultés structurelles d'une économie en pleine transition.

Une grande partie des réfugiés irakiens est de confession chi'ite, provenant essentiellement du sud de l'Irak (région de

Bassora), à seulement quelques dizaines de kilomètres de la frontière iranienne. Pourquoi les habitants de cette région frontalière ont-ils préféré parcourir plus d'un millier de kilomètres, la plupart du temps dans des conditions extrêmement difficiles, plutôt que de se rendre dans l'Iran voisin? Sans ambiguïté, les réponses mettent en avant le sentiment d'appartenance à l'identité arabe, certaines exprimant la crainte d'une « influence persane » et la peur des « escadrons de la mort[1] » opérant dans la région frontalière des marais, autour de Bassora et du Chatt al-Arab.

Ce mouvement de population resserre aussi les liens entre les anciens frères ennemis du Ba'ath puisque parmi les réfugiés figurent nombre de militants et de cadres de la branche irakienne du Parti. Victimes de la « déba'athification », brusquement décidée par le proconsul américain Bremer, ils se retrouvent sans emploi comme la majorité des cadres de l'armée nationale, des services de renseignements et de sécurité eux aussi démantelés dans la précipitation dès le lendemain de la chute de Bagdad. Les uns ont rejoint les groupes armés clandestins responsables de la mort de plus de 4 000 soldats des troupes d'occupation, les autres ont gagné le sanctuaire syrien d'autant plus facilement qu'ils se sont fondus dans la masse des réfugiés. Ce phénomène alimente les craintes des services secrets américains, qui accusent la Syrie de servir de « base arrière » aux « terroristes irakiens ».

Selon les Nations unies, cet afflux de réfugiés vers la Syrie constitue le déplacement de population le plus important que

1. Lazar Marius, « Bassora, géopolitique d'une région chi'ite », *Hérodote*, n° 130, 3e trimestre 2008. A Bassora, comme à Bagdad, les membres des brigades Badr intègrent les nouveaux services d'information et les forces de police accaparent les fonctions de direction. Outrepassant souvent leur champ d'intervention légale, ils se sont adonnés pendant la première année de l'après-Saddam à la poursuite, l'arrestation, la détention dans des prisons non autorisées et même à l'exécution de ceux accusés de crimes pendant la période ba'athiste. Souvent, comme partout ailleurs en Irak, la chasse aux anciens collaborateurs devient un prétexte pour des règlements de comptes politiques, confessionnels ou personnels. Tandis qu'à Bagdad ces actions de vendetta sont effectuées par des membres chi'ites de la police ou des services de sécurité, avec l'aide de collaborateurs, en prenant souvent la forme des célèbres « escadrons de la mort », à Bassora l'implication des officiels est moins visible, ceux-ci confiant à plusieurs groupes clandestins la charge d'exécuter ces basses besognes.

le Proche-Orient ait connu depuis la création d'Israël en 1948. Sur une population de 24 millions de personnes, près de 3 millions ont fui l'Irak dès février 2003, plus de 2 millions sont déplacés et réfugiés à l'intérieur du pays, alors qu'environ 900 000 Irakiens sont morts depuis l'intervention anglo-américaine.

La saga des sanctions

Bien avant la chute de Bagdad, les autorités israéliennes, informées des préparatifs du Pentagone, intensifient leurs actions d'influence visant à présenter la Syrie comme l'« autre menace principale des intérêts américains aux Proche et Moyen-Orient ». A Washington, au printemps 2002, cette campagne de diabolisation bat son plein et les différentes organisations pro-israéliennes, dont l'AIPAC, mobilisent leurs clientèles du Sénat et de la Chambre des représentants pour faire inscrire la Syrie sur la liste des pays de l'axe du mal.

Le 18 avril 2002, Dick Armey, représentant républicain du Texas, et son ami Eliot Engel, représentant (démocrate) du Bronx, déposent à la Chambre un projet de loi – le *Syrian Accountability Act*[1] – sur la « responsabilité syrienne ». Engel s'est déjà illustré en menant campagne pour la reconnaissance de Jérusalem comme capitale d'Israël. Comportant des faiblesses juridiques, le texte est jugé irrecevable. Une nouvelle version est présentée le 12 avril 2003, soit deux semaines après le début de l'offensive américaine en Irak.

Le préambule est parfaitement explicite, se proposant « d'arrêter le soutien syrien au terrorisme, mettre fin à son occupation du Liban, stopper son développement d'armes de destruction massive, cesser son importation illégale de pétrole irakien et ses cargaisons illégales d'armes et d'autres matériels militaires irakiens, et ce faisant pour rendre la Syrie responsable des sérieux problèmes de sécurité internationale qu'elle a causés au Proche-Orient, et pour d'autres buts ».

Mais le projet est à nouveau rejeté. A la mi-août, Eliot Engel se rend en Israël. Il a une réunion d'une heure et demie

1. *Syrian Accountability Act*, H.R. 4483, S. 2215.

avec Ariel Sharon, qui se plaint des tergiversations américaines. Le mois suivant, Engel relance son projet de loi.

Initiée par l'AIPAC, cette opération a été supervisée de bout en bout par le père de la stratégie israélienne Richard Perle. Selon la Jewish Telegraphic Agency (JTA), le projet de loi antisyrien a été conçu par « certains des meilleurs amis d'Israël au sein du Congrès [...], son plus ardent partisan au sein de l'administration[1] », Elliott Abrams, étant connu pour ses liens étroits avec Ehoud Olmert.

En avril 2003, la chute de Bagdad redonne un nouveau souffle aux visées américano-israéliennes et pousse ses partisans à relancer la campagne contre Damas. « Encouragés par ce qui avait l'air d'une victoire décisive en Irak, certains partisans d'Israël n'étaient plus disposés à se satisfaire d'un simple changement de comportement de la part de Damas. Ce qu'ils voulaient désormais, c'était en finir avec le régime de Bachar al-Assad. Paul Wolfowitz déclarait alors qu'un changement de régime était indispensable en Syrie et Richard Perle confiait à un journaliste que nous pourrions délivrer un message très bref, un message de cinq petits mots, aux autres régimes hostiles au Moyen-Orient : c'est votre tour maintenant ! Les faucons du *Defense Policy Board*, dirigé par Richard Perle, et comptant entre autres dans ses rangs Kenneth Adelman, Eliot Cohen et James Woolsey, étaient eux aussi partisans de la ligne dure envers la Syrie[2]. »

En définitive, l'intensité de cette campagne d'influence parvient à ses fins. La loi antisyrienne est votée au Congrès en décembre 2003 par une majorité presque absolue de 398 voix contre 4, et ratifiée par le président Bush le 12 décembre. « Malgré le vote ultra-majoritaire du Congrès, l'administration Bush était profondément divisée sur la pertinence de cette politique. Si des néoconservateurs comme Perle, Bolton et Wolfowitz étaient prêts à affronter Damas, l'opposition était forte au sein du Département d'Etat et de la CIA. Et même le président n'était guère enthousiaste. Selon la JTA,

1. *Ibid.*
2. *Ibid.*

Bush exprima sa tiédeur envers la législation en affirmant : « C'est bien parce que j'y suis obligé[1]. »

Conformément à la nouvelle loi, le président Bush annonce de nouvelles sanctions économiques contre la Syrie le 11 mai 2004. Celles-ci s'ajoutent aux difficultés structurelles de l'économie syrienne.

Poursuite de la *Syrian Accountability Act* par d'autres moyens, l'assassinat de Rafic Hariri parachève le complot qui a juré la chute du régime de Damas.

1. John J. Mearsheimer et Stephen M. Walt, *Le Lobby pro-israélien et la politique étrangère américaine*, Paris, La Découverte, 2007.

7

A qui profite l'assassinat de Rafic Hariri ?

« Le commanditaire de l'assassinat de Rafic Hariri est soit Einstein, soit un âne. Si c'est l'âne, c'est nous, c'est-à-dire les services libanais en liaison avec nos homologues syriens. Si c'est Einstein, on ne peut exclure aucune piste, même les plus complexes et les plus surprenantes. »

Jamil al-SAYYED,
ancien directeur de la Sûreté générale du Liban.

En juin 2003, au sommet du G8 d'Evian, la rencontre entre le président français Jacques Chirac et son homologue américain est des plus glaciales. L'opposition française à la guerre d'Irak et notamment le fameux discours de Dominique de Villepin devant le Conseil de sécurité des Nations unies[1] restent sur l'estomac de George W. Bush, qui ne s'arrête que deux heures dans la cité lémanique avant de s'envoler pour la station égyptienne de Charm el-Cheikh où la Feuille de route doit être présentée conjointement aux parties israélienne et palestinienne.

Jacques Chirac appréhende de retrouver ce visiteur pressé sur les plages de Normandie – exactement un an plus tard en juin 2004 – pour les commémorations du 60e anniversaire du débarquement allié. Il demande à ses conseillers de « trouver un truc diplomatique susceptible de détendre le connard » !

1. 14 février 2003.

Maurice Gourdault-Montagne et Jean-David Lévitte, respectivement conseiller diplomatique et ambassadeur de France à Washington, lancent l'idée de ce qui deviendra le projet de résolution 1559 de l'Onu[1]. Au final, le texte comportera deux parties : la française, visant le retrait syrien du Liban et l'américano-israélienne, exigeant le désarmement du Hezbollah.

A Evian, Jacques Chirac a trois idées en tête : calmer son propre camp qui lui reproche une opposition trop frontale à Washington; se réconcilier avec George W. Bush et aider son vieil ami Rafic Hariri dans ses démêlés avec une partie de l'establishment syrien. Ainsi Paris veut punir Damas qui vient de favoriser la reconduction du président libanais Emile Lahoud, ennemi intime de Rafic Hariri. Mêlant ses relations privées aux intérêts de son pays, Jacques Chirac opère un « grand retournement » de la diplomatie française. Il met ainsi fin au « partenariat stratégique » franco-syrien signé en 1996.

Initialement conçu pour permettre à la Syrie d'améliorer ses relations avec les pays européens sous parrainage français, ce partenariat était à la mesure de la lune de miel entre Paris et Damas, considérée comme la deuxième porte d'entrée française au Proche-Orient après Beyrouth. En 1998, Jacques Chirac avait accueilli à Paris Hafez al-Assad, considéré comme l'homme clé des négociations israélo-arabes. En 1999, un an avant la mort du président syrien, Paris fut la première destination internationale de Bachar al-Assad. Le président français, qui fut le seul chef d'Etat occidental à assister aux obsèques de son père en juin 2000, avait officiellement admis le rôle stabilisateur de la Syrie au Liban. A partir de mai 2001, la France avait aussi parrainé les réformes administratives, judiciaires et financières en Syrie et apporté son soutien à l'ouverture politique amorcée par le régime. En 2002, Damas réforme son système scolaire et introduit le français comme langue obligatoire dès le primaire.

Outre l'amitié particulière liant Jacques Chirac à Rafic Hariri, Damas explique ce « grand retournement » de plusieurs manières. Le train de réformes soutenu par la France marque rapidement le pas en raison de la résistance d'une vieille garde qui n'est pas encore prête à abandonner ses privilèges.

1. Richard Labévière, *Le Grand Retournement, op. cit.*

Mais c'est surtout l'attribution du plus grand contrat gazier de l'histoire du pays[1] à un consortium américano-britannique et canadien (Occidental, Petrovac et PetroCanada) qui précipite la rupture. Les Anglo-Saxons présentent une offre supérieure de 150 millions de dollars à celle de Total. Curieusement finalisé le lendemain de l'adoption par le Congrès américain du *Syrian Accountability Act*[2] et malgré l'engagement personnel de Jacques Chirac en faveur de Total, ce contrat du siècle signe le début de la glaciation entre Paris et Damas.

Une réunion de conciliation se tient à Paris en avril 2004. Le vice-président Abdel Halim Khaddam commence par refaire l'arithmétique du contrat gazier en justifiant les intérêts syriens avant de déplorer l'absence de Paris dans le processus de paix avec les Israéliens. Ménageant Washington, Khaddam force le trait, expliquant très clairement à Jacques Chirac que son attitude paternaliste à l'encontre du jeune président syrien – la Syrie n'est pas le Maroc – ne suffira pas à imposer les « injonctions réformistes » de Paris et de Bruxelles. La conciliation tourne court ! Le lien affectif entre les deux pays est désormais brisé, d'autant que Jacques Chirac subit quotidiennement les amicales pressions de Rafic Hariri qui l'engage à durcir le ton avec Bachar.

Alors que le processus de la résolution 1559 est déjà lancé, Jacques Chirac compte bien jouer la carte d'un Liban définitivement émancipé de la tutelle syrienne et donner une leçon au jeune Bachar.

Du côté américain, la volte-face française est d'abord perçue comme un canular. Mais après plusieurs entretiens bilatéraux entre Maurice Gourdault-Montagne et Condoleezza Rice portant sur l'esquisse de la résolution 1559, George Bush, qui croyait avoir remporté une victoire irakienne sans appel, y voit l'occasion de rallier la France, même tardivement, à son projet de « Grand Moyen-Orient ».

Comme Jacques Chirac, et même si ce n'est pas pour les mêmes raisons, George Bush veut lui aussi punir la Syrie qui s'est frontalement opposée à la nouvelle guerre d'Irak en

1. Estimé à une valeur de quelque 760 millions de dollars.
2. Voir chapitre 6 : « Attaquer et sanctionner... ».

soutenant la résistance à l'occupation anglo-saxonne. La Maison-Blanche comprend très vite que le revirement français lui permettra d'internationaliser le *Syrian Accountability Act* par le biais de la résolution 1559.

Le sommet du G8 qui se déroule à Sea Island du 8 au 10 juin 2004 scelle les retrouvailles franco-américaines sur un nouveau document de travail exigeant un retrait syrien du Liban. Le projet de la résolution 1559 est bouclé fin juillet en Sardaigne, dans l'une des résidences privées de Rafic Hariri, en présence d'une délégation française et de plusieurs personnalités politiques libanaises.

A Paris comme à Washington et à Tel-Aviv, on estime qu'un retrait syrien du pays du Cèdre ne manquera pas de provoquer l'effondrement du régime syrien. La genèse de l'assassinat de l'ancien Premier ministre libanais Rafic Hariri trouve ici l'une de ses origines. « La résolution 1559 a armé le bras des assassins dans la mesure où la disparition brutale de Rafic Hariri précipiterait, à coup sûr, le but recherché : le renversement du régime. En effet, on ne manquerait pas d'accuser les plus hautes instances syriennes au moment même où celles-ci se trouveraient en situation de faiblesse dans ses vieilles positions libanaises », nous explique l'un des anciens responsables des services libanais de renseignements[1].

Depuis les accords de Taëf[2], qui ont mis fin à quinze ans de guerres civilo-régionales, la menace d'une internationalisation du dossier libanais a toujours été un véritable cauchemar pour la Syrie, qui exerce *de facto* un protectorat sur le Liban. Malgré l'habile politique syrienne d'évitement, cette menace refait surface à la veille de l'expiration du mandat présidentiel d'Emile Lahoud. Autant dire que cette perspective déclenche passions et polémiques, tandis que Rafic Hariri cherche désespérément à préserver son avenir politique et ses intérêts financiers.

Nommé Premier ministre avec l'appui de la Syrie en 1992,

1. Entretien avec les auteurs, 16 février 2005.
2. Le 22 octobre 1989 à Taëf, ville d'Arabie Saoudite où le Parlement libanais est réuni à l'initiative de la Ligue des Etats arabes et du pays hôte pour tenter de mettre fin à seize années de guerre civiles et régionales, 31 députés musulmans et 31 députés chrétiens libanais signent un « document d'entente nationale » connu depuis sous le nom d'accords de Taëf.

Rafic Hariri a, depuis lors, présidé cinq gouvernements en prenant soin de toujours apparaître comme un fervent défenseur de la présence militaire syrienne. Mais lorsqu'il entre en conflit avec le général Lahoud (élu en 1998), ses relations se dégradent avec Bachar al-Assad. Pour rééquilibrer sa position, il s'allie au vice-président Khaddam - qui ne cache plus ses ambitions personnelles – et à d'autres personnalités syriennes prônant un rapprochement avec les Etats-Unis et l'Arabie Saoudite. Fin août 2004, convoqué par la présidence à Damas, il met en sourdine son opposition publique à la reconduction d'Emile Lahoud.

Soucieux de prendre Washington de vitesse, le gouvernement libanais s'empresse de reconduire l'allié déclaré de Damas. Le 3 septembre 2004, au lieu d'élire un nouveau président pour les six prochaines années, le Parlement libanais, dont la majorité est en faveur de la Syrie, amende l'article 49 de la Constitution afin de permettre au général Lahoud de prolonger son mandat pour les trois années à venir. Pour ne pas heurter ses protecteurs syriens, Rafic Hariri vote, à contrecœur, la reconduction de son ennemi intime et démissionne de son poste en octobre. Au Parlement, l'opposition libanaise « antisyrienne » crie à la trahison et en appelle, comme toujours, à ses alliés occidentaux.

A Damas non plus le prolongement de Lahoud ne fait pas l'unanimité et ajoute à la sourde lutte entre les différents cercles du pouvoir. Le processus de succession est loin d'être stabilisé et les rumeurs de complot contre Bachar al-Assad commencent à circuler.

Ce même 3 septembre 2004, le Conseil de sécurité des Nations unies adopte la résolution 1559, conjointement présentée par Paris et Washington. Appelant au respect de la souveraineté du Liban, le texte réclame le retrait « sans délai de toutes les forces étrangères du Liban ». Sans mentionner la Syrie, comme prévu initialement par la Maison-Blanche, la résolution exige aussi « le démantèlement et le désarmement de toutes les milices », visant principalement la branche armée du Hezbollah, allié de Damas et de Téhéran.

Le vote est acquis de justesse par 9 voix sur 15, avec 6 abstentions (Russie, Chine, Brésil, Algérie, Pakistan et Philippines). Ces derniers pays ne manquent pas de souligner les incohérences de Washington, qui vient d'occuper l'Irak en contournant l'Onu. Forcer la Syrie à se retirer du Liban tout en autorisant Israël à occuper les Territoires palestiniens et le Golan syrien est pourtant l'une des figures récurrentes de la politique américaine du « deux poids deux mesures », poursuivie depuis la guerre de juin 1967.

Le 14 février 2005, l'ancien Premier ministre Rafic Hariri est assassiné à Beyrouth.

Avant le début du commencement d'une enquête quelconque, les Etats-Unis rappellent leur ambassadeur à Damas, sollicitent le Conseil de sécurité et appellent à l'installation d'un tribunal *ad hoc* pour juger les auteurs de l'attentat. La majorité des grands médias occidentaux participent à la campagne et pointent du doigt la Syrie, passant sous silence la revendication des « Soldats du Levant », un groupe islamiste lié à la nébuleuse al-Qaïda. Ce même groupe a déjà revendiqué plusieurs attentats en Syrie et au Liban. Relayant la doxa dominante, le quotidien français *Libération* s'empresse d'affirmer que « la Syrie a beau avoir condamné fermement l'assassinat de Rafic Hariri, elle aura du mal à se disculper d'en être le commanditaire[1] ». Et le journal d'ajouter : « Cet attentat pourrait paraître comme un défi lancé par Damas à Paris et à Washington. »

Plus prudent, Pierre Barbancey replace l'événement dans le contexte régional créé par la nouvelle guerre d'Irak : « Dès l'annonce de l'assassinat de l'ancien Premier ministre libanais Rafic Hariri, une équation mondiale s'est mise en place. Hariri s'étant opposé à la Syrie [...], le commanditaire du meurtre est à chercher dans les instances dirigeantes de Damas. Après tout, le raisonnement est tentant et le régime syrien n'a pas un passé qui plaide toujours en sa faveur. Mais l'explication est d'autant plus courte que depuis quelques mois tout converge pour faire pression sur la Syrie, à propos de l'Irak, du Liban ou d'autres dossiers internationaux[2]. »

L'ancien chef du service de renseignements de sécurité de la DGSE[3], Alain Chouet, fin connaisseur de la Syrie, estime

1. *Libération*, 15 février 2005.
2. *L'Humanité*, 16 février 2005.
3. Direction générale de la sécurité extérieure.

pour sa part que la classe politique syrienne « dispose d'autres moyens moins risqués de faire prévaloir ses intérêts. Si elle déstabilise le pouvoir en provoquant une pression accrue sur le régime, elle risque tout simplement de tomber avec lui[1] ».

Barah Mikhail, chercheur à l'Institut des relations internationales et stratégiques de Paris (IRIS), dresse le même constat : « Bien sûr, tout le monde va se tourner vers la Syrie. Elle avait évidemment intérêt à se débarrasser d'un opposant à sa présence au Liban. Mais cela semble trop gros pour être réaliste. [...] Une autre thèse milite en direction du Mossad. Les services secrets israéliens ont tout intérêt à créer une déstabilisation politique du Liban. Il ne faut pas oublier qu'Israël est toujours de fait en état de guerre avec le Liban et avec la Syrie. Enfin, la dernière théorie mène à des groupes islamistes affiliés à al-Qaïda. Ces extrémistes veulent faire disparaître les Etats-nations pour instaurer le Califat. La première revendication, diffusée sur al-Jazira, qui stigmatise Hariri comme un "agent infidèle" au service de l'Arabie Saoudite, semblerait le confirmer. Mais il faut bien sûr être prudent[2]. »

Pour Rime Allaf, spécialiste du Proche-Orient à l'Institut royal des affaires internationales de Londres, l'attentat est « l'œuvre de services secrets, pas d'une petite organisation [...]. Ceux qui l'ont commis visent à plonger le Liban dans le chaos et à faire accuser la Syrie. Je ne peux pas croire que quelqu'un soit assez naïf en Syrie pour penser que cela pourrait l'aider[3] ».

A Damas, les autorités font le dos rond et se sentent directement visées par « une machination », estime l'un des responsables des services de sécurité. Dans les milieux populaires rompus aux raffinements de la classe politique, on refuse de croire que le régime ait été aussi imprévoyant et aussi naïf « pour offrir ainsi sa tête sur un plateau d'argent aux Israéliens et aux Américains », commente Ahmad, artisan damascène, en ajoutant : « Une seule grande question vient à l'esprit de tous les Syriens : à qui profite le crime[4] ? »

1. *Le Temps*, 15 février 2005.
2. TF1, 16 février 2005.
3. Reuters, 14 février 2005.
4. Entretien avec les auteurs, 16 février 2005. Voir aussi Luc Debieuvre, « The Buck stops in Damascus », *Gulf News*, 25 mars 2005.

Pour Bouthaina Chaabane, ministre syrienne chargée des expatriés, l'attentat s'inscrit dans la longue séquence de « ceux qui ont assassiné jihad Ahmad Jibril (le fils d'Ahmad Jibril) à Beyrouth en mai 2002, Ali Hassan Saleh (cadre du Hezbollah) en juillet 2003 et Elie Hobeika – en janvier 2002 –, alors qu'il s'apprêtait à faire des révélations explosives sur l'implication des services israéliens dans les massacres de Sabra et Chatila et l'élimination de deux cadres du Hamas en 2001 à Damas[1] ». Différents services de renseignements occidentaux et arabes prétendent reconnaître la « marque de fabrique » de Meïr Dagan qui dirige le Mossad depuis 2002. Ce spécialiste des assassinats ciblés et des « opérations homicides à l'étranger » a été commandant du renseignement militaire au Liban-Sud pendant l'occupation israélienne.

Les réserves sont balayées par l'idéologie dominante. Dans les minutes qui suivent l'annonce de sa mort, Rafic Hariri est présenté par la grande presse occidentale et une partie de la classe politique libanaise comme un « farouche opposant » à la Syrie. Les mêmes affirment qu'il aurait ainsi payé de sa vie ses récentes prises de position contre le régime de Damas.

Pourtant, ce dernier condamne fermement l'assassinat et rappelle que l'ancien Premier ministre libanais a été jusqu'à ses derniers instants l'un des plus grands alliés et défenseurs de la Syrie. C'est d'ailleurs ce qu'il affirmait lui-même quelques jours avant sa mort au journaliste Frédéric Domont : « Le 4 févier 2005, Samir Kassir venait de publier dans les pages d'*An Nahar* un appel à l'adresse de Rafic Hariri pour qu'il se déclare chef de l'opposition. J'avais rendez-vous avec l'ancien Premier ministre en fin de matinée pour un entretien *off* qui a duré près de deux heures. Je ne l'avais pas revu depuis presque un an. C'est très logiquement que j'ai demandé à Rafic Hariri pourquoi il ne se déclarait pas chef de l'opposition. Sa réponse fut la suivante : Je ne le veux pas car je tiens à rester une alternative pour Damas. N'oubliez jamais que je suis et resterai, quoi qu'il arrive, un nationaliste arabe. Par conséquent, je ne permettrai jamais que les Syriens soient humiliés ici, au Liban ou ailleurs. Certes, nous

1. Sana, 12 juin 2006.

avons un contentieux mais nous trouverons toujours une solution politique à nos problèmes[1]. »

Cet assassinat accroît de façon spectaculaire le ressentiment antisyrien au Liban où les milieux hostiles à la présence syrienne accusent Damas d'avoir commandité l'attentat. Des manifestations massives s'emparent de la rue libanaise, soumise à un matraquage médiatique sans précédent.

Sous les voûtes du souk de Hamadiyeh, situé dans le cœur historique de Damas, une gigantesque affiche s'adresse aux « frères libanais » pour leur dire que « ceux qui instrumentalisent le sang du martyr Rafic Hariri commettent un deuxième assassinat contre ce grand nationaliste arabe ». L'affiche ajoute que le meurtre de l'ancien Premier ministre est instrumentalisé pour nuire au peuple syrien et au monde arabe.

Alors que la menace d'une intervention militaire américaine en Syrie est plus que jamais d'actualité, Bachar al-Assad annonce un retrait intégral des troupes syriennes du Liban le 5 mars 2005, moins de trois semaines après l'assassinat. « Avec cette initiative, la Syrie applique les engagements pris lors de la signature des accords de Taëf et met en œuvre la résolution 1559 des Nations unies » déclare le président dans un discours devant le Parlement syrien. Le retrait de l'armée syrienne du Liban ne signifie pas la fin de son rôle dans ce pays [...]. L'influence de la Syrie et ses engagements chez notre voisin ne dépendent pas de la présence de ses soldats. Leur retrait ne nuit pas aux intérêts syriens. Au contraire, il les sert. C'est pourquoi nous avons amorcé ce retrait depuis cinq ans en rapatriant 60 % de nos forces », explique-t-il d'un ton solennel.

Au terme de cinq redéploiements successifs, la Syrie avait en effet ramené ses effectifs de 35 000 à 20 000 soldats en 2000 puis à 14 000 en 2005. La reconstruction économique du Liban, la reconstitution de l'armée nationale libanaise et la paix civile avaient permis ces allègements successifs du dispositif militaire syrien. Contrairement à cette évolution en douceur, le dernier repli militaire est vécu comme une véritable humiliation, même si la population comprend qu'il épargne au pays un scénario irakien.

1. Entretien avec les auteurs, 4 mars 2009.

Le 8 mars, trois jours après l'annonce du retrait, une gigantesque manifestation de soutien à la Syrie est organisée par les alliés de Damas. Elle rassemble plusieurs centaines de milliers de Libanais au cœur de Beyrouth, venus manifester leur opposition à la politique américano-israélienne. « Cette mobilisation populaire a montré qu'il existait au Liban une véritable divergence sur la question de la résolution 1559 de l'Onu, explique le politologue libanais Walid Charara. Parce qu'elle ouvre la porte à l'ingérence américaine dans les affaires intérieures libanaises et dans les relations libano-syriennes. Outre le départ des troupes syriennes, ce texte a pour objectif principal le désarmement du Hezbollah qui est le principal mouvement de résistance ayant pu imposer un retrait inconditionnel à l'armée israélienne au Liban-Sud. Aujourd'hui, à partir de cette même région, le Hezbollah est la seule force de dissuasion capable de s'opposer aux velléités hégémoniques d'Israël. L'autre enseignement de ce rassemblement est de montrer l'attachement d'une partie significative des Libanais à l'effort de coordination stratégique avec la Syrie en ce qui concerne le conflit israélo-arabe. Evidemment, cet attachement n'accorde pas un satisfecit particulier sur la gestion des affaires intérieures libanaises par la Syrie et le pouvoir libanais ces dernières années. Mais il est clair que le Hezbollah et les manifestants voulaient affirmer qu'ils faisaient la part des choses entre la gestion intérieure des affaires libanaises et la nécessaire coordination entre le Liban et la Syrie face à Israël soutenu par les Etats-Unis[1]. »

A son tour, l'opposition antisyrienne réunit le 14 mars plusieurs centaines de milliers de Libanais, signe de l'ampleur de la polarisation suscitée par la présence syrienne et de l'émotion liée à la disparition de Rafic Hariri. Cette initiative marque le point de départ d'un mouvement politique baptisé « Forces du 14 mars », scellant l'alliance des partis et organisations opposés à la Syrie. Ce pôle est dirigé par Saad Hariri, l'héritier de l'ancien Premier ministre. Une partie des Forces du 14 mars, en l'occurrence le Courant patriotique libre (CPL) du général Michel Aoun, se rapprochera cependant de Damas après l'annonce du retrait.

1. *L'Humanité*, 12 mars 2005.

L'opposition s'installe sur la place des Martyrs, en plein centre de Beyrouth, animant une vaste kermesse proposant toutes sortes de cuisines, d'animations, de débats et de meetings. Autant d'initiatives qui seront rapidement qualifiées de « révolution du Cèdre » par la presse internationale. Selon le site Internet de la revue *Jane's*, cette « révolution » aurait été conjointement organisée par une grande agence publicitaire libanaise et la société de communication londonienne Saatchi & Saatchi[1].

Un tabloïd new-yorkais rapporte que « des sources du renseignement américain ont confirmé que la CIA et plusieurs services européens de renseignements sont en train de fournir de l'argent et un soutien logistique aux organisateurs de la protestation antisyrienne au Liban [...]. Plusieurs de ces sources indiquent que ce programme tenu secret relève des mêmes soutiens que ceux apportés, il y a peu, à des mouvements prodémocratie en Géorgie, puis en Ukraine[2] ».

Si l'ampleur de la manifestation ne fait aucun doute, si la volonté d'une majorité de Libanais de s'émanciper de la tutelle syrienne n'est pas moins légitime, il reste que cette étrange révolution s'est vite transformée en nouveau point d'appui pour pousser au renversement du régime syrien. Présentée comme la deuxième « révolution orange » après celle de l'Ukraine, comparée à la « révolution des roses » de Géorgie, la « révolution libanaise » incarnerait « une manifestation supplémentaire de la contagion démocratique mondiale initiée par Washington depuis la fin de la Guerre froide », nous explique le financier George Soros[3].

Dans les quartiers de Beyrouth, on présente une animation intitulée « le rythme de la Liberté » *(Pulse of Freedom)*, directement inspirée des techniques du théâtre de rue inventé aux Etats-Unis. « Cette théâtralisation rappelle la prestation lamentable de la place Firdaws, à Bagdad, lorsque des Marines recouvrirent la statue de Saddam du drapeau américain, ou encore la réaction de l'orchestre national de Géorgie qui se

1. Trish Schuh, *Faking the case against Syria* : www.counterpunch.org, 18 novembre 2005.
2. *New York Post*, 8 mars 2005.
3. Entretien avec les auteurs, 15 octobre 2007.

met à jouer l'hymne américain plutôt que son propre hymne national pour fêter la "révolution des roses"... Le spectacle *Pulse of Freedom* transforme le monument national de la place des Martyrs en... statue de la Liberté ! », déplore la journaliste Trish Schuh, membre de l'Association des correspondants de l'Onu.

Déductibles des impôts, les dons effectués en faveur de *Spirit of America*, l'ONG qui a monté *Pulse of Freedom*, assurent, par ailleurs, le financement de la nourriture, des tentes et de la logistique du camp de toile installé au centre-ville.

Comme le laisse entendre son nom, l'ONG *Spirit of America* est spécialisée dans « l'industrie du changement de régime ». Deux de ses dirigeants revendiquent publiquement cette activité. Il s'agit de l'ambassadeur américain Mark Palmer et du lieutenant Mike DeLong. Le premier est vice-président de la *Freedom House* (Maison de la Liberté) et cofondateur du *National Endowment for Democracy* (Fonds national pour la démocratie). Il a conseillé trois présidents et six secrétaires d'Etat américains. L'ambassadeur Palmer est aussi l'auteur d'un livre qui s'intitule *Breaking the Real Axis of Evil or How to Oust the World's Last Dictators Without Firing a Shot* (Briser le véritable axe du mal ou comment renverser les derniers dictateurs de la planète sans tirer un seul coup de feu). Il a beaucoup travaillé à la stratégie de communication du renversement de Slobodan Milosevic en Serbie.

Le lieutenant DeLong opère à partir de la base aérienne de MacDill en Floride. Il gère un budget de 8,2 millions de dollars, et figure parmi les principaux animateurs de la « guerre internationale contre le terrorisme » en tant que chargé de communication de l'opération *Enduring Freedom* en Afghanistan et d'*Iraqi Freedom* à Bagdad. Ancien adjoint du général Tommy Franks, il accuse la Syrie et « probablement le Liban » d'avoir caché sur leur territoire les introuvables armes de destruction massive irakiennes[1].

« Le changement de régime est, bien sûr, notre objectif à la fois au Liban et en Syrie, déclare le *Jewish Institute for Security Affairs* (JINSA, Institut juif pour les affaires straté-

1. *Frontline*, 20 avril 2006.

giques). Nous avons écrit il y a longtemps qu'il y a trois façons d'y parvenir : persuader le dictateur de changer, aider le peuple opprimé à le renverser ou exercer une menace extérieure pour le renverser[1]. »

Le retrait syrien est achevé le 26 avril. Une page tumultueuse des relations syro-libanaises est tournée.

Alain Gresh constate que « cette image d'une "révolution du Cèdre", analogue à la "révolution orange" en Ukraine ou à celle "des roses" en Géorgie, a été largement propagée par les médias nationaux et internationaux. Mais, comme toujours, elle tend à gommer l'histoire spécifique du pays, à l'interpréter à partir d'une grille de lecture simpliste : la lutte entre le bien et le mal, entre la démocratie et le totalitarisme. Nul doute que la majorité de la population en avait assez de la présence des troupes syriennes et de la multiplication des ingérences de Damas. Les erreurs successives commises par la direction syrienne, reconnues par le président Bachar al-Assad dans son discours du 5 mars annonçant le retrait de ses troupes, le poids des services de sécurité dans la vie intérieure ont aggravé le malaise et l'hostilité, malgré le rôle joué par la Syrie pour mettre fin à la guerre civile ou pour aider la résistance à l'occupation israélienne du sud du Liban »[2].

Malgré le retrait syrien, le Liban « libéré » reste aux mains de la même classe politique et des mêmes « soutiens internationaux ». « L'observateur ne peut qu'être frappé par ce fait : les mêmes dirigeants responsables de la guerre civile, dont la plupart ont collaboré avec la Syrie avant de retourner leur veste, se maintiennent sur le devant de la scène [...]. Aucun d'entre eux n'avance la moindre proposition pour réformer un système politique fondé sur le confessionnalisme, le clanisme et la corruption. Leur seul slogan : "Les Syriens sont responsables de tous les maux du Liban[3]." »

La thèse du complot syrien ne date pas d'aujourd'hui, les interventions des services américains non plus. Chacun se souvient comment, en août 1953, le Premier ministre iranien

1. Jewish Institute for Security Affairs, *Priorities in Lebanon and Syria*, le 2 mars 2005.

2. Alain Gresh, « Les vieux parrains du nouveau Liban », *Le Monde diplomatique*, juin 2005.

3. *Ibid.*

Mohammad Mossadegh fut renversé par l'opération Ajax, montée par les services britanniques et la CIA. En replaçant le chah sur le trône par un coup d'Etat, il s'agissait déjà de préserver les intérêts pétroliers anglo-américains. Londres et Washington accusaient alors Mossadegh d'être à la solde des Soviétiques. Il venait surtout de nationaliser les gisements pétroliers iraniens[1].

Ces vieilles techniques éprouvées ont été utilisées non seulement en Iran, mais aussi au Levant. « Pour faciliter l'action des forces de libération, réduire les capacités du régime syrien à organiser et à contrôler ses opérations militaires, minimiser les pertes et les destructions et pour obtenir les résultats voulus en un temps minimum, un effort spécial devra être déployé pour éliminer certains dirigeants clés. Leur disparition doit être réalisée au début de l'insurrection et de l'intervention militaire. Afin de réussir ce projet, nous devons faire croire que la Syrie est responsable de complots, de sabotages et d'actes violents contre les gouvernements voisins [...]. La CIA et le SIS[2] utiliseront leurs capacités psychologiques et leurs marges de manœuvre sur le terrain pour accroître la tension. A cet effet, un "Comité pour la Syrie libre" sera financé et des groupes politiques bénéficiant de compétences paramilitaires seront armés. La CIA et le MI6 fomenteront des soulèvements internes, notamment par le biais de la Confrérie des Frères musulmans à Damas[3]. »

Rédigé fin 1957 et approuvé par le président américain Eisenhower et le Premier ministre britannique Macmillan, le rapport dont est extrait ce passage est rendu public en 2003. Il prévoyait l'assassinat de dirigeants syriens et la création d'incidents aux frontières syriennes et dans les pays voisins. Il s'agissait déjà de justifier une invasion pour renverser le régime démocratiquement élu de Damas qui représentait une menace pour les monarchies pétrolières pro-occidentales voisines et les intérêts anglo-américains dans la région.

---

1. En 2000, sous l'administration Clinton, la secrétaire d'Etat Madeleine Albright a reconnu, dans un rapport officiel, le rôle des Etats-Unis dans l'organisation et le soutien financier du coup d'Etat d'août 1953.
2. Services britanniques de renseignements.
3. *The Guardian*, 27 septembre 2003.

A l'époque, après le renversement de la dictature de Chichakli en 1954, la Syrie avait instauré une démocratie pluraliste et laïque, alors inédite dans le monde arabe. Au lendemain de l'expédition de Suez, elle s'était rapprochée de l'Union soviétique. Suivie par Washington et Londres, la stratégie de déstabilisation recommandait l'assassinat du directeur des renseignements militaires syriens Abdel Hamid Sarraj, du chef d'état-major Afif al-Bizri et du dirigeant du Parti communiste syrien Khaled Bagdache. Mais les bouleversements survenus en 1958, dont la fusion de la Syrie avec l'Egypte, le renversement de la monarchie pro-occidentale en Irak et l'arrivée de Fouad Chehab à la tête de l'Etat libanais (succédant au pro-américain Camille Chamoun) allaient rendre ce plan caduc.

Près d'un demi-siècle plus tard, l'Histoire se répète. Au nom de la guerre contre le terrorisme, Washington et Londres ont envahi l'Irak dont le sous-sol renferme les deuxièmes plus grandes réserves pétrolières de la planète. Au cœur du « Grand Moyen-Orient », Damas constitue toujours un obstacle à la reproduction de la tutelle coloniale. A la politique de la canonnière, les puissances occidentales vont ajouter celle de la nouvelle justice internationale.

Les faux témoins de Detlev Mehlis

Annoncé par les services spéciaux occidentaux, l'effondrement du régime de Damas, dont Jacques Chirac avait prédit à George Bush l'inéluctabilité en cas de retrait syrien du Liban, ne se produit pas. Une nouvelle résolution du Conseil de sécurité des Nations unies déclenche un mécanisme d'enquête internationale afin de démasquer, dit-on officiellement, les commanditaires de l'assassinat de Rafic Hariri.

L'Onu met sur pied une Commission internationale d'enquête. A sa tête est désigné le juge Detlev Mehlis. Cet ancien procureur a fait sa carrière en Allemagne de l'Ouest dans la mouvance de la CIA avant de travailler à Washington pour le WINEP, un centre de recherche associé à l'American Israel Public Affairs Committee (AIPAC). De nationalité allemande, Detlev Mehlis s'entoure d'une équipe majoritairement composée d'Allemands et d'Israéliens. Son chef des enquêteurs est l'Australien Nick Khaldas. En réalité, c'est un Egyptien naturalisé australien et qui entretient les meilleures relations avec le Mossad. Cette équipe poursuivra des objectifs bien éloignés de la recherche de la vérité, parce que, en définitive, sa véritable mission est de mettre en accusation ceux qui s'opposent aux plans des Etats-Unis et d'Israël au Proche-Orient.

Parfaitement au fait de ces informations, Jacques Chirac s'engage personnellement auprès de la veuve de Rafic Hariri pour qu'un tribunal international *ad hoc* soit créé[1]. C'est dans ce contexte de coopération internationale étrangement unanime que le chef de la Sûreté générale libanaise Jamil al-Sayyed déclare : « L'auteur de l'assassinat de Rafic Hariri est soit Einstein, soit un âne. »

Le 30 août 2005, le juge international ordonne l'arrestation des quatre généraux libanais les plus gradés, à la tête des services de sécurité au moment des faits, notamment notre interlocuteur Jamil al-Sayyed. Sur instruction de Detlev Mehlis, la justice libanaise procède aussi à l'arrestation du général Ali Hajj, l'ex-chef des Forces de sécurité intérieure ; du général Raymond Azar, ancien directeur des renseignements de l'armée et du chef de la garde présidentielle, le général Moustafa Hamdane. Tous les quatre sont conduits au siège de la Commission d'enquête pour y être interrogés.

Ils ne quitteront leur prison de Roumieh (banlieue de Beyrouth) que le 29 avril 2009, faute de preuves. Leur libération spectaculaire sera annoncée lors de la première audience du Tribunal spécial pour le Liban (TSL), diffusée en direct par la télévision libanaise et retransmise sur Internet. La défense saluera l'ordonnance du tribunal : « Après quarante-quatre mois, je considère que justice est faite et qu'elle aurait dû être faite depuis déjà quarante-trois mois », déclare à l'AFP Naji Boustani, l'avocat de l'ex-chef de la garde présidentielle et de l'ancien chef des renseignements. Mais avant

1. Conformément aux dispositions de la résolution 1664 adoptée le 13 décembre 2005, un tribunal spécial pour juger les auteurs d'attentats au Liban est créé avec l'accord du gouvernement libanais. Suite à la nouvelle résolution 1757, adoptée le 30 mai 2007, les dispositions relatives à la création et au statut du TSL entrent en vigueur le 10 juin 2007.

d'atteindre cet épilogue, la route de l'instruction sera encore longue.

Le 21 octobre 2005, Detlev Mehlis remet au Conseil de sécurité son premier rapport. Il affirme qu'« un faisceau de preuves convergentes indique que des Libanais et des Syriens ont été impliqués dans l'attentat terroriste ». Il mentionne les témoignages de personnalités libanaises opposées à la Syrie, selon lesquelles l'assassinat de Rafic Hariri serait lié à l'opposition croissante de l'ex-Premier ministre à Damas. Le rapport fait également état de la revendication d'un groupe salafiste adressée à la chaîne panarabe al-Jazeera, qui s'intitule *Al-Nasr wal jihad Fi Bilad Al-Cham* (La victoire et le jihad dans le pays du Levant). Le texte du communiqué qualifie Rafic Hariri d'« agent des infidèles à La Mecque et à Médine ». Une revendication similaire est parvenue à l'agence Reuters, ajoutant que le crime a été perpétré « afin qu'il serve d'exemple ».

Le rapport Mehlis s'appuie principalement sur les témoignages de trois Syriens, dont le dénommé Zouheir al-Saddiq. Ce dernier accuse sept commandants des services syriens de renseignements d'être les commanditaires du crime. Parmi eux figurent le propre frère du président syrien, Maher al-Assad, chef de la puissante Garde républicaine[1], véritable numéro deux du régime, ainsi que son beau-frère Assef Chawkat, chef des renseignements militaires. Il cite aussi les quatre généraux libanais arrêtés. Le rapport ajoute que « M. Saddiq a déclaré que la décision d'assassiner M. Hariri avait été prise en République arabe syrienne et avait été suivie de réunions clandestines au Liban entre hauts responsables libanais et syriens, chargés de préparer l'exécution du crime. Ces réunions ont commencé en juillet et ont duré jusqu'en décembre 2004. Sept hauts responsables syriens et quatre libanais auraient pris part au complot. Les préparatifs ont commencé dans l'appartement de M. Saddiq à Khaldeh ».

Saddiq apporte également des précisions techniques concernant les préparatifs de l'attentat et affirme s'être rendu

1. Corps d'élite de l'armée syrienne, la Garde républicaine est commandée par Maher al-Assad, l'un des frères du président. Elle est chargée de la défense de la capitale et de la sécurité de la famille Assad.

dans un camp militaire à Zabadani, à une vingtaine de kilomètres de la capitale syrienne. « Il a déclaré y avoir vu la camionnette Mitsubishi (transportant la bombe qui a tué Rafic Hariri) : des mécaniciens y travaillaient ; les bords de la plate-forme du véhicule ainsi que les portes avaient été élargis et remplis d'explosifs ; des charges avaient été également placées sous le siège du conducteur. M. Saddiq avait vu dans le camp un jeune homme qu'il avait pu identifier comme étant M. Abou Adas [...]. Les aveux de M. Saddiq au sujet de son implication directe dans l'attentat, qui ont mené à son arrestation, renforcent sa crédibilité », précise encore le rapport.

Un autre témoin « masqué », dont le nom n'est pas révélé et qui prétend avoir travaillé pour les services syriens, explique qu'un « responsable de la sécurité libanaise est allé plusieurs fois en République arabe syrienne pour préparer le crime et a obtenu un rendez-vous à l'hôtel Méridien de Damas et plusieurs réunions au palais présidentiel, dans le bureau d'un commandant de la sécurité syrienne [...]. Le témoin avait des contacts étroits avec les hauts responsables syriens en poste au Liban ».

Un troisième témoin clé « a contacté la Commission et déclaré qu'il avait rencontré le général Hamdane à la mi-octobre 2004. Le général avait parlé dans des termes très négatifs de M. Hariri, en l'accusant d'être pro-israélien. Il a terminé la conversation en disant : "Nous allons l'envoyer en voyage, bye-bye Hariri". » Après l'assassinat, il a été vivement conseillé au témoin de ne parler à personne de cette conversation ».

Conclusion du rapport Mehlis : «Après avoir entendu des témoins et interrogé des suspects en République arabe syrienne et avoir établi que de nombreuses pistes désignent directement des agents des services syriens comme étant impliqués dans l'assassinat, il incombe à la Syrie de clarifier une part considérable des questions non résolues. »

A la demande du secrétaire général de l'Onu Kofi Annan, les noms de Maher al-Assad et d'Assef Chawkat sont retirés de la version publique du rapport, mais seront divulgués à la presse par l'ambassadeur britannique en poste à New York.

Des membres d'un autre groupe intégriste nommé al-Ahbache sont également mentionnés, mais le rapport ne semble pas leur accorder une importance quelconque. Comme nous l'écrivions en 2006, « ces dernières pistes sont mentionnées pour être mieux écartées, Detlev Mehlis s'en tenant à sa seule conviction d'une conspiration fomentée et exécutée par de hauts responsables sécuritaires libanais et syriens[1] ».

Vide de preuves « irréfutables », le rapport Mehlis provoque des réactions mitigées. Le gouvernement syrien dénonce un « texte unilatéral et politisé », alors que les chancelleries occidentales saluent le « professionnalisme » du magistrat allemand. Les services britanniques de renseignements sont déçus du résultat et s'irritent d'interférences israéliennes, d'autant que la famille Hariri « a visiblement acheté certains témoignages ». Nous citions également un haut responsable de l'administration britannique, selon lequel « dès le lendemain de l'assassinat, des gens se sont précipités chez Saad Hariri, prêts à vendre n'importe quoi [...]. Le drame, c'est que le fiston a tout acheté, obnubilé par le fait de venger son père[2] ». La même source ajoutait que plusieurs individus ont été financés pendant des mois par le clan Hariri pour instruire à charge la thèse de la piste syrienne.

D'après la journaliste Linda Heard, « après les mensonges sur l'Irak et compte tenu de la place de la Syrie dans la liste de cibles des néoconservateurs, il faut être extrêmement méfiant. Surtout qu'on peut s'interroger sur les motivations de cette enquête internationale. Il n'y en a pas eu pour la mort d'Arafat, de Sadate, de Nasser, d'Allende ou même sur l'empoisonnement de Yuschenko. Pourquoi ? Parce que ces enquêtes ne favorisaient pas les intérêts occidentaux. Ne nous laissons pas entraîner dans ce jeu politique suspect[3] ».

L'écrivain égyptien Abdallah al-Sinawi dénonce une machination similaire à celle qui a mené au renversement du régime irakien, accusé tour à tour de posséder des armes de destruction massive et d'entretenir des liens avec al-Qaïda : « Le déroulement de ladite enquête a pris, depuis le début, une tournure politique unilatérale. Cela semblait même

1. Richard Labévière, *Le Grand Retournement, op. cit.*
2. *Ibid.*
3. *Gulf News*, 21 octobre 2005.

constituer le premier étage de l'acte d'accusation contre Damas pour préparer le deuxième étage consistant à éjecter la Syrie sous embargo politique et économique. A terme, le lancement de cette fusée devait viser la chute du régime Assad[1]. »

A Damas, le bureau des relations extérieures du Ba'ath adresse un communiqué aux chancelleries occidentales. Celui-ci reproche au rapport Mehlis d'être « politisé », « tendancieux » et de « manquer d'objectivité », car s'appuyant sur des témoignages d'individus qui « ne jouissent d'aucune crédibilité alors que la parole des responsables syriens est singulièrement négligée ». Pour le Ba'ath, le travail de Detlev Mehlis « est dénué de toute crédibilité judiciaire et professionnelle, car fondé sur des hypothèses et des calomnies [...]. En revanche il donne raison aux romans préfabriqués par des médias libanais et étrangers ». Enfin, le communiqué insiste sur le contexte international dans lequel s'est ouverte l'enquête. Il souligne que les pressions dont la Syrie est l'objet s'inscrivent dans le cadre d'un « projet israélo-américain qui vise à redessiner la carte de la région conformément au chantier entamé en Irak ». Le texte conclut que la Syrie est punie pour son opposition à l'invasion de l'Irak et que le but des pressions est de l'amener à renoncer à ses droits sur le Golan par la signature d'une paix séparée en dehors du cadre des résolutions des Nations unies.

Dix jours après la publication du rapport Mehlis, la résolution 1636 est adoptée par le Conseil de sécurité. Elle engage les autorités syriennes à coopérer pleinement avec la Commission d'enquête, en précisant qu'elle « doit arrêter tous les responsables ou citoyens syriens ordinaires que la Commission suspecte d'être impliqués dans la planification, le parrainage, l'organisation et l'exécution de cet acte terroriste, pour les mettre, sans condition, à la disposition des enquêteurs ». Mais surtout, elle arrête que « la Commission aura l'autorité pour décider du lieu et des modalités d'interrogatoire des responsables ou des citoyens syriens qu'elle jugera utile d'interroger ». Cette clause est d'autant plus ambiguë qu'elle permet au juge Mehlis de reproduire le scé-

1. *Arabrenewal*, 28 octobre 2005.

nario des généraux libanais, cultivant un flou juridique entre le statut de témoin et celui d'accusé, les personnes auditionnées devant l'être hors de Syrie et sans garanties préalables. Dénoncée comme une atteinte à la souveraineté nationale, la résolution est rejetée par Damas, qui réclame des éclaircissements de procédure. Ceux-ci seront obtenus au terme de longues tractations par l'intermédiaire de plusieurs pays arabes, dont l'Arabie Saoudite. Maher al-Assad et Assef Chawkat échapperont aux nouvelles auditions qui auront lieu début décembre 2005 à Vienne.

Instrumentalisant l'idée de justice internationale, la résolution 1636 marque une étape malheureuse de l'histoire des Nations unies. Detlev Mehlis, dont la mission initiale se bornait au soutien technique de la justice libanaise, dirige et oriente à sa guise une instruction qui échappe complètement aux autorités locales. Estimant que l'enquête est menée à charge contre ses intérêts et le respect de sa souveraineté nationale, Damas s'emploie à démontrer la partialité du rapport Mehlis et finit par créer sa propre commission d'enquête.

En réponse au juge Mehlis, le quotidien *Techrine* publie un portrait approfondi du témoin Mohammad Zouheir Saddiq : « L'individu est un déserteur de l'armée syrienne, doublé d'un petit malfrat poursuivi par la justice de son pays pour détournement de fonds, faux et usage de faux. » Interpellé en France par la police, il se rétracte. S'étant présenté comme colonel des services de renseignements syriens et ancien chef de cabinet du général Hassan Khalil, il avoue avoir reçu une grosse somme d'argent contre son faux témoignage. Selon *Der Spiegel*, Saddiq a déclaré à son frère qu'il était devenu « millionnaire en récitant sa leçon[1] ». Pour l'hebdomadaire allemand, le témoignage de Saddiq est une pure invention : l'homme n'a pas participé à l'attentat. Les réunions fictives dans son appartement n'ont jamais eu lieu. L'implication des sept responsables syriens et des quatre généraux libanais n'est qu'un montage. Enfin, il n'a jamais vu la camionnette Mitsubishi qui a explosé au passage du convoi de l'ancien Premier ministre libanais.

1. *Der Spiegel*, 22 octobre 2005.

Pour le juge Mehlis, ce retournement est une véritable catastrophe qui ébranle toute l'architecture de l'instruction. Mais le coup de grâce arrive du deuxième témoin : Louay Sakka, un Syrien incarcéré en Turquie. Présumé coupable d'un attentat commis à Istanbul, Sakka est considéré par les services turcs comme un relais local de la nébuleuse al-Qaïda. Il révèle à la presse syrienne que quatre agents de la CIA lui ont rendu visite en prison pour lui proposer sa libération et d'importantes sommes d'argent contre un témoignage dans lequel il accuserait des responsables syriens d'avoir tué Rafic Hariri. Selon son avocat, il devait raconter que le général Assef Chawkat lui avait demandé de recruter un activiste irakien chargé de conduire la voiture kamikaze contre le convoi d'Hariri, en lui faisant croire qu'il s'agissait de la délégation du Premier ministre irakien Iyad Allaoui, allié de Washington. Sakka déclinera l'offre des barbouzes américaines.

Le 1er décembre 2005, la Syrie tout entière se fige devant ses écrans de télévision pour suivre la conférence de presse du « témoin masqué », Houssam Taher Houssam, retransmise par la chaîne nationale de télévision. Présenté comme un ancien officier des services syriens de renseignements, ce jeune Kurde déclare avoir été arrêté par la police libanaise, incarcéré et torturé pendant deux semaines avant de recevoir la visite d'un journaliste proche de la famille Hariri. Celui-ci lui propose un marché : sa liberté contre un témoignage devant la Commission d'enquête. « Des collaborateurs du député Saad Hariri, accompagnés de deux étrangers parlant l'anglais, m'ont fait apprendre par cœur ce que je devais dire aux enquêteurs, précise le jeune homme. On m'a fourni des noms et appris les détails de l'histoire que je devais réciter. Lors d'une réunion au bureau du ministre de l'Intérieur, on m'a promis la somme de 1,3 million de dollars en contrepartie de mon témoignage accusant plusieurs personnalités syriennes. [...] Maher al-Assad et Assaf Chawkat devaient être les cibles. On m'a demandé de les charger un maximum, donc j'ai prétendu qu'ils étaient les cerveaux de l'attentat. » L'ensemble des fausses informations fournies par Houssam sont reproduites fidèlement dans le rapport Mehlis.

Dans un communiqué laconique, la Commission d'enquête reconnaît que Houssam Taher Houssam est bien le « témoin masqué». Avec la défection des trois témoins clés de l'enquête internationale, le rapport Mehlis, qui a servi de base à la résolution 1636 condamnant la Syrie, prend l'eau de toutes parts.

«On ne comprend toujours pas que la surveillance et le système de sécurité dont bénéficiait Rafic Hariri aient pu être à ce point déjoués par une attaque si rudimentaire», écrivions-nous alors[1]. L'ancien Premier ministre libanais était protégé de la même manière que le président des Etats-Unis, par un système de contrôle par satellite utilisant la technique du GPS *(Global Position System)*. Avant tout déplacement, les points de départ et de destination, ainsi que l'itinéraire étaient transmis *via* Internet par l'intermédiaire d'un code ultraprotégé à une centrale située à Chypre. Celle-ci envoyait les coordonnées de l'itinéraire au satellite d'observation qui suivait le véhicule en temps réel, ce qui permettait de contrôler, en images, un périmètre de 2000 mètres. Les enquêteurs disposent donc de photos satellites de la scène de l'attentat, confirmant qu'il s'agit bien d'une camionnette qui s'est lancée sur le convoi et non pas d'une charge placée sous la chaussée. Sur les dysfonctionnements du système et la passivité de la garde rapprochée de Rafic Hariri, les questions demeurent sans réponse.

Soulevée par la commission syrienne, l'une des principales faiblesses de l'enquête internationale pointe le travail unidimensionnel du juge Mehlis, qui, dès le départ, ne retient que la piste syrienne. Hormis l'hypothèse salafiste, Damas considère qu'on ne peut exclure d'emblée une piste israélienne. C'est la deuxième partie du communiqué du Ba'ath : «Le rapport se base sur la seule éventualité d'une implication de la Syrie, qui est la partie la plus affectée par le crime. Il néglige et ne mentionne aucunement Israël, si ce n'est pour le remercier d'avoir coopéré avec la Commission alors que le juge Mehlis ne s'y est même pas rendu. Il est bien évident qu'Israël a un rôle présumé dans ce crime puisqu'il en est le premier bénéficiaire.»

Plutôt que d'envisager d'autres pistes, Detlev Mehlis reconnaît avoir sollicité l'aide du Mossad dans une interview au

1. Richard Labévière, *Le Grand Retournement, op. cit.*

Figaro[1]. A la question « Pourquoi avez-vous sollicité l'aide d'Israël et de la Jordanie ? », le juge répond que « les Israéliens sont réputés pour avoir de bons renseignements, notamment technologiques. Nous les avons approchés pour qu'ils nous livrent des informations sur l'attentat. Ils nous ont donné de bons renseignements... ». Comment un juge international de renom peut-il à ce point faire reposer son enquête sur des informations fournies par l'un des protagonistes du conflit qui agite les Proche et Moyen-Orient depuis plus de soixante ans ? Comment un juge international de renom peut-il ignorer que l'assassinat qu'il tente d'éclaircir constitue justement l'une des manifestations paroxystiques de ce même conflit ? Comment, enfin, ce juge professionnel peut-il passer sous silence le danger d'instrumentalisation, sinon de manipulation qu'il encourt lorsqu'il s'adresse à un service de renseignements ?

Retour sur images

Depuis sa création en 1948, Israël a toujours nourri des prétentions territoriales en direction du pays du Cèdre jusqu'au fleuve Litani. Tel-Aviv a occupé cette région entre 1978 et 2000, avant de retirer ses troupes sous les coups de la résistance libanaise animée par le Parti communiste libanais puis par le Hezbollah soutenus par la Syrie. En 1982, les troupes israéliennes ont de nouveau envahi le Liban jusqu'à Beyrouth, soumise à un bombardement aérien, terrestre et maritime pendant plus de deux mois. L'offensive militaire a fait 20 000 morts parmi la population civile, plus de 30 000 blessés et 500 000 réfugiés, pour la plupart chi'ites.

Les services de renseignements de l'armée israélienne et le Mossad sont engagés au Liban depuis longtemps. Leurs attentats extérieurs défrayent régulièrement la chronique. Le 10 avril 1973, le futur Premier ministre israélien Ehoud Barak assassine en plein Beyrouth (rue de Verdun) trois responsables de l'OLP : Kamal Adwane, Kamal Nasser et Abou

1. *Le Figaro*, 20 juillet 2005.

Youssef al-Najjar. Il avouera plus tard avoir ainsi accompli « son chef-d'œuvre ».

La célèbre affaire Lavon, relative à Pinhas Lavon – ministre israélien de la Défense en 1953 –, est tout aussi révélatrice. Cette intervention du Mossad est à l'origine du scandale qui a provoqué la démission du ministre. Les renseignements israéliens devaient organiser des attentats à la bombe contre les représentations diplomatiques et culturelles des Etats-Unis en Egypte, tout en laissant sur place des indices impliquant des factions arabes. Le but du commando était de provoquer la rupture des relations naissantes entre les Etats-Unis et l'Egypte au lendemain de l'arrivée au pouvoir de Nasser. Mais l'une des bombes se déclencha prématurément et les agents israéliens furent arrêtés, démasqués et condamnés.

Le 8 juin 1967, l'aviation israélienne bombarde l'*USS Liberty*, un porte-avions américain, tuant 34 marins et en blessant 171 autres. L'état-major israélien plaide l'« erreur », affirmant avoir visé un vaisseau soviétique alors que le bâtiment arborait sans confusion possible les couleurs américaines et que son nom était parfaitement visible par une belle journée ensoleillée. Dans un premier temps, Tel-Aviv cherche à attribuer l'attaque à la chasse égyptienne avant de se perdre en conjectures.

Plus récemment, l'ancien ministre libanais Elie Hobeika est assassiné dans un attentat à la voiture piégée, vieille technique du Mossad qui rappelle singulièrement la vague d'attentats contre des personnalités libanaises depuis octobre 2004. L'assassinat est commis alors que la justice belge instruit le massacre de Sabra et Chatila perpétré en 1982 par les milices phalangistes supervisées par l'armée israélienne. L'un des responsables du massacre qui a coûté la vie à des centaines de civils palestiniens était justement Hobeika. Il s'apprêtait à faire des révélations sur le rôle d'Ariel Sharon dans cette tragédie.

En mai 2002, jihad Ahmad Jibril, fils d'Ahmad Jibril, le chef du Front populaire pour la libération de la Palestine-Commandement général (FPLP-CG) est assassiné à Beyrouth. En août 2003, un dirigeant du Hezbollah – Ali Hassan Saleh – est exécuté à son tour en plein cœur de la capitale libanaise.

En avril 2006, l'armée libanaise arrête dans la banlieue sud de Beyrouth neuf membres d'un réseau qui projetait d'assassiner Hassan Nasrallah, le secrétaire général du Hezbollah. Composé de huit Libanais et d'un Palestinien, le groupe surveillait les déplacements du responsable chi'ite et avait en sa possession un véritable arsenal composé de lance-roquettes, d'armes antichars, de grenades et de mitrailleuses lourdes. Menés par les services de l'armée libanaise, les interrogatoires révéleront l'implication de 90 personnes dans les préparatifs de l'assassinat du chef du Hezbollah et de plusieurs personnalités libanaises. En juin 2006, la justice libanaise condamne cinq agents du Mossad accusés de la coordination du dispositif. Deux membres du réseau sont toujours en fuite. Il s'agit d'un certain Abou George et de Hussein Khattab, anciens prisonniers palestiniens en Israël. Le frère de ce dernier, cheikh Jamal Khattab, est un imam fondamentaliste soupçonné d'avoir recruté des combattants salafistes pour l'Irak. Cette affaire n'a pas suscité l'ouverture d'une enquête sur le lien éventuel entre le Mossad et les réseaux de recrutement salafistes pour l'Irak.

Le démantèlement de ce réseau terroriste a été complètement passé sous silence par la presse internationale pourtant habituellement si attentive aux progrès de la « guerre globale contre la terreur ». Personne n'a félicité les autorités libanaises pour leur brillante opération antiterroriste.

Deux mois plus tard, les services libanais de renseignements neutralisent un autre réseau mis en place par le Mossad au pays du Cèdre. La tête de l'organisation, Mahmoud Rafeh, est un ancien officier de la gendarmerie libanaise. Son arrestation et celle de deux de ses complices met au jour une véritable infrastructure, dont des caméras et des ordinateurs en provenance d'Israël, un décodeur, des faux papiers, des tenues militaires locales et des téléphones cellulaires. Lors des interrogatoires, Rafeh avoue avoir assassiné plusieurs personnalités libanaises et palestiniennes, notamment jihad Jibril en 2002 et deux cadres du Hezbollah entre 1999 et 2003. Il admet aussi son implication dans l'assassinat de Mahmoud Majzoub, militant du Jihad islamique palestinien, le 26 mai 2006.

Déjà victime d'une tentative d'attentat en 2004, Majzoub avait installé des caméras de surveillance autour de son immeuble. Ce dispositif permettra de remonter la filière jusqu'à Rafeh. En provenance d'Israël, les explosifs ont été introduits par le secteur des fermes de Chebaa et camouflés dans la porte d'une Mercedes 280 garée devant la résidence de Majzoub. Rafeh surveillait l'immeuble de Majzoub à partir d'une camionnette stationnée à 900 mètres en liaison avec un agent du Mossad à bord d'un avion de surveillance volant à basse altitude et lui communiquant les consignes opérationnelles. Au cours des interrogatoires, l'agent admet avoir reçu du Mossad plusieurs livraisons d'explosifs par voie maritime. Rafeh était chargé de récupérer la marchandise dans une localité côtière au nord de Beyrouth et de l'entreposer dans un endroit sûr, sorte de boîte aux lettres sécurisée, où un autre agent du Mossad devait la récupérer.

Mahmoud Rafeh expliquera comment il a été recruté au Liban-Sud en 1994 durant l'occupation israélienne, par l'actuel chef du Mossad Meïr Dagan, expert reconnu des attentats à la voiture piégée. Il racontera aussi son entraînement dans un camp israélien de la banlieue de Tel-Aviv où il participait à des attentats simulés « à ciel ouvert et grandeur nature ». Avec le retrait israélien du Liban-Sud, en mai 2000, il sera chargé de recruter de nouveaux agents parmi les anciens supplétifs de l'ALS[1] pour organiser des « points d'appuis » à partir desquels le Mossad pensait pouvoir installer une logistique permettant d'opérer sur l'ensemble du territoire libanais. L'affaire Rafeh n'est que le prélude à la découverte de plusieurs dizaines de microcellules travaillant pour Israël. Celles-ci seront démantelées durant le premier semestre 2009.

Dans la revue *Défense*, le général Achraf Rifi, directeur général des Forces de sécurité intérieures du Liban (FSI), explique que « la mission de ces réseaux recouvrait des tâches d'espionnage classique, visant notamment l'actualisation des banques de données israéliennes concernant le dispositif de défense de notre frontière sud. En premier lieu étaient visés les membres de la résistance, ensuite la logistique et le système de communication de la résistance. En troisième lieu,

1. L'Armée du Liban-Sud est une milice libanaise créée par l'armée israélienne en 1976. Principalement basée dans les villes de Marjayoun et de Qlayaa, elle opéra avec le soutien des services de renseignements de l'armée israélienne pendant l'invasion d'Israël au Liban-Sud au cours de la guerre du Liban.

les espions israéliens s'intéressaient aux infrastructures libanaises (ponts, centrales électriques, réseaux d'eau potable, etc.). Mais la cible principale était les cadres et les unités de la résistance, en particulier ceux qui sont impliqués dans le dossier palestinien [...]. Cette phase de l'enquête a duré deux ans avant de procéder au démantèlement de la structure principale et des réseaux secondaires. Les FSI ont pu établir l'identité, le domicile et la fonction de la plupart des agents impliqués. Nous avons reconstitué leurs déplacements, leurs contacts, leurs activités quotidiennes et répertorié la totalité des équipements qu'ils utilisaient. Cette réussite a été certainement la plus importante dans le domaine du contre-espionnage, depuis le début du conflit israélo-arabe. Ainsi les FSI ont pu neutraliser 11 réseaux[1] ».

Parmi les espions démasqués se trouvent des responsables politiques libanais et des militaires de premier rang, ainsi que des hommes d'affaires et des membres d'ONG. Aujourd'hui encore, le général Abbas Ibrahim – chef du renseignement militaire libanais – estime que « les investigations sont toujours en cours et sont loin d'avoir livré toutes leurs surprises[2] ». Néanmoins, ces découvertes portent un coup fatal non seulement au mythe du Mossad, « meilleur service secret du monde », mais aussi à celui de l'impartialité israélienne dans les crises libanaises à répétition. Elles montrent à l'envi que les services israéliens – Mossad et Aman (services militaires) – sont directement impliqués dans la vague d'attentats qui a ensanglanté le Liban de 2004 à 2008.

Les « bonnes informations israéliennes » du juge Mehlis et la défection de ses trois témoins principaux ajoutent au malaise. « Les masques tombent, car preuve est faite qu'il a instruit à charge et sur ordre de ses commanditaires cherchant à impliquer la Syrie par tous les moyens possibles », explique un diplomate français en poste dans une capitale arabe. Le juge allemand démissionne brusquement après avoir présenté son deuxième rapport soulignant que la coopération syrienne est devenue satisfaisante.

1. Général Achraf Rifi, revue *Défense*, n° 142, novembre-décembre 2009.
2. Conversation avec les auteurs, 15 mai 2010.

Damas a beau jeu de dénoncer l'instrumentalisation de la Commission. « Ceux qui croient que la politisation de l'enquête pousserait la Syrie à faire ce qu'ils désirent se trompent, perdent leur temps et gâchent une chance de stabiliser la région, autant d'erreurs qui leur coûteront cher », affirme Bachar al-Assad dans un discours au Parlement syrien[1]. « L'implication de certains traîtres, le pari des arrivistes et les déclarations de faux témoins ne changeront en rien les constantes politiques de la Syrie », martèle le président, qui fait allusion aux leaders libanais et saoudiens ouvertement engagés dans la campagne antisyrienne. « Nous soutenons la poursuite des recherches pour identifier les criminels. Nous continuerons à coopérer dans les limites de notre souveraineté et de nos intérêts nationaux », ajoute-t-il, en appelant à une « enquête honnête » : « Je n'exagère pas lorsque je dis que certaines puissances internationales – connues de tous – évoquent dans les couloirs du Conseil de sécurité des Nations unies la tentation d'enfreindre le principe de souveraineté nationale, sous différents prétextes comme la défense des droits de l'homme, toujours mise en avant pour criminaliser les pays qui résistent à leur volonté hégémonique. »

Assassinats en série, la Lebanese Connexion

Depuis juin 2005, nombre d'explosions meurtrières se succèdent dans la capitale libanaise. Plusieurs intellectuels et politiciens sont assassinés, notamment le journaliste Samir Kassir, l'ancien secrétaire général du Parti communiste libanais Georges Haoui, le député Pierre Gemayel (fils de l'ancien président de la République Amine Gémayel), et le député Antoine Ghanem. Chaque attentat et chaque crime est aussitôt attribué au petit Satan syrien.

Curieusement, la plupart des attentats coïncident avec des échéances internationales concernant la Syrie. La date choisie pour l'élimination du ministre Pierre Gemayel est particulièrement significative. L'assassinat est commis le 21 novembre 2006, quelques heures seulement avant la réunion du Conseil

1. 21 janvier 2006.

de sécurité devant entériner la création du TSL. Les auteurs de cette abomination auront atteint trois objectifs : maintenir la pression sur Damas ; casser la mobilisation populaire du Hezbollah et du Courant patriotique libre de Michel Aoun contre le gouvernement de Fouad Siniora ; enfin polluer la reprise de la coopération syro-américaine en Irak. L'enquête de l'armée parvient rapidement à une première conclusion qu'Amine Gemayel refuse de révéler. Faisant preuve d'une inhabituelle retenue, l'ancien président du Liban refuse d'accabler la Syrie.

Les personnalités assassinées sont immédiatement récupérées par le camp antisyrien, ou plutôt par les formations politiques qui se définissent comme telles. Cette fonction repoussoir constitue l'un des premiers facteurs structurants des Forces du 14 mars. La presse qui lui est favorable attribue immédiatement aux victimes des nouveaux attentats le qualificatif de « personnalité antisyrienne », comme si cette catégorie suffisait à séparer les bons des méchants, le bon grain de l'ivraie, la civilisation de la barbarie.

Assassiné le 21 juin 2005 à Beyrouth, l'ancien dirigeant du Parti communiste libanais Georges Haoui constitue un cas emblématique de la *Lebanese Connexion*. Originaire d'une famille orthodoxe du Mont-Liban, Georges Haoui a été l'une des grandes figures du Mouvement national libanais (alliance regroupant les partis de gauche) et l'un des dirigeants de la résistance après l'invasion israélienne de 1982. Combattant de la première heure et fer de lance de la lutte armée contre Israël, bien avant la création du Hezbollah, il est l'un des vétérans de la libération de Beyrouth. Ces différents titres de gloire le font figurer sur la liste des hommes à abattre établie par les forces spéciales israéliennes. Malgré tout, son assassinat est, lui aussi, attribué à la Syrie. Il suffisait pourtant de connaître son passé pour comprendre que Damas n'avait aucun intérêt objectif à l'éliminer. Le 25 octobre 2007, lors d'une conférence de presse, Rafi Madayan – le beau-fils de Georges Haoui – accuse le Mossad d'avoir assassiné l'ancien chef du PC libanais et déclare vouloir déposer une plainte contre les services israéliens.

Le cas du général François Hajj, assassiné le 12 décembre 2007 dans un attentat à la voiture piégée, est tout aussi instructif. Candidat à la succession du commandant de l'armée Michel Sleiman, le général Hajj, qui occupait les fonctions de chef des opérations, était notoirement connu pour son inimitié envers Israël. Originaire du village de Rmeich au Liban-Sud, il avait refusé de collaborer avec l'ALS, ce qui lui valut d'être victime du sabotage de sa voiture, premier attentat dont il réchappa miraculeusement. Proche de Michel Aoun allié au Hezbollah, le général Hajj est lui aussi rangé dans la catégorie des antisyriens par plusieurs journaux et agences de presse. Rares sont les voix discordantes. Spécialiste de la Syrie, le chercheur américain Joshua Landis intitule ironiquement son article « Assassinat d'un général anti-14 mars » et fustige « le manque de responsabilité des reportages et des informations transmises après chaque assassinat au Liban ces trois dernières années. Cela est devenu un véritable rituel journalistique d'affirmer – sans aucune espèce de vérification – qu'un politicien "antisyrien" a été assassiné, suggérant ainsi que Damas est fatalement derrière l'attentat... et ce, sans fournir le moindre début de preuve. S'ensuit généralement un commentaire rappelant, d'une façon ou d'une autre, que le Liban a été le théâtre d'une vague d'assassinats depuis la disparition de Rafic Hariri. Généralement aussi, il est dit qu'une Commission d'enquête de l'Onu a prouvé l'implication du propre beau-frère du président syrien Bachar al-Assad[1] ».

Une enquête libanaise sur l'attentat commis le 13 février 2007 dans la localité chrétienne de Aïn Alak (Mont-Liban) révèle des liens opérationnels entre les exécutants et le groupe salafiste Fateh al-Islam, qui fera parler de lui quelques mois plus tard, dans la banlieue de Tripoli. Le procureur général près la Cour de cassation, Saïd Mirza, explique que « le capitaine Wissam Eïd (membre du département technique des FSI) avait élucidé le mécanisme de l'attentat et que c'est vraisemblablement la raison pour laquelle il a été assassiné fin 2007[2] ».

L'enquête révèle aussi qu'après Aïn Alak, les terroristes comptaient placer des charges explosives dans une mosquée

1. Joshua Landis, *Syria Comment* – www.syriacomment.com, 12 décembre 2007.
2. *L'Orient-Le Jour*, 12 novembre 2007.

chi'ite fréquentée par des cadres du Hezbollah et à proximité de la permanence des Forces libanaises à Bickfaya, afin d'accroître la tension. Ce n'est pas la première fois que des activistes salafistes sévissaient au Liban. En décembre 1999, un groupe avait occupé les hauteurs de Denniyé dans le nord du pays, assassinant plusieurs villageois et religieux. L'intervention conjointe des armées libanaise et syrienne avait abouti à l'arrestation de quelques dizaines d'activistes au Liban et de plusieurs centaines de sympathisants fondamentalistes affiliés au même groupe en Syrie. Pourtant, selon le juge Mehlis, « la menace islamiste n'avait jamais été sérieuse au Liban ».

Le juge Brammertz et la piste islamiste

La Commission a survécu aux fautes de Mehlis. L'enquête se poursuit sous l'égide du magistrat belge Serge Brammertz, nommé par Kofi Annan en janvier 2006. Avec une honnêteté intellectuelle incontestable, il reprend l'enquête à la base, comme si son prédécesseur n'avait rien fait. Aux antipodes de la méthode Mehlis, le juge belge n'écarte aucune piste en se donnant pour première tâche d'éclaircir l'identité et le profil des exécutants, dissociant cette problématique de celle des commanditaires qui « est une autre paire de manche[1] ». Ce faisant, Serge Brammertz revient fatalement sur la piste islamiste que l'ancien chef de la Sûreté générale[2] avait privilégiée dès les premières minutes suivant l'explosion meurtrière. En secret, il fait travailler ses enquêteurs sur l'hypothèse israélienne... sans exclure que des activistes salafistes aient pu servir de bras armé aux services israéliens.

Le 26 juin 2006, Jürgen Cain Külbel, ancien enquêteur de la police criminelle de la République démocratique allemande, recommande au secrétaire général des Nations unies de n'écarter aucune piste prématurément. Dans une lettre à Kofi Annan, il écrit : « M. Brammertz a à sa disposition une bande de malfaiteurs sous les verrous, dont l'interrogatoire

1. Entretien avec les auteurs, 14 juin 2008.
2. Entretien avec Jamil al-Sayyed, 29 août 2005.

permettra peut-être d'obtenir de nouvelles pistes, d'éclaircir les mobiles du crime commis contre Rafic Hariri, voire d'identifier ses véritables instigateurs. Comme vous le savez, ajoute-t-il, la sécurité militaire libanaise a récemment débusqué deux réseaux terroristes mis en place par le Mossad qui pratiquaient depuis des années espionnage, sabotage, assassinats et attentats à la voiture piégée au Liban, contre des Palestiniens et des activistes du Hezbollah[1]. » Par conséquent, poursuit Külbel, « je vous prie d'étendre le champ de votre enquête sur l'assassinat de Hariri et de vous pencher sur l'hypothèse d'une implication d'Israël et du Mossad ainsi que de leurs collaborateurs locaux. Etant donné que ce type d'actions criminelles – comme l'a montré l'affaire Majzoub – ne peut être mené sans l'approbation du Premier ministre israélien, je vous invite, très cher Monsieur Annan, à permettre à l'UNIIIC – s'il le faut par résolution du Conseil de sécurité de l'Onu – d'interroger les responsables du gouvernement israélien, et en priorité le Premier ministre Ehoud Olmert et le chef du Mossad, Meïr Dagan. En effet, comme le montrent les enquêtes de la sécurité militaire libanaise, Israël a fait preuve, depuis longtemps, d'une vaste expérience et d'un savoir-faire pointu dans le domaine criminel et particulièrement celui de l'organisation d'attentats à la voiture piégée[2] ».

En insistant sur la logistique très sophistiquée de l'attentat, l'ancien policier rappelle à juste titre que celle-ci exclut d'emblée certains acteurs alors qu'elle valorise ceux qui peuvent se procurer et maîtriser de tels moyens. « Suivez l'argent qui a permis la fabrication de l'assassinat et d'acquérir la technologie nécessaire à son accomplissement, conseille-t-il. Parallèlement à cette piste technico-financière, vous devriez vérifier si le témoin douteux Mohammad Zuheir al-Saddiq n'appartiendrait pas, lui aussi, à un tel réseau du Mossad. »

---

1. Jürgen Cain Külbel est l'auteur d'une contre-enquête sur le travail réalisé par la Commission d'enquête des Nations unies : *Mordakte Hariri. Unterdrückte Spuren im Libanon*, Berlin, mars 2006. Sa lettre à Kofi Annan datée du 26 juin 2006 a été diffusée sur plusieurs sites Internet (blog « espionnage.over-blog » le 17 janvier 2007, info-palestine.net, forum « marhba.com » le 10 janvier 2007, etc.) tandis qu'une traduction en arabe était publiée en première page du quotidien libanais *Ad-Diyar*.

2. *Ibid.*

Aux dernières nouvelles, après avoir disparu entre l'Arabie Saoudite et Marbella en Espagne, Saddiq réapparaît en France, fin 2005, au moment où la justice libanaise lance contre lui un mandat d'arrêt international. Saddiq est arrêté mais Paris refuse de l'extrader. Il est « installé avec sa petite famille dans un pavillon à Chatou (Yvelines), couvé par une armée de poulets », relate *Le Canard enchaîné*[1]. Il refait surface quelques mois plus tard aux Emirats en possession d'un passeport tchèque (l'hebdomadaire satirique en reproduit la page 3 en fac-similé) dont il dit qu'il lui a été fourni par les services français. « Alors, un tel emmerdeur qui viendrait raconter qu'il a pu passer au travers des mailles du filet grâce à la France, cela ferait mauvais genre, conclut *Le Canard*, et, après avoir dû obéir à Chirac comme ministre de l'Intérieur, Sarko devenu président a reçu cette affaire en héritage de son prédécesseur. »

Et Jürgen Cain Külbel souligne : « N'oubliez pas que c'est à cause de ses déclarations très douteuses que les anciens policiers Ali al-Hajj, Jamil al-Sayyed, Mustafa Hamdan et Raymond Azar sont emprisonnés depuis 2005 et maintenus en confinement solitaire... et ce, alors qu'aucune preuve valide n'a été produite contre les accusés. Une telle situation, et vous le savez d'expérience, est indigne des démocraties européennes. Je vous prie donc de vérifier sans tarder si, outre les motivations de vengeance politique, il existe des preuves véritables justifiant le maintien en garde à vue de ces hommes. Si ce n'est pas le cas, alors, conformément aux principes d'un Etat de droit, ces quatre présumés innocents doivent être remis en liberté [...]. Je vous prie de bien vouloir étudier l'hypothèse d'une implication israélienne sans trop tarder. Cette piste pourrait s'avérer être la clef de la résolution de l'enquête sur l'abominable assassinat de Rafic Hariri[2]. »

Cette longue lettre restera sans réponse, la campagne médiatique contre la Syrie ne cessant de s'amplifier. Avec l'appui des médias, d'anciens chefs de milices libanaises en profitent pour accuser Damas de « crimes de guerre » après la découverte d'un charnier à proximité d'une ancienne caserne

1. *Le Canard enchaîné*, 19 mai 2010.
2. Jürgen Cain Külbel, *op. cit.*

syrienne. Vérifications ADN faites, il s'agissait d'un cimetière datant... du XVIIe siècle. Mais le dossier des disparus et des fosses communes des guerres libanaises est enterré aussi vite qu'il était apparu... Chacun sait à Damas, à Beyrouth comme à Tel-Aviv qu'une grande partie de la classe dirigeante libanaise est impliquée dans les massacres de cette époque dont les plus noirs souvenirs resurgissent[1].

Le 30 mai 2007, le Conseil de sécurité adopte la résolution 1757 qui officialise la création d'un tribunal international pour juger les auteurs de l'attentat contre Rafic Hariri. Cinq pays s'abstiennent : la Chine, la Russie, l'Afrique du Sud, l'Indonésie et le Qatar. Avant l'adoption, le président syrien clarifie une nouvelle fois la position de son pays : « Le tribunal international est un sujet qui n'implique que le Liban et l'Onu. Nous ne nous estimons pas directement concernés. Nous rejetons toute coopération [...] susceptible de mettre en cause notre souveraineté nationale [...]. Nous avons coopéré avec la justice internationale en tenant compte des précédentes résolutions de l'Onu et nous sommes prêts à coopérer aujourd'hui et à l'avenir. Nous avons coopéré avec la Commission d'enquête internationale et nous redisons toute notre disposition à coopérer avec elle dans le cadre du respect de nos lois et de notre souveraineté nationale. »

La presse syrienne pilonne la résolution 1757, la qualifiant de « résolution politique motivée par l'esprit de vengeance » des Etats-Unis. Appelé à succéder à Carla Del Ponte aux fonctions de procureur du Tribunal pénal international pour l'ex-Yougoslavie, Serge Brammertz passe la main en janvier 2008.

Les bonnes histoires de Daniel Bellemare

Nommé deux mois plus tôt comme chef de la Commission internationale d'enquête, un juge canadien lui succède comme procureur du tribunal. Un communiqué du Quai

1. Régina Sneifer, *J'ai déposé les armes. Une femme dans la guerre du Liban*, Paris, éditions de l'Atelier, 2006, et Richard Labévière, *La Tuerie d'Ehden, op. cit.*

d'Orsay salue sa nomination : « Nous avons également pris note de l'intention du secrétaire général de désigner ensuite M. Bellemare aux fonctions de procureur du Tribunal spécial. Cette double attribution permettra au magistrat canadien d'assurer, dans la continuité, la transition de la Commission d'enquête vers le Tribunal[1]. »

Scheveningen, sur les bords de la mer du Nord. C'est un bâtiment de briques et de verre bleuté que rien ne distingue des autres immeubles de la banlieue résidentielle de La Haye. Seuls les gardes présents à l'entrée, et qui arborent les couleurs des Nations unies, indiquent la présence du Tribunal spécial pour le Liban. Le dimanche 1er mars 2009, le TSL tient sa séance inaugurale. Le juge Bellemare profite de l'occasion pour rappeler qu'« en la matière, il n'est pas question de vengeance mais bien de justice et de vérité ». Patricia O'Brien, adjointe du secrétaire général des Nations unies en charge des affaires juridiques, ajoute qu'« il s'agit du premier tribunal international antiterroriste ». Et comme pour exorciser toute critique sur cette évolution d'une justice internationale jusqu'alors réservée à la poursuite des génocides, des « crimes contre l'humanité » et des « crimes de guerre », elle s'empresse de souligner que « cette juridiction sera indépendante et impartiale, et que le bureau de la défense sera une structure séparée du tribunal ».

« L'enquête va continuer avec la même intensité et même, peut-être, avec une intensité accrue », prévient Daniel Bellemare. Et le magistrat d'user de métaphores pour assurer de sa volonté de ne rien laisser au hasard : « Tous les chemins seront empruntés et toutes les pierres seront retournées. » Conscient de la frustration de beaucoup devant l'absence de certitudes dans ce dossier, le procureur canadien l'assure : « Moi aussi je veux savoir. Malheureusement, la justice demande un peu de temps. »

Le 23 mai 2009, dans un article d'Erich Follath publié sur le site anglais de *Der Spiegel*, intitulé « New Evidence Points to Hezbollah in Hariri Murder », l'hebdomadaire allemand affirme que le tribunal spécial de l'Onu « a tiré de nouvelles conclusions surprenantes mais gardées secrètes. Selon une

1. 15 novembre 2007.

information obtenue par *Der Spiegel*, les enquêteurs croient maintenant que le Hezbollah était derrière l'assassinat». Cette affirmation se fonde sur la seule base d'écoutes téléphoniques. Les enquêteurs ont analysé les milliers de communications qui ont eu lieu le jour de l'attentat. Ils ont repéré quatre numéros d'appareils jetables activés, ce jour-là, dans la zone de l'attentat. Quelqu'un les a utilisés pour appeler les quatre généraux libanais – prosyriens –, ce qui a permis d'accuser la Syrie et d'incarcérer à tort ces officiers.

Un autre appel sortant depuis l'un des téléphones conduit chez une jeune femme qui est la compagne d'Abd al-Majid Ghamlush, un ancien membre des unités combattantes du Hezbollah ayant reçu une formation militaire en Iran. Au sein de la résistance, cet individu serait placé sous les ordres d'Hajj Salim, lequel dirigerait une cellule obéissant aux seuls ordres du secrétaire général Hassan Nasrallah. Tout en reconnaissant ne pas disposer de «preuves irréfutables», *Der Spiegel* «croit» que Salim est le cerveau du complot et le secrétaire général du Hezbollah le commanditaire.

Le journal fonde son «scoop» sur des sources proches du tribunal, affirmant avoir recoupé l'information avec des documents internes à l'enquête. Toujours selon *Der Spiegel*, le progrès des investigations aboutirait à une nouvelle conclusion : ce ne sont pas les Syriens mais les forces spéciales du Hezbollah qui ont planifié et exécuté l'attentat. L'hebdomadaire ajoute : «Le procureur général Bellemare et ses collaborateurs sont au courant depuis plus d'un mois, mais ils ne veulent pas que l'information soit divulguée.»

Le Hezbollah répond par un communiqué de presse indiquant que les allégations de l'hebdomadaire sont «des contrevérités qui ont pour objectif d'influencer la campagne électorale (des législatives du 7 juin 2009) et surtout d'occulter les révélations sur le démantèlement des réseaux d'espionnage travaillant pour le compte d'Israël». Interrogée par l'AFP, une porte-parole du procureur général Bellemare précise : «Nous ne savons pas d'où ils sortent ces histoires. Le bureau du procureur se refuse à tout commentaire touchant à des aspects opérationnels de l'enquête.»

Question : pourquoi et comment la même méthode d'investigation ayant abouti à l'incarcération des quatre généraux

– mais jugée insuffisante pour les maintenir en prison – apparaît-elle soudainement pertinente pour mettre en cause le Hezbollah ?

La piste syrienne est morte, voici poindre la piste iranienne... Vieil ami de Detlev Mehlis, le journaliste Erich Follath précise en effet que si le Hezbollah n'avait pas de mobile clair pour tuer Rafic Hariri, ses soutiens iraniens pouvaient en avoir. C'est un peu court !

Au printemps 2010, le procureur général Daniel Bellemare annonce que la publication de l'acte final d'accusation sera publique avant la fin de l'année. A Beyrouth, les spéculations sur l'implication du Hezbollah ne cessent d'enfler, de défrayer la chronique et de nourrir une nouvelle crise politique latente. Le 9 août 2010, le secrétaire général du Hezbollah Hassan Nasrallah tient une conférence de presse durant laquelle il accuse Israël d'avoir commandité l'assassinat de Rafic Hariri. Durant plus de deux heures, document vidéo à l'appui, il explique que des drones et des avions israéliens d'observation n'ont cessé de survoler et de filmer la scène de crime durant les jours qui ont précédé l'explosion fatale. Par voie de communiqué, Daniel Bellemare demande transmission de ces pièces, tandis que les vieux démons libanais réapparaissent laissant entrevoir l'éventualité d'une nouvelle confrontation armée...

Alors que les FSI (Forces de sécurité intérieures) poursuivent le démantèlement de plusieurs réseaux israéliens d'espionnage au Liban, toutes les hypothèses concernant l'assassinat de Rafic Hariri ressurgissent. Une chose est établie : hormis les exécutants salafistes, la piste des commanditaires ne suit pas une ligne droite aboutissant au plus haut niveau du pouvoir exécutif syrien. Si la dimension syrienne est bien présente, elle concerne plus certainement les hauts responsables sécuritaires du régime qui ambitionnaient de renverser le jeune Bachar pour prendre le pouvoir.

8

Des alliances rhizomatiques

« A l'opposé d'une structure qui se définit par un ensemble de points et de positions, de rapports binaires entre ces points et de relations biunivoques entre ces positions, le rhizome n'est fait que de lignes : lignes de segmentarité, de stratification, comme dimensions, mais aussi ligne de fuite ou de déterritorialisation comme dimension maximale d'après laquelle, en la suivant, la multiplicité se métamorphose en changeant de nature. »

Gilles DELEUZE et Félix GUATTARI,
Mille plateaux.

La Syrie entame l'année 2006 dans la crainte que les sanctions économiques et politiques ne soient le prélude à la réédition du précédent irakien. Bien qu'encouragées par le pouvoir, les manifestations populaires rassemblent les Syriens contre la menace américaine autour d'un seul slogan : « Dieu veille sur Damas. » Après les velléités du printemps de Damas (2000-2001), les priorités politiques sont redevenues la souveraineté nationale et l'indépendance pour éloigner le spectre de l'*irakisation*.

Citant des sources proches de l'administration Bush, le *Financial Times* du 9 octobre 2005 estime que « les Etats-Unis recherchent activement une alternative pour remplacer le président Bachar al-Assad ».

Trois jours plus tard, le général Ghazi Kanaan, ministre de l'Intérieur, se suicide dans son bureau, selon les informations rapportées par l'agence syrienne Sana. Le général Kanaan a commandé les troupes syriennes déployées au Liban de 1980 à 2000. Deux heures avant sa mort, il livre une sorte de testament sur les ondes de la radio *Voix du Liban* qu'il avait lui-même appelée : « Je pense que ce sera ma dernière déclaration [...]. Je veux souligner que les relations avec nos frères libanais étaient basées sur l'amitié et le respect mutuel [...]. Nous avons servi les intérêts du Liban avec honneur et honnêteté. »

La brutalité de l'événement entretient le doute sur les raisons de cette disparition qui survient à peine neuf jours avant la publication du rapport du juge Mehlis. Ghazi Kanaan avait été interrogé par la Commission d'enquête internationale le 20 septembre 2005.

Originaire de la montagne alaouite de Lattaquié, Kanaan suit une formation militaire en Syrie. Pendant la guerre arabo-israélienne d'octobre 1973, il se distingue à la tête d'un bataillon de chars, ce qui lui vaudra d'être promu chef des services de renseignements pour la province méridionale de Homs. Son poids politique acquis au terme de vingt années passées au Liban (1982-2002) en a fait, à son retour, l'un des commandants obligés des services de renseignements politiques. Cette position fait aussi de lui une alternative à Bachar al-Assad. C'est du moins ce qu'avancent plusieurs experts de la scène syrienne à la lumière des scénarios imaginés par la presse d'outre-Atlantique sur une prochaine « révolution de palais » à Damas. Dans ce climat, survient le 31 décembre 2005 – la défection de l'ancien vice-président syrien Abdel Halim Khaddam qui a toujours étroitement collaboré avec Ghazi Kanaan. Soutenu par Washington et Paris, Khaddam fonde avec les Frères musulmans en exil et d'autres groupuscules le « Front national du salut » qui se présente comme « l'alternative au pouvoir syrien ».

Quelques semaines auparavant, le 10 novembre 2005, Bachar al-Assad a prononcé son discours-événement de l'université de Damas. Bien que grippé et fatigué, le jeune président s'y est affirmé comme le vrai patron du régime. Si, avant cette allocution, des doutes étaient encore permis sur sa marge de manœuvre par rapport aux autres cercles de pouvoir, la question ne se pose plus après cette prestation qui

– selon les meilleurs observateurs de la scène syrienne – marque une vraie rupture. En effet, ce discours se déroule comme s'il opérait une séparation entre les années d'apprentissage du pouvoir et la gestion présente des périls politiques auxquels est confronté le pays. Comme jamais auparavant, Bachar al-Assad s'exprime à la première personne pour décréter la *Patrie en danger*.

Annonçant au pays la recrudescence des pressions américaines, il répond point par point aux accusations du rapport Mehlis en ciblant le gouvernement libanais de Fouad Siniora, l'administration américaine et l'Arabie Saoudite.

« Les menaces qui nous sont adressées ne sont pas motivées par la recherche de la vérité sur l'assassinat de Rafic Hariri, mais pour nous faire payer notre opposition à l'occupation de l'Irak, pour nous punir de nos soutiens à la cause palestinienne et à la résistance libanaise. Les grandes puissances veulent régler leurs comptes avec la Syrie, affirme-t-il. Je vous le dis parce que je veux être réaliste : la Syrie est dans le collimateur. J'affirme avec sérénité et détermination que mon pays n'a pas trempé dans l'assassinat de Rafic Hariri [...]. Nous coopérons avec le tribunal, mais pas au point de nous suicider. Je ne serai pas celui qui pliera ou qui demandera à son peuple de courber l'échine », lance-t-il sous un tonnerre d'applaudissements.

La chute sonne comme l'appel de Danton : « La Syrie est en état de guerre. Désormais, nous allons compter sur nous-mêmes. Nous sommes confrontés à deux choix : la résistance ou le chaos. » Concluant par une menace à peine voilée, il prévient : « Si la Syrie est attaquée, toute la région en subira les conséquences, et en premier lieu ceux qui auront accompagné les colonisateurs chez nous. » Menacée à l'intérieur même de ses frontières, la Syrie opte pour une résistance régionale à travers une coopération à géométrie variable avec ses partenaires iranien, libanais, palestinien, irakien et russe, ainsi qu'avec ses nouveaux alliés turcs du gouvernement Erdogan.

En 2006, quatre événements viendront confirmer l'efficacité de cette approche : la victoire du Hamas aux élections législatives palestiniennes, les succès militaires du Hezbollah face à l'armée israélienne, les revers des troupes américaines en Irak et le retour de la Russie au Proche-Orient. Interagissant les unes avec les autres, ces évolutions bouleversent les rapports de force au profit de Damas alors que Tel-Aviv change son fusil d'épaule. Avec la polarisation jihadiste en Irak, Israël ne conçoit plus le renversement du régime syrien comme prioritaire. Un tel scénario porterait au pouvoir les Frères musulmans, qui ne manqueraient pas de transformer la Syrie en un nouveau sanctuaire du radicalisme sunnite. A terme, cette perspective ne ferait que conforter la menace palestinienne.

Tandis que le chroniqueur diplomatique du quotidien londonien *The Telegraph* continue d'écrire que « l'objectif des Etats-Unis est le renversement du régime syrien[1] », *Haaretz* affirme le contraire en expliquant ce changement par une réunion au sommet des états-majors américain et israélien[2]. Le 3 octobre 2006, le quotidien précise que Washington a consulté le cabinet israélien sur les alternatives possibles au régime de Damas. La réponse est très clairement pour le maintien du *statu quo*, estimant qu'un président Assad « affaibli » vaut mieux que l'arrivée au pouvoir d'une « junte islamiste ».

Le général de Gaulle voulait aborder l'Orient compliqué avec des idées simples. Vaste programme... entreprise spinoziste qui nécessite de partir de la complexité initiale afin de remonter aux causes. On ne peut comprendre l'influence régionale et internationale de la Syrie en l'expliquant par une construction d'alliances linéaires, système cartésien qui présenterait des racines, un tronc unique et des branches multiples. En l'occurrence, la figure rhizomatique est plus appropriée à la compréhension d'une diplomatie faite de différentes stratifications, de ruptures et de lignes de fuite.

Passablement consolidé à partir du sommet arabe de Damas des 29 et 30 mars 2008, le réseau d'influences de Damas s'adosse à un partenariat stratégique avec l'Iran dont les corollaires s'expriment par des soutiens au Hezbollah libanais, au Hamas palestinien et à la résistance irakienne. A

1. *The Telegraph*, 3 octobre 2006.
2. *Haaretz*, 5 octobre 2006.

cette construction souple s'ajoute l'alliance traditionnelle de la Russie et une réconciliation historique avec le voisin turc.

Un partenariat stratégique vital avec l'Iran

Rien ne prédestinait la Syrie et l'Iran à devenir des alliés si fidèles. La Syrie demeure un pays profondément laïc alors que l'Iran s'est doté d'un Etat théocratique se réclamant de l'islam chi'ite. Le fondement idéologique du régime syrien repose sur une doctrine selon laquelle tous les peuples arabes, qu'ils soient musulmans, chrétiens ou juifs, appartiennent à une seule et même nation, tandis que l'Iran est peuplé d'une majorité persane. Au pouvoir en Syrie, le parti Ba'ath a été fondé par le Chrétien orthodoxe Michel Aflaq. En Iran, le guide suprême de la révolution islamique est un dignitaire religieux élu par un collège restreint qui incarne la plus haute autorité théologico-politique du pays. Et pourtant, depuis trente ans, les deux pays ont scellé une alliance qui a survécu aux injures du temps.

En 1978, la signature du traité israélo-égyptien de Camp David prive la Syrie de son principal allié. Un an plus tard, le coup d'Etat de Saddam Hussein brise la trêve éphémère entre frères ennemis syrien et irakien, qui reprennent la lutte fratricide entre les deux branches historiques du Ba'ath au pouvoir dans les deux pays. Le conflit ouvert avec Le Caire, la menace que représente désormais Bagdad, l'armée israélienne qui envahit le Liban-Sud en 1978, les tensions récurrentes avec la Turquie pro-américaine sont autant de facteurs qui fragilisent une Syrie stratégiquement encerclée. Fondée au lendemain du renversement du chah Reza Pahlavi en 1979, la jeune république islamique d'Iran offre une opportunité inespérée pour rompre l'isolement. En 1980, le déclenchement de la guerre irako-iranienne permet de concrétiser une alliance militaire qui va desserrer l'étau stratégique.

Pour le nouveau régime iranien, la Syrie peut devenir un allié régional, et sans doute le seul. De plus, elle garantit une porte d'accès au monde arabe avec lequel la Perse historique a toujours entretenu des relations intenses. L'invasion israélienne du Liban en 1982 cause énormément de dommages, notamment parmi les populations chi'ites déshéritées du sud et entraîne la création du Hezbollah. Supplantant progressivement le mouvement Amal, le Hezbollah se révélera un allié précieux contre Israël et permettra d'élargir la coopération entre Damas et Téhéran.

Les développements régionaux et internationaux qui se sont succédé ne font qu'affermir cette singulière alliance. L'effondrement de l'Union soviétique (principal allié de la Syrie), la prolongation du conflit israélo-arabe, l'invasion anglo-américaine de l'Irak (avril 2003) et la politique des deux administrations Bush en consolident la dimension stratégique.

En décembre 2007, la participation de la Syrie à la conférence d'Annapolis sur le Proche-Orient est analysée par plusieurs chancelleries occidentales comme un rapprochement entre Washington et Damas. Les critiques de l'Iran à l'égard des gouvernements arabes qui ont accepté l'invitation américaine ne passent pas inaperçues alors que la presse internationale spécule sur un début de refroidissement entre la Syrie et l'Iran. Quelques jours plus tard, le président Assad annonce pourtant à Damas l'ouverture d'une usine de voitures réalisée en joint-venture avec l'Iran. « L'inauguration de cette usine en coopération avec nos frères iraniens constitue la réponse à ceux qui tentaient de propager des rumeurs selon lesquelles les relations entre les deux pays s'étaient tendues, déclare Bachar al-Assad. Je confirme à cette occasion que ces relations ne s'affaibliront en aucun cas et dans aucune circonstance[1]. »

Sur le plan économique, la coopération syro-iranienne connaît donc un nouvel essor. Outre les échanges commerciaux, Damas et Téhéran coopèrent dans les secteurs énergétiques, industriels et ceux du transport. En 2006, la Syrie a lancé avec l'aide de l'Iran ses deux premières voitures *made in Syria* dont la *Cham* (Levant en arabe). Le véhicule est produit par la compagnie Siamco, une joint-venture rassemblant la compagnie Iran Khdro (40 % du capital), l'Etat syrien (35 %) et la société syrienne Al Sultan (25 %). A Alep, l'usine

1. Chaîne de télévision syrienne, 13 décembre 2007.

de tracteurs Furat produit des modèles iraniens 30C et envisage d'ouvrir une succursale en Iran[1].

Damas compare toujours son partenariat avec l'Iran à celui d'Israël avec les Etats-Unis, les deux pays étant liés par un pacte de défense commune en cas d'agression étrangère.

L'alliance syro-iranienne s'est fortement consolidée au point de représenter aujourd'hui pour Tel-Aviv la principale difficulté des futures négociations de paix. A la vieille logique d'Oslo – la paix contre la terre – s'est substitué un nouveau paradigme diplomatique : celui de la paix contre une nouvelle donne stratégique qui verrait le découplage Damas/Téhéran, condition *sine qua non* à la neutralisation du Hezbollah et du Hamas. De son côté, Téhéran surveille, toujours avec beaucoup d'attention, toute velléité de paix syro-israélienne. La finalisation d'une telle paix replongerait Téhéran dans l'encerclement stratégique de la guerre contre l'Irak en confinant l'ancienne Perse à un face-à-face confessionnel avec Riyad et la majorité sunnite du monde arabe.

Quelques ombres altèrent toutefois la relation syro-iranienne, notamment en ce qui concerne l'arabité du Hezbollah et de la résistance irakienne. L'influence régionale de l'Iran repose principalement sur le facteur religieux, qui lui a permis d'entretenir des relations historiques avec les populations arabes de confession chi'ite au Liban, en Irak, en Arabie Saoudite et au Bahreïn. *A contrario*, l'influence et le prestige de la Syrie sont indéfectiblement liés à la défense de l'arabité de ces mêmes pays, une mémoire gardienne de l'héritage de la révolte de 1916 et de la quête millénariste d'un monde arabe unifié.

Le nationalisme arabe, qui s'est manifesté en Irak sous la direction du Ba'ath, s'est farouchement opposé à l'expansionnisme iranien à partir de 1971, lorsque Téhéran occupa militairement les îles émiraties d'Abou Moussa, Tumb al-Kubra et Tumb al-Soughra qui contrôlent le détroit d'Ormuz à l'entrée du golfe Arabo-Persique, par où transite 40 % de la production pétrolière mondiale. Les mêmes cadres nationalistes se mobilisèrent contre la prise de contrôle par Téhéran du Chatt al-Arab au sud de l'Irak, à la faveur des accords

1. Voir chapitre 13 : « Un petit tigre oriental. »

d'Alger que Saddam Hussein fut obligé de signer en 1975 pour éviter l'épreuve de force avec un Iran alors protégé de Washington.

En avril 2003, la chute de Bagdad a offert à l'Iran l'occasion historique de modifier la nature institutionnelle du pays. Des assassinats à répétition ont ciblé les symboles de la mémoire panarabe. De nombreux dirigeants ba'athistes ont été éliminés par des escadrons de la mort manipulés par Téhéran, qui dans le même temps encourageait les projets fédéralistes de son allié Abd al-Aziz al-Hakim, chef de la milice Badr et du Commandement de la révolution islamique en Irak. En cassant les vieux appareils d'Etat aux mains des nationalistes, la fédéralisation, voire la cantonisation du pays, favoriserait une prise de contrôle de la majorité chi'ite.

Une autre ruse de l'Histoire place les deux pays en porte-à-faux : à travers son soutien inconditionnel à al-Hakim, Téhéran cautionne indirectement la dénationalisation des grands gisements pétroliers au profit des *majors* américaines et britanniques. La maîtrise des hydrocarbures demeure le cheval de bataille du Ba'ath, qui en revendique un contrôle exclusivement national comme symbole d'une décolonisation achevée. Damas y voit la garantie de l'intégrité territoriale et politique d'un Irak unitaire et souverain.

Mais cette contradiction secondaire ne saurait remettre en cause le partenariat stratégique et militaire sur lequel se fonde l'axe stratégique Damas/Téhéran, qui n'est pas sans rappeler l'alliance de la France républicaine avec la Russie tsariste... « L'alliance entre la Syrie ba'athiste, alaouite et laïque, et l'Iran chi'ite est paradoxale, mais ce mariage de raison semble appelé à durer[1]. »

Comme son père Hafez, le président Bachar al-Assad sait que son pays ne peut faire l'économie d'un puissant allié. Après la défection de l'URSS, seule une alliance militaire avec l'Iran peut permettre de soutenir la confrontation avec Israël. Seule une entente suivie avec Téhéran peut entretenir l'espoir syrien de récupérer, un jour, le Golan et les autres territoires occupés depuis juin 1967.

---

1. Bernard Hourcade, *Géopolitique de l'Iran*, Paris, Armand Colin, 2010.

Le Hezbollah ou la dissuasion du flanc ouest

Le 11 juillet 2006, un commando du Hezbollah s'empare de deux soldats israéliens à la frontière libano-israélienne. L'opération baptisée « Samir Kantar », du nom du doyen des détenus libanais des prisons israéliennes, signe une promesse formulée deux ans plus tôt par Hassan Nasrallah. Le secrétaire général du Hezbollah s'était en effet engagé à obtenir la libération de ce militant druze capturé lors d'une opération anti-israélienne menée par son commando en 1979 dans la localité de Nahariya au nord d'Israël.

L'attaque fait huit morts et quinze blessés côté israélien. Israël riposte en bombardant massivement l'aéroport de Beyrouth et la plupart des infrastructures routières, autoroutières, portuaires et énergétiques du Liban, et déclare vouloir « ramener le pays du Cèdre à l'âge de la pierre... ». Le sud du pays ainsi que l'ensemble de la banlieue sud de Beyrouth – dont la population est à majorité chi'ite – sont détruits à coups d'armes de destruction massive. Cette contre-attaque préméditée provoque l'exode d'un million de civils libanais.

Le président égyptien Hosni Moubarak brocarde la résistance libanaise et critique son « aventurisme ». Les Etats-Unis, l'Union européenne et l'Arabie Saoudite accusent le Hezbollah d'avoir délibérément provoqué les hostilités et attendent que l'armée israélienne en finisse avec lui. Plusieurs villages libanais sont complètement rasés alors que la guérilla riposte en bombardant le nord d'Israël, obligeant, à leur tour, près d'un million d'Israéliens à la fuite. En menaçant de lancer des missiles sur Tel-Aviv si l'aviation israélienne venait à bombarder Beyrouth, Hassan Nasrallah contraint Israël à reculer sur plusieurs fronts.

Citant des sources israéliennes, le quotidien *San Francisco Chronicle*[1] soutient que cette guerre se prépare depuis un an à Washington, conjointement entre états-majors israélien et américain. « La première semaine était destinée à la destruction des missiles à longue portée du Hezbollah, au bombardement de ses centres de contrôle et à la neutralisation de

1. *San Francisco Chronicle*, 21 juillet 2006.

ses moyens de transport et de communication. Durant la deuxième semaine, l'effort devait porter sur les sites de lancement de roquettes et les dépôts d'armes à proximité de la frontière. La troisième et dernière semaine devait être dédiée à d'importantes opérations terrestres dans la profondeur du territoire libanais pour atteindre les objectifs répertoriés durant les missions de reconnaissance. »

Contrairement à ces prévisions, l'offensive israélienne marque le pas et enregistre nombre de revers. Appelés à la rescousse, les Etats-Unis établissent un pont aérien à partir de plusieurs aéroports britanniques pour livrer des missiles à guidage laser. Un mois plus tard, les tirs de missiles du Hezbollah sur le nord d'Israël n'ont toujours pas cessé. Les capacités militaires de la résistance libanaise demeurent intactes alors que les prisonniers israéliens sont toujours dans l'attente d'un échange avec Samir Kantar. Le succès du parti libanais culmine avec la résistance acharnée qu'il déploie lors de l'initiative terrestre israélienne, qui se solde par la destruction de plusieurs dizaines de chars Merkava et la mort de plusieurs dizaines de commandos.

Dans la nuit du 11 au 12 août 2006, la résolution 1701 est adoptée par le Conseil de sécurité, mettant un terme aux hostilités. Elle prévoit, par ailleurs, le déploiement d'une force onusienne consolidée dans le sud du pays. Quelques heures seulement avant l'entrée en vigueur du cessez-le-feu, l'aviation israélienne déverse des tonnes de bombes à sous-munitions sur les plantations d'oliviers et les champs de tabac des régions frontalières. Ainsi polluées par plus d'un million de mines antipersonnel, de grandes surfaces agricoles resteront inexploitables pendant des années. Ces projectiles à retardement continuent à faire des dizaines de victimes chaque mois. Des centaines d'enfants resteront handicapés à vie parce qu'ils ont voulu retourner sur leurs anciens terrains de jeux.

Au total, on dénombre 119 soldats et 40 civils israéliens tués, plus de 1 600 civils blessés, ainsi que des centaines de bâtiments détruits par quelque 4 000 roquettes et missiles tirés par le Hezbollah. Du côté libanais, le bilan est plus lourd : plus de 1 191 civils morts, dont un tiers d'enfants de moins de douze ans, 4 409 blessés, la destruction des principales infrastructures du sud du pays. De nombreux villages et quartiers résidentiels ont été complètements rasés. Le Hezbollah reconnaît pour sa part la mort de 250 combattants.

Joshua Landis écrit que « ceux qui, à Beyrouth, pariaient sur les pressions américaines, pensant que Bachar al-Assad réagirait en se vengeant sur le Liban doivent aujourd'hui reconnaître leur erreur. Ironie de l'Histoire : ce n'est pas la Syrie, mais bien Israël – aidé par les Etats-Unis et la Grande-Bretagne – qui est en train de détruire le pays du Cèdre[1] ».

En Syrie, l'armée a été mise en état d'alerte avec l'ordre de riposter si les troupes israéliennes s'approchaient des régions frontalières de Hasbaya et Rachaya dans la Bekaa. Damas a suivi avec prudence l'escalade militaire. Quatre jours après le début de la guerre, un communiqué laconique du Ba'ath a interrompu le silence des autorités : « La Syrie est prête à soutenir le Hezbollah[2]. » Par la voix du ministre de l'Information Mohsen Bilal, les autorités syriennes menacent de « répliquer violemment et par tous les moyens » au cas où la Syrie serait attaquée. La campagne militaire israélienne contre le Liban est qualifiée de « terrorisme d'Etat » et de « crime de guerre » visant à « détruire et dominer l'allié libanais[3] ». Pour sa part, le président iranien Mahmoud Ahmadinejad déclare que son pays ripostera à toute agression contre son allié syrien.

Les Syriens se réjouissent des succès du Hezbollah. Chaque tir visant le territoire israélien est applaudi et vécu comme une revanche. Les bombardements israéliens suscitent un grand élan de solidarité parmi la population, qui se mobilise pour venir en aide aux civils libanais frappés par les combats. Près de 300 000 personnes sur un million de déplacés affluent vers la Syrie.

Des centres d'accueil sont ouverts à chaque point de passage en direction de Damas, Homs et Tartous. Arrivés au poste frontière de Jdaidé, les familles sont orientées par les volontaires du Croissant rouge syrien. Des autocars affrétés par le gouvernement attendent pour les emmener vers les dif-

1. *Syriacomment*, 24 juillet 2006.
2. Sana, 15 juillet 2006.
3. Sana, 16 juillet 2006.

férentes structures d'hébergement du pays. En coordination avec le « Comité populaire syrien pour le soutien au peuple libanais », les associations caritatives et les associations de quartier reçoivent ces familles dans des écoles, des centres sportifs et des cités universitaires spécialement aménagés à cet effet.

Des particuliers ouvrent les portes de leur appartement ou de leur maison de campagne, leur apportant une assistance quotidienne. Les camps d'entraînement estivaux des scouts du Ba'ath annulent leurs activités pour héberger les « frères, déplacés temporaires ». De nombreux monastères et mosquées participent à la campagne de solidarité. Les hôpitaux du pays sont aussi mobilisés pour donner des soins gratuits à ceux qui en ont besoin. Plusieurs milliers de personnes répondent aux appels de don du sang en faveur des hôpitaux libanais. Trois lignes téléphoniques « rouges » sont mises à la disposition des déplacés vingt-quatre heures sur vingt-quatre. Pour pallier la destruction des centrales électriques, Damas met en place un dispositif afin de répondre aux besoins énergétiques des agglomérations libanaises.

Cet élan de solidarité s'exprime aussi en termes de « reconnaissance syrienne à la résistance libanaise ». La presse quotidienne invoque un « devoir national envers le peuple frère » et une « dette de tous les Arabes » en faveur de « ceux qui supportent seuls le poids de l'agression sioniste face à l'inaction des autres pays arabes ». Les déplacés libanais qui affluent en Syrie sont qualifiés d'« hôtes » et de « représentants de la Résistance ».

Très populaire, cet impressionnant mouvement de soutien transcende les divergences politiques libano-syriennes entretenues et aggravées depuis le début 2005. Même si une frange minoritaire de la population libanaise espère l'anéantissement du Hezbollah, la solidarité interconfessionnelle impressionne beaucoup la rue syrienne. Les régions majoritairement chrétiennes accueillent les déplacés du sud et de la banlieue chi'ite de Beyrouth. Du jamais vu, le drapeau libanais et celui du Hezbollah flottent à côté des couleurs syriennes et de celles du Ba'ath. Partout dans le pays, les commerces, les maisons individuelles, les bâtiments publics et les rues sont ornés des portraits de Sayyed Hassan Nasrallah. Jamais depuis la mort de Nasser un leader n'a suscité autant de sympathie et d'enthousiasme en Syrie et dans le reste du monde arabe. Une affiche, placardée sur toutes les places et dans toutes les médinas, juxtapose les portraits de Nasser, Yasser Arafat, Bachar al-Assad et Hassan Nasrallah, comme si elle signifiait que le chef du Hezbollah incarnait désormais le nouveau champion du nationalisme arabe.

En lançant son opération militaire, Tel-Aviv espérait anéantir le Hezbollah pour affaiblir l'Iran et la Syrie. « Si elle avait été victorieuse, elle devait – dans une seconde phase – s'étendre à des objectifs militaires dans ces deux pays, soutiens logistiques de l'organisation chi'ite », estime l'attaché de défense d'une ambassade européenne à Téhéran. Son échec consolide alors la position de Damas et Téhéran, d'autant plus qu'en Irak l'armée américaine enregistre des revers de plus en plus importants.

Avec le recul, les premières déclarations de la secrétaire d'Etat américaine Condoleezza Rice apparaissent d'autant plus ridicules. Persuadée que la vaillante armée israélienne ne ferait qu'une bouchée du petit Hezbollah libanais, elle osait prédire que cette guerre enclencherait l'avènement du « Grand Moyen-Orient » démocratique promis par les idéologues de l'administration Bush.

S'ajoutant aux succès militaires de la guérilla irakienne et au harcèlement sans fin du Hamas palestinien, la victoire du Hezbollah change la donne stratégique des Proche et Moyen-Orient. Cette nouvelle configuration géopolitique conforte l'alliance syro-libano-iranienne face à l'axe américano-israélien soutenu par les pays arabes dits « modérés » tels que l'Egypte, la Jordanie et les monarchies pétrolières. Mais c'est, en premier lieu, au parti chi'ite que revient le bénéfice politique de cette rupture stratégique.

Comme l'expliquent Frédéric Domont et Walid Charara[1], « le Hezbollah n'est pas une simple officine des services syriens et iraniens qui serait destinée à mener une guerre d'usure contre Israël et exercer des pressions et divers chantages contre l'Occident ». Reproduite et diffusée par la grande

1. Frédéric Domont et Walid Charara, *Le Hezbollah, un mouvement islamo-nationaliste*, Paris, Fayard, 2004.

presse internationale, cette simplification idéologique réduit la vraie nature de cette organisation qui s'apparente davantage à un mouvement social qu'à un parti politique. Ses nombreuses interventions dans les domaines de la santé, de l'éducation et de l'aménagement du territoire suppléent les lacunes, voire la démission de l'administration libanaise dans les régions majoritairement chi'ites qui se trouvent être les plus défavorisées en aide et équipements publics.

Sans sous-estimer l'importance des soutiens de la Syrie et de l'Iran, il reste que l'émergence puis l'ascension du Hezbollah sont principalement dues à la marginalisation historique d'une communauté chi'ite abandonnée à son sort durant l'« âge d'or du Liban », pendant les années 1950 et 1960. L'autonomisation de l'organisation s'explique aussi par son implantation dans les régions limitrophes des sept villages frontaliers occupés depuis la *nakba* de 1948. Cette même zone a reçu de plein fouet l'occupation israélienne de 1978 et l'invasion de 1982.

Sous les ordres d'Ariel Sharon, l'occupation de Beyrouth et son cortège d'atrocités – qui ne se limitent pas aux massacres de Sabra et Chatila – ont incontestablement favorisé l'émergence du mouvement. Son secrétaire général actuel confirme : « Sans l'invasion israélienne, je ne sais pas si le Hezbollah existerait aujourd'hui. J'en doute fortement[1]... » Le politologue américain William Blum n'est pas loin de partager la même analyse lorsqu'il écrit qu'Israël « a créé ses pires ennemis. Il a aidé à la création du Hamas pour faire contrepoids au Fatah palestinien. En occupant le Liban, il a engendré le Hezbollah [...] Depuis ses débuts, Israël n'a cessé de livrer des guerres et d'occuper de nouveaux territoires. Pourquoi aucune autre méthode n'est-elle venue à l'esprit des fondateurs de l'Etat sioniste[2] ? »

---

1. Hassan Nasrallah dans *Al-Ahd*, cité in *ibid.*

2. William Blum, *Deux ou trois choses à connaître de la fin du monde*, publié en français dans le journal électronique Le Grand Soir (http://www.legrandsoir.info), 22 juillet 2006. William Blum est un ancien fonctionnaire du Département d'Etat américain, journaliste et essayiste. Il est l'auteur des ouvrages : *Killing Hope: U.S. Military and CIA Interventions Since World War II*, *Rogue State: a guide to the World's Only Super Power*, et *West-Bloc Dissident: a Cold War Political Memoir*.

Contrairement à l'ensemble des milices libanaises, le Hezbollah n'a pratiquement pas participé à la guerre civile. Son ascension dans les régions chi'ites s'est parfois accompagnée d'actes de violence contre le Parti communiste libanais (PCL), jadis fortement implanté au Liban-Sud. Dans les années 1980, le Hezbollah est accusé d'une série d'enlèvements et d'éliminations de cadres chi'ites du PCL, notamment de Karim Mroué. Cette lutte pour la domination des régions et des quartiers chi'ites marquera aussi les journées de Beyrouth des 7 et 8 mai 2008[1]. Ce seront les deux seules fois où le parti fera un usage interne de ses armes contre d'autres organisations libanaises.

Au début des années 1990, avec la fin des guerres régionales libanaises, le Hezbollah mobilise l'ensemble de ses forces contre l'occupation israélienne. La moyenne annuelle de ses opérations militaires passe ainsi de 300 à 950 entre 1995 et 1997. Ses performances militaires, son poids démographique et sa capacité à s'adapter au nouveau contexte politique créé par les accords de Taëf en font un allié de choix pour Damas et Téhéran. En 1996, ses nouveaux succès militaires lors de la campagne israélienne « Raisins de la colère » consolident sa coopération avec Damas. En mai 2000, le retrait israélien du Liban-Sud, après vingt-deux ans d'occupation, signe la première libération d'un territoire arabe depuis la défaite de juin 1967 (la guerre de 1973 a permis de libérer – lors de l'accord de désengagement de 1974 – la ville de Quneitra, chef-lieu du Golan). Dans l'ensemble du monde arabe, le prestige du Hezbollah est à son zénith et la Syrie, toujours perçue comme le berceau historique du nationalisme arabe, ne peut que profiter des prouesses de l'organisation chi'ite.

Les dividendes de la lutte armée du Hamas palestinien

Avec le Hezbollah, le Hamas palestinien constitue l'autre bras armé de la politique étrangère syrienne. Gardienne des tables de la loi du nationalisme arabe, Damas a toujours

1. Voir chapitre 9 : « Les mirages de l'idéologie antiterroriste. »

considéré la défense du peuple palestinien comme une cause sacrée, prenant soin de lier la libération du Golan à celle des Territoires. Et pourtant, depuis la création de l'Organisation de libération de la Palestine (OLP) en 1964, les relations syro-palestiniennes ont évolué en dents de scie.

Après avoir soutenu la guérilla palestinienne contre le royaume hachémite de Jordanie, la Syrie est intervenue en sens contraire au Liban en 1976 pour aider les milices chrétiennes à combattre ces mêmes factions palestiniennes. Chassées par l'armée du roi Hussein après les sanglants affrontements de *Septembre noir* en 1970, elles sont venues grossir les camps de réfugiés installés au Liban. Depuis la fin des années 1960, les incidents se multipliaient entre les groupes palestiniens qui ne reconnaissaient aucune autorité et l'armée libanaise chargée de défendre la souveraineté du pays. Malgré la signature des accords du Caire[1], la situation n'a fait que se dégrader, finissant par plonger le pays dans une situation de guerre généralisée à partir d'avril 1975.

A cette époque, en aidant le camp chrétien contre les Palestiniens, Hafez al-Assad – qui se retournera ultérieurement contre les Chrétiens pour soutenir à nouveau les organisations palestiniennes – ne veut pas perdre le contrôle de la situation militaire au Liban et montrer à Yasser Arafat qu'il est le vrai maître de la partie. De son côté, le chef de l'OLP s'est lui-même engagé dans un jeu d'équilibre risqué entre la Syrie et d'autres pays arabes, dont l'Egypte et l'Arabie Saoudite. Ces contradictions s'aggravent et dégénèrent vite en d'autres conflits armés où les combattants de l'OLP doivent s'incliner devant les forces syriennes engagées au Liban.

Les divergences entre Hafez al-Assad et Yasser Arafat ne sont pas réglées pour autant. En 1983, elles dégénèrent en

---

1. Les accords du Caire ont été signés le 3 novembre 1969, par le général Emile Boustani (chef d'état-major de l'armée), sans aucune habilitation formelle du gouvernement libanais, avec l'OLP pour tenter de mettre fin à la crise opposant les Fedayins de l'OLP et l'armée libanaise. Issu des négociations entre Yasser Arafat et Emile Boustani, ce texte instaure un compromis réaffirmant la souveraineté du Liban tout en légalisant la présence et l'action des Fedayins contre Israël à partir du territoire libanais. L'interprétation controversée de cet accord fut l'une des causes principales de la guerre du Liban en 1975.

une confrontation majeure opposant le Vieux[1] au dissident Abou Moussa, fervent partisan de la Syrie et ennemi déclaré de la direction historique de l'OLP. Au terme de ce bras de fer décisif, Yasser Arafat, refoulé par les forces israéliennes qui contrôlent Beyrouth, est contraint de quitter la ville de Tripoli où il s'était replié avec ses partisans.

Après une visite en Egypte, qui marque sa réconciliation historique avec Le Caire – boycotté par les pays arabes depuis la paix séparée de Camp David avec Israël –, Yasser Arafat établit son nouveau quartier général à Tunis et accepte de participer au processus diplomatique qui aboutira à la signature des accords d'Oslo en 1993. Vue de Damas, cette « fausse paix » a divisé le front diplomatique arabe et affaibli la position de la Syrie, qui héberge les factions hostiles au Fatah, notamment Khaled Mechaal (depuis 2001), le responsable du bureau politique du Hamas. En janvier 2006, la victoire du parti islamiste aux élections législatives palestiniennes va logiquement accroître l'influence politique de Damas dans les Territoires palestiniens.

L'issue du scrutin, qui s'est déroulé sous contrôle international, est sans appel : le Hamas rafle 74 sièges du Conseil législatif palestinien. Le Fatah de Mahmoud Abbas n'en gagne que 45. La très nette victoire du parti islamiste exprime d'abord le rejet des accords d'Oslo qui n'ont fait qu'accentuer la dégradation des conditions de vie de la population des Territoires. Elle adresse ensuite une sanction à l'Autorité palestinienne dont de nombreux cadres sont corrompus et impliqués dans des trafics avec les forces d'occupation. Enfin, elle accorde un soutien massif aux formations désireuses de poursuivre la résistance armée contre la colonisation. Depuis Oslo (1993) et jusqu'en 2006, le nombre de colons israéliens a presque triplé, passant de 150 000 à plus de 400 000.

Créé en 1987, à la faveur de la première Intifada, le Hamas s'est fait connaître par son action armée. Ses attentats suicides ciblent aussi bien des militaires que des colons, qui ne sont pas considérés comme des civils ordinaires.

1. Surnom donné à Yasser Arafat par ses proches durant le siège de Beyrouth.

Le Hamas au pouvoir s'emploie à combattre la corruption dans les municipalités palestiniennes. Il exige la fin de la colonisation et la libération des 11 000 Palestiniens détenus dans les prisons israéliennes comme condition préalable à toute négociation de paix. S'inspirant du Hezbollah libanais, il revendique le droit à la résistance contre l'occupant, refusant catégoriquement les concessions de l'Autorité palestinienne qui favorisent implicitement la poursuite de la colonisation.

En février 2006, Khaled Mechaal déclare depuis Damas que son parti mettra un terme à la lutte armée le jour où Tel-Aviv reconnaîtra les frontières du 4 juin 1967 et se retirera de Cisjordanie et de la bande de Gaza. Un retrait unilatéral de la seule Bande de Gaza ne peut mettre un terme au conflit. Le Hamas soutient officiellement le plan de paix du roi Abdallah d'Arabie Saoudite présenté lors du sommet arabe de Beyrouth en octobre 2002, qui propose une normalisation complète des relations arabo-israéliennes en échange de l'application des résolutions de l'Onu pour la création d'un Etat palestinien.

Le 9 juin 2006, les huit membres d'une famille en train de pique-niquer sur une plage de Gaza sont tués lors d'un raid de l'armée israélienne. Le Hamas annonce aussitôt la fin d'une trêve de seize mois et bombarde à son tour la localité israélienne de Sderot. Le 25 juin 2006, un commando du Hamas enlève le soldat israélien Gilad Shalit au cours d'une opération qui fait deux morts et trois blessés dans les rangs de l'armée israélienne. L'organisation ouvre en vain une négociation pour l'échanger contre plusieurs centaines de prisonniers palestiniens. Tel-Aviv intensifie alors sa campagne aérienne contre la Bande de Gaza ainsi que sa tactique d'assassinats ciblés, entamée depuis 2002 par Ariel Sharon.

L'administration américaine cherche à renverser le gouvernement démocratiquement élu du Hamas. Le président Bush convoque à trois reprises Mohammad Dahlan, le chef de la sécurité palestinienne que les services américains considèrent comme « leur gars[1] ». Le président américain lui explique qu'il s'agit d'apporter plus d'aide financière et militaire au Fatah afin que celui-ci puisse neutraliser le Hamas.

1. David Rose, « The Gaza bombshell », *Vanity Fair*, avril 2008.

A partir de l'automne 2006, des combats éclatent régulièrement entre les deux forces rivales.

Signé le 6 février 2007 sous les auspices de l'Arabie Saoudite, l'accord de La Mecque – qui préconise la formation d'un gouvernement d'union nationale – réconcilie temporairement les deux frères ennemis, mais déplaît fortement à Washington. Le président Bush, le conseiller adjoint à la sécurité nationale Eliott Abrams et la secrétaire d'Etat Condoleezza Rice signent un plan de réarmement et d'entraînement des milices du Fatah. A terme, il s'agit de fomenter une campagne de déstabilisation de la Bande de Gaza afin d'imposer l'état d'urgence qui verrait la population se retourner contre le parti islamiste. Ce plan est rendu public le 30 avril 2007 par le journal jordanien *Al Majd*. Les services secrets du Hamas rendent compte des réunions successives de Dahlan à Washington, de l'entraînement en Egypte de plusieurs centaines de soldats mis au service de Mahmoud Abbas et de la livraison de plusieurs cargaisons d'armes au Fatah depuis la Jordanie.

Entre janvier et juin 2007, près de 250 membres du Hamas sont tués par les unités du Fatah, alors que la violence éclate régulièrement dans les rues des localités de la Bande de Gaza. Le 7 juin, *Haaretz* révèle que Mahmoud Abbas et les Etats-Unis ont demandé à Israël d'autoriser l'entrée en provenance d'Egypte de douzaines de blindés, de missiles antichars, de milliers de grenades et d'un important stock de munitions. Le 12 juin 2007, le Hamas lance une action préventive. En cinq jours, il défait les milices du Fatah et reprend la totalité du contrôle de la Bande de Gaza, désormais coupée de la Cisjordanie.

Depuis, les brigades Ezzedine Kassam (branche militaire du Hamas) développent leur potentiel de défense avec l'aide de la Syrie, de l'Iran et du Hezbollah, convaincus de l'imminence d'une nouvelle attaque israélienne. Pour la première fois depuis 1948, les Palestiniens bombardent une ville israélienne à partir de la Bande de Gaza. Pour la seule année 2007, plus de 1 100 roquettes Kassam s'abattent sur la localité de Sderot, rappelant singulièrement les premiers bombardements du Hezbollah contre la colonie de Kiryat Shmona sur la frontière libanaise.

Avec l'aide logistique de Damas et du Hezbollah, les artilleurs palestiniens perfectionnent la précision et la portée de leurs missiles. Le 27 février 2008, ils répondent aux bombardements meurtriers de l'aviation israélienne en lançant des roquettes contre la ville d'Ashkelon, l'une des grandes agglomérations à 18 kilomètres au nord de Gaza. La riposte d'Ashkelon confirme l'allongement de la portée des tirs palestiniens, détruisant ainsi le concept de « frontières sûres » en vertu duquel Israël a construit le mur de séparation autour de la Cisjordanie et érigé ses *barrières de sécurité* à Gaza. Tel-Aviv ne peut admettre une telle remise en cause de sa suprématie stratégique et décide une nouvelle offensive afin de « casser » le Hamas, pour reprendre les propres termes des porte-parole de l'armée israélienne.

Une offensive particulièrement meurtrière – baptisée « Plomb durci » – est menée du 27 décembre 2008 au 18 janvier 2009 contre la population de Gaza, jusqu'à la veille de l'entrée en fonction de la nouvelle administration Obama. Le bilan est désastreux : plus de 1 400 morts palestiniens dont une majorité de femmes et d'enfants et environ 10 000 blessés dont plus de la moitié grièvement. Des armes de destruction massive, inconnues jusqu'alors, ont été engagées. Des infrastructures des Nations unies et de l'Union européenne ont été détruites sans susciter la moindre protestation officielle. Mais l'outil militaire du Hamas n'est pas détruit et les troupes israéliennes ne sont pas parvenues à prendre pied sur le territoire de Gaza. L'ère des guerres de quelques jours est définitivement révolue. Les guerres asymétriques coûtent de plus en plus cher aux armées conventionnelles. Comme au Liban durant l'été 2006, l'opération israélienne a tourné au fiasco, entamant encore un peu plus l'image d'Israël.

Lors d'un entretien à Damas avec la journaliste espagnole Angeles Espinosa[1], Khaled Mechaal renouvelle sa proposition en faveur de l'établissement d'un Etat palestinien dans les limites de juin 1967, avec Jérusalem pour capitale, impliquant le démantèlement des colonies israéliennes et le droit au retour des réfugiés. « Israël ne veut pas entendre parler de cette solution ! Le problème ne vient pas de la position pales-

1. *El País*, 1er avril 2008.

tinienne ou arabe, ajoute-t-il, mais de l'intransigeance de Tel-Aviv. Nous acceptons un Etat dans les frontières de 1967, Israël le rejette et Washington cautionne ce rejet tandis que la communauté internationale continue à garder le silence. »

Les retrouvailles avec le grand frère russe

En janvier 2005, Bachar al-Assad rend visite au président Vladimir Poutine qui a décidé de renouer avec la politique de puissance de l'ancienne URSS. Ces retrouvailles avec l'éternelle Russie interviennent au moment où Damas multiplie les initiatives pour tenter de rompre son isolement. Si la ratification de l'accord de libre-échange avec la Turquie, l'entrée en vigueur de la zone de libre-échange interarabe, ainsi que les traités de coopération avec l'Iran permettent de desserrer l'étau, ils n'en constituent pas pour autant un système d'alliances apte à soutenir une confrontation équilibrée avec l'axe américano-israélien. La mise en chantier de ce grand dessein emprunte inévitablement le chemin de Moscou.

Depuis l'effondrement de l'Union soviétique, la Russie a perdu plus d'un tiers de sa population et près de 5 millions de kilomètres carrés de son territoire. L'Europe orientale, les Balkans et les pays baltes échappent à son influence. Sur le plan stratégique, ces rétrécissements profitent à l'OTAN, qui s'empresse d'accueillir les anciens *pays frères*. Les Etats-Unis déploient des troupes au cœur de cinq ex-républiques soviétiques, comme s'ils poursuivaient la Guerre froide[1]. Washington soutient les factions géorgiennes opposées à Moscou, favorise le renversement du gouvernement prorusse de Belgrade, aide en sous-main l'opposition ukrainienne, défend les sécessionnistes tchétchènes, expédie des armes aux indépendantistes du Kosovo et étend son bouclier antimissile jusqu'aux portes de Moscou.

C'est dire si la visite du président syrien au Kremlin est importante, annonçant un prochain retour de la Russie sur la scène moyen-orientale au moment où Washington commence

1. Richard Labévière et François Thual, *La bataille du Grand Nord a commencé...*, Paris, Perrin, 2008.

à saisir toutes les difficultés régionales de son entreprise irakienne.

Dans le communiqué de présentation de la visite, les deux pays s'engagent à œuvrer en faveur de l'émergence d'un monde multipolaire. Pour sceller le rapprochement syro-russe, Moscou efface 73 % de la dette syrienne, soit 9,78 milliards de dollars sur un montant global de 13,4 milliards, « un geste destiné à relancer les relations économiques entre les deux pays », explique Bachar al-Assad. Pour le remboursement du solde, Damas s'engage à payer 1,5 milliard de dollars en dix ans (au terme de 20 paiements semestriels). Un versement immédiat de 2,16 milliards de dollars est effectué en livres syriennes selon le taux de change officiel (soit à 11 livres le dollar alors qu'il s'échange à 50 livres sur le marché parallèle). C'est dire qu'en réalité Damas ne s'acquitte que d'un cinquième de ce montant qui restera placé dans le système bancaire syrien. Enfin, Moscou promet d'utiliser ces fonds pour investir en Syrie ou acquérir des produits syriens. En d'autres termes, ces remboursements ne quitteront jamais la Syrie.

Moscou et Damas décident aussi de développer des projets communs dans les secteurs du tourisme et de l'énergie, y compris dans le nucléaire civil. Cette coopération inclut l'agrandissement du port de Lattaquié et la modernisation du réseau syrien de chemins de fer. Enfin, une zone franche russe s'implante dans la localité d'Adra, au nord de Damas, afin de réexporter les produits manufacturés russes vers l'ensemble de la région.

Si ces ajustements économiques et financiers ne sont guère commentés par les chancelleries, l'acquisition de matériels militaires de dernière génération déclenche un véritable tollé aux Etats-Unis et en Israël. En 1999, la venue d'Hafez al-Assad au Kremlin avait suscité une réaction similaire lorsqu'avait été confirmée la vente du système russe antimissiles S-300 permettant l'interception de toute attaque dans un rayon de 300 kilomètres jusqu'à une altitude de 25 000 mètres. En protégeant les deux agglomérations syriennes les plus importantes – Damas et Alep –, ce système d'armement permettait aussi l'installation de batteries de radars SS-21/A qui améliorent la protection de l'espace aérien syrien.

Cette fois-ci, les diplomaties israélienne et américaine repartent à l'assaut du Kremlin pour empêcher la livraison d'unités de défense antiaérienne 300/PMU-2 et TOR-M1 ; de missiles antichars téléguidés Bastion, Cheksna et Reflex et de roquettes antichars Kornet-E et Metis-M. Par ailleurs sont signés des contrats portant sur la fourniture de systèmes de DCA Strelets équipés de missiles Igla-S et d'une cinquantaine de systèmes de canons antiaériens Pantsir-S1, correspondant à une enveloppe de 730 millions de dollars. En 2006, la Russie s'engagera par ailleurs à moderniser un millier de chars T-72 et à réviser la totalité du système syrien de défense antiaérienne[1]. Bachar al-Assad défend farouchement le droit de la Syrie d'obtenir ces armes défensives qui « empêcheront l'intrusion d'avions ennemis dans l'espace aérien national ». Moscou et Damas s'engagent à « reprendre et développer leur traditionnelle coopération militaire[2] ».

Le chef de la diplomatie russe Serguei Lavrov accuse les Etats-Unis de « soutenir le terrorisme international » et de « déstabiliser l'Irak », estimant que les décisions américaines ne peuvent « qu'aggraver la situation dans cette région déjà saturée de crises ». A l'unisson avec Damas, Moscou réitère sa volonté de voir « la libération de tous les territoires occupés par Israël, y compris le plateau du Golan », s'accompagnant de « la création d'un Etat palestinien viable », condition nécessaire à l'instauration de la stabilité régionale.

Enfin, Vladimir Poutine déplore « une trop longue pause dans les relations historiques entre Moscou et Damas ». En écho aux déclarations officielles, la presse moscovite souligne les « bienfaits de l'amitié syrienne retrouvée permettant à la Russie de reprendre toute sa place au Moyen-Orient ». Pour sa part, le quotidien syrien *Al-Thawra* souhaite que la visite de Bachar à Moscou « permette à la Russie de mettre un terme au monopole néfaste des Etats-Unis dans la région », en se félicitant que « Damas semble avoir retrouvé en Moscou un vrai partenaire stratégique[3] ».

---

1. Officieusement, la Syrie dispose de 4 000 chars de combat russes et de 600 chasseurs et bombardiers. Mais plus du tiers, sinon la moitié de cet arsenal, serait vieillissant donc inutilisable.
2. Kommersant, cité par *Ria Novosti*, 19 juin 2007.
3. 23 juin 2007.

Dans le prolongement du discours de puissance prononcé lors de la Wehrkunde annuelle de Munich (le *Davos* de la défense)[1], Vladimir Poutine annonce en août, à Tcheliabinsk, la reprise des vols de bombardiers stratégiques armés d'ogives nucléaires. Ces opérations avaient été interrompues au lendemain de la chute du mur de Berlin. En réaction à la nouvelle doctrine nucléaire américaine de 2002, selon laquelle Russie et Syrie font partie d'une liste de sept objectifs prioritaires, Moscou annonce à son tour sa stratégie nucléaire rénovée en janvier 2008. Le chef d'état-major russe Yuri Balouyevski déclare que la Russie se réserve le droit de faire usage de façon préventive de ses armes nucléaires si elle ou l'un de ses alliés se trouvait être en situation de graves menaces.

En 1983, le secrétaire général du Parti communiste soviétique Youri Andropov avait déjà placé la Syrie sous la protection du parapluie nucléaire soviétique lorsque Ronald Reagan déployait ses Marines au Liban et menaçait d'attaquer la Syrie. C'est dans le même état d'esprit que Damas a renouvelé à Moscou le bail du port militaire en eaux profondes sur la côte méditerranéenne aux environs de Tartous. Modernisée, cette base navale qui date de l'Union soviétique peut accueillir des sous-marins nucléaires d'attaque et des SNLE (sous-marins nucléaires lanceurs d'engins). En retour, Moscou a livré des armes stratégiques, à hauteur d'un milliard de dollars pour la seule année 2007, dont des chasseurs Sukhoi, des Mig-29 et des hélicoptères Mikoyan. Ces transferts ont été négociés lors de la visite de Vladimir Poutine à Damas en novembre 2006. Parallèlement à ces achats, la Syrie augmente sa production domestique de missiles à courte et moyenne portée, notamment des Scud d'une capacité de 700 kilomètres.

A l'invitation du président Dimitri Medvedev, une nouvelle visite de Bachar al-Assad en Russie les 21 et 22 août 2008 coïncide avec l'affaire du bouclier antimissile américain et la crise géorgienne. Israël livre des armes stratégiques à Tbilissi, qui en a fait usage contre les factions prorusses en Abkhazie du Sud et en Ossétie. « Nous ne pouvons que nous réjouir de l'issue favorable de la crise qui a permis de répondre aux pro-

1. Le 10 février 2007.

vocations répétées de Tbilissi à l'encontre de Moscou, nous explique le président syrien de retour à Damas. Stratégiquement et politiquement, il était très important que Moscou emporte la décision, notamment parce que des instructeurs américains et israéliens étaient engagés aux côtés des insurgés géorgiens, comme c'est presque toujours le cas dès qu'une crise éclate aux marges de l'ancienne aire d'influence soviétique[1]. »

La visite à Damas du président Medvedev se déroule les 10 et 11 mai 2010, consolidant les retrouvailles avec le grand frère russe. Deux jours d'importantes discussions économiques et militaires aboutissent à la poursuite de la coopération stratégique. Les discussions commerciales portent sur les secteurs du transport aérien, des infrastructures et des hydrocarbures, notamment pour la prospection et la construction de raffineries. Le président russe s'engage aussi à poursuivre la modernisation des capacités militaires syriennes. « La coopération dans l'énergie atomique civile pourrait connaître aussi de nouveaux développements », déclare Dimitri Medvedev lors de la conférence de presse commune.

Répondant au quotidien italien *La Republicca*, Bachar al-Assad ne mâche pas ses mots sur la nouvelle donne stratégique : « Le président américain avait soulevé beaucoup d'espoir mais nous ne pouvons plus attendre [...]. Une nouvelle ère est en train de naître, une entente entre les partenaires du Proche-Orient redessine désormais l'ordre régional. [...] Nous assistons à un changement d'époque et pas seulement dans la région. Il y a des pays comme la Chine et le Brésil qui n'attendent plus que les Etats-Unis daignent distribuer les rôles », ajoute-t-il, en concluant sur « la prise de conscience d'une réalité nouvelle : l'échec de l'Amérique et de l'Europe dans la résolution des problèmes de notre région ». Cet échec ouvre la porte à « de nouvelles options qui se traduisent par un rapprochement entre la Syrie, la Turquie, l'Iran et la Russie basé sur une vision politique et des intérêts communs[2] ».

Même si le vieux rêve d'Hafez al-Assad d'atteindre la parité stratégique avec Israël demeure encore irréalisable, son fils

1. Conversation avec les auteurs, 27 août 2008.
2. *La Repubblica*, 25 mai 2010.

Bachar peut se féliciter d'avoir restauré et modernisé l'une des grandes alliances militaires de la Guerre froide. Même si la nouvelle Russie n'a pas repris aujourd'hui tout son rang de puissance orientale, elle peut néanmoins affirmer que son retour stratégique dans la région est bel et bien engagé. Ajoutées au partenariat avec l'Iran, ces retrouvailles avec le grand frère russe donnent toute leur crédibilité à un pôle stratégique qui, désormais, peut aussi s'appuyer sur Ankara.

La réconciliation historique avec le voisin turc

Entamé à partir de 1998, le réchauffement entre Damas et Ankara est l'une des principales perspectives ouvertes par l'héritage d'Hafez al-Assad. La visite d'Etat en Turquie effectuée par Bachar en octobre 2007 a scellé ces autres retrouvailles historiques avec le puissant voisin du nord.

Le souvenir de quatre siècles d'occupation turque, aggravé par l'annexion de la province syrienne d'Alexandrette ont gelé les relations depuis l'indépendance de 1946. Damas n'a jamais cessé de revendiquer cette province peuplée majoritairement d'Arabes alaouites mais aussi chrétiens. Après l'annexion turque, les communautés chrétiennes se sont réinstallées dans d'autres régions syriennes, ou ont émigré vers l'Amérique latine, surtout en Argentine et au Brésil. La Guerre froide allait renforcer cette vieille inimitié, la Turquie optant pour une alliance privilégiée avec l'OTAN tandis que la Syrie s'affirmait comme un satellite du pacte de Varsovie. C'est dans cette ambiance de Guerre froide régionale qu'Ankara va multiplier les pressions sur son flanc sud, notamment en privant Damas de ses droits ancestraux sur le Tigre et l'Euphrate, poumons de l'irrigation des plaines fertiles du Nord-Est syrien.

En représailles, Damas soutiendra durant des décennies les indépendantistes kurdes de Turquie. Hafez al-Assad voulait conserver cette carte dans un jeu compliqué avec le rapprochement en cours entre Ankara et Tel-Aviv. Damas accueillait très officiellement l'état-major du PKK[1] et son chef Abdallah

1. Le Parti des travailleurs du Kurdistan (*PKK*, en kurde : *Partiya Karkerên Kurdistan*), fondé en 1978 par Abdallah Öcalan, est une organi-

Öcalan. Cette représentation politique se doublait d'une aide militaire significative, puisque le PKK disposait ainsi de plusieurs camps d'entraînement dans l'Est syrien et la plaine de la Bekaa, alors sous contrôle de l'armée syrienne.

A plusieurs reprises, l'armée turque a massé ses troupes aux frontières syriennes. En 1958, Ankara menace d'envahir le nord de la Syrie. Au mot d'ordre de l'état-major turc qui menace de faire mouvement « vers Alep », le secrétaire général du Parti communiste soviétique Nikita Khrouchtchev répond par une boutade : « Nous vous enverrons tous à Alep... » Plus sérieusement, Moscou menace d'intervenir militairement si Ankara, poussée par Washington, venait à mettre ses menaces à exécution. Moscou aura l'occasion de réaffirmer à plusieurs reprises que la souveraineté territoriale et politique de l'allié syrien constitue l'une des lignes rouges de l'équilibre Est/Ouest.

En 1998, aux lendemains de la signature d'un pacte d'assistance militaire entre Ankara et Tel-Aviv, l'armée turque fait à nouveau mouvement vers la frontière syrienne et maintient sa pression tant que Damas n'aura pas expulsé le chef du PKK. Ankara exige aussi la fermeture des camps d'entraînement de la guérilla kurde. Quelques mois plus tard, Öcalan sera enlevé au Kenya par un commando turc grâce à une intense coopération des services de renseignements syriens.

Cette arrestation signe le début d'une réconciliation et d'un rapprochement durable entre les deux voisins. Lors de sa visite historique d'octobre 2007, Bachar al-Assad approuve haut et fort le droit d'Ankara à se défendre contre le terrorisme alors que le Parlement turc vient d'approuver le lancement d'une nouvelle campagne militaire destinée à détruire les bases du PKK dans le nord de l'Irak. Le président irakien Jalal Talabani, par ailleurs chef de l'Union démocratique du Kurdistan – en possession d'un passeport syrien jusqu'en 2003 –, déclare alors que « le président Assad a dépassé toutes les bornes... ».

---

sation armée se présentant comme un mouvement de guérilla. Le PKK est actif surtout en Turquie, en Syrie et en Iran. Il est aussi très présent dans le nord de l'Irak où il bénéficie du soutien logistique des services israéliens.

Ce renversement d'alliance sur la question kurde comporte plusieurs facteurs. Tout d'abord, l'irrédentisme kurde du Nord irakien menace non seulement l'intégrité territoriale de l'Irak, mais aussi et simultanément celles de la Turquie, de l'Iran et de la Syrie, dans des régions transfrontalières riches en hydrocarbures. Cette convergence d'intérêts objectifs entre Damas, Ankara, Téhéran et Bagdad permet du même coup à la diplomatie syrienne d'argumenter sa position contre les pressions américaines. La présence continue des services secrets israéliens dans les différentes zones de peuplement kurde – depuis l'invasion de l'Irak en 2003 – constitue l'autre raison de la formation de ce front antikurde, d'autant que nombres d'infiltrations jihadistes vers l'Irak s'effectuent à partir des mêmes zones et avec l'aide des mêmes acteurs.

Neuf ans après une crise qui a failli dégénérer en conflit ouvert, les diplomaties syrienne et turque ont réussi à transformer un contentieux historique en un véritable atout régional de portée internationale. En parrainant des pourparlers indirects entre Damas et Tel-Aviv, Ankara consacre non seulement sa réconciliation historique avec la Syrie, mais s'impose aussi comme un médiateur indispensable pour les futures négociations israélo-arabes. Cette médiation indirecte est officialisée aux lendemains du sommet arabe de Damas, les 29 et 30 mars 2008, par le ministre syrien des Affaires étrangères Walid Mouallem.

Durant l'hiver 2008-2009, la nouvelle agression israélienne contre la Bande de Gaza émeut les opinions publiques internationales. En Turquie, les manifestations massives finissent de distendre le partenariat noué quelques années plus tôt avec Tel-Aviv. A l'écoute de son opinion publique, le gouvernement turc durcit en effet le ton et dénonce clairement les « crimes de guerre » et les « crimes contre l'humanité » commis par l'armée israélienne. Cette évolution conforte naturellement la position syrienne, son soutien au Hamas et aux autres organisations anti-israéliennes.

Le 30 janvier 2009, au forum de Davos, le président turc Recep Tayyip Erdogan s'emporte contre son homologue israélien Shimon Peres en dénonçant les violences meurtrières contre la population de Gaza. Sur un éclat savamment dosé, il quitte la réunion pour protester contre l'octroi d'un temps de parole à Peres deux fois plus important que le sien. Il promet ne plus revenir à Davos tant que les organisateurs appliqueront une discrimination positive en faveur d'Israël.

En mai 2009, des manœuvres militaires syro-turques parachèvent la réconciliation et se doublent d'un accord bilatéral concernant différents secteurs de l'industrie d'armement. Présent à Damas pour la signature de ces contrats, Abdullah Gül déclare que la Syrie ouvre pour son pays « une porte d'entrée au Proche-Orient ». Il redit sa volonté de jouer un rôle important dans les futurs développements israélo-arabes, confirmant la montée en puissance de la nouvelle diplomatie d'Ankara dans l'ancienne ère d'influence turkmène des confins de l'Asie centrale aux Proche et Moyen-Orient.

Sur le plan économique, les échanges commerciaux entre les deux pays atteignaient 1 milliard de dollars en 2007. En affichant sa volonté de doubler ce volume, Damas prouve à nouveau que les sanctions économiques américaines renforcées par le *Syrian Accountability Act* peuvent être contournées. L'embellie syro-turque est d'autant plus emblématique qu'en août 2009, la Syrie accueille une délégation de parlementaires européens au moment où reprennent les pourparlers en vue de la ratification de son partenariat économique avec l'Union européenne. L'exemption des visas d'entrée pour les ressortissants des deux pays couronne le rapprochement syro-turc. Une véritable alliance stratégique est désormais scellée entre Damas et Ankara.

Le retour à une Syrie-pivot

Complété par le parrainage de l'émir du Qatar Hamad bin Khalifa al-Thani, très actif dans les coulisses du sommet arabe de Damas[1] pour la normalisation des rapports de Bachar al-Assad avec l'Arabie Saoudite et l'Egypte, ainsi que par la reconstruction d'une relation bilatérale forte avec la France[2], ce système d'alliances rhizomatiques redonne pro-

1. Les 29 et 30 mars 2008.
2. Voir chapitre 11 : « Un 14 juillet en trompe l'œil. »

gressivement à la Syrie l'influence de sa géographie : celle d'un pays-pivot.

L'expression fait bien sûr référence aux pionniers de la géopolitique, Halford John Mackinder et Nicolas Spykman, qui préconisent une approche géographique des « zones pivot » qu'il faut contrôler si « l'on souhaite dominer le monde » ou si « l'on cherche à exercer une influence déterminante sur les crises de première intensité ».

Un pays-pivot peut être considéré comme l'une des parties constitutives d'un mécanisme autour de laquelle s'articulent plusieurs autres pièces qui, sans lui, seraient indépendantes. Par conséquent, le pays-pivot remplit plusieurs fonctions : il réunit, en rendant dépendant ce qui ne l'était pas, et il articule, c'est-à-dire qu'il conditionne des mouvements prévisibles, des variations dont on pourrait dire qu'elles sont presque déterminées comme des lignes de fuite balisées.

Ainsi, le partenariat syro-iranien conforte, quoi qu'il arrive, Téhéran dans son évolution de puissance régionale. Les soutiens au Hebzbollah libanais et au Hamas palestinien pérennisent la capacité de résistance aux menaces d'Israël. La réconciliation avec le grand voisin turc ajoute un troisième facteur d'endiguement aux prétentions régionales de Tel-Aviv. Les retrouvailles avec la Russie relativisent le monopole moyen-oriental de l'hyper-puissance américaine. Enfin, l'influence syrienne au sein des résistances irakiennes est un contrepoids à la fois à une mainmise exclusivement iranienne et à une expression durable des intérêts américains dans ce pays et sa sous-région.

Dans ces conditions, il n'est pas étonnant d'enregistrer plusieurs effets de rééquilibrage. En janvier 2007, un rapport bipartisan sur la politique américaine en Irak est publié aux Etats-Unis par l'ancien secrétaire d'Etat James Baker (républicain) et l'ex-représentant Lee Hamilton (démocrate). Il recommande au gouvernement américain d'engager un dialogue avec la Syrie et l'Iran pour sortir de la crise irakienne. Il préconise notamment la reprise des négociations syro-israéliennes sur la base des résolutions 242 et 338 des Nations unies. De quoi satisfaire la Syrie, qui exige un retrait israélien complet du plateau du Golan en échange d'une paix globale qui doit aussi inclure le volet palestinien.

Fidèle à la stratégie de son père qui évitait de négocier en situation de faiblesse, Bachar al-Assad estime le moment venu de pousser ses pions. A Washington, des voix, et non des moindres, appellent aussi à l'ouverture vis-à-vis de la Syrie. A partir de décembre 2006, les visites successives de responsables américains laissent présager un dégel des relations entre Washington et Damas. Après les sénateurs démocrates Bill Nelson (Floride), Chris Dodd (Connecticut), John Kerry (Massachusetts) et le républicain Arlen Specter (Pennsylvanie), la secrétaire d'Etat adjointe chargée des questions humanitaires, Ellen Sauerbrey, prend le chemin de Damas pour des entretiens sur les réfugiés irakiens.

En avril 2007, Nancy Pelosi, la présidente démocrate de la Chambre des représentants, effectue une visite officielle à la tête d'une délégation de représentants et sénateurs. Elle est violemment critiquée par le président Bush, qui rejette un projet de loi démocrate pour un retrait progressif des troupes américaines d'Irak à partir de 2008. Mais la multiplication des revers opérationnels entame l'intransigeance de la Maison-Blanche, qui « finira tôt ou tard », comme le répète souvent Bachar al-Assad, « par repasser par Damas, pour que nous fabriquions, ensemble, les conditions d'un retour à une stabilité durable[1] ».

Le 3 mai 2008, la secrétaire d'Etat américaine, Condoleezza Rice, rencontre à son tour le chef de la diplomatie syrienne Walid Mouallem[2]. « J'apprécie le fait que cette administration, si prompte à critiquer ceux d'entre nous qui ont rencontré des dirigeants syriens, ait finalement décidé de prendre cette initiative diplomatique », déclare l'ancien candidat démocrate à la présidentielle, John Kerry[3]. Pour le président syrien, le rétablissement d'une relation de coopération avec les Etats-Unis n'est qu'une question de temps. Certes, elle dépend d'un règlement régional global du conflit israélo-arabe, même si celui-ci ne peut plus se concevoir par l'intermédiaire exclusif de Washington. En effet, l'ère du monopole

1. Conversation avec les auteurs, 27 août 2008.
2. En marge de la conférence internationale sur l'Irak à Charm el-Cheikh en Egypte le 4 mai 2007.
3. *Washington Post*, 22 mars 2008.

des médiations américaines pourrait bien être terminée. Et la reconstruction de la diplomatie syrienne le montre à l'envi : une paix durable aux Proche et Moyen-Orient ne peut plus s'envisager sans son rôle pivot, sans l'Iran, la Turquie, le Qatar, voire la France. Comme l'a montré l'intervention du Brésil et de la Turquie sur le dossier nucléaire iranien en mai 2010, la contribution d'autres puissances émergentes pourrait être utile, car plus efficace[1].

Acquis sur la scène diplomatique, le retour de la Syrie passe aussi par des modes de coopération en matière de contre-terrorisme. Selon l'avocat français Jacques Vergès, « les poseurs de bombe sont des poseurs de questions[2] ». Celles-ci ne s'adressent pas seulement aux pays occidentaux. Les gouvernements arabes restent directement concernés par un phénomène qui, le plus souvent, exprime des formes paroxystiques de contestation. Sur ce terrain aussi, l'expérience syrienne peut nous permettre d'y voir plus clair au sein des confusions récurrentes en matière de terrorisme, d'antiterrorisme, de contre-terrorisme et de résistance.

1. Voir la conclusion : « Un autre monde... »
2. Conversations avec Richard Labévière le 29 mai 1987 à Lyon.

9

Les mirages de l'idéologie antiterroriste

« Vos fils résistent victorieusement à la ruée allemande. Soyez dignes d'eux en restant calmes. Aucun ordre d'évacuation du département n'a été donné parce que rien ne le justifie. N'écoutez pas les paniquards qui seront d'ailleurs châtiés. Déjà des sanctions ont été prises. D'autres suivront. Il faut que chacun soit à son poste. Il faut que la vie économique continue. Les élus et les fonctionnaires se doivent de donner l'exemple. Aucune défaillance ne saurait être tolérée. Je connais les qualités de sagesse et de patriotisme des populations de ce département. J'ai confiance. Nous vaincrons. »

Jean MOULIN, *préfet d'Eure-et-Loir.*

Inscrite sur la liste américaine des pays de l'axe du mal, la Syrie fut longtemps accusée de soutenir le terrorisme international, ou plus précisément d'accueillir des organisations qualifiées de terroristes parce que recourant, régulièrement ou ponctuellement, aux modes opératoires terroristes. Partiellement fondés, ces différents constats recouvrent pourtant des réalités très différentes, sinon contradictoires, et dépendent toujours de la position d'où l'on perçoit, d'où l'on catégorise et d'où l'on nomme.

Soutenue par Damas, des organisations comme le Hezbollah, le Hamas et même les différentes variantes du Front populaire de libération de la Palestine (FPLP) peuvent recourir aux techniques terroristes considérées comme l'arme du faible contre le fort, dans le cadre d'un rapport de force asymétrique face à une armée conventionnelle. Apparenté aux techniques de la guérilla, le recours à ces moyens tactiques hérite de la longue histoire militaire des mouvements de décolonisation et d'indépendance des années 1960.

Hezbollah, Hamas et FPLP sont clairement engagés dans une lutte de libération nationale visant le retrait des forces israéliennes d'occupation des Territoires palestiniens et la destruction du régime colonial défendu par cette même armée. Expression d'une posture légitime contre une armée étrangère d'occupation, leurs actions relèvent des deux acceptions réversibles du principe selon lequel « la fin justifie les moyens » : la résistance justifie le recours au terrorisme ; l'action terroriste a pour finalité la résistance. C'est la plus vieille histoire du monde, des Zélotes de l'Antiquité à l'Affiche rouge du groupe Manouchian, en passant par la secte des Assassins.

Jacques Derrida écrit ainsi : « Si on se réfère aux définitions courantes ou explicitement légales du terrorisme, qu'y trouve-t-on ? La référence à un crime contre la vie humaine en violation des lois (nationales ou internationales) y impliquant à la fois la distinction entre civil et militaire (les victimes du terrorisme sont supposées être civiles) et une finalité politique (influencer ou changer la politique d'un pays en terrorisant sa population civile)[1]. » Il est pourtant des situations, comme celles des colonies israéliennes, où la distinction entre acteurs militaires et civils devient difficile, voire impossible parce que le processus de colonisation finit par engendrer la militarisation de l'ensemble de la population. Dès lors, la société coloniale abolit toute espèce de différenciation pour ne plus retenir que deux camps : les colonisateurs et les colonisés, les oppresseurs et les opprimés, les occupants et les résistants.

Dans leur livre courageux[2], John Mearsheimer et Stephen Walt estiment que les attaques des Palestiniens contre des

1. Jacques Derrida : « Qu'est-ce que le terrorisme international ? », *Le Monde diplomatique*, février 2004.

2. John Mearsheimer et Stephen M. Walt, *Le Lobby pro-israélien et la politique étrangère américaine, op. cit.*

civils sont « moralement condamnables. Mais il ne faut pas pour autant s'étonner de ce comportement : les Palestiniens sont privés de leurs droits politiques fondamentaux depuis longtemps et pensent ne pas avoir d'autre choix pour pousser Israël au compromis [...]. Si la situation était inversée et que les Israéliens étaient sous occupation arabe, ils auraient presque à coup sûr recours aux mêmes méthodes, tout comme d'autres mouvements de résistance dans le monde ». Et c'est l'ancien Premier ministre Ehoud Barak qui le dit : « S'il avait été palestinien, il aurait rejoint une organisation terroriste[1]. »

Les mouvements dont nous parlons sont radicalement différents de ceux qu'il faut classer comme relevant de la nébuleuse al-Qaïda. Hezbollah, Hamas et FPLP agissent en référence à une territorialité, sinon une cartographie parfaitement déterminée; la nébuleuse al-Qaïda frappe indistinctement au nom d'un principe ontologique transcendantal et déterritorialisé : la communauté des croyants – Oumma –, qui reproduit le couple oppresseurs/opprimés à travers la dualité théocratique fidèles/infidèles. Dans cette perspective, toute revendication territoriale est inconcevable, toute idée nationale à combattre et toute action armée est conçue de manière téléologique.

Dès lors, il est parfaitement logique que la Syrie – berceau historique du nationalisme arabe – ait été l'une des premières cibles des deux branches historiques de la nébuleuse al-Qaïda : la Confrérie des Frères musulmans et le wahhabisme saoudien.

Avec l'appui de l'Arabie Saoudite, du Pakistan, de la Jordanie et des Etats-Unis, les Frères musulmans cherchent depuis longtemps à instaurer un régime islamique en Syrie. Dans l'optique de la Confrérie, il ne s'agit pas de promouvoir une alternative nationale au pouvoir syrien, ni de formuler une quelconque revendication territoriale, mais bien de neutraliser un régime qui incarne l'idée nationale arabe[2], honnie par les islamistes.

1. *Ibid.*
2. Voir chapitre 2 : « Michel Aflaq, le Ba'ath et le panarabisme. »

Le 16 juin 1979, la branche armée des Frères exécute 32 élèves officiers de l'école d'artillerie d'Alep. Bénéficiant de complicités au sein de l'armée, elle multiplie les attentats contre les cadres du Ba'ath et les personnalités alaouites proches du pouvoir. Lors du septième congrès du parti[1], la Confrérie est déclarée hors la loi et nombre de ses cadres sont déportés dans le désert.

Le 24 janvier 1980, elle réplique par de nouveaux attentats. Sont visés l'ambassade de Syrie à Paris, le 24 janvier 1980, et, en pleine mosquée d'Alep, un dignitaire sunnite acquis au régime, le 2 février. Le président Hafez al-Assad lui-même échappe de justesse à un attentat le 26 juin. Débordés, les services de sécurité réagissent durement, notamment à Jisr el-Shaghrour (200 morts), à Souq el-Ahad (42 morts), à Alep dans le quartier de Hananou (83 morts), à Hama dans le quartier d'el-Boustan (200 morts) et à Palmyre où quelque 600 prisonniers islamistes sont exécutés au lendemain de la tentative manquée d'assassinat contre le président[2].

C'est à Hama que les Frères préparent la vraie contre-attaque. Le 3 février 1982, vers 3 heures du matin, les 300 000 habitants, en majorité sunnites, sont réveillés par des appels à la révolte lancés depuis les minarets. Maîtres de la ville depuis quatre jours, les Frères tuent plus de 300 militants ba'athistes et anéantissent une unité de parachutistes de l'armée. Plusieurs milliers d'hommes des forces spéciales assiègent Hama qu'ils pilonnent à l'artillerie lourde avant de donner l'assaut. Durant près d'un mois, les habitants vont connaître l'enfer. Les quartiers de Baroudi, Kilani, Hamidiya et Khadr sont rasés. D'innombrables mosquées et églises sont détruites. Le bilan est très lourd : 15 000 morts, selon Amnesty International. La Confrérie parlera de 30 000 morts, 15 000 disparus et 100 000 déportés.

Invoquant la raison d'Etat, Hafez al-Assad rejette la responsabilité des événements sur Washington : « Alors qu'elle parle

1. Du 22 décembre 1979 au 5 janvier 1980.

2. La tuerie de la prison de Palmyre a été perpétrée par les commandos des redoutables « Brigades de la défense » sous le commandement de Rifaat al-Assad, frère du président, qui comptait ainsi venger l'attentat qui avait visé son frère la veille. Les détenus ont été sortis de leur cellule avant d'être froidement exécutés.

de défense des libertés, des droits de l'homme et de lutte contre le terrorisme international, l'Amérique soutient les Frères musulmans et les charge de commettre des actes de sabotage dans notre pays. Les aveux de certains Frères, le matériel saisi d'origine américaine et les déclarations du Département d'Etat sont les preuves de cette collusion », explique-t-il à Patrick Seale[1].

Une affaire de famille

Cette politique américaine remonte aux lendemains de la Seconde Guerre mondiale, plus exactement à février 1945, lorsque fut signé à bord du croiseur *Quincy* le pacte du même nom (sept jours après les accords de Yalta), entre le président Roosevelt et le roi Ibn Séoud. Comme on l'a vu, les Etats-Unis assurent la protection de la monarchie et de sa dynastie en échange de la garantie d'un pétrole abondant et bon marché. Mais c'est surtout à partir du début des années 1950 qu'ils vont rentabiliser cette alliance sur le plan politique. En s'imposant comme le champion du nationalisme arabe, Nasser, allié de l'URSS, s'attire les foudres des Frères musulmans. Avec le soutien des services britanniques et américains, la Confrérie déclenche une guerre d'usure contre l'Egypte nassérienne et tous les régimes se réclamant d'un nationalisme arabe laïc et allié aux partis de gauche.

S'appuyant à la fois sur les Frères musulmans et les innombrables composantes du wahhabisme saoudien, l'instrumentalisation américaine du radicalisme sunnite n'aura de cesse de jouer la carte du fondamentalisme religieux contre les élites politiques et militaires. Cette politique va culminer durant la guerre d'Afghanistan contre l'Armée rouge entre 1979 et 1989. Avec l'appui financier de l'Arabie Saoudite et l'encadrement des services pakistanais, Washington ne va cesser de promouvoir les *combattants de la liberté* et leur nébuleuse conduite par un certain Oussama ben Laden. Familière de la biographie du milliardaire saoudien, l'écri-

---

1. Cité par Lucien Bitterlin, *Hafez al-Assad, le parcours d'un combattant*, éditions du Jaguar, 1986.

vaine indienne Arundhaty Roy raconte comment « ce vieil acolyte de la CIA » s'est retourné contre ses anciens maîtres ; comment et pourquoi Oussama ben Laden a voulu « tuer le père[1] ».

Vus de Damas, les attentats du 11 septembre 2001 ne sont pas une surprise. Ils offrent une nouvelle occasion de poursuivre l'éradication des ramifications internationales des Frères, et celle d'une fructueuse coopération avec Washington. Les services syriens fournissent à la CIA des informations détaillées sur les cellules d'al-Qaïda en Europe, notamment en Espagne, en Grande-Bretagne et en Allemagne. C'est sur la base d'informations syriennes qu'est reconstituée la logistique de la cellule de Hambourg qui a joué le rôle central dans la planification des attentats contre le Pentagone et les tours jumelles de New York.

Le secrétaire d'Etat américain de l'époque, Colin Powell, reconnaît lui-même que la Syrie a permis de sauver beaucoup de vies américaines. C'est ce que confirme le journaliste Seymour Hersh : « Si la Syrie avait pu accumuler tant d'informations, c'était parce qu'al-Qaïda avait tissé des liens avec les Frères musulmans syriens, des terroristes en guerre contre le pouvoir laïc de Damas depuis plus de vingt ans. Plusieurs pirates de l'air du 11 septembre s'étaient appuyés sur des cellules à Aix-la-Chapelle et Hambourg, où al-Qaïda travaillait en collaboration avec les Frères. A la fin des années 1990, Mohammad Atta et d'autres membres d'al-Qaïda, dont Mohammad Haydar Zammar, qui aurait été l'un des principaux recruteurs de l'organisation, ont travaillé épisodiquement dans une entreprise allemande, la Tatex Trading. » Cette firme avait été infiltrée par des agents syriens dans les années 1980. Un de ses actionnaires était un certain Mohammed Majed Said, patron de la direction du renseignement syrien de 1987 à 1994.

Mohammad Zammar, qui possède la double nationalité syrienne et allemande, avait été provisoirement incarcéré en Allemagne avant d'être libéré faute de preuves. En 2002, il se

1. Arundhati Roy : *Ben Laden, un secret de famille de l'Amérique*, *op. cit.* et Richard Labévière, *Oussama ben Laden ou le meurtre du père. Etats-Unis, Arabie Saoudite et Pakistan*, Paris, éditions Favre, 2001.

rend au Maroc où la CIA, en coordination avec les services marocains, l'arrête à son arrivée à l'aéroport de Casablanca. Il est extradé vers la Syrie où il est traduit devant la Cour de sûreté de l'Etat et condamné à la peine capitale, commuée en douze ans de détention.

Seymour Hersh explique que les services syriens n'ont pas encore dévoilé tous leurs atouts car « ils savent que les Saoudiens sont impliqués dans le financement des Frères musulmans et d'autres organisations terroristes dont ils contrôlent parfaitement l'organigramme[1] ». Pourtant, Damas ne marchande pas sa coopération et explique aux services de sécurité du Bahreïn comment al-Qaïda les a infiltrés. Grâce à leur couverture, il était prévu de lancer un planeur kamikaze bourré d'explosifs sur le bâtiment de l'état-major de la Ve flotte américaine.

L'ancien membre du Conseil national de sécurité Flynt Leverett affirme que la coopération avec la Syrie « a permis d'empêcher une telle opération qui aurait fait de nombreuses victimes américaines, si elle avait eu lieu[2]... ». Il précise aussi : « Le Président [américain] ne manquait jamais, lors de ses communications téléphoniques ou écrites avec Bachar, de le remercier et de le féliciter pour cette fructueuse collaboration contre al-Qaïda », en soulignant que « la qualité et la quantité des informations en provenance des services syriens dépassaient tous les espoirs de l'Agence ». Par contre, conclut-il : « Il est vrai que le renvoi d'ascenseur a été plutôt décevant pour la Syrie. En effet, cette fantastique coopération technique n'a eu aucun effet politique. »

Et pourtant, Damas attendait beaucoup, espérant au moins l'amorce d'une nouvelle relation bilatérale. Mais la position de Washington reste calée sur la condamnation du soutien que Damas apporte au Hezbollah libanais. Pourtant, « même sur cette question stratégique ultrasensible, ajoute Seymour Hersh, la Syrie était prête à faire des concessions aux Américains ».

En effet, à l'automne 2002, « le général Hassan Khalil, chef du renseignement militaire syrien, fit savoir à Washington

1. *Ibid.*
2. *Ibid.*

que son pays était prêt à débattre de l'éventualité de restreindre sérieusement les activités militaires et politiques du mouvement chi'ite. Mais les Syriens souhaitaient établir des contacts privilégiés avec les Etats-Unis, c'est-à-dire communiquer directement avec le président et ses principaux adjoints. Le général demanda que la CIA serve d'intermédiaire. La proposition fit long feu[1] ».

C'est du reste George Tenet – à l'époque patron de la CIA – qui s'opposera résolument à toute initiative politique ou militaire contre Damas. Seymour Hersh le confirme : Tenet était en butte à l'hostilité du Pentagone « obsédé par l'Irak et idéologiquement hostile à la Syrie ». La question reste de savoir comment on pose ce problème, comment on remonte à ses causes et comment on essaie d'y répondre. La solution apportée à cette dernière partie de la question mériterait à elle seule un développement qui excède les limites de cet ouvrage. Elle se perd dans les méandres de l'idéologie antiterroriste.

Le virage obscur

La chute de Bagdad met brutalement un terme à la coopération sécuritaire entre les deux pays. A partir de ce moment-là, Washington dresse une liste indifférenciée des organisations terroristes, mêlant volontairement les organisations sectaires et millénaristes rattachées à la « nébuleuse al-Qaïda » et les mouvements de libération nationale. Cet inventaire à la Prévert mélange pêle-mêle al-Qaïda, Hezbollah, ETA basque, FLNC corse et militants pour la protection des animaux... Une fois de plus, la ligne de partage, servant à classifier toute espèce d'entité devant figurer ou pas sur la liste des organisations terroristes, reproduit la stricte alternative : être ou ne pas être en faveur d'Israël et de sa politique régionale.

« Virage obscur avec dérapage non contrôlé, déplore Rashid Khalidi. En y réfléchissant, je me suis rendu compte du lien qu'il y a entre les interrogations actuelles urgentes sur le terrorisme, la guerre en Irak et la politique des Etats-Unis,

1. Seymour Hersh, *Dommages collatéraux*, Paris, Denoël, 2005.

d'une part, et le sujet apparemment sans rapport de l'impossibilité palestinienne d'accéder à l'indépendance, de l'autre[1]. »

Par un autre chemin John Mearsheimer et Stephen Walt arrivent à une conclusion similaire : « Israël et le lobby pro-israélien ont joué un rôle clé pour encourager l'administration Bush à mener une politique de confrontation de plus en plus agressive envers la Syrie, même si cette politique belliqueuse ne faisait pas l'unanimité à Washington. Le lobby n'a pas ménagé ses efforts pour inciter la Maison-Blanche à faire pression sur Damas et à l'isoler, même quand cette politique mettait en danger des formes appréciables de collaboration. En l'absence d'une telle pression, la relation entre les deux pays aurait été fort différente, et probablement plus compatible avec l'intérêt national des Etats-Unis[2]. »

Même les appels de Bachar al-Assad à une reprise sérieuse des négociations de paix sont ignorés : « Les dirigeants israéliens – qui semblent déterminés à ne pas céder le Golan – n'ont aucun intérêt à voir les Etats-Unis établir des relations de coopération avec la Syrie. Les groupes les plus puissants du lobby partagent le point de vue d'Israël et ont déployé – avec succès – tous leurs efforts pour entraver une évolution positive des relations Washington-Damas. En conséquence, les Etats-Unis continuent à mener une politique syrienne parfaitement absurde du point de vue stratégique[3] », ajoutent les deux universitaires américains.

Malgré tout, Damas n'en poursuit pas moins sa lutte contre le financement du terrorisme. Dans une lettre adressée à la représentante américaine Sue Kelly, l'ambassadeur syrien à Washington, Imad Moustafa, précise : « La Syrie a informé à plusieurs reprises les responsables du Trésor américain de sa volonté à coopérer étroitement avec son administration sur les questions de blanchiment d'argent et de financement du terrorisme. La Syrie a modifié sa législation financière, conformément aux recommandations des responsables du Trésor. Non seulement la Syrie a procédé à ces réformes,

1. Entretien avec les auteurs, 25 mai 2010, et Rashid Khalidi, *Palestine. Histoire d'un Etat introuvable*, Arles, Actes Sud, 2007.
2. John Mearsheimer et Stephen M. Walt, *op. cit.*
3. *Ibid.*

mais elle a aussi informé le Trésor de sa nouvelle politique consistant à mettre en œuvre toutes les mesures nécessaires[1]. » Effectivement, la Syrie rejoint les mécanismes internationaux dédiés à la lutte contre le financement du terrorisme dont la MENAFATF *(Middle East & North Africa Financial Action Task Force)*. Elle crée des unités spécialisées des douanes pour combattre le blanchiment et le crime organisé. « Vous serez sans doute surprise d'apprendre que les efforts déployés par la Syrie pour tarir les flux financiers vers l'Irak et d'autres pays se heurtent aux obstructions de l'administration américaine, déplore l'ambassadeur dans la suite de sa lettre. Nos initiatives pour réduire les transactions en espèces en remplaçant le système traditionnel d'échanges de liquidités par des cartes de crédit facilitant le traçage des fonds sont réduits à néant par les sanctions que les Etats-Unis imposent toujours à la Syrie, écrit-il non sans ironie. Ces mesures continuent à bloquer la modernisation des échanges financiers. J'espère que vous interviendrez auprès du Trésor afin de le convaincre qu'aider la Syrie à moderniser son système bancaire ne pourra que contribuer à la victoire des Etats-Unis dans leur guerre planétaire contre le terrorisme. »

Aux lendemains du 11 septembre 2001, la Syrie s'est affirmée comme l'un des partenaires de Washington, sans doute parmi les plus fiables et les plus efficaces dans la quête d'informations sur l'identité des activistes et la structuration des réseaux islamistes. Paradoxalement, elle reste inscrite sur la liste des pays accusés de soutenir le terrorisme, bien que les seize agences de la communauté américaine du renseignement l'aient blanchie de toute espèce d'activité de ce genre depuis la fin des années 1980.

Rayée de la liste des pays criminels, la Syrie pourrait bénéficier d'une nouvelle dynamique économique et commerciale. La levée des sanctions aurait permis de mener à bien les réformes économiques, d'importer des technologies de pointe, de réduire le chômage, d'augmenter le niveau de vie

1. Lettre de l'ambassadeur Imad Moustafa à la représentante américaine Sue Kelly et publiée par Joshua Landis sur le site Syriacomment.com.

de sa population[1]. En définitive, ces progrès auraient certainement contribué à transformer les causes dont se nourrissent les idéologies radicales qui génèrent le terrorisme.

Si la Syrie reste ainsi en panne, c'est essentiellement parce qu'elle est susceptible, à terme, de contester la suprématie économique et politique d'Israël au Moyen-Orient. Les habillages idéologiques servent à justifier les inégalités sociales, économiques, politiques et géopolitiques. Au début de *L'Idéologie allemande*[2], Karl Marx écrit : « La production des idées, des représentations et de la conscience est d'abord directement et intimement mêlée à l'activité matérielle et au commerce matériel des hommes ; elle est le langage de la vie réelle. » Ce constat de l'inventeur du matérialisme historique demeure des plus pertinents s'appliquant aussi à l'analyse des conflits postmodernes.

Version raffinée de la production des idées, des représentations et de la conscience, issue du monde de l'après-Guerre froide et de la globalisation, l'idéologie antiterroriste n'échappe pas à cette mécanique qui façonne les relations internationales. Avant de revenir à des aventures plus spécifiquement syriennes, ce point mérite quelques éclaircissements.

Une définition impossible

Le substantif « terrorisme » a, jusqu'alors, résisté à toute tentative de définition stabilisée. Une étude du Pentagone de 1988 a recensé plus d'une centaine de définitions. Cette difficulté tient essentiellement aux dimensions émotionnelles, techniques et politiques du phénomène ainsi désigné, faute de mieux. Le terrorisme n'est pas une substance comparable à ce que désignaient les philosophes scolastiques et néoplatoniciens, à savoir un contenu établi susceptible d'études et de classification comme les minéraux, les plantes ou les animaux.

Dans cet univers sémantique, sa nature s'approcherait plutôt d'un mode, entendu comme mode d'action, voire d'un

---

1. Voir chapitre 4 : « L'héritage piégé... »
2. Karl Marx et Friedrich Engels, *L'Idéologie allemande*, Paris, Editions sociales, 1972.

accident, c'est-à-dire d'une modification de l'ordre des choses. Cette modification accidentelle produit altérations, traumatismes et morbidité en rupture avec les évolutions et les changements normaux de l'ordre des choses parce qu'en définitive, le terrorisme s'apparente au crime, c'est-à-dire à une infraction. Il recourt à des modes opératoires violents et destructeurs destinés à frapper l'imaginaire et les normalités politiques, culturelles et institutionnelles en vigueur.

Provisoirement, considérons le terrorisme comme un mode d'action, un flux d'énergie perturbante, disent les criminologues[1], à travers lequel s'exprime un sens qu'il faudra déchiffrer et déconstruire en remontant aux causes les plus profondes. Celles-ci mettent en lumière un état préalable d'anomie qui exprime à la fois le dérèglement des normalités sociales et les dysfonctionnements susceptibles d'alimenter les violences les plus radicales.

Pour définir ce flux criminogène, les pays concernés ont multiplié les textes légaux et paralégaux proposant autant de définitions académiques, juridiques et politiques toutes plus insatisfaisantes les unes que les autres. Cet encombrement fait preuve d'un embarras dont les traits communs situent le terrorisme quelque part entre un acte de guerre en temps de paix et un crime de guerre commis par un organisme non étatique.

Nombre de ces définitions ne reconnaissent pas la possibilité de l'utilisation « légitime » de la violence par des civils dans un territoire occupé, cataloguant ainsi tous les mouvements de résistance comme groupes terroristes. D'autres font une stricte distinction entre un usage légal et illégal de la violence. En dernière instance, cette distinction édicte un jugement politique se résumant, le plus souvent, à la conviction morale que « le terroriste, c'est toujours l'Autre ».

La majorité des textes en usage a été élaborée par des organes directement associés à un gouvernement. Certains d'entre eux sont si larges, comme le *Terrorism Act 2000*, qu'ils

1. Dans cette perspective, on peut mesurer toute l'inadéquation, sinon l'absurdité de la notion de « guerre contre le terrorisme ». En effet, si on fait la guerre à un ennemi désigné en situant des menaces et des objectifs, on la fait plus rarement à un flux et à un mode d'action.

vont jusqu'à inclure la perturbation des systèmes informatiques. Dans tous les cas de figure, la qualification terroriste reste fortement péjorative. Elle signifie que les acteurs ainsi désignés se sont placés hors de toute espèce de légitimité sociale et politique, sinon hors de toute normalité, voire de toute forme de moralité. En retour, les acteurs ainsi désignés récusent cette qualification, cherchant à faire admettre la dimension politique de leurs objectifs.

Les groupes se qualifiant eux-mêmes de terroristes sont donc pratiquement inconnus. Les tentatives cherchant à définir l'essence d'un terrorisme *a priori* soulèvent invariablement des débats contradictoires et infinis. Par conséquent, la classification qui en découle est, le plus souvent, contestée, récusée et inopérante.

Qu'elles soient académiques, politiques, culturelles ou juridiques, les définitions proposées demeurent abstraites et générales, car elles évitent scrupuleusement toute espèce d'analyse politique. Se bornant à des reconstructions post-mortem, une fois que l'acte terroriste a été commis, rares sont les tentatives qui outrepassent les catégories juridiques en vigueur. Une telle démarche nécessiterait un examen spécifique, rendant caduc la prétention généraliste d'un quelconque *Discours de la méthode*. En réponse à cette approche juridique, une approche spinoziste consisterait à dire, au contraire, qu'en matière de terrorisme et de contre-terrorisme, la meilleure méthode, c'est la remontée aux causes.

Une fois admise l'impossibilité d'une définition générale, confirmée par l'Onu qui n'est pas parvenue à s'entendre sur une définition universelle, il convient de repartir d'une phénoménologie immédiate du terrorisme en considérant ses raisons déterminantes. Les causes les plus fréquemment invoquées ramènent à la faillite des grandes idéologies politiques d'inspiration occidentale (marxisme-léninisme, libéralisme et nationalisme), de même qu'à la recrudescence des doctrines religieuses issues des trois monothéismes (chrétien, juif et musulman)[1]. La deuxième série de causes couramment avancées s'inscrit dans le sillage des analyses économiques tiers-mondistes, consistant à expliquer l'émer-

1. Jean Soler, *La Violence monothéiste*, Paris, éditions de Fallois, 2008.

gence d'actes violents par le sous-développement économique.

Enfin, une troisième approche met en avant des facteurs culturels et religieux prédisant une inéluctable confrontation entre l'Orient et l'Occident. Inspiré des prédictions du politologue américain Samuel Huntington, cette théorie dite du « choc des civilisations » a fortement inspiré l'élaboration de la doctrine américaine dite de « guerre contre la terreur ». Cette construction idéologique se fonde sur les concepts essentialistes battus en brèche par les sciences humaines ainsi que sur la notion de civilisation tout aussi vide de réalité anthropologique.

Pour déconstruire l'idéologie antiterroriste, il faut passer par un premier constat : le phénomène terroriste constitue dans le champ de la normalité sociale, culturelle et politique un moment de crise, un *accident*, pour reprendre la terminologie scolastique. A travers le recours à la violence, il arrive, le plus souvent, comme un événement qu'on n'attendait pas. Et c'est par cette dimension exceptionnelle qu'il est susceptible de mettre en péril l'ordre des choses. Etudiant cette pulsion destructrice, les sociologues ont recours au terme d'anomie.

L'anomie fatale

Anomie (du grec ἀνμία / *anomía*, du préfixe ἀ- a- « absence de » et νόμος / *nómos* « loi, ordre, structure ») est l'état d'une société caractérisée par une désintégration des normes qui règlent la conduite des hommes et assurent la reproduction de l'ordre social.

Après avoir introduit le terme en 1893 dans *De la division du travail social*, le sociologue français Emile Durkheim emploie le concept d'anomie dans son livre sur les causes du suicide. L'ouvrage se propose de décrire une situation sociale, caractérisée par la perte ou l'effacement des valeurs (morales, religieuses, civiques...) et le sentiment associé d'aliénation et d'irrésolution. La désagrégation du sens et de ses valeurs porteuses conduisent à la diminution, sinon à la mise en péril de la stabilité sociale : l'inadéquation des lois et des règles n'arrive plus à garantir la régulation sociale. Cet état d'anomie amène l'individu à l'insatisfaction et la peur, pouvant conduire au suicide (violence intra-individuelle) ou à d'autres formes de violence (extra-individuelle).

L'état d'anomie provient d'un déficit de régulation de la société sur l'individu. Celui-ci ne sait comment borner ses désirs, souffre du « mal de l'infini ». « L'anomie est donc, dans nos sociétés modernes, un facteur régulier et spécifique des suicides ; elle est l'une des sources auxquelles s'alimente le contingent annuel [...]. Le suicide anomique diffère en ce qu'il dépend, non de la manière dont les individus sont attachés à la société, mais de la façon dont elle les réglemente. » Esquissé comme concept sociologique sous la plume du philosophe Jean-Marie Guyau dans *Esquisse d'une morale sans obligation ni sanction* (1885), l'anomie est alors conçue comme une énergie vitale intrinsèque de toute société[1].

L'anomie devient relativement courante quand la société environnante a subi des changements économiques importants, et plus généralement quand il existe un écart important entre les discours idéologiques et les valeurs communément enseignées, entre la doxa dominante et les pratiques sociales. Dans l'espace de ces dernières fractures, l'état anomique caractérise des sociétés ou des groupes à l'intérieur d'une société qui souffrent du chaos dû à l'absence de règles communément admises. Dans ce contexte de crise, l'anomie poussée au paroxysme peut produire des comportements extrêmes (différentes formes de criminalité) que nous qualifierons d'anomie fatale. Incontrôlables, inassimilables, sinon irrépressibles, ces comportements de rupture prolifèrent dans le champ d'une relativisation des repères sociaux et culturels, à travers la pluralisation, l'atomisation et l'indétermination du symbolique. Cet état d'éclatement, sinon d'implosion du social et du politique finit par générer des situations d'insécurité, de dérèglement du comportement, d'une individualisation extrême pouvant générer les expressions les plus radicales.

Dans cette perspective, l'anomie fatale ne postule pas des pratiques sociales de substitution, comme le conçoivent les

1. Voir Jean Duvignaud, *L'Anomie. Hérésie et subversion*, Paris, Anthropos, 1973.

mouvements révolutionnaires classiques, mais des actions spectaculaires de négation pure du social et du politique comme autant de trous noirs dans lesquels s'aboliront toute tentative de recomposition. Ainsi, les organisations terroristes contemporaines s'apparentent moins au mouvement nihiliste russe du XIXe siècle qu'aux groupuscules sectaires dont les résurgences ponctuent l'histoire tourmentée des grandes religions monothéistes[1].

On l'a dit, ces résurgences visent moins l'instauration de contre-sociétés structurées comme autant d'alternatives à l'ordre établi qu'à produire un imaginaire partagé. Diffusé, réifié et démultiplié par le biais des nouvelles technologies (Internet, ordinateurs, téléphones portables et multimédia), cette stratégie se veut fondatrice d'un imaginaire de substitution, au seul profit du pouvoir des « gourous », des entrepreneurs et des petits chefs qui aspirent à l'exercer totalement, sans partage, ni contrepartie. Allergique aux spéculations critiques, celle-ci réclame l'adhésion et un engagement sans retenue. Les caractéristiques de la dimension sectaire n'ont pas été suffisamment prises en compte comme éléments structurants de l'anomalie fatale.

En matière d'islamisme radical, les stratégies d'anomie fatale ne visent pas la constitution d'une Internationale islamiste (en référence à l'Internationale communiste des siècles derniers), ni l'installation d'un Orchestre vert (en référence à l'Orchestre rouge du colonel Trepper de la Seconde Guerre mondiale). Il postule un imaginaire sectaire à travers la constitution téléologique d'une *Oumma* virtuelle (communauté des croyants opposée à la masse des infidèles). Sa revendication de la restauration du Califat perdu relève essentiellement du même imaginaire de la fin de l'Histoire.

Sur le plan organisationnel, les figures de l'anomie fatale, dont le terrorisme islamiste, ne postulent pas des antiorganisations calquées sur la structure de celles qu'elles cherchent à anéantir. Aux structures verticales et pyramidales des Etats-nations, des organisations régionales et internationales, le terrorisme contemporain substitue des nébuleuses

1. Jean Soler, *op. cit.*

souples qui prolifèrent en segments et en cercles[1]. Ce constat s'applique particulièrement à la nébuleuse al-Qaïda dont structures, relais et sanctuaires ont passablement évolué depuis les attentats du 11 septembre 2001.

D'une segmentation ramifiée

Une telle structure en segments déjoue toute lecture univoque et monolithique. Elle nous confronte à un ordre enchaînant les événements les uns aux autres en fonction de stratégies et tactiques ponctuelles, plurielles, privilégiant la vitesse de l'opportunité et de l'instant présent aux catégories fixes d'une vision hiérarchisée et univoque du monde. Dans cette pure logique événementielle, qui semble façonner le champ politique de la *Oumma,* tel que le conçoivent les partisans d'Oussama ben Laden, se reconfigurent en permanence des menaces plastiques et polymorphes.

Cette cosmogonie n'a pas brusquement surgi des limbes avec les attentats du 11 septembre 2001. Son émergence est bien antérieure aux premières attaques antioccidentales du début des années 1990. Elle était considérée, avant cette date, comme une curiosité périphérique.

Si l'on transpose au plan phénoménologique, ce développement segmenté explique parfaitement les difficultés à situer géographiquement Oussama ben Laden et son état-major : il est repéré dans les zones tribales pakistanaises, dans la métropole portuaire de Karachi ou encore dans la ville de Lahore... peut-être à Gstaad ou à Beyrouth ! Comme l'Imam caché, il est partout et nulle part à la fois ! Est-il vivant, est-il mort ? La réponse à cette question n'a que peu d'importance puisqu'il vit symboliquement et ressuscite à travers chaque attentat, où qu'il soit commis. A l'image de celle du Che Guevara, sa figure christique s'imprime sur les tee-shirts en vente dans les souks des Proche et Moyen-Orient, sur les marchés de Djakarta, dans les bidonvilles de Casablanca ou dans les oasis de la bande sahélienne.

Al-Qaïda (« la base ») n'a nul besoin de commanditer des

1. Richard Labévière, *Les Coulisses de la terreur*, Paris, Grasset, 2003.

attentats à Londres, Madrid, Bali ou Mombassa puisque leurs exécutants locaux se réclament implicitement ou explicitement de ce référent symbolique devenue une marque franchisée. Disséminées dans le monde, les différentes organisations se réclamant d'al-Qaïda rivalisent de prosélytisme et d'initiatives pour se faire reconnaître par leurs pairs de la nébuleuse salafiste. La logique segmentale fonctionne de la base au centre in-situ, toujours mouvante et déterritorialisée, réaffirmant son existence par des messages informatiques, sonores ou vidéos, délivrant prédictions, *fatwa* et avertissements de portée globale.

De fait, il devient parfaitement illusoire de considérer l'existence opérationnelle de piliers proche-oriental, maghrébin, sahélien ou asiatique d'al-Qaïda, autrement qu'en référence à la marque franchisée, virtuelle, conforme à sa géométrie. Si les différentes régions précédemment citées abritent effectivement des organisations terroristes qui se réfèrent explicitement à Ben Laden, celles-ci n'en constituent pas des branches opérationnelles directes mais des surgeons, des imitations, des résurgences locales aux apparentements autoproclamés.

Non moins dangereuses que celles de la maison mère, ces différentes expressions favorisent les conditions propices à la mise en place d'une structuration inédite qui, sans dépendre directement d'al-Qaïda sur les plans financier et logistique, n'en constitue pas moins une menace opérationnelle permanente. Cette nouvelle génération d'organisations terroristes s'inscrit dans une série d'apparentements et de convergences qui, à terme, finissent par générer des microsystèmes d'articulations et de dépendances communs.

Au-delà d'al-Qaïda, maison mère de tous les amalgames possibles, la segmentation actuelle (et les mutations) des organisations islamistes contemporaines constituent certainement l'un des défis majeurs pour les services de renseignements et de sécurité confrontés à la gestion de cette menace. Là encore, il faut revenir à l'Histoire et aux différentes couches idéologiques, financières et logistiques de l'islamisme contemporain, qui constituent autant de genèses de ces mêmes menaces. A défaut de pouvoir dresser une cartographie achevée, on peut tracer différents traits et reconstituer les grandes segmentations du sunnisme radical contemporain.

La segmentation saoudienne

Historiquement, le premier de ces traits ramène aux Proche et Moyen-Orient et plus précisément en Arabie Saoudite[1]. On ne soulignera jamais assez que la signature du pacte du *Quincy* par le président Franklin Roosevelt et le roi d'Arabie saoudite Ibn Saoud fut l'acte fondateur d'une alliance stratégique entre les Etats-Unis et la monarchie pétrolière jamais démentie jusqu'au 11 septembre 2001. Premier accord « pétrole contre sécurité », Washington s'engageait à protéger la dynastie des Saoud contre un accès illimité aux plus grandes réserves d'hydrocarbures du monde.

Au-delà de toute espérance, l'Arabie Saoudite a respecté son engagement. Lors de chaque crise pétrolière, elle a pesé pour faire baisser les cours du brut en jouant sur sa capacité d'augmentation de production. Riyad s'accommode du parti pris pro-israélien des Etats-Unis. Washington ferme les yeux sur les aides saoudiennes aux mouvements islamistes avant de comprendre tout le parti qu'il pourrait en tirer contre les pays et les organisations ayant fait le choix d'un nationalisme arabe allié à l'Union soviétique.

Avec l'idéologie de la Confrérie égyptienne des Frères musulmans, le wahhabisme (doctrine religieuse officielle du royaume saoudien) fournit le principal apport doctrinaire aux courants du sunnisme radical dont le salafisme. Cette idéologie est propagée à la fois par les institutions religieuses officielles, les écoles et les universités islamiques, ainsi que par la multitude d'organisations non gouvernementales et « humanitaires », qui sont autant de relais de la diplomatie religieuse de la monarchie pétrolière.

C'est à partir de ces différentes entités que s'effectue le financement du recrutement, de la formation et de l'engagement opérationnel des cellules d'activistes responsables des

1. *Atlas de l'islam radical*, sous la direction de Xavier Raufer, Paris, éditions du CNRS, 2007.

attentats. Les experts parlent du « financement en amont » des idéologies radicales qui justifieront le passage à l'acte. Cette dernière phase n'est jamais la plus onéreuse. A titre d'exemple, rappelons que l'enveloppe de la phase opérationnelle des attentats du 11 septembre 2001 n'excède pas 500 000 dollars. Le coût du « service après-vente » est généralement beaucoup plus élevé dans la mesure où il doit couvrir l'exfiltration des activistes et la prise en charge des familles des martyrs dans le cas des attentats suicides. Ce « financement en aval » peut aussi requérir des fonds très importants. Comme pour les différentes tâches de préparation, celui-ci nécessite les montages les plus sophistiqués capables de se fondre dans les mécanismes financiers « normaux ».

Ces filières de « blanchiment à l'envers » bénéficient souvent de l'accueil bienveillant des grandes places financières internationales, des paradis fiscaux et de la myriade de places off-shore. Ces dernières continuent à former autant de zones de non-droit, sans que cet état de fait inquiète beaucoup les stratèges de la guerre contre la terreur. « Ces montages finissent, pour la majorité d'entre eux, par aboutir à un opérateur saoudien ou un représentant des intérêts saoudiens », explique l'ancien directeur d'un service européen de renseignements.

Quel intérêt l'Arabie Saoudite a-t-elle à nourrir et à couvrir le financement de l'islamisme radical ? La réponse est simple : la famille Saoud achète ainsi la légitimité historique et théologique qui lui fait défaut face à la dynastie des Hachémites qui a longtemps été la seule gardienne des Lieux saints de La Mecque et Médine. En finançant l'islamisme sunnite, du plus modéré au plus radical, la famille régnante pense ainsi garantir sa tranquillité et sa longévité[1]. Bien que donnant lieu régulièrement à des sommets *ad hoc*, des colloques et autres réunions incantatoires, l'implication saoudienne dans les différents mécanismes de financement du terrorisme islamiste dure et perdure.

La segmentation saoudienne, c'est un peu *La Lettre volée* d'Edgar Allan Poe : tout le monde la cherche, alors qu'elle est

1. Hamadi Redissi, *Le Pacte du Nadj ou comment l'Islam sectaire est devenu l'Islam*, Paris, Le Seuil, 2007.

posée au milieu de la table, au vu et au su de tous. En définitive, tout le monde sait... à commencer par le Trésor et les services de renseignements américains, mais personne n'ose parler !

La segmentation afghane

Elle est essentielle pour comprendre l'éclatement, la délocalisation et la reconfiguration des groupes terroristes actuels. L'Afghanistan constitue l'un des premiers théâtres de synthèse (religieuse, politique et militaire) des différentes organisations salafistes. A partir de la « sainte victoire » marquée par le retrait soviétique d'Afghanistan en 1989, ces organisations vont se décentraliser, soit en regagnant leurs pays d'origine (Algérie, Egypte, Yémen, Chine, etc.), soit en se recyclant dans les unités de mercenaires engagés aux côtés des Taliban, soit en constituant de nouveaux foyers de jihad aux Philippines, en Somalie, en Thaïlande, au Maghreb et ailleurs.

Selon différents services européens de renseignements, environ 35 000 activistes internationaux ont transité par les camps et les différents fronts d'Afghanistan, d'où la création du substantif « Afghan » servant à désigner les jihadistes ayant servi dans ce pays contre l'armée soviétique. Ce prestige de vainqueurs d'une des armées les plus fortes du monde va pousser ces mêmes combattants à se retourner contre leurs anciens maîtres américains, saoudiens et pakistanais.

En février 1991, à partir de la fin de la première guerre du Golfe, alors que 35 000 Marines américains s'installent durablement sur le sol des Lieux saints de l'islam en Arabie Saoudite, les Afghans déclenchent la *guerre sainte* contre les Etats-Unis, mais aussi contre leurs alliés arabes et les régimes qui cherchent à endiguer les progrès de l'islamisme sunnite, au premier rang desquels la Syrie.

De la segmentation afghane va émerger une nouvelle génération de micro-organisations extrêmement décentralisées et progressivement autonomes sur les plans du financement, de l'armement, de la formation et du commandement. Dès le début des années 1990 se développent ainsi les Gama Islamiya d'Egypte, les Groupes islamiques armés (GIA), puis les Groupes salafistes pour la prédication et le combat (GSPC) en Algérie ; les factions de l'Islam combattant au Maroc ; les groupes Abu Sayyaf aux Philippines, en Malaisie et en Indonésie ; ainsi que la première génération du Groupe combattant islamique libyen (GCIL). Ces différents surgeons de la segmentation afghane ne cessent de cultiver la nostalgie de la *guerre sainte* contre l'armée soviétique et celle du « grand jihad » portée au cœur de Manhattan.

La segmentation irakienne

Elle est la plus récente et, certainement, la plus instructive pour comprendre les dernières mutations du terrorisme islamiste moderne.

Dans sa réponse inadaptée aux attentats du 11 septembre 2001, l'administration américaine a déclenché trois guerres : sa guerre contre la terreur et deux autres guerres conventionnelles. Avec l'aval des Nations unies et avec l'appui de l'OTAN, la première en Afghanistan a ciblé les sanctuaires Taliban qui avait hébergé les activistes de Ben Laden. Ces objectifs ont été atteints dès novembre 2001. Mais malgré ce plein succès, le Pentagone a répété la même erreur qu'au lendemain de la libération du Koweït en maintenant des troupes sur place. Par conséquent, aujourd'hui encore, l'engagement occidental s'éternise, ne sachant pas s'il doit privilégier des actions ponctuelles des forces spéciales ou de vastes opérations contre-insurrectionnelles conjointement menées avec la nouvelle armée afghane. Le nouveau président américain a sans doute eu tort d'en avoir fait « sa guerre patriotique ». L'histoire de ce conflit n'est pas dite et représente l'un des défis majeurs de Barack Obama qui arrive à mi-mandat dans une situation politique difficile.

Déclenchée par George Bush et le Premier ministre britannique Tony Blair, la deuxième guerre conventionnelle censée apporter une réponse pertinente aux « menaces terroristes globales » s'est traduite par une intervention en Irak pour faire tomber le régime de Saddam Hussein. Justifiée par une série de mensonges d'Etat[1], cette nouvelle intervention occidentale a eu deux conséquences : l'éclatement de l'Etat-nation irakien et les polarisations kurde, sunnite, chi'ite qui entraînent des affrontements intercommunautaires très meurtriers. Cette situation crée les conditions favorables à l'ouverture d'un nouveau jihad contre l'Occident.

La scène irakienne va ainsi donner lieu à une nouvelle génération d'activistes jihadistes qualifiés de néo-Afghans. A la différence de leurs aînés d'Afghanistan, ils privilégient les engagements en milieu urbain et de nouvelles techniques de combat asymétriques (engins explosifs improvisés ou IED, voitures piégées, embuscades et attentats kamikazes). De nouvelles filières de recrutement et de formation se développent d'une manière plus systématique que celles précédemment générées par les théâtres bosniaque et tchétchène, trop périphériques.

Comme dans le cas afghan, la segmentation irakienne induit des mouvements d'allers et retours avec les pays d'origines des néo-Afghans. Outre le recours à des techniques de combat plus artisanales, la cartographie du recrutement s'est recentrée sur le Maghreb (Algérie, Maroc, Tunisie, Libye). Elle fait apparaître le rôle structurant du Groupe combattant islamique libyen (GCIL) et d'un foyer australien à destination du Liban et de la Syrie transitant par la Turquie.

Arabie Saoudite, Afghanistan et Irak, ces trois segments dessinent une nouvelle géographie de la menace en quatre zones principales, hormis les sanctuaires occidentaux : les Proche et Moyen-Orient conservent leur qualité d'épicentre et de jihad-référent à travers un conflit israélo-palestinien considéré comme emblématique de la confrontation Orient/Occident; la dimension sahélo-maghrébine concerne des foyers dont l'influence s'exerce des côtes de Mauritanie jusqu'à la Corne de l'Afrique; depuis la Somalie s'organise une nébuleuse jihadiste qui, outre le Yémen, irrigue aussi le reste de l'océan Indien; enfin, de nouveaux foyers s'affirment en Thaïlande, en Indonésie, aux Philippines et en Australie,

1. Richard Labévière, *Les Coulisses de la terreur, op. cit.*

faisant émerger une zone extrême asiatique de plus en plus préoccupante.

Si chacune de ces zones présente ses spécificités propres, l'enchevêtrement de leurs lignes produit des connexions et des systèmes d'échanges concurrents de la revendication palestinienne *stricto sensu*. Après avoir mis en péril les équilibres stato-nationaux d'Irak, ils menacent désormais ceux de l'Egypte, de la Jordanie, du Liban et de la Syrie.

Après les années 1980 dominées par la menace des Frères musulmans, la Syrie est aujourd'hui confrontée à un redéploiement jihadiste composite, issu principalement de la segmentation irakienne. A partir des camps de réfugiés palestiniens du Liban, notamment ceux de la banlieue de Saïda (sud) et des périphéries de Tripoli (nord), région frontalière de la Syrie, des flux qui jusqu'à maintenant étaient de transit risquent de s'amalgamer en un foyer jihadiste à part entière. La présence de la FINUL au Liban-Sud pourrait servir, à terme, de catalyseur.

Hormis cette dernière, la menace jihadiste au sud concerne tout autant les unités israéliennes que celle du Hezbollah chi'ite. Celle du nord vise à la fois l'armée libanaise, la communauté alaouite et les intérêts syriens. Ces différents flux trouvent des appuis dans deux sanctuaires principaux en Jordanie et au Kurdistan d'Irak où les jihadistes sunnites côtoient les services secrets de l'armée israélienne. Enfin, une dernière connexion, la plus récente, se développe de manière transcontinentale puisqu'elle relie un sanctuaire australien (à partir d'une communauté libanaise d'environ 400 000 personnes) à plusieurs têtes de pont turques (Istanbul et les régions côtières d'Içel et d'Iskenderun).

Cette évolution fait l'objet de toutes les attentions des services de sécurité tant en Syrie qu'au Liban, sans toujours recueillir le soutien et l'aide des pays occidentaux engagés dans la région. Les efforts de modernisation des moyens de coopération militaire continuent à se heurter aux mirages de l'idéologie antiterroriste. Washington et Tel-Aviv bloquent toujours les dotations de matériels qui permettraient à l'armée nationale libanaise d'être un protagoniste majeur de la paix et de la sécurité régionales.

L'occupation israélienne du plateau du Golan

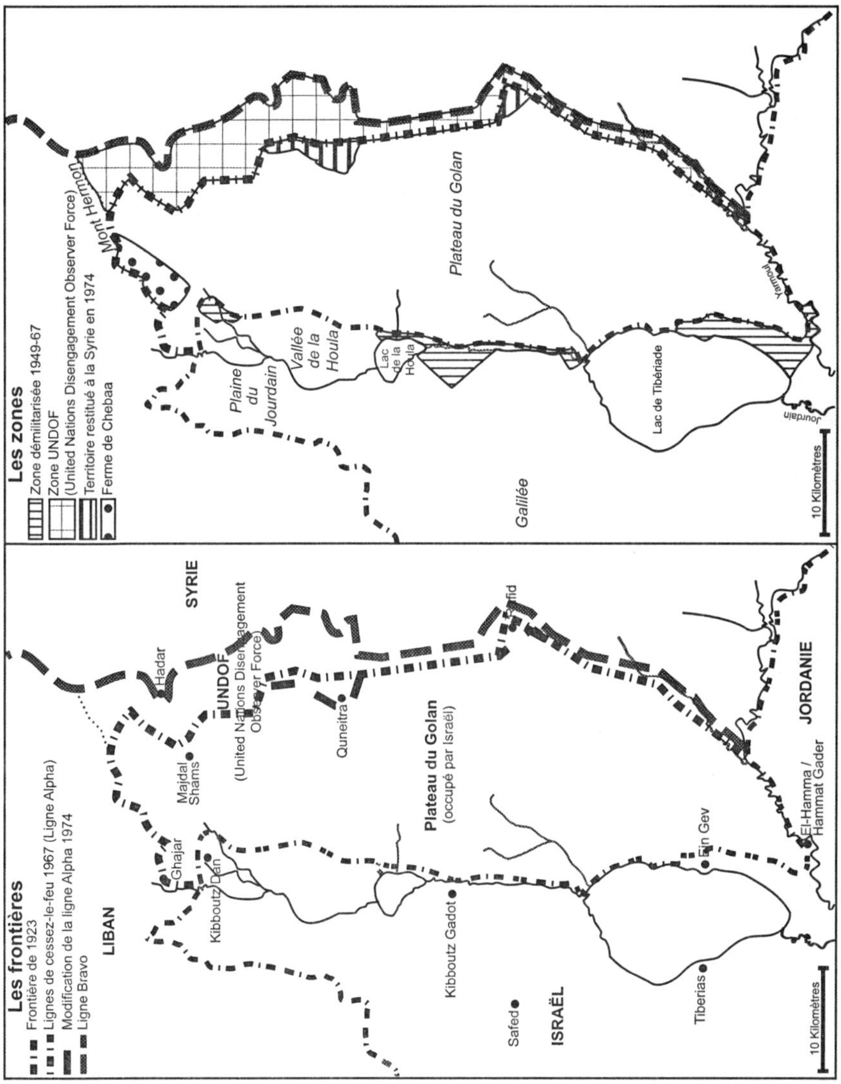

10

En attendant Godot...

« Quand on est passé par Beyrouth et ce qui reste de Sabra et Chatila, par le Liban Sud, où on a vu des dizaines d'enfants amputés par vos bombes à fragmentation restées enfouies dans la glaise, et par les chambres de torture à Khiam où opéraient vos supplétifs, par Kenitra en ruine au pied du Golan, par les camps jordaniens, et qu'on débarque à Tel-Aviv, on se sent affecté d'un strabisme divergent. »

Régis DEBRAY, *A un ami israélien.*

Le 9 juillet 2007 sur la chaine Al-Arabia, soit un an après la défaite israélienne au Liban, le Premier ministre israélien Ehoud Olmert invite Bachar al-Assad, à négocier directement « où et quand il le voudra [...]. Bachar, vous savez que je suis prêt à mener des négociations directes avec vous. Vous savez aussi que c'est votre choix de ne vouloir parler qu'aux Américains ». Il renouvellera cette proposition par écrit, dans une lettre remise à Nicolas Sarkozy en novembre 2009, à la veille d'une nouvelle visite du président syrien à Paris.

Le 16 mai 2007, le Parlement israélien avait adopté un projet de loi conditionnant l'éventuelle restitution du Golan à un référendum. Simultanément, l'armée israélienne menait de nouvelles manœuvres sur le plateau, « les plus importantes depuis cinq ans », selon Tel-Aviv. Le ministre israélien de l'Intérieur Roni Baron annonçait son intention d'accélérer les projets d'extension de colonies sur le Golan, Ehoud Olmert lui-même brandissait les tables de la loi de son gouvernement : « Tant que j'occuperai les fonctions de Premier ministre, le plateau du Golan demeurera entre nos mains car il est partie intégrante de l'Etat d'Israël[1]. »

La réponse du président syrien fut telle qu'on pouvait l'attendre : « Nous demandons aux dirigeants israéliens de proclamer clairement et officiellement leur désir de paix en s'engageant officiellement à revenir aux frontières du 4 juin 1967[2]. »

Le 6 septembre 2007, moins de deux mois après l'appel d'Olmert à Assad sur Al-Arabia, la chasse israélienne violait l'espace aérien de la Syrie et bombardait une installation militaire à une centaine de kilomètres à l'est de l'Euphrate. Tel-Aviv se félicitait du « rétablissement de la capacité de dissuasion » de son armée sérieusement ébranlée par sa dernière guerre ratée contre le Liban. *Haaretz* avançait trois hypothèses à l'origine de l'opération : « Collecter des informations sur les missiles syriens à longue portée, tester la défense antiaérienne syrienne et explorer une possible route aérienne vers l'ennemi iranien[3]. »

Selon une analyse de la Direction française du renseignement militaire (DRM), Israël cherchait à provoquer une riposte syrienne afin de localiser de nouvelles armes russes acquises par la Syrie. La note rappelle qu'en septembre 1973, à la veille de la guerre de Kippour, Israël avait bombardé une cargaison d'armes soviétiques dans le port de Tartous. Les Syriens s'étaient abstenus d'engager leurs missiles Sam pour ne pas dévoiler leur dispositif de défense qui devait neutraliser pas moins de 90 chasseurs israéliens le mois suivant.

Les allégations israélo-américaines formulées pour justifier le dernier bombardement mettent en avant la construction d'un réacteur nucléaire sur le site visé. Le 22 juin 2008, après une visite sur place, les inspecteurs de l'Agence internationale de l'énergie atomique (AIEA) concluent au largage de déchets radioactifs et accusent la Syrie. Ce grand écart entre les effets d'annonce de Tel-Aviv et ses provocations militaires

1. AFP, 26 septembre 2006.
2. Bachar al-Assad, discours d'investiture au Parlement, 17 juillet 2007.
3. *Haaretz*, 9 septembre 2007.

n'est pas nouveau, et reflète l'état d'esprit qui a dominé la séquence des négociations israélo-syriennes entre 1991 et 2000.

De Madrid (1991) à Shepherdstown (2000), ce processus a connu des hauts et des bas au fil d'une dramaturgie qui a vu la succession de cinq cabinets israéliens tandis que les relations israélo-palestiniennes ne cessaient de se dégrader. Après une embellie entre 1993 et 1995 qui correspond au gouvernement d'Yitzhak Rabin, prêt à se retirer complètement du Golan, l'arrivée au pouvoir de Benyamin Netanyahou et du Likoud (1996) interrompt le cycle qui reprendra brièvement en 2000 sous le gouvernement travailliste d'Ehoud Barak, avant d'échouer sur les questions liées à la sécurité et aux ressources aquifères.

La constance des positions syriennes reste l'un des traits marquants de cette tentative. « Tout règlement de paix doit s'inscrire, aux yeux de Damas, dans un cadre psychologique et stratégique permettant de satisfaire aux revendications essentielles du pays en matière de frontière et de sécurité, souligne Marwa Daoudy. Mais bien des incertitudes naissent de l'ambiguïté que crée la poursuite concomitante de ce double objectif : le désir de paix et la détermination à défendre les intérêts nationaux[1]. »

Si la récupération du Golan représente l'enjeu majeur pour la Syrie, Israël considère la négociation comme un moyen d'obtenir satisfaction sur les questions de sécurité multilatérale et de normalisation régionale. Au logiciel du processus d'Oslo « la terre contre la paix », la partie israélienne substitue celui de « la terre contre la neutralisation du Hezbollah et du Hamas ». C'est dans ce changement d'échelle que vont ressurgir les dysfonctionnements, les malentendus et les blocages.

Selon Patrick Seale, le biographe du président Hafez al-Assad, le « Vieux Lion » aurait anticipé l'effondrement de l'Union soviétique. En 1987, de retour d'un voyage en Union soviétique, il réunit son état-major et le bureau politique du parti en leur demandant de travailler à de nouvelles options stratégiques, l'URSS n'étant plus en mesure de soutenir les

1. Marwa Daoudy : « Le long chemin de Damas. La Syrie et les négociations de paix avec Israël », *Les Etudes du CERI*, n° 119, novembre 2005.

efforts syriens pour atteindre la parité stratégique avec Israël[1] : « Les Russes nous ont vendus », dit-il. Dans ce contexte, une nouvelle relation avec Washington s'impose et Damas devient ainsi un partenaire des Etats-Unis comme l'atteste sa participation à la coalition contre l'Irak en 1991. La libération du Koweït favorise le cadre proposé par Washington d'une reprise des négociations de paix divisées en plusieurs segments bilatéraux : entre Tel-Aviv et les Palestiniens, les Jordaniens et les Syriens.

D'après Marwa Daoudy : « Avant d'accepter l'invitation à la conférence de Madrid, le président Assad rappelle au secrétaire d'Etat James Baker la valeur de la terre du Golan et ce qu'elle continue de représenter aux yeux du pays, vingt-quatre ans après son occupation : en 1967, près de 150 000 civils ont été expulsés de 139 villages (formant une population actuelle de près de 500 000 réfugiés), tandis que 23 000 civils syriens vivent toujours sous domination israélienne[2]. » Pour Damas, la restitution du Golan est d'autant plus une question d'honneur que sa perte s'inscrit dans une série d'amputations territoriales successives au profit du Liban, de la Turquie et qu'elle symbolise la survie de son intégrité territoriale et politique.

Sur le mont Hermon, à moins de 40 kilomètres de Damas, où vit le tiers de la population syrienne, les Israéliens ont installé une station ultramoderne d'écoute et de radars. Ballons dirigeables et avions d'observation survolent la zone en permanence, tandis que des unités terrestres spécialisées sont cantonnées sur la ligne de démarcation du 4 juin 1967. A ces questions de sécurité s'ajoute la question de l'eau, vitale pour chacun des deux pays. Le Jourdain traverse la zone sur près de 360 kilomètres avec un débit moyen de 1 311 millions de mètres cubes. Ses trois sources (le Banyas sur le Golan syrien, le Hasbani au Liban et le Dan en Israël) constituent la partie supérieure du système hydrographique du Jourdain. A l'aval du lac de Tibériade, la partie inférieure du fleuve rejoint les rivières Yarmouk et Zerqa, prenant leur source

1. Patrick Seale, *Assad : The Struggle for the Middle East*, Berkeley, University of California Press, 1988.
2. Marwa Daoudy, *op. cit.*

respectivement en Syrie et en Jordanie. Sur une longueur de 57 kilomètres dont 47 en Syrie, le Yarmouk assure près de la moitié du débit du Jourdain à hauteur de 500 millions de mètres cubes. C'est en fonction de ces données hydrographiques que furent négociés l'accord franco-britannique de 1923, qui délimita la frontière entre la Syrie et la Palestine mandataire, et le régime d'armistice de 1949-1967.

Par conséquent, le retrait éventuel du Golan doit-il s'effectuer jusqu'à la ligne du 4 juin 1967 ou seulement jusqu'à la frontière internationale de 1923 ? La Syrie revendique un retrait jusqu'à la ligne de juin 1967 en se fondant sur la résolution 242 de l'ONU soulignant « l'inadmissibilité de l'acquisition de territoires par la force » et réclame le « retrait de l'armée israélienne des Territoires occupés ». Pour sa part, Israël soutient qu'une partie de la zone syrienne a été acquise par la force en 1948, contredisant l'esprit de la résolution 242. L'obstination de Tel-Aviv à revendiquer la frontière internationale de 1923 s'explique par la volonté de garder le contrôle des sources du fleuve. Le différentiel entre les lignes de 1923 et de 1967 concerne une petite bande d'une vingtaine de kilomètres conditionnant l'accès au lac de Tibériade et à la haute vallée du Jourdain. « La question de la frontière avec la Syrie sera même envisagée par certains stratèges israéliens sous l'angle de la “sécurité hydraulique”, c'est-à-dire le contrôle complet de toutes les sources d'eau accessibles à Israël depuis le Golan, qu'elles soient souterraines ou de surface », ajoute Marwa Daoudy[1].

A la suite de la libération du Koweït, le gouvernement de George Bush (père) décide d'organiser une conférence de règlement du conflit israélo-arabe en réunissant les différents acteurs. La conférence de Madrid sur le Proche-Orient s'ouvre le 30 octobre 1991 sous le parrainage conjoint des Etats-Unis et de l'Union soviétique. Le premier ministre Yitzhak Shamir a refusé la supervision des Nations unies, le président Bush assurant que « tout accord éventuel sera enregistré au secrétariat de l'Onu[2] ».

1. *Ibid.*
2. Lettre de garanties (14 octobre 1991) du président George Bush à la Syrie, ministère des Affaires étrangères, Damas.

Pour la Syrie, la question de la restitution du Golan reste toujours indissociable de l'évacuation des Territoires occupés palestiniens par l'armée israélienne. La position syrienne peut se résumer en cinq points :

1) Une paix israélo-arabe durable et juste ne peut s'envisager que globalement, c'est-à-dire sans essayer de renouveler des accords dissociés avec l'un ou l'autre des voisins d'Israël comme ce fut le cas avec l'Egypte et les accords de Camp David.
2) La dimension syro-israélienne est conditionnée par un retrait israélien jusqu'à la ligne de démarcation du 4 juin 1967.
3) Sur la base d'un retrait complet du Golan, de nouvelles relations politiques et économiques pourront s'établir entre les deux pays.
4) Une paix juste entre la Syrie et Israël ne peut se concevoir que sur la base d'une réciprocité géographique, garantie par la législation internationale.
5) Des arrangements sécuritaires pourront être adoptés afin de tenir compte des préoccupations israéliennes.

En réalité, la plupart des discussions entre les deux pays se résumeront à la confrontation de leurs interprétation de la résolution 242. Yitzhak Shamir avouera quelques mois plus tard que sa participation à la conférence de Madrid avait pour seul objectif de calmer l'allié américain, d'autant que l'ONU n'était pas partie prenante[1]. Le discours israélien ne change qu'après l'élection d'Yitzhak Rabin au poste de Premier ministre. Après quinze années de pouvoir du Likoud, il est perçu comme le seul dirigeant israélien susceptible de convaincre son opinion publique de la nécessité d'une paix israélo-arabe. Affichant le plus grand respect pour Hafez al-Assad, il est persuadé qu'une paix israélo-syrienne est possible, mais en dehors d'un règlement global avec les Palestiniens.

Le 26 octobre 1992, Rabin manifeste clairement à la Knesset son intention de mettre cette paix en chantier : la Syrie doit être « prête à signer une paix totale avec Israël » ; le retrait s'effectuant « sur le plateau du Golan et non du

1. Dennis Ross, *The Missing Peace. The Inside Story of the Fight for Middle East Peace*, New York, Farrar, Strauss & Giroux, 2004.

plateau du Golan » ; un tel traité ne devant pas « dépendre du développement des négociations de paix avec les autres délégations arabes[1] ». De retour de Damas le 23 juillet 1992, le secrétaire d'Etat américain James Baker exprime sa conviction que le président Assad est prêt à conclure la paix avec Israël. Pour la première fois, les négociateurs israéliens rompent avec la formule de Shamir « la paix pour la paix » en acceptant que la résolution 242 serve de base aux discussions de paix élargies, tout particulièrement avec la Syrie. Pour la première fois, Israël admet la dimension territoriale du conflit. Les pourparlers reprennent à l'été 1992 jusqu'à la fin de l'année.

Selon le principe de « la terre contre la paix », la Syrie produit un document précisant son interprétation des résolutions 242 et 338, en proposant un calendrier de discussions autour de quatre dossiers : le retrait, les arrangements sécuritaires, l'instauration de relations bilatérales et un calendrier de mise en œuvre. Le document fait aussi référence aux droits nationaux des Palestiniens et au droit au retour des réfugiés, établissant un lien direct avec les autres négociations en cours. Au printemps 1993, les envoyés spéciaux du président Clinton – Warren Christopher, Dennis Ross et Martin Indyk – multiplieront les navettes entre Damas et Tel-Aviv. En juillet 1993, Hafez al-Assad se prononce pour « une paix complète pour un retrait complet ». C'est alors que Rabin fait sa « promesse » aux Américains de se retirer du Golan jusqu'à la ligne du 4 juin 1967 en échange d'une paix complète.

Le 16 janvier 1994 à Genève, le président Assad clôt la rencontre en déclarant que la Syrie a fait de la paix « un choix stratégique » et qu'elle est prête à développer des relations normales avec Israël en échange d'un retrait complet du plateau du Golan. C'est un bouleversement historique spectaculaire. Damas reconnaît ainsi que la restitution de sa terre se fera par la négociation, et non par une nouvelle guerre. Mais en coulisse, l'optimisme est tempéré par des restrictions israéliennes, notamment par la volonté de conserver sa station avancée d'écoute et d'observation radar sur le mont

1. Patrick Seale, « La Syrie et le processus de paix », *Politique étrangère*, n° 4, hiver 1992.

Hermon. Patrick Seale estime que Rabin n'a pas la volonté de parvenir à une paix complète avec la Syrie mais que son objectif est plutôt de la neutraliser le temps de conclure avec les Palestiniens[1].

Autorisé à consulter les archives officielles américaines, le journaliste britannique découvre que le président Clinton a dû avouer à Hafez al-Assad que Rabin n'avait jamais informé les généraux israéliens de sa promesse de revenir à la ligne de 1967. Une fuite à la presse israélienne sur ce sujet sensible brisera la confiance de Damas. Les discussions n'iront pas au-delà jusqu'à l'assassinat d'Yitzhak Rabin par un extrémiste juif, le 4 novembre 1995. Des pourparlers vont néanmoins se poursuivre, mais le cœur n'y est plus...

Dans ses Mémoires, Bill Clinton confirme pourtant l'engagement pris par le Premier ministre israélien de se retirer du Golan « pour retrouver les frontières du 4 juin 1967, à condition que soient satisfaites les exigences d'Israël. Cet engagement, j'étais censé le garder "dans ma poche" jusqu'à ce qu'il puisse le présenter officiellement à la Syrie dans le cadre d'une solution globale. Apres la mort de Yitzhak, Shimon Peres a repris cet engagement à son compte, et c'est sur cette base que nous avons parrainé les négociations israélo-syriennes à Wye River, en 1996. En cas de rétrocession du Golan, Peres souhaitait que je signe un traité de sécurité avec Israël ; la même idée me fut suggérée plus tard par Benyamin Netanyahou, puis par Barak. Je leur avais dit que j'étais disposé à le faire[2] ».

Hafez al-Assad reprend le dialogue en qualifiant le nouveau Premier ministre israélien de « leader avec une vision, de l'imagination et de la créativité ». L'idée, chère à Peres, d'un Proche et d'un Moyen-Orient pacifiés et intégrés par des échanges économiques au sein d'un marché commun régional est connue du président syrien. Les négociations reprennent donc à Wye River Plantation dans le Maryland de la fin décembre 1995 à la fin février 1996. Les questions de l'eau et des arrangements sécuritaires font toujours problème, tandis que, sur le terrain, la situation se dégrade à nouveau.

1. Patrick Seale, *op. cit.*
2. Bill Clinton, *Ma vie*, Paris, Odile Jacob, 2004.

Après l'assassinat de plusieurs responsables du Hamas par Israël, une série d'attentats à la bombe touche plusieurs villes israéliennes. En réponse à des tirs de roquettes du Hezbollah sur le nord d'Israël, Tel-Aviv lance son opération « Raisins de la colère » au Liban-Sud, qui n'est pas sans rappeler ses invasions de 1978 et 1982. Un demi-million de Libanais prennent le chemin de l'exil. Plus d'une centaine de civils réfugiés dans un camp de l'ONU à Cana trouvent la mort sous les bombes israéliennes. Malgré les dénégations de Tel-Aviv, un rapport du secrétaire général des Nations unies Boutros Boutros Ghali prouvera que ces populations civiles ont été délibérément prises pour cible[1]. Le 7 février, Shimon Peres annonce la tenue d'élections anticipées. Ultérieurement, Washington fera payer son audace à Boutros Ghali en s'opposant à sa reconduction à la tête de l'Onu.

Benyamin Netanyahou gagne les élections de mai 1996. Les négociations sont gelées. Le nouveau Premier ministre refuse catégoriquement la « promesse de Rabin » et tente vainement de négocier une paix séparée avec le Liban. En rupture avec l'esprit de Madrid – « la paix contre la terre » –, Netanyahou se cantonne à « la paix contre la sécurité », formule suffisamment floue, dépourvue de réalité cartographique et de calendrier, laissant la porte ouverte à toutes les provocations possibles. Pour sa part, le président syrien signifie clairement à la secrétaire d'Etat Madeleine Albright qu'il ne reprendra les négociations que « là où elles se sont arrêtées ».

Le retour des travaillistes au pouvoir en 1999 est délicat. Pas plus que Netanyahou, Ehoud Barak n'est prêt à assumer la « promesse de Rabin » et les discussions achoppent toujours sur les questions de l'eau et des arrangements de sécurité. Si les Syriens acceptent la conservation d'une station de pré-alerte sur le Golan pour une période de dix ans à condition qu'elle soit gérée par la France et les Etats-Unis, ils ne peuvent admettre qu'Israël conserve la maîtrise de la totalité du bassin hydrographique du Jourdain et du lac de Tibériade. Ehoud Barak veut conserver une bande de territoire de 400 à 500 mètres sur la rive nord-est du lac de Tibériade, c'est-

1. Nations unies, Document S/1996/337, 7 mai 1996.

à-dire bien au-delà de la situation à la veille de la guerre de 1967 mais aussi de la ligne internationale de 1923. Sur la base de cette cartographie s'ouvre à Genève le 26 mars 2000, le sommet de la dernière chance. Bill Clinton, qui va bientôt quitter la Maison-Blanche, veut un accord à tout prix. Les Israéliens cherchent à refaire le coup réalisé avec Sadate en 1978, soit une paix séparée avec Damas.

Bill Clinton souligne que les Syriens étaient arrivés à Shepherdstown dans « un esprit positif et flexible, déterminés à parvenir à un accord[1] », rejetant ainsi la responsabilité de l'échec sur le Premier ministre israélien. Or, Ehoud Barak « a décidé de ralentir le processus pendant quelques jours afin de convaincre le peuple israélien qu'il ne négociait pas à la légère. Il comptait sur mes bons rapports avec al-Chareh et Assad pour faire patienter les Syriens aussi longtemps que nécessaire. J'étais déçu, c'est le moins que je puisse dire. Si Barak avait traité avec les Syriens par le passé, ou s'il nous avait prévenus un peu à l'avance, la situation eût été tenable. En tant que dirigeant démocratiquement élu, il lui fallait certes tenir compte de l'opinion publique et de sondages défavorables; mais Assad avait ses propres problèmes de politique intérieure, et c'est sa confiance en moi et en la parole de Barak qui lui avait permis de surmonter son aversion pour toute tractation avec Israël. Barak n'était entré en politique que récemment, et je crois qu'il était assez mal conseillé. Les sondages ne doivent pas influer sur la politique extérieure; les électeurs demandent à leur candidat de remporter des victoires, et seuls comptent les résultats. Un accord de paix avec la Syrie donnerait à Barak une stature politique de premier plan en Israël et dans le monde, et faciliterait d'éventuelle négociations avec les Palestiniens [...]. En dépit de tous mes efforts, je ne suis pas arrivé à le faire changer d'avis ».

« Comme toujours, la partie israélienne veut le beurre, l'argent du beurre et le sourire de la crémière », explique un diplomate français qui suit la discussion. « Israël prétend accepter le retrait jusqu'à la ligne du 4 juin 1967, tout en gardant la souveraineté sur le lac de Tibériade et le Jourdain, en imposant un tracé qui prive la Syrie de tout accès à l'eau.

1. Bill Clinton, *op. cit.*

Cette posture était évidemment inacceptable et Tel-aviv le savait parfaitement. » Logiquement, Hafez al-Assad en conclut que Tel-Aviv ne veut pas la paix et le sommet de Genève se termine sur un échec retentissant. L'élection d'Ariel Sharon met un terme à toute velléité de relance des négociations et Damas ne peut défendre la poursuite des discussions en pleine répression de l'Intifada.

Aujourd'hui, Bachar al-Assad invoque une possible relance du processus là où il s'est arrêté, selon la formule de Madrid, soit « la terre contre la paix ». Dans son éditorial du 13 juin 2007, *Techrine* conteste la volonté de paix israélienne. Après avoir rappelé les différents manquements israéliens, il conclut : « Si Israël est sérieux, il doit tout d'abord reconnaître la promesse de Rabin qui sert de base valable pour la reprise des négociations de paix, afin de parachever les 20 % qui restent pour aboutir à un accord de paix intégral. »

Dès l'annonce de négociations syro-israéliennes indirectes en mai 2008 sous l'égide d'Ankara, Israël s'est dit prêt à envisager la rétrocession du Golan, à condition que la Syrie s'éloigne du Hezbollah, du Hamas et de l'Iran. Comme en 2000, Israël réitère sa volonté de paix tout en fixant toujours de nouveaux préalables. Un traité de paix séparé avec Damas permettrait à Tel-Aviv de renouer avec sa méthode de la segmentation pour, en dernière instance, se dérober aux concessions nécessaires à un règlement du conflit israélo-palestinien, notamment sur le statut de Jérusalem. Walid Mouallem, qui, avant de devenir ministre des Affaires étrangères, fut l'un des principaux négociateurs syriens, dénonce l'instauration silencieuse d'un nouvel ordre régional qu'il qualifie de « Sykes-Picot 2 », visant à redessiner les frontières des Etats arabes sur une base confessionnelle et ethnique[1].

La question est désormais de savoir si la Syrie est prête à un nouveau marchandage. Le 27 novembre 2007, le chef de la diplomatie syrienne rappelle que « le Golan syrien occupé est un territoire non négociable », tout en soulignant que « la reconnaissance d'Israël est liée à son retrait de tous les territoires arabes occupés en 1967 et à l'établissement d'un Etat palestinien indépendant avec Jérusalem pour capitale ». Il

1. *Al-Hayat*, 26 octobre 2005.

rejette clairement « les manipulations israéliennes des différents volets et l'utilisation des négociations syro-israéliennes pour exercer des pressions sur le volet palestinien et continuer le morcellement ethnico-confessionnel de la région[1] ».

Le 10 mai 2007, dans un discours prononcé au Parlement, Bachar al-Assad déclare : « Ni l'opinion publique israélienne, ni la classe politique ne sont prêtes à la paix. » Après la guerre de l'été 2006 contre le Liban, la cote de popularité d'Ehoud Olmert s'effondre. Le Premier ministre israélien et sa famille se retrouvent au cœur de différents scandales financiers et de trafics d'influence. Reformulant alors la position de son père, Bachar déclare que « si les Israéliens sont sérieux quant à la reprise des négociations, ils doivent être disposés à se retirer jusqu'à la ligne du 4 juin 1967. Le retrait intégral du Golan est une question non négociable ». Le président syrien relève aussi « l'absence d'un parrain impartial » dans ces négociations, déplorant que le processus de paix demeure « l'otage » d'une administration américaine « juge et partie ».

En face de la citadelle deux fois millénaire de Damas, un imposant monument a été érigé à la mémoire de Saladin en 1993. Des combattants francs à ses pieds, le vainqueur de Jérusalem, dressé sur son cheval, symbolise le sort des royaumes latins érigés au XIe siècle le long du littoral syro-palestinien. Mais plus qu'un symbole, ce monument devant lequel Hafez al-Assad aimait amener ses visiteurs se veut une édifiante leçon d'histoire. « Si nous ne sommes pas en mesure aujourd'hui de récupérer nos terres occupées, nous ne pouvons pas et nous ne devons pas léguer aux prochaines générations une paix simulée sur fond de défaite. Pourquoi tant de hâte à se résigner à la déroute ? », déclarait-il par exemple au stade des Abbassides en 1985.

1. Walid Mouallem. Sana, 27 novembre 2007.

11

Un 14 juillet en trompe l'œil...

« Il existe des oppresseurs et des opprimés. Et des gens qui profitent de l'oppression et d'autres qui ne sont pas tranquilles lorsqu'ils savent qu'elle existe. »

Paul NIZAN, *Les Chiens de garde.*

« Qu'est-ce que vous faites là ? Ils sont tous chez les Américains ! »

C'est le Dr Gibran Kourieh, porte-parole du président Hafez al-Assad, qui parle en nous regardant comme des extraterrestres tellement il s'étonne que des journalistes occidentaux puissent s'intéresser à sa délégation.

Effectivement, le quinzième étage de l'Intercontinental de Genève est désert, ce dimanche 16 janvier 1994. C'est dans cet hôtel historique, considéré comme l'annexe du siège européen des Nations unies, qu'est descendue la délégation syrienne pour la rencontre au sommet entre les présidents Clinton et Assad. Et le docteur d'expliquer que nous sommes quasiment les seuls accrédités côté syrien, toute la presse occidentale rendant compte, depuis la veille, des moindres faits et gestes du seul président américain.

Après cinq heures d'entretien, les deux chefs d'Etat appellent à une « paix des braves » dans le conflit israélo-arabe. Le sommet s'est donné pour tâche de relancer le processus de paix. Hafez al-Assad déclare qu'il souhaite une « paix des braves, une paix authentique qui puisse conduire tous les pays de la région à une nouvelle ère de stabilité ». Son homologue américain s'associe à cette déclaration, estimant que la Syrie est « la clef pour une paix durable permettant de mettre fin au conflit entre Israël et ses voisins arabes ». A la question de savoir si le président syrien s'est engagé à normaliser ses relations avec Israël, notamment par l'ouverture des frontières, des échanges commerciaux et des liens diplomatiques, Bill Clinton répond : « En résumé, ma réponse est oui [...]. Je pense que le président Assad a fait une déclaration claire, directe, sans ambiguïté et très importante sur des relations normales et pacifiques. »

Le président américain affirme encore son attachement à une politique d'échange de territoires contre la paix. Il se prononce en faveur d'une amélioration des relations bilatérales avec la Syrie qui, pourtant, continue à figurer sur la liste américaine des Etats « encourageant et soutenant le terrorisme ».

Le déroulement de la conférence de presse finale constitue le point d'orgue de cette couverture de presse asymétrique : la majorité des questions portent sur la seule sécurité d'Israël. « Nous répondrons aux nécessités de la paix [...]. Cela dépendra des négociations et ne doit pas être évoqué au cours d'une conférence de presse », répond calmement le président Hafez al-Assad. A un journaliste qui lui demande s'il est prêt à établir des relations normales avec Israël contre un retour de la souveraineté syrienne sur le plateau du Golan, il répond : « Nous sommes pour une paix globale et, dans ce contexte, ce que nous voulons, c'est parvenir à une vraie paix pour tous – je dis bien pour tous – aux Proche et Moyen-Orient. » Cinq jours plus tard, Bassel, le fils aîné du président syrien, se tue au volant de sa voiture sur la route de l'aéroport de Damas. L'événement propulse Bachar sur le devant de la scène politique syrienne.

Six ans plus tard, on rejoue la même histoire : « Le sommet de Genève a échoué. Bill Clinton n'est pas parvenu, en plus de trois heures d'entretiens, à convaincre les Syriens de revenir à la table des négociations où ils avaient laissé seuls les

Israéliens au début de l'année[1].» Le quotidien français *Libération* attribue à la seule Syrie l'échec du sommet sans même rappeler que le président Assad a toujours fixé, en préambule à toute discussion approfondie, la rétrocession intégrale du plateau du Golan dans les frontières d'avant juin 1967. Empêtrée dans les «trois obstacles épistémologiques[2]», la presse occidentale cultive ses préjugés antisyriens depuis longtemps. Récurrentes, les mêmes figures imputent invariablement à Damas la responsabilité du blocage diplomatique, tant sur le volet israélo-syro-palestinien que sur celui du Liban.

C'est pourtant sur ce dernier dossier que va s'effectuer une spectaculaire réconciliation franco-syrienne et syro-française. En 2007, à l'unisson de la doxa dominante, le président Nicolas Sarkozy est encore persuadé que c'est bien la Syrie qui empêche l'élection d'un nouveau président libanais, même s'il cherche à se différencier de la politique de son prédécesseur et du style de la relation Chirac-Hariri. Le fait est que depuis la fin officielle du mandat d'Emile Lahoud (le 23 novembre 2007), le Parlement libanais n'est pas parvenu à élire un nouveau président de la République. La guerre de l'été 2006 a fait voler en éclat le *statu quo* politique. Le Hezbollah accuse la majorité parlementaire d'avoir cautionné l'offensive israélienne tandis que le camp du 14 mars rétorque que c'est le parti chi'ite qui a entraîné le Liban dans la guerre. En décembre 2007, le Hezbollah et ses alliés chrétiens du Courant patriotique libre du général Aoun organisent une occupation du centre-ville.

Le 30 décembre 2007[3], le président français déclare depuis Le Caire que «la France n'aura plus de contacts avec la Syrie tant que cette dernière ne démontrera pas qu'elle est prête à laisser le Liban élire un président de consensus». Le matin même, Nicolas Sarkozy s'est rendu, en visite officielle, chez Hosni Moubarak après cinq jours de vacances dans le pays. «Le temps est venu pour les Syriens de prouver dans les faits

---

1. *Libération*, 27 mars 2000.
2. Voir notre introduction.
3. «Sarkozy coupe les contacts avec la Syrie», *Libération*, 30 décembre 2007.

ce qu'ils ne cessent de proclamer dans les discours, précise-t-il. Nous attendons maintenant des actes de la part des Syriens et non plus des discours. »

Le ministre des Affaires étrangères Bernard Kouchner est envoyé dans la région pour appuyer ces admonestations. En novembre, il retrouve son homologue syrien Walid Mouallem à Istanbul. Mais, handicapé par sa réputation pro-israélienne et son atlantisme revendiqué, le *French Doctor* n'est pas le bienvenu au Proche-Orient, même s'il ne cesse de se prévaloir de sa grande connaissance du dossier libano-syrien[1]. En réalité, Claude Guéant, le secrétaire général de l'Elysée, travaille dans l'ombre depuis des mois sur ce dossier qu'il considère « prioritaire pour les intérêts de la France ». Préfet très engagé dans les arcanes internationaux de la lutte antiterroriste, celui qu'on appelle le Père Joseph de l'Elysée n'a jamais coupé les ponts avec la tête des services syriens. En homme de l'art avisé, il sait qu'en la matière, la France ne peut se passer d'une coopération suivie avec le renseignement syrien. C'est lui qui convainc Nicolas Sarkozy de tourner la page chiraquienne et d'inventer une nouvelle relation avec Damas.

Du côté syrien, Walid Mouallem a parfaitement compris. Ministre des Affaires étrangères depuis le 11 février 2006, cet ancien ambassadeur de Syrie à Washington donne un sérieux coup de jeune à la diplomatie de son pays. Travailleur infatigable, de petite taille et tout en rondeur, Walid Mouallem est aussi connu pour ses intuitions fulgurantes. Il a rapidement déchiffré le profil d'avocat d'affaires de Nicolas Sarkozy et sa méthode de « coups ». Aussi, il multiplie les signes positifs en direction de l'Elysée, sachant, lui aussi, qu'une réconciliation avec la France est « importante pour la Syrie » et que celle-ci s'amorcera d'abord par les dossiers touchant à la sécurité du Bassin méditerranéen. Il va saisir l'opportunité du sommet arabe de Damas des 29 et 30 mars 2008 pour rétablir la confiance avec Paris.

En dépit du faible niveau de représentation de l'Arabie Saoudite, de l'Egypte, de la Jordanie et du boycott du gouvernement libanais de Fouad Siniora, onze chefs d'Etat des 22 pays membres – dont les présidents algérien et tunisien,

1. Pierre Péan, *Le Monde selon K.*, Paris, Fayard, 2009.

les émirs du Koweït, du Qatar et le Libyen Mouammar Kadhafi – sont du voyage. Cette participation honorable inflige un premier revers à la diplomatie américaine qui avait tout mis en œuvre pour dissuader les participants. La presse occidentale parle d'« un sommet pour rien » avant même qu'il n'ait commencé. Le quotidien *Le Monde* lui consacre une « brève » de cinq lignes pour rappeler le boycott de Riyad et du Caire. Aucun envoyé spécial français ne s'est déplacé, alors que paradoxalement ce sommet sera certainement l'un des plus importants et des plus productifs de toute l'histoire de la Ligue arabe.

La diversité des participants permet à la Syrie de briser l'isolement diplomatique dans lequel Washington cherchait à la maintenir depuis l'assassinat de Rafic Hariri. En appelant les pays arabes à « un regain de solidarité dans le contexte international actuel particulièrement tendu » et, surtout, à « tout mettre en œuvre pour contrer les tentatives d'ingérence étrangère », la déclaration finale de Damas « déconstruit l'agenda américano-israélien consistant à multiplier des noyaux durs sunnites dans l'ensemble du monde arabo-islamique afin d'accentuer la confrontation sunnites/chi'ites visant sa retribalisation », commente un diplomate algérien. Mais c'est surtout l'appel à « la solidarité arabe » qui a mobilisé l'ensemble des délégations, dont celles des pays du Golfe, face à la crainte partagée d'une intervention militaire américano-israélienne contre l'Iran, la Syrie, voire, de nouveau, le Liban.

En effet, la perspective d'une nouvelle guerre possible pèse sur la grande séance à huis clos du 29 mars 2008. A cet égard, le ministre Walid Mouallem établit un lien entre l'escalade des affrontements armés en Irak, fomentés par l'occupant américain, la présence d'un groupe aéronaval de l'US Navy au large des côtes du Liban et les derniers mouvements de l'armée israélienne le long des frontières syrienne et libanaise.

Mettant l'accent sur ce « danger trans-arabe » d'une nouvelle guerre américano-israélienne, la diplomatie syrienne évite l'écueil libanais en renvoyant la responsabilité du blocage de la situation politique du pays du Cèdre aux Libanais eux-mêmes. Un conseiller du général chrétien Michel Aoun commente : « La chaise laissée vide par le gouvernement Siniora montre à quel point ce gouvernement, ou ce qu'il en reste, est nombriliste. En effet, les architectes de ce boycott se désintéressent-ils du devenir des Palestiniens, du sort de la population civile irakienne, au point d'ignorer les préoccupations communes à l'ensemble des pays arabes ? Ayant adhéré depuis longtemps aux projets américano-israéliens, les responsables de ce boycott appartiendraient-ils déjà à ce monde merveilleux "sunnite modéré" auquel ne cesse de rêver, à voix haute, la secrétaire d'Etat américaine Condoleezza Rice ? »

Quoi qu'il en soit, Damas obtient un regain de soutien arabe contre les pressions et sanctions américaines exercées dans le cadre du *Syrian Accountability Act*, au moment où le dernier rapport de la Commission internationale d'enquête sur l'assassinat de Rafic Hariri ne met plus en cause tel ou tel Etat mais « un réseau de criminels individuels ».

En lisant la déclaration finale, le secrétaire général de la Ligue arabe Amr Moussa appelle le Liban à élire un président de consensus et à souscrire à nouveau au plan saoudien pour la paix avec Israël[1] : « Les dirigeants arabes soulignent leur engagement dans l'Initiative arabe pour résoudre la crise libanaise et appellent les dirigeants de ce pays à élire un candidat de consensus, le général Michel Sleiman [...] Ils demandent également que les relations établies entre la Syrie et son voisin le Liban soient "réorientées dans la bonne direction". Les politiciens libanais en conflit devraient "s'accorder sur la base de la formation d'un gouvernement d'unité nationale", dans la continuité de l'Initiative de la Ligue arabe, pour mettre fin à la pire crise politique qu'ait connu le Liban depuis la fin de la guerre civile de 1975-1990. »

Autre succès de la diplomatie syrienne, et non des moindres, le retour du dossier palestinien dans le cadre de la conférence de Madrid – basé sur le principe de « la terre contre la paix » – rappelant que l'application de la résolution 242 de l'ONU – qui stipule un retrait des territoires occupés

1. Lancée par le prince Abdallah d'Arabie Saoudite, l'initiative arabe pour la paix avec Israël a été rendue publique dans la presse américaine avant d'être présentée officiellement lors du sommet de Beyrouth d'octobre 2002 et relancée à Riyad en 2007.

en juin 1967 – concerne aussi le plateau du Golan. Sur le dossier irakien, la déclaration finale évite de prendre parti en faveur du gouvernement ou des insurgés et se contente d'appeler à l'unité de l'Irak en refusant de qualifier – *stricto sensu* – les troupes américaines de forces d'occupation, pour évoquer « la présence de forces étrangères ».

Au moment du départ des délégations, Walid Mouallem, visiblement très satisfait des résultats du sommet, nous appelle pour saluer le président Assad, lui aussi très content. « Vous verrez, les choses vont bouger, non seulement en direction du Liban mais aussi de la France, dit-il, et vous serez aux premières loges ! » *Inch'Allah !*

En dépit des acquis du sommet, la situation libanaise continue à se détériorer entre la majorité parlementaire du 14 mars et l'opposition. Le 6 mai 2008, le gouvernement Siniora décide d'enquêter sur un réseau de télécommunications installé par le Hezbollah à travers le pays et de limoger le chef de la sécurité de l'aéroport de Beyrouth, présenté comme un proche du parti chi'ite. Le Hezbollah affirme que le réseau téléphonique fait partie de son appareil militaire de « dissuasion contre Israël » et qu'il ne peut être mis en cause sans attenter aux questions fondamentales de sécurité. Le lendemain, une journée de grève générale dégénère en affrontements entre milices de la majorité et sympathisants de l'opposition, causant une dizaine de blessés. La grève avait été lancée à l'appel de la Confédération générale des travailleurs au Liban (CGTL), principale organisation syndicale du pays, pour réclamer une hausse du salaire minimum.

Jeudi 8 mai, les affrontements armés s'étendent à la Bekaa et Tripoli où ils font huit blessés. De nombreuses routes sont bloquées et des magasins et écoles fermés. A Beyrouth, des manifestants brûlent des pneus et des bennes à ordures sur la route de l'aéroport. Cet axe principal est bloqué par des monticules de terre installés par des partisans du Hezbollah. Le trafic aérien est quasiment paralysé, rapporte à l'AFP un responsable de l'aéroport. En outre, des sympathisants du gouvernement bloquent la route de la Bekaa menant à la frontière syrienne, celle reliant Chtaura à Baalbeck, fief du Hezbollah, et l'autoroute entre Beyrouth et le sud du pays.

« Les décisions du gouvernement contre le Hezbollah constituent une déclaration de guerre [...] au profit des Etats-Unis et d'Israël », déclare Hassan Nasrallah dans une vidéo-conférence retransmise depuis la banlieue sud de Beyrouth. Il affirme que son mouvement est prêt à se défendre par les armes. « Notre réponse à cette déclaration de guerre est notre droit à la légitime défense, la défense de notre résistance, de nos armes et de notre existence », ajoute-t-il.

Quelques instants après ce discours, des affrontements armés éclatent dans plusieurs quartiers mixtes sunnites-chi'ites de l'ouest de la capitale, entre les milices *Moustaqbal* (majorité) et les partisans du Hezbollah. La confrontation engage des armes automatiques et des lance-roquettes de type RPG. L'armée, qui a reçu pour tâche délicate de s'interposer entre les deux camps, prévient dans un communiqué qu'une escalade risque de « porter atteinte à son unité ». En quelques heures, les milices *Moustaqbal* sont défaites, tandis que les partisans du Hezbollah remettent à l'armée les quartiers dont ils ont pris le contrôle. Bilan des deux journées : 65 morts.

A l'étranger, Le Caire et Riyad assurent le gouvernement Siniora de leur soutien. La Ligue arabe, qui tente en vain une médiation, depuis des semaines, appelle « au calme ». Grâce à la médiation du Qatar, qui a joué un rôle majeur lors du sommet de Damas, un dialogue entre les factions libanaises s'engage à Doha. Les médiateurs qatariens proposent un gouvernement d'union nationale de 30 ministres : 13 pour la majorité, 10 pour l'opposition et 7 à choisir par le président élu, une répartition rejetée dans le passé par l'opposition, qui exige plus du tiers des postes.

Les deux camps divergent également sur un nouveau découpage électoral, chacun craignant de perdre des sièges lors des législatives de juin 2009 en raison de la modification de la composition démographique des circonscriptions. Le Qatar suggère enfin d'inclure dans le communiqué final une clause sur des garanties contre tout usage des armes à des fins politiques internes. Une controverse sur la question de l'armement du Hezbollah avait failli remettre en cause la tenue même de la conférence, lorsque des ténors de la majorité exigèrent de débattre de cette question en préambule de l'ordre du jour. Le Qatar désamorce la tension en promettant un compromis, le Hezbollah refusant tout débat concernant ses capacités militaires.

Le 22 mai 2008, les Qatariens arrachent un accord qui met fin à dix-huit mois de bras de fer entre majorité et opposition libanaises. Il accorde à l'opposition une minorité de blocage dans le gouvernement et prévoit le vote par le Parlement d'une loi sur le découpage électoral. Cette issue constitue une indéniable victoire pour le Hezbollah, même si elle permet une remise en marche des institutions selon plusieurs analystes. « La minorité de blocage donnée à l'opposition est un sérieux revers pour le gouvernement, quelque chose qu'il tentait d'éviter depuis longtemps », souligne Paul Salem, directeur de la Fondation Carnegie pour le Moyen-Orient. Pour Hilal Khashan, professeur à l'université américaine de Beyrouth, « le Hezbollah, en obtenant que la question de son armement ne figure pas à l'agenda de Doha, s'impose plus que jamais dans la position d'un acteur politique de premier plan aux niveaux national, régional et international ».

Le 25 mai 2008, en application de l'accord de Doha, le président du Parlement libanais, Nabih Berri, convoque les députés pour une nouvelle séance (la vingtième) afin d'élire le président de la République. Contrairement à sa position traditionnelle, le Parlement admet que ses fonctions de commandant en chef de l'armée n'interdisent pas à Michel Sleiman de devenir président de la République. Ce dernier est élu par 118 voix sur 127. Il est immédiatement investi par le président du Parlement et l'émir du Qatar, en sa qualité de garant de l'accord de Doha, mettant ainsi fin à six mois de vacance de la présidence de la République libanaise.

Quelques jours auparavant, le Premier ministre turc Recep Tayyip Erdogan a annoncé l'ouverture de pourparlers indirects entre la Syrie et Israël sous l'égide d'Ankara. Ceux-ci sont vite dans l'impasse et cette étrange médiation favorisera surtout une réconciliation historique entre Damas et Ankara[1]. Quoi qu'il en soit, le lancement de ces pourparlers indirects, ajouté à l'élection du président du Liban, lève l'oukase de Nicolas Sarkozy qui ne voulait plus traiter avec la Syrie.

---

1. Voir chapitre 8 : « Des alliances rhizomatiques. »

Les efforts de Claude Guéant aboutissent enfin. Le secrétaire général de l'Elysée lance une invitation officielle au président syrien pour l'installation de l'Union pour la Méditerranée (UPM) prévue le 13 juillet 2008. Il est convenu que tous les invités se retrouvent, le lendemain, à la tribune présidentielle de la place de la Concorde pour le défilé de la fête nationale française. Mais Claude Guéant veut apporter une signification politique plus importante au rétablissement de la relation bilatérale avec la Syrie en organisant en lever de rideau – le 12 juillet – un sommet quadripartite qui réunira autour de Nicolas Sarkozy et de l'émir du Qatar Hamad bin Khalifa al-Thani les présidents syrien et libanais.

Lorsqu'il l'apprend, Bernard Kouchner, furieux, menace de démissionner. Ce n'est pas son premier différend avec Claude Guéant, qui ne cache pas son peu d'estime pour le *French Doctor*. Les intimes du ministre[1] connaissent cette chanson de la démission régulièrement fredonnée sur l'air de « Retenez-moi sinon je fais un malheur ! » L'entourage s'amuse de cette nouvelle facétie : « Il aime trop les dorures du Quai pour mettre ses menaces à exécution et fera n'importe quoi pour rester en place le plus longtemps possible », indique Pierre Péan[2].

Dans la nuit du 2 au 3 juillet 2008, la présidence syrienne nous informe que Bachar al-Assad ne donnera qu'une seule interview avant sa venue à Paris. En souvenir du sommet Clinton/Assad de 1994, il a décidé de nous l'accorder conjointement pour Radio France Internationale (RFI) et TV5-Monde, deux filiales de l'Audiovisuel extérieur de la France (AEF). La décision est tenue secrète jusqu'au dernier moment, car elle a opposé les Anciens et les Modernes ; la vieille garde qui ne veut pas de « langage officiel » avant Paris et les modernistes qui entendent jouer la communication pour valoriser l'image de leur jeune président. Les Modernes l'emportent finalement, grâce à la détermination de la ministre

1. Selon les propres termes de Denis Jeambar qui adressera une lettre ouverte à Bernard Kouchner dans l'hebdomadaire *Marianne* (n° 684 du 29 mai au 4 juin 2010) : « Casse-toi et vite ! »

2. Pierre Péan, *op. cit.*

des Emigrés Bouthaïna Chabaane qui sera nommée ultérieurement conseillère spéciale du président.

L'entretien est enregistré le 8 juillet au Palais du peuple sur les hauteurs de Damas. Durant les dix minutes de discussion destinées à présenter la structure et les thèmes de l'entretien, Bachar al-Assad coupe court à tout préalable en nous souhaitant la bienvenue : « On parle de ce que vous voulez car je sais que vous n'êtes pas là dans une attitude hostile, ce qui est généralement le cas avec la plupart des représentants de la presse occidentale. »

Se félicitant du rétablissement de la relation bilatérale, le président syrien souligne que celle-ci doit se libérer du prisme libanais. Saluant l'initiative française de l'Union pour la Méditerranée (UPM), il ne cache pas que ce grand dessein ne pourra faire abstraction des dossiers politiques au premier rang desquels le conflit israélo-palestinien. Sur ce point, Bachar al-Assad continue à privilégier « l'indispensable » médiation américaine, tout en reconnaissant l'utilité d'autres parrainages internationaux dont ceux de la France et de l'Union européenne. A ses yeux, l'implication de Paris « reste indispensable pour trois raisons : sa connaissance de notre région, ses différents engagements proche et moyen-orientaux et ses relations historiques avec la Syrie. Autant d'aspects qui peuvent aider les Américains à élaborer une vision plus construite et plus équilibrée. Les Etats-Unis sont éloignés de cette région et il est difficile pour eux de bien comprendre le détail de beaucoup d'événements qui se produisent aux Proche et Moyen-Orient. Là, intervient le rôle de la France, non pas en tant que simple intermédiaire, mais plutôt comme partenaire des Etats-Unis dans l'accompagnement et le parrainage d'un processus de paix, lorsque celui-ci entrera dans sa phase directe[1] ».

Les autres dossiers abordés concernent la nécessaire réconciliation palestinienne entre Autorité et Hamas et la question nucléaire iranienne sur laquelle « il s'agit de continuer à privilégier l'option diplomatique ». Si le risque d'une nouvelle guerre est réel, ce serait la pire des solutions, estime le président syrien, car elle ne manquerait pas d'embraser

1. Voir en annexe l'intégralité de l'entretien, p. 359.

l'ensemble des Proche et Moyen-Orient sans manquer d'avoir des répercussions mondiales. Très attendu sur la question des droits de l'homme, Bachar al-Assad se veut sans complexe, expliquant qu'en la matière, il n'y a pas de recette universelle et que chaque pays doit avancer à son rythme.

Enfin, sur le dossier très sensible de l'assassinat de Rafic Hariri, il parle clair : « Depuis le début, nous avons soutenu toute mesure susceptible d'aider à démasquer les assassins de l'ancien Premier ministre libanais Rafic Hariri, à commencer par les commissions d'enquête des Nations unies formées à la demande des gouvernements. Nous sommes également en phase avec l'installation du TSL. Aucune partie, à ma connaissance, en Syrie comme au Liban, ne s'oppose à la création de ce tribunal. Mais cette acceptation ne signifie pas que la Syrie doive admettre une remise en cause de sa souveraineté. La coopération entre la Syrie et le TSL suppose un accord de coopération avec l'Onu. S'agissant d'une coopération de ce type, je peux vous assurer que nous n'avons aucun problème et aucune inquiétude. »

En lever de rideau de son séjour parisien, l'interview permet au président syrien de poser l'essentiel de son argumentation. Elle sera très professionnellement relayée par une intervention en direct dans le journal télévisé de France 2, par plusieurs autres prestations soigneusement préparées pour la matinale de France Inter et la jeune chaîne privée BFM. Le jeune président que découvrent les Français y parle clair et sans détour. L'équipe des communicants de Bouthaïna Chabaane fait des miracles jusque dans les colonnes de *Paris Match* et de la presse quotidienne régionale où le président syrien apparaît avec Asma, la première dame, dont le charme et la pertinence des commentaires politiques dépassent le succès d'estime.

Au soir du 12 juillet 2008, à l'issue d'une conférence de presse commune en sortant du palais de l'Elysée, Bachar al-Assad remercie son homologue français d'avoir réuni ce quartet constitué des trois présidents français, libanais et syrien, sous l'égide de l'émir du Qatar : « Ce quartet est une rencontre très importante dans le temps et par sa signification. C'est une étape, comme un nouveau-né sur lequel il faut veiller pour en garantir l'avenir et la sécurité. Voilà à quoi ressemble la situation du processus de paix dans notre région mais aussi celle qui prévaut au Liban. » Ont été successivement abordés la suite de l'accord de Doha – qui « doit éloigner le Liban de la guerre civile jusqu'aux élections (de juin 2009) et au-delà de cette date importante » –, la reprise du processus de paix au Proche et Moyen-Orient et le dossier du nucléaire iranien.

Sur le processus de paix : « J'ai dit au président Sarkozy que pour les négociations directes, nous avons besoin d'un parrain et que le rôle des Etats-Unis nous paraît essentiel mais que celui des Européens est aussi très important [...]. Ce sont deux rôles complémentaires : américain d'une part, européen et français de l'autre. J'ai invité le président Sarkozy à jouer le rôle qui est le sien, un rôle direct, une fois que nous serons passés à la deuxième étape, c'est-à-dire la phase des négociations directes qui doit nous conduire à un accord de paix. »

Concernant l'Iran et le dossier nucléaire : « La position syrienne, c'est de débarrasser la région du Proche-Orient de toute arme de destruction massive. La Syrie a fait une proposition qui a été examinée en 2003 au Conseil de sécurité lorsqu'elle en était l'un des membres temporaires. Mais la résolution n'a pas été votée pour des raisons qu'il serait inopportun de rappeler ici. »

Le 13 juillet 2010, l'UPM est installée dans le cadre de la présidence française de l'Union européenne. Elle rassemble des Etats riverains de la Méditerranée et l'ensemble des Etats membres de l'UE, soit 44 membres : les 27 de l'UE, l'Albanie, l'Algérie, la Bosnie-Herzégovine, la Croatie, l'Egypte, Israël, la Jordanie, le Liban, le Maroc, la Mauritanie, Monaco, le Monténégro, l'Autorité palestinienne, la Tunisie, la Turquie, la Syrie et la Ligue arabe.

L'organisation se coule dans les structures du processus de Barcelone, pacte liant l'Europe aux pays riverains de la Méditerranée depuis 1995 à l'initiative de Jacques Chirac. Les principaux buts de cette nouvelle organisation internationale sont d'ordre énergétique et environnemental : l'eau, l'énergie (en particulier l'énergie solaire), l'environnement (avant tout la dépollution de la Méditerranée), l'autoroute de la mer sont au cœur du projet. Comme l'a souligné le président syrien, cet ambitieux programme reste néanmoins tributaire de l'évolution et de la gestion du conflit israélo-arabe.

Le lendemain, l'ensemble des chefs d'Etat et de gouvernement de l'UPM se retrouve à la tribune officielle du défilé du 14 Juillet. Diffusée en directe par les chaînes françaises, la retransmission cadre particulièrement le couple Bachar-Asma, « qui incarne le retour d'une Syrie moderne sur la scène internationale » souligne le commentateur de la fête nationale. Mais les « chiens de garde » aboient de nouveau... Pendant la manifestation, le responsable de Reporters sans frontière (RSF) Robert Ménard[1] est interpellé sur les Champs-Élysées en compagnie de huit autres personnes en train de crier « Liberté en Syrie ! ».

Le voyage retour de Nicolas Sarkozy a lieu les 3 et 4 septembre 2008 à Damas. Le président syrien, son ministre des Affaires étrangères, Walid Mouallem, et sa nouvelle conseillère spéciale, Bouthaïna Chabaane, ne cachent pas leur satisfaction. « Tout s'est à peu près passé comme prévu, indique un diplomate syrien. Dialogue et stabilité constituaient les deux maîtres mots du sommet. Par le dialogue avec le Qatar, la Turquie et la France, le retour de Damas sur la scène internationale est confirmé. Cet acquis garantit provisoirement la stabilité en éloignant de nouvelles velléités de guerre israélo-américaine dans la région et permet de préparer l'avenir de discussions directes avec Washington et Tel-Aviv, lorsque ces deux partenaires auront retrouvé leur stabilité politique[2]. »

En effet, en Orient, la gestion du temps demeure l'une des clés de la marche des affaires. Au « dialogue » et à la « stabilité » s'ajoute un calendrier très maîtrisé. Après avoir eu l'initiative, en mai 2008, de l'ouverture de négociations « indirectes » avec Tel-Aviv par l'intermédiaire d'Ankara, Damas prépare maintenant le lancement de la phase « directe » en cherchant à casser le format d'une négociation trop bilatérale qui confinerait la Syrie dans un face-à-face avec la partie israélo-américaine. Depuis le sommet de la Ligue arabe des

1. Notamment Maxime Vivas (prix Roger Vailland 1997) : *La Face cachée de Reporters sans frontière – De la CIA aux faucons du Pentagone*, éditions Aden, 2007.

2. Un effet diplomatique collatéral pour la France est à relever : un refroidissement de ses relations avec l'Arabie Saoudite.

29 et 30 mars 2008 et la réunion bilatérale franco-syrienne du 12 juillet, les parrainages du Qatar et de la Turquie sont acquis. Avec la réunion syro-française du 3 septembre, il s'agit de confirmer la viabilité d'un parrainage français, sinon européen, indispensable aux yeux de Damas afin de « corriger l'ignorance des réalités moyen-orientales dont a fait preuve l'administration américaine finissante », répète à plusieurs reprises Bachar al-Assad.

En regard, Nicolas Sarkozy a dû « vendre » sa démarche à Washington comme étant susceptible d'affaiblir l'axe Damas/Téhéran. D'où l'insistance du président français à brandir l'hypothèse d'une bombe iranienne comme la mère des menaces. « *Wait and see* », dit-on aux Etats-Unis en attente de la nouvelle équipe gouvernementale, tandis qu'on s'inquiète à Tel-Aviv et qu'on fulmine à Riyad et au Caire, où la presse s'enflamme contre « la trahison française ».

Face à ces incompréhensions, la volonté de Nicolas Sarkozy, maintes fois réitérée, de vouloir sauver à tout prix le soldat « franco-israélien » Gilad Shalit ne simplifie rien. La gestion du dossier incombe désormais à l'Egypte seule. Là encore, la presse arabe dans son ensemble exprime malaise et incompréhension face à une histoire qui ne ressemble en rien à celle d'Ingrid Betancourt ou d'autres otages, mais qui concerne « un prisonnier de guerre » soudainement hissé au rang des premières préoccupations de la diplomatie française. Au-delà de ce cas personnel, la lisibilité même de la vision politique de Nicolas Sarkozy est en cause. Compte-t-il se démarquer à tout prix de son prédécesseur ou renouer avec la diplomatie traditionnelle de la France initiée par le général de Gaulle au lendemain de la guerre de juin 1967 ? « C'est pourtant la seule possible », répète l'ancien ministre des Affaires étrangères Hervé de Charette, à savoir celle d'un rééquilibrage entre la sécurité d'Israël et la création d'un Etat palestinien viable. Nicolas Sarkozy ne pourra pas indéfiniment oublier cette clé d'un « règlement régional global ». En fait, « le 14 juillet 2008 est un trompe-l'œil, ajoute l'ancien ministre des Affaires étrangères, un trompe-l'œil qui ne dissimule plus l'absence d'une vision française cohérente et construite[1] ».

1. Entretien avec les auteurs, 10 juillet 2008.

En effet, lorsqu'éclate – en décembre 2008 – la nouvelle agression israélienne contre Gaza, Paris déconcerte ses partenaires arabes. Plutôt que d'engranger les dividendes de sa nouvelle relation avec la Syrie, l'Elysée rejoint le sillage américain et la tentative de médiation égyptienne, suscitant l'incompréhension de ses nouveaux amis. Paris enverra ultérieurement des émissaires français à Damas pour expliquer sa position consistant à soutenir Hosni Moubarak, très affaibli par sa volonté d'imposer son fils pour lui succéder. « Comme à son habitude, Nicolas Sarkozy gère la politique étrangère comme l'avocat d'affaires qu'il est, c'est-à-dire sans faire de lien entre les différents dossiers, passant de l'un à l'autre en l'absence d'une vision d'ensemble », commente l'ancien ministre français des Affaires étrangères Hubert Védrine[1].

Les 12 et 13 novembre 2009, Bachar al-Assad est de retour à Paris. Nicolas Sarkozy lui remet une lettre du Premier ministre israélien, qui se dit prêt à l'ouverture de négociations directes sans autre précision, notamment sur la restitution du Golan. Le président syrien accuse Netanyahou de « jouer sur les mots », se disant toutefois prêt à le rencontrer sans condition préalable. « La Syrie n'a pas de conditions, la Syrie a des droits et la Syrie ne cèdera jamais sur ces droits », déclare-t-il à l'issue d'un entretien et d'un déjeuner de travail avec le président français au palais de l'Elysée. « Tous ces jeux sur les mots de la part des Israéliens visent à ce qu'il n'y ait ni exigence, ni droit qui pourraient être récupérés ou restitués, ajoute-t-il, mais cela ne pourra qu'accentuer l'instabilité dans la région. »

Même si les négociations indirectes sous l'égide de la Turquie ont été interrompues depuis la dernière attaque israélienne contre Gaza, le président syrien rappelle le cadrage instauré par la médiation d'Ankara : « Nous disposons, de part et d'autre, de négociateurs spécialisés qui connaissent et maîtrisent le mécanisme. Ce n'est ni moi ni M. Netanyahou. » Si le Premier ministre israélien « est sérieux, il peut envoyer son équipe d'experts, nous enverrons notre délégation en Turquie, alors ils pourront parler s'ils

1. Entretien avec les auteurs, 17 janvier 2009.

sont vraiment intéressés par la paix». A la marge, le dossier iranien refait surface, mais ce sont surtout les contrats commerciaux qui mobilisent Nicolas Sarkozy.

Une visite du Premier ministre français est décidée pour février 2010. En accomplissant son chemin de Damas – le dernier voyage d'un Premier ministre français remonte à 1977 –, François Fillon s'était fixé comme objectif «d'élever nos relations commerciales au même rang que notre relation politique». Il est vrai que la France n'est que le 15e fournisseur et le 14e investisseur d'une Syrie qui affiche une croissance annuelle de quelque 5 % en 2008.

Accompagné d'une trentaine de chefs d'entreprise et de trois ministres (Christine Lagarde, Henri de Raincourt et Frédéric Mitterrand), François Fillon a signé un contrat pour la vente de deux avions ATR (27 millions d'euros) et un protocole d'accord pour une partie de l'extension de l'aéroport de Damas. La négociation est amorcée pour un développement de centrales solaires, ainsi qu'un appel d'offres pour la construction du métro de la capitale. Les sanctions américaines en vigueur depuis 2004 bloquent d'autres dossiers, notamment celui de la vente de 14 Airbus, pour laquelle un protocole est conclu depuis 2008. L'affaire pourrait bénéficier d'un prochain dégel si Nicolas Sarkozy réussissait – comme il s'y est engagé – à faire lever l'interdiction commerciale américaine.

«On a beaucoup critiqué le choix de la France. Je me réjouis qu'il soit aujourd'hui imité par les Etats-Unis», souligne le Premier ministre français, faisant allusion à un autre chemin de Damas, emprunté trois jours plus tôt par William Burns, le numéro 3 du Département d'Etat américain. Le 17 février 2010, la Syrie a accordé ses lettres de créance au nouvel ambassadeur américain Robert Ford, tournant ainsi la page d'une brouille de sept ans.

Alors que la Commission d'enquête des Nations unies sur l'assassinat de l'ex-Premier ministre libanais Rafic Hariri s'est discréditée en accumulant des faux témoignages et que les quatre généraux libanais accusés d'être pro-syriens ont dû être relâchés faute de preuves après quatre ans de prison, la diplomatie syrienne continue de desserrer l'étau international. Le «grand retournement» opéré depuis la visite de

Bachar al-Assad à Paris, en juillet 2008, peut en conclusion s'expliquer de trois manières : la volonté sarkozyste de tourner la page des années Chirac et de son amitié avec Rafic Hariri ; le souhait du même d'atténuer son tropisme pro-américain et pro-israélien ; enfin, une volonté d'occuper une place – peu ou prou – laissée vacante par la diplomatie américaine aux Proche et Moyen-Orient.

Alliés à des potentialités économiques de « petit tigre oriental », ces différents effets conjugués ont replacé la Syrie au centre du Grand Jeu.

12

Le nouveau front du refus

« J'entends déjà les cris d'indignation que pousseront les politiciens à l'idée que la politique doit être subordonnée aux intérêts de la guerre. Or, Clausewitz a pourtant enseigné que la guerre n'est autre chose qu'une continuation de la politique, mais par d'autres moyens. Que les politiciens se mettent donc en colère, qu'ils prennent mes idées pour celles d'un vieux "militariste" à outrance, cela ne changera rien à la réalité, et la réalité de la guerre ne demande que ce que je demande moi-même, pour le salut du peuple. »

Erich LUDENDORFF, *La Guerre totale.*

Dix ans de vaines négociations avec Israël, un réchauffement de façade avec les Etats-Unis et une réconciliation à but commercial avec le gouvernement de Nicolas Sarkozy – le président le plus pro-israélien de la Ve République française – ne suffisent pas à apaiser les tensions régionales. Depuis l'ouverture de négociations indirectes par l'intermédiaire de la Turquie en mai 2008, les rapports n'ont fait que se détériorer avec le gouvernement Netanyahou et son étrange ministre des Affaires étrangères, Avigdor Liberman.

Originaire de Moldavie, fondateur et dirigeant du parti d'extrême droite *Israel Beytenou* (Israël notre maison), Avigdor Liberman est ministre des Affaires étrangères et vice-Premier ministre d'Israël depuis le 31 mars 2009. Le 4 février 2010, devant le Forum des affaires de l'université Bar Ilan près de Tel-Aviv, retransmis par la radio publique israélienne, il avertit, menaçant : « Notre message à Assad doit être clair : la prochaine guerre… Non seulement tu la perdras, mais toi et ta famille vous perdrez aussi le pouvoir. » Et, pour être sûr d'être bien compris, il ajoute : « J'espère que ce message sera parfaitement audible à Damas », en accusant le président syrien de « ne s'intéresser ni aux vies de ses concitoyens, ni aux valeurs humanistes, mais seulement au pouvoir ».

Coutumier de ce genre de provocation, Liberman répondait, en l'occurrence, à son collègue Ehoud Barak qui venait d'expliquer qu'il était impératif de répondre positivement aux offres de paix du président syrien. Liberman s'emporte : « Nous avons entendu les émouvants appels à la paix avec la Syrie de notre ministre de la Défense… Quiconque pense sérieusement que des compromis territoriaux détacheront la Syrie de l'axe du mal se trompe. » Cette déclaration réveille une réelle menace de guerre et les dirigeants syriens ne manqueront pas de la prendre au sérieux. Comme le note l'éditorialiste du *Haaretz* Alouf Ben, « des menaces moins explicites ont déclenché une crise qui a mené à la guerre de juin 1967 ».

Dans une interview publiée par le *New Yorker*, Bachar al-Assad répond, non sans humour : « Il faut un dictionnaire spécial pour comprendre les intentions d'Israël. En ce moment, ce pays est privé de dirigeants politiques de valeur, comme l'a été par exemple Yitzhak Rabin, qui avait bien compris la signification de chaque déclaration politique des différents acteurs de la région. Les Israéliens sont comme des enfants qui se chamaillent et font du tort à leur pays. Ils ne savent, tout simplement, pas quoi faire dans le contexte actuel… Nous ne comprenons pas quelle est leur vision future des Proche et Moyen-Orient. »

Au-delà de cette apparente distanciation, on sait parfaitement à Damas que c'est lorsque Tel-Aviv, précisément, « ne sait pas quoi faire » qu'il peut se montrer le plus menaçant. Dérouté par les rapprochements, même timides, de Damas avec l'Europe et les Etats-Unis, Israël cherche probablement à raviver les vieilles catégories des néoconservateurs au premier rang desquelles celle d'axe du mal.

Comment s'y retrouver? Le 1er février, le même Ehoud Barak, qui appelait à une reprise des pourparlers avec

Damas, prévenait : « En l'absence d'accord de paix avec la Syrie, nous pourrions nous retrouver dans une confrontation militaire qui pourrait mener à une guerre totale. » Et ce n'est pas la première fois qu'un membre du cabinet Netanyahou emprunte cette expression de « guerre totale » que l'on doit à Erich Ludendorff et qui devint, pour le malheur de l'humanité, la vulgate du régime nazi[1]. Ajoutant à la cacophonie, Yossi Peled, ministre sans portefeuille, affirme qu'Israël et le Hezbollah s'orientent inéluctablement vers une nouvelle confrontation tandis que Benyamin Netanyahou accuse Beyrouth de permettre au parti chi'ite de renforcer ses capacités militaires.

Réagissant aux propos d'Avigdor Liberman, le chef de la diplomatie syrienne Walid Mouallem sort de son habituelle placidité et met en garde Tel-Aviv contre tout projet de guerre contre la Syrie, estimant qu'un tel conflit se transformerait en « guerre généralisée ». Et le ministre d'ajouter au cours d'une conférence de presse à Damas : « Israël accentue le climat de guerre dans la région. Je dis à ces dirigeants arrogants et imprudents : cessez de jouer le rôle des voyous du coin en menaçant, à tour de rôle, Gaza, une autre fois le sud du Liban, puis l'Iran et maintenant, de nouveau la Syrie. »

Réagissant à son tour, le secrétaire général du Hezbollah, Hassan Nasrallah, lève d'un cran ses menaces le 17 février, et révèle le nouveau rapport de force susceptible de dissuader Israël d'attaquer une nouvelle fois le Liban. S'adressant à des dizaines de milliers de personnes réunies dans la banlieue sud de Beyrouth à l'occasion de la semaine des martyrs, le numéro 1 du parti est explicite : « Je ne sous-estime pas les capacités israéliennes, mais nous sommes forts à tel point qu'Israël ne peut plus nous attaquer. Ni l'armée israélienne, ni les Israéliens ne peuvent supporter une nouvelle défaite, parce que cela signifiera le début de leur fin [...]. Je dis aux Israéliens : si vous bombardez l'aéroport international du martyr Rafic Hariri à Beyrouth, nous bombarderons l'aéroport David Ben Gourion, à Tel-Aviv. Si vous bombardez nos raffineries, nos usines, nos ports, nous ferons de même avec les vôtres. » Nasrallah dresse un tableau de la situation qui

1. Erich Ludendorff, *La Guerre totale*, Paris, Perrin, 2010.

prévaut dans la région, estimant qu'Israël se trouve « dans l'impasse, il est incapable d'imposer la paix selon ses propres conditions, ni faire la guerre. Il ne pourra jamais parvenir à la paix sans restituer le Golan à la Syrie, les hameaux de Chebaa et les collines de Kfar Chouba (au Liban), et notamment les territoires palestiniens ».

L'escalade verbale se poursuit le 7 février 2010 lorsque Bachar al-Assad affirme, en recevant le président du Parlement libanais Nabih Berri, que « la Syrie se tiendra aux côtés du gouvernement et du peuple libanais contre toute éventuelle agression lancée contre le Liban ». Selon l'agence Sana, les deux hommes ont évoqué « les menaces israéliennes qui se multiplient contre les Etats de la région et l'extrémisme israélien susceptible de tuer les chances de paix en provoquant une nouvelle guerre dans la région ».

La poussée de fièvre n'a vraisemblablement rien de fortuit : elle intervient à quelques jours d'une rencontre au sommet à Damas entre Bachar al-Assad, son homologue iranien Mahmoud Ahmadinejad et le secrétaire du Hezbollah Hassan Nasrallah.

Le 25 février, deux jours avant la rencontre, *Techrine* publie en première page un éditorial de l'écrivain iranien Muhammad Sadeq al-Husseini qui a valeur de communiqué officiel. L'essence du message consiste dans la proclamation d'un nouveau front tripartite : « L'Iran comme la Syrie et le Liban ne permettront plus dorénavant que l'un d'eux se défende seul dans une nouvelle guerre où Israël cherche depuis quelque temps à impliquer les Etats-Unis. La réponse ferme et déterminée du ministre Walid Mouallem à son homologue provocateur rejoint celle du secrétaire général du Hezbollah soulignant l'émergence de nouvelles positions et d'un nouvel équilibre stratégique. »

Le déplacement du chef du Hezbollah revêt une dimension exceptionnelle. Menacé de mort par Israël, Hassan Nasrallah évite habituellement de participer à des commémorations religieuses ou des rassemblements politiques et prononce ses discours à la télévision depuis un lieu toujours tenu secret.

Mahmoud Ahmadinejad s'est également entretenu avec le chef du bureau politique du Hamas, Khaled Mechaal, avec les représentants de différentes factions palestiniennes. Le président iranien réitère son appui au peuple palestinien jusqu'au recouvrement total de ses droits légitimes. Il condamne aussi les pratiques des autorités d'occupation et leurs tentatives de « judaïser » la ville sainte de Jérusalem, tout en dénonçant la décision d'inscrire sur la liste du patrimoine israélien les mosquées d'Ibrahim al-Khalil et de Bilal Ben Rabah.

La conclusion majeure du sommet n'échappe pas à Abdel Bari Atwan, rédacteur en chef du journal *Al-Qods al-Arabi*, l'un des grands quotidiens panarabes basés à Londres. Très populaire dans le monde arabe, ce chroniqueur régulier de la BBC et d'Al-Jazeera écrit alors : « Le sommet tripartite de Damas entre Assad, Ahmadinejad et Nasrallah a valeur d'un conseil de guerre destiné à établir les stratégies de l'avenir et à partager les rôles et les tâches en cas d'attaque israélienne contre l'une des trois parties. Cette rencontre au sommet concrétise le renforcement de l'alliance stratégique et la formation d'un nouveau front du refus qui sera le fer de lance face à l'alliance israélo-américaine et face aux gouvernements arabes qui y adhéreraient ouvertement ou secrètement en cas de guerre. »

Abdel Bari Atwan estime aussi que Nasrallah – dans ses menaces de riposte contre Tel-Aviv – use « d'un nouveau ton, d'une assurance sans précédent et de menaces de riposte d'un nouveau type [...]. La région assiste à l'émergence d'une polarisation similaire à celle qui a précédé les deux guerres (1991 et 2003) contre l'Irak : d'un côté, il y a ceux qui ont choisi le camp américain et de l'autre ceux qui ont opté pour le camp adverse ».

Le rédacteur en chef d'*Al-Qods al-Arabi* décrypte enfin la politique régionale de Damas : « La Syrie ne peut se délier d'une alliance stratégique qui perdure depuis trente ans avec l'Iran [...] car les alternatives qui lui furent offertes ont été humiliantes à tous égards [...]. Mme Clinton n'a proposé à la Syrie que le retour d'un ambassadeur à Damas, comme si la Syrie ne pouvait vivre sans la présence d'un diplomate américain. Damas a été membre du trio Syrie-Egypte-Arabie Saoudite qui a dominé la région trente ans durant et qui a opté pour la paix. Qu'est-ce que Washington lui a présenté en contrepartie de sa modération ? Elle ne l'a pas aidé à récupérer le plateau du Golan et n'a pas permis aux capitaux américains de s'investir en Syrie pour créer des emplois et diminuer le chômage. Elle ne l'a même pas rayé de sa liste des Etats qui soutiennent le terrorisme. Il n'existe aucune ligne aérienne directe entre Damas et les villes américaines. Aucun appareil américain n'a atterri à l'aéroport de Damas depuis cinquante ans, bien que la Syrie se soit opposée au régime du président irakien Saddam Hussein, qu'elle ait indirectement participé à la libération du Koweït et qu'elle ait coopéré pleinement à la guerre contre le terrorisme. »

Une semaine avant l'affirmation de ce nouveau front du refus, à peine abordé par la presse occidentale, un autre événement va défrayer la chronique. « L'obsession des deux "H" – Hamas et Hezbollah – continue à barrer l'horizon extérieur israélien, explique un diplomate français du consulat général de France à Jérusalem, et c'est dans ce cadre irrationnel qu'il faut replacer le lamentable fiasco du *Dubaigate* ! » Mahmoud al-Mabhouh, un dirigeant du Hamas, est assassiné dans une chambre de l'hôtel Bustan Rotana à Dubai dans la nuit du 19 au 20 janvier 2010. Selon la police de Dubai, onze hommes du Kidon, le service action du Mossad, sont les auteurs de l'assassinat. Le chef de la police de l'émirat se dit prêt à demander à Interpol d'émettre un mandat d'arrêt international à l'encontre du patron du Mossad, Meïr Dagan. Les membres du commando ont utilisé des passeports britanniques, irlandais, allemands, australiens et français, empruntant la véritable identité des détenteurs originaux, six d'entre eux provenant de ressortissants qui possèdent également la nationalité israélienne. L'opération clandestine a été filmée, presque de bout en bout, par des caméras de vidéo-surveillance, omniprésentes dans l'émirat, souvent comparé – en matière de sécurité – à la principauté de Monaco. Les onze suspects ont quitté le territoire des Emirats arabes unis dix-neuf heures après leur arrivée.

Le 22 février 2010, l'Union européenne condamne l'assassinat de Mahmoud al-Mabhouh et l'utilisation de faux passeports de plusieurs de ses Etats membres. Elle précise que ces pays mènent également leur enquête, sans la moindre allusion à Israël. Le ministre britannique des Affaires étrangères promet d'aller « jusqu'au bout de l'enquête sur les passeports du Royaume-Uni utilisés pour l'assassinat » et réclame la coopération d'Israël « au plus haut niveau ». La Maison-Blanche se tait et, à Paris, Bernard Kouchner se dit préoccupé...

Selon différentes sources de la communauté européenne du renseignement, l'assassinat ciblé aurait été préparé avec l'aval du Premier ministre Netanyahou. Le 22 février 2010, en visite officielle à Bruxelles et à l'issue d'un entretien avec le président du Parlement européen, Avigdor Liberman rejette catégoriquement ces accusations en lançant à la presse : « Je pense que vous regardez trop de films de James Bond. » Après avoir rencontré successivement les ministres irlandais, britannique et espagnol (l'Espagne préside l'UE) des Affaires étrangères et dîné avec la chef de la diplomatie européenne Catherine Ashton, il affirme sans ciller : « Rien ne prouve que mon pays soit impliqué. » Simultanément, les autorités des Emirats confirment qu'elles ont formellement identifié quatre suspects porteurs de passeports britanniques et irlandais. Dubai accuse toujours les services secrets israéliens d'avoir assassiné Mahmoud al-Mabhouh.

Dubaigate! Le mot se répand dans les rédactions comme une traînée de poudre. La presse internationale conclut trop hâtivement à la bavure et au dysfonctionnement de barbouzes en multipliant les comparaisons avec le fiasco du *Rainbow Warrior*[1]. « Erreur, grave erreur », rectifie l'un des grands responsables d'un service européen de renseignements : « Cette opération est l'une des plus belles réussites du Mossad depuis ses contre-performances de la guerre contre le Liban en 2006 et ses derniers ratages à Gaza. Du début à la fin et dans le champ des caméras de surveillance émiraties, l'opération s'est déroulée comme elle avait été prévue. Aucune défaillance ! C'est une réussite absolue parce que la presse internationale a gobé la thèse de la défaillance ! »

1. En 1985, l'affaire du *Rainbow Warrior* constitue l'un des ratages les plus retentissants de l'histoire des services secrets français et se double d'un scandale politique. En multipliant des signatures involontaires, le service action de la DGSE coule le navire de l'organisation écologiste Greenpeace, le *Rainbow Warrior*, qui faisait route vers Mururoa pour protester contre les essais nucléaires français.

En effet, Meïr Dagan a toutes les raisons de féliciter ses collaborateurs. « Au-delà de toute espérance, l'opération a atteint ses trois objectifs principaux, nous explique la même source. Le premier était d'obliger les autorités des Emirats à éclaircir leur position. Tout en ayant des accords bilatéraux de coopération avec les services israéliens, elles n'en continuent pas moins d'accueillir des responsables opérationnels et financiers du Hamas sur leur territoire. Ainsi, largement médiatisé, l'assassinat de Mahmoud al-Mabhouh oblige les Emirats à adopter une attitude cohérente envers l'organisation palestinienne et ses transfuges. Même message adressé aux pays européens dont les passeports ont été utilisés à dessein, au premier rang desquels la Grande-Bretagne. C'était le deuxième objectif. Enfin, le troisième : impliquer publiquement l'Autorité palestinienne dans la chasse aux activistes du Hamas. Là aussi, la réussite est absolue puisque l'enquête a révélé la complicité de deux officiers palestiniens issus des services de Mohammad Dahlan qui n'est autre que l'un des responsables des services de sécurité de Mahmoud Abbas. »

Membre du bureau politique du Hamas, Muhammad Nazzal explique, preuves à l'appui, sur la chaîne Al-Jazeera comment les deux Palestiniens ont fourni une aide logistique précieuse au commando du Mossad. Ahmad Hasanin, ancien membre des services de sécurité de l'Autorité palestinienne, et Anwar Shuhaiber, ancien officier de la « sécurité préventive » palestinienne, auraient assuré l'accueil des membres du commando et effectué les premiers repérages à l'hôtel Bustan Rotana. Selon Nazzal, Mohammad Dahlan aurait vainement demandé aux autorités de Dubai leur libération. En effet, le 22 février, la police de Dubai annonce l'arrestation de deux Palestiniens, dont un officier de l'Autorité palestinienne.

L'information est confirmée par le journal *Al-Bayane* : « L'un des deux suspects était officier des services de sécurité de la Bande de Gaza, qui était lié à Israël. Le suspect, qui avait rang de commandant, a fui Gaza après la découverte par le Hamas de "ses liens avec les services de renseignement de l'armée israélienne". Il a rencontré un membre du commando et l'a aidé à identifier Mabhouh. Le second Palestinien vivait dans le Golfe et connaissait très bien le premier suspect. Les deux se sont enfuis en Jordanie après l'assassinat et ont finalement été extradés vers Dubai. »

Simultanément à l'opération de Dubai, le service d'action psychologique du Mossad lance une grande campagne de communication contre la Syrie, accusée une nouvelle fois de livrer des missiles Scud au Hezbollah. L'accusation portée par le chef d'Etat israélien Shimon Peres est relayée par Hillary Clinton qui accuse puis menace la Syrie. A nouveau Walid Mouallem monte au créneau : « Nous mettons en garde les Etats-Unis contre toute confiance accordée par eux aux accusations mensongères d'Israël et déclarons que la déstabilisation de la région est la conséquence directe de la fourniture par Washington à Israël de grandes quantités d'armes sophistiquées », déclare-t-il à l'agence Sana[1]. Et d'ajouter que l'affirmation de George W. Bush sur la présence d'armes de destruction massive en Irak avait servi de prétexte pour lancer une campagne militaire contre ce pays en 2003. « Tout porte à croire, conclut-il, que l'administration américaine en place tente de rejouer le même scénario. »

Vieille antienne des gouvernements israéliens successifs, la problématique des armes du Hezbollah resurgit, cette fois-ci, dans un contexte très particulier. En effet, après « la guerre des trente-trois jours » de l'été 2006 – caractérisée par une série de revers tactiques israéliens et par une indéniable défaite politique –, non seulement le Hezbollah n'a pas été défait, mais il a reconstitué ses capacités militaires et amélioré leur intégration. Cette évolution est visible dans trois domaines. La portée des missiles à disposition a été considérablement augmentée. Ces derniers peuvent désormais atteindre la totalité du territoire israélien. La multiplication d'unités motorisées (deux hommes armés de missiles antichar et de missiles sol-air) rend plus hasardeux l'engagement des blindés et des hélicoptères ennemis. Enfin, la modernisation d'un dispositif opérationnel enterré, tant dans le secteur du fleuve Litani que dans celui de la Bekaa-Est, améliore la synergie des différentes composantes reliées entre elles par un système de communication dédié et quasiment étanche.

1. Sana, 2 mai 2010.

Ces améliorations révolutionnent le concept d'asymétrie, en permettant d'inverser le potentiel du faible au fort. On le constatera de nouveau avec l'opération israélienne contre Gaza (hiver 2008-2009) durant laquelle le Hamas adopte les postures tactiques du Hezbollah : une armée moderne, en dépit des technologies les plus sophistiquées, devient inopérante parce que confrontée à des objectifs essentiellement civils dont la destruction finit par lui faire perdre la bataille de la communication. Les mêmes constats caractérisent les difficultés d'engagement des contingents occidentaux en Afghanistan. A terme, des troupes étrangères, aussi bien équipées soient-elles, arrivent de plus en plus mal à « gagner les cœurs et les esprits » des populations autochtones qui les perçoivent immanquablement comme des forces d'occupation.

Depuis le retrait israélien du Liban-Sud en mai 2000, les réussites militaires successives du Hezbollah ont réappris aux stratèges les principes de l'*Art de la guerre* de Sun Tzu[1] et les vérités premières de la guerre de guérilla. Malgré les efforts déployés par le général Emile Lahoud, et poursuivis sous sa présidence, pour doter le pays du Cèdre d'une armée nationale, Washington et Tel-Aviv n'ont jamais permis que celle-ci soit équipée des matériels aptes à défendre efficacement ses frontières terrestres, son espace aérien et ses eaux territoriales. La légitimité des armes du Hezbollah n'a cessé de se fortifier à l'aune de cette contradiction.

Ses capacités militaires sont ainsi à l'origine d'un nouveau concept désormais en vogue dans les états-majors[2] : celui d'asymétrie inversée. L'ère des guerres de quelques jours, des conflits où la suprématie aérienne finissait par emporter la décision, est bien révolue. En cumulant les avancées tactiques du Hezbollah, celles, plus récentes, du Hamas et d'autres groupes palestiniens, Beyrouth, Téhéran et Damas sont en passe de changer la donne stratégique. Celle-ci accule de plus en plus l'armée israélienne à des opérations ponctuelles souvent malheureuses, effectuées par ses services de renseigne-

1. Sun Tzu, *L'Art de la guerre*, Paris, Flammarion, 1972.
2. Jacques Baud et Christine Lorin de Grandmaison, *La Guerre asymétrique ou la défaite des vainqueurs*, éditions du Rocher, 2003.

ments et ses forces spéciales, comme en mai 2010 contre une flottille humanitaire dans les eaux internationales au large des côtes de Gaza[1].

Ajoutées aux efforts de défense de l'Iran et de la Syrie, les armes du Hezbollah contribuent à créer le fameux rééquilibrage stratégique dont rêvait Hafez al-Assad. En accompagnant judicieusement cette évolution, le président syrien a pleinement conscience d'œuvrer dans la continuité de son père. Il faut naturellement interpréter le sommet de Damas réunissant les présidents syrien et iranien et le secrétaire général du Hezbollah dans la perspective de cette nouvelle donne stratégique. Politiquement, il ne fait que réaffirmer une alliance datant des accords de Taëf (1989) ; en revanche, sur le plan stratégique et militaire, il marque un tournant : même soutenue par les Etats-Unis, la Grande-Bretagne ou toute autre puissance, une nouvelle guerre israélienne contre le Liban, l'Iran ou la Syrie déclencherait une riposte commune de Damas, Téhéran et du Hezbollah. Et celle-ci excéderait l'engagement des trois partenaires.

Toute nouvelle initiative militaire (israélienne ou américaine) susciterait aussitôt des réactions en chaîne à l'échelle du Moyen-Orient et peut-être au-delà, risquant de déclencher une guerre majeure. Selon Pierre Hassner : « Mon choix pour une nouvelle guerre au Proche-Orient serait une attaque israélienne ou américaine contre l'Iran. Celle-ci pourrait concerner tout l'"arc de crise" ou ce que les Américains appellent *the Greater Middle East*, comprenant à la fois l'ensemble Iran-Inde-Afghanistan et, peut-être, indirectement, la Chine, la Russie et l'Europe, avec des conséquences considérables dans le domaine de l'énergie et dans celui de la paix civile, à la fois des pays arabes et des pays occidentaux[2]. »

Ce changement de donne stratégique pousse Israël à privilégier, plus que jamais, la dissuasion nucléaire et à insister sur la menace iranienne en la matière. De ce fait, l'hypothèse

1. Le 31 mai 2010, les commandos de la marine israélienne ont tué neuf Turcs, militants d'ONG embarqués à bord d'une flottille transportant de l'aide humanitaire à destination de la population de la Bande de Gaza.

2. Pierre Hassner : « La danse macabre des caméléons » dans *La Fin des guerres majeures ?*, sous la direction de Frédéric Ramel et Jean-Vincent Holeindre, Paris, Economica, 2010.

de la perte de la suprématie nucléaire régionale est vécue comme un véritable cauchemar par Tel-Aviv. C'est pour cette raison que l'état-major israélien a continué à préparer des opérations aéroportées contre les sites nucléaires iraniens et que les gouvernements israéliens successifs brandissent cette menace.

Le 21 juin 2010, l'AFP se fait l'écho des consignes de Shabtai Shavit, qui a dirigé le Mossad de 1989 à 1996 : « Israël devrait lancer une frappe préventive pour empêcher l'Iran de devenir une puissance nucléaire, dit-il. Je suis d'avis que – puisqu'il y a une guerre en cours (avec l'Iran), puisque la menace est permanente, puisque l'intention de l'ennemi dans ce cas est de vous annihiler – la bonne doctrine est celle de la préemption et non celle de la riposte », précise-t-il lors d'une conférence à l'université de Bar Ilan, près de Tel-Aviv.

Du 3 au 28 mai 2010, les 189 pays signataires du traité de non-prolifération (TNP) de 1968 se sont réunis au siège des Nations unies à New York. La conférence d'examen du TNP se tient tous les cinq ans. La précédente, en 2005, s'était achevée sur un échec. Faute de consensus (l'unanimité est requise), aucun document final n'avait été approuvé. Des pays du Sud et certains « non-alignés » avaient reproché aux puissances dotées de l'arme suprême de ne pas avoir tenu leurs engagements en matière de désarmement nucléaire.

Cinq ans plus tard, le même bras de fer continue à opposer les cinq Etats officiellement dotés (Etats-Unis, Russie, Chine, France et Grande-Bretagne) à tous ceux qui leur reprochent de ne pas dénucléariser assez rapidement, faisant un lien organique entre le désarmement et la non-prolifération[1].

La nouvelle administration américaine a placé au cœur de sa diplomatie globale l'idée de parvenir un jour à l'élimination totale de l'arme atomique dans le monde. Lors de sa réunion des 12 et 13 avril derniers à Washington où se sont rendus quelque 36 chefs d'Etat et de gouvernement ainsi que dix autres délégations étrangères, le président Obama a brandi la menace du « terrorisme nucléaire » alors que les

1. Richard Labévière : « Obama, l'Iran, Israël et la bombe », revue *Défense*, Institut des hautes études de défense nationale (IHEDN), n° 145, mai-juin 2010.

experts les plus sérieux savent parfaitement que cette menace n'est pas la plus pressante. Il en a aussi profité pour presser la Chine et la Turquie, membres du Conseil de sécurité de l'ONU, de rejoindre le principe de nouvelles sanctions contre l'Iran. Et comme le *business* n'est jamais complètement absent des orientations diplomatiques de la Maison-Blanche, les experts ont bien travaillé à produire de la norme internationale, destinée à favoriser les exportations du nucléaire civil américain.

Sans doute, le nouveau message abolitionniste américain peut s'appuyer sur la dynamique issue de l'accord de réduction des arsenaux stratégiques (START), signé en avril 2010 avec Moscou. Mais l'Egypte, qui préside le groupe des non-alignés, avait déjà annoncé que ce geste restait très insuffisant en relançant la vieille idée d'un Proche et d'un Moyen-Orient exempts d'armes de destruction massive (ADM) : nucléaires, chimiques et bactériologiques, tout en mobilisant un front diplomatique contre l'arsenal nucléaire de l'Etat israélien, qui n'est pas partie prenante du TNP.

Cultivant sa « stratégie de l'ambiguïté » et refusant de reconnaître qu'il détient quelque 200 têtes[1], Israël a déjà répondu qu'il ne signerait pas le TNP tant que la paix ne serait pas acquise. Néanmoins, Tel-Aviv est au pied du mur et mobilise tous ses relais d'influence pour faire changer l'agenda initial prévu de la prochaine réunion de l'Agence internationale de l'énergie atomique (AIEA). En effet, son secrétaire général Yukiya Amano a envoyé un courrier aux 151 ministres des Affaires étrangères des Etats membres les appelant à l'aide pour mettre en œuvre une résolution demandant à Israël de signer le TNP et d'ouvrir ses installations nucléaires aux inspecteurs de l'agence. Initiée par les pays arabes mais également soutenue par de grands non-alignés comme le Brésil, cette résolution lie le potentiel nucléaire israélien à l'instabilité chronique de la région et à l'impossibilité de conclure une paix équitable et durable.

Alors que les Etats-Unis et leurs alliés occidentaux dont la France, la Grande-Bretagne et l'Allemagne, utilisent constamment les constats de l'AIEA pour focaliser la communauté

1. Selon la plupart des experts.

internationale sur le danger nucléaire iranien et que de nouvelles sanctions contre l'Iran ont été adoptées par le Conseil de sécurité des Nations unies[1], comment justifier encore que l'arsenal israélien échappe à toute réglementation internationale ? De moins en moins tenable, cette politique du « deux poids deux mesures » ne fait pas qu'affaiblir les chances de paix aux Proche et Moyen-Orient. Elle contribue aussi à discréditer le discours des démocraties occidentales sur l'universalité des droits de l'homme.

1. Proposée par les Etats-Unis et coparrainée par l'Allemagne, la France et la Grande-Bretagne, la résolution 1929 a été adoptée le 9 juin 2010, par 12 voix contre 2 et une abstention. Elle constitue le quatrième train de sanctions économiques contre l'Iran.

13

Un petit tigre oriental

« C'est un pays clef de la région et il nous faut y développer des partenariats forts, dans notre intérêt politique. Ensuite, il ne faut pas faire dépendre la relation avec la Syrie des problèmes libanais ou de la question du Golan. Il y a certes la question des frontières, mais pour le reste, ils ont fait beaucoup de concessions et ne pourront à l'évidence pas aller beaucoup plus loin. Quant au Golan, ni du côté syrien, ni du côté israélien, ce n'est une question de grande intensité. Ce qui est en revanche central, c'est la question du développement économique : la Syrie a beaucoup de retard par rapport à ses voisins. Elle a peu de moyens et a besoin de partenaires. Les Etats-Unis sont toujours très négatifs, il faut en profiter avant qu'il ne soit trop tard et qu'ils révisent leur politique. C'est le moment de maintenir notre place. »

Hervé de CHARETTE,
président de la chambre de commerce
franco-arabe[1].

Le 22 avril 2010, le président Bachar al-Assad, coiffé d'un casque de chantier, inaugure l'usine de production de gaz Ebla dans la province méridionale de Homs. La nouvelle unité affiche une capacité de 2,5 millions de mètres cubes par jour. Construite par la société PetroCanada qui a investi plus d'un milliard de dollars dans ce projet, l'usine s'inscrit dans le cadre d'une stratégie ambitieuse de développement énergétique et industriel. Quelques mois plus tôt, a été inau-

1. Entretien avec les auteurs, 26 février 2009.

gurée une autre usine gazière d'une capacité de 7,56 millions de mètres cubes par jour, construite par la société russe StryTransGaz.

La production de gaz naturel en Syrie s'élève désormais à 28 millions de mètres cubes par jour et devrait dépasser les 30 millions de mètres cubes avant 2011, compensant ainsi la chute de la production pétrolière qui s'élevait à 377 000 barils/jour en 2010 contre 600 000 barils en 1995. Le ministre syrien du Pétrole et des Ressources minières, Sofiane Allao, annonçait le 15 avril 2010 que son pays comptait accroître sa production de gaz, en rénovant les infrastructures existantes, en multipliant les efforts de prospection, tout en explorant de nouvelles perspectives de transport et de distribution intérieures et internationales.

Au croisement des routes des Proche et Moyen-Orient, la Syrie assurera, à terme, le transit de la plus grande partie des hydrocarbures en provenance d'Irak. Bien qu'aujourd'hui en très mauvais état, le pipe-line traversant le pays a continué à fonctionner en dépit de l'embargo américain. Selon les experts de Total, la Syrie pourrait rapidement s'imposer comme un *hub* gazier et une importante voie de passage du pétrole vers la Méditerranée. Sur ce plan, elle n'est pas véritablement en concurrence avec Ankara. Il est normal que le gaz de Kirkouk soit évacué par la Turquie alors que celui provenant du sud de l'Irak devrait passer logiquement par la Syrie. En parlant de l'avenir du pays, c'est à ces mêmes experts que l'on doit l'expression de « petit tigre oriental ».

Dès son discours d'investiture, le 17 juillet 2000, Bachar al-Assad s'est fixé pour principal objectif de réformer l'économie, d'améliorer le niveau de vie de ses concitoyens et d'élever son pays au rang de puissance régionale en s'inspirant des travaux du Comité économique qu'il avait mis sur pied avant d'accéder à la tête de l'Etat. A cette époque, la Syrie se situait au 15e rang des dix-huit pays de la zone Moyen-Orient et Afrique du Nord et occupait la 102e place sur 185 au niveau mondial, juste derrière le Bangladesh, l'Ukraine et le Honduras.

Les ressources pétrolières représentaient encore, au début des années 2000, les deux tiers des exportations syriennes et la moitié des revenus de l'Etat. Mais, hormis cet acquis et des perspectives gazières prometteuses, le pays n'est pas dépourvu d'atouts : l'agriculture, qui assure 27 % du PIB et emploie 30 % de la population active, couvre les besoins du pays, même si elle reste très sensible à la sécheresse. L'industrie privée est dynamique et les équilibres financiers du pays sont remarquablement tenus.

Conscient de sa position géographique stratégique, de son poids diplomatique qui contraste avec sa petite superficie et de son potentiel économique encore sous-exploité, Bachar al-Assad s'est entouré d'experts et de conseillers partisans d'une ouverture graduelle, harmonieuse et maîtrisée. La grande hantise du président est de voir se développer, comme en Russie postsoviétique, une classe d'oligarques ingérables. Après quarante ans de dirigisme économique centré sur l'autarcie et l'autosuffisance, Damas se lance à pas comptés dans la libéralisation économique, qui se concrétise entre la fin 2000 et le début 2001 par la fin de deux monopoles d'Etat : l'établissement de banques privées et d'une Bourse de valeurs est approuvé, ainsi que la création d'universités privées. Le mode de développement syrien s'apparente ainsi davantage au modèle chinois qu'à la voie suivie par la Russie post-soviétique.

Selon les directives de l'économie sociale de marché, la priorité est donnée au désengagement progressif de l'Etat pour favoriser la compétitivité et la concurrence sans toutefois négliger les équilibres sociaux. Cheville ouvrière des réformes économiques, le vice-Premier ministre Abdallah Dardari veut investir 50 milliards de dollars dans des projets d'infrastructures durant les cinq années à venir afin de parvenir à une croissance annuelle de 7 %, nécessaire pour absorber les 250 000 nouveaux venus sur le marché de l'emploi tous les ans[1].

Situé au cœur d'une zone de libre-échange de plus de 300 millions de consommateurs et jouissant d'une position géographique privilégiée, la Syrie entend retrouver sa place de carrefour de l'Orient, de plate-forme incontournable

---

1. Bien qu'en baisse, le taux de croissance de la population syrienne reste élevé (plus 3,3 %); 42 % de la population a aujourd'hui moins de 15 ans et plus de la moitié a moins de 20 ans.

vers l'Europe et de véritable point d'articulation entre la Méditerranée et l'Irak ainsi qu'entre la Turquie et les pays du Golfe. Pour parvenir à cette fin, d'importants projets d'infrastructures sont lancés, notamment dans les domaines maritimes, des transports, de l'énergie, de la production agricole et agro-alimentaire et du tourisme.

La Syrie élargit son réseau autoroutier, qui va être doublé dans les cinq prochaines années pour passer de 1100 à 2300 kilomètres. Elle modernise son réseau ferroviaire (2005 kilomètres) et agrandit ses sites portuaires de Lattaquié et de Tartous dont la croissance est fulgurante grâce au transit des marchandises en provenance et à destination de l'Europe, de la Turquie, des pétromonarchies du Golfe et de l'Irak. Pour réaliser ces ambitions, le ministère des Transports espère attirer des investisseurs étrangers en proposant des contrats de concession sous la forme de BOT[1].

Dans le domaine aéronautique, Damas a signé avec Paris un protocole d'achat de 14 avions Airbus destinés à moderniser la flotte de la Syrian Arab Airlines. On l'a vu, le dossier est encore bloqué par les sanctions américaines qui interdisent toujours la vente à la Syrie de composants électroniques intégrés dans les Airbus. Cinq aéroports du pays (Alep, Lattaquié, Homs, Deir ez-Zor et Qamishli) vont être modernisés et agrandis alors que des discussions avec Paris portent, d'ores

1. Un contrat BOT *(Built Operate Transfer)* – contrat de construction, exploitation et transfert – allie différentes expertises : conception, construction, services et montage financier. Selon la définition publiée le 3 juillet 2010 par le Programme de développement des Nations unies : « Le secteur privé conçoit, construit et exploite des installations tout en fournissant des prestations aux entreprises de service public de la municipalité ou de l'Etat [...]. Un contrat BOT est semblable à un contrat de concession, à cette différence près que l'entreprise privée investit dans la construction de l'installation et l'exploite pour une durée donnée, généralement plusieurs décennies. L'Etat ou le service public chargé de la distribution rémunère l'opérateur pour la prestation (fourniture d'eau ou d'électricité, par exemple) à un tarif couvrant les coûts de construction et d'exploitation, plus un taux de rendement raisonnable du capital investi. Le service public doit payer la totalité de l'eau ou de l'électricité produite, même si elle n'est pas utilisée dans son intégralité. Le service public chargé de la distribution ou l'Etat supporte donc le risque lié à la demande. »

et déjà, sur la construction d'un nouveau terminal de l'aéroport international de Damas.

Conformément aux orientations de l'économie sociale de marché, l'ouverture du secteur bancaire favorise l'assainissement des finances publiques et simplifie les formalités douanières. Désormais, le taux de change est unifié. La livre syrienne n'est plus adossée au dollar américain mais aux DTS[1] depuis juillet 2007. De ce fait, elle s'est stabilisée à un cours élevé – sans doute surévalué –, mais demeure non convertible. La Bourse de Damas a été inaugurée en mars 2009 et treize sociétés y étaient cotées en mai 2010.

Entre 2005 et 2010, treize banques privées ont ouvert leurs guichets en Syrie. Les banques libanaises ont été les premières à saisir l'occasion. Abid Mayaleh, gouverneur de la Banque centrale de Syrie, précise qu'aux côtés de 6 établissements publics, ces 13 banques privées constituent un réseau de 436 succursales déployées sur l'ensemble du territoire. « Le développement des relations bancaires entre Damas et Ankara permet maintenant l'élargissement du réseau de correspondance ainsi que l'échange d'expertise qui est aujourd'hui vital pour la Syrie », ajoute Samer Habib, jeune directeur syrien à la Fransabank, l'une des premières banques privées opérant en Syrie. Une loi votée le 4 janvier 2010 autorise désormais les investisseurs étrangers à acquérir jusqu'à 60 % du capital d'un établissement bancaire privé contre 49 % auparavant[2].

Dans le domaine du développement industriel, les autorités essaient de poursuivre la modernisation des infrastructures afin de faciliter l'implantation de grands groupes dans des zones franches dédiées. Celle de Hassia ambitionne de s'imposer comme une véritable cité industrielle capable de

---

1. DTS : Droits de tirage spéciaux. « Les droits de tirage spéciaux (DTS), créés en 1969 comme avoirs de réserve mondiale, désignent la "monnaie" du Fonds monétaire international (FMI). Il s'agit d'une unité de compte qui représente une créance sur les monnaies des pays membres. Sa valeur, exprimée en dollars, représente la somme de quatre monnaies de référence (dollar, euro, livre et yen) calculée chaque jour », *Le Monde diplomatique*, mai 2009.

2. Cet élément explique notamment la présence des banques libanaises. Voir chapitre 4 : « L'héritage piégé... »

rivaliser avec les grands pôles industriels et commerciaux de la région, à commencer par le célèbre Djebel Ali de Dubai. C'est dans la zone de Hassia qu'est né le premier véhicule *made in Syria*. Mise au point par la compagnie syro-iranienne Siamco, la création de la voiture « Cham » a entraîné l'ouverture d'une usine d'assemblage de voitures iraniennes de marque Saba, alors qu'une deuxième société automobile s'est installée en 2010. D'autres groupes internationaux se sont implantés à partir de 2007, dont la société française des fromageries Bel[1], le cimentier Lafarge et l'industriel Air liquide.

Fort des monuments et vestiges de son histoire six fois millénaire, de ses anciennes églises et mosquées qui témoignent de son passé de berceau du christianisme et de l'islam et grâce à sa diversité climatique et topographique – pays méditerranéen, de montagne et de désert –, la Syrie dispose d'un très grand potentiel touristique. Depuis 2005, les investissements se multiplient dans les domaines de l'hôtellerie, de la restauration et des loisirs, destinés à répondre aux demandes d'une clientèle assez diversifiée : européenne, arabe et asiatique. Ces dernières années, la Syrie est devenue une destination privilégiée pour les Occidentaux désireux d'apprendre la langue de Muawiya, le fondateur de l'empire omeyyade au VIIe siècle.

A partir de cette valorisation de leur patrimoine religieux, écologique et culturel, les autorités s'évertuent à compenser la chute des revenus pétroliers. Sur le plan politique, elles cherchent à valoriser leur modèle de laïcité pluriculturelle pour répondre aux critiques récurrentes adressées par les ONG internationales en matière de droits de l'homme. Les entrées touristiques sont passées de 700 000 en 1990 à 3,1 millions en 2005, et à plus de 6,1 millions en 2009. L'ambition affichée est d'arriver au seuil de 12 millions de visiteurs à l'horizon 2020.

Pour tenter d'atteindre cet objectif tout en évitant de reproduire les nuisances connues du tourisme de masse, le minis-

1. On dénombre seulement 16 implantations et 20 sociétés françaises présentes en Syrie à travers des filiales ou des bureaux de représentation, employant quelque 850 personnes.

tère organise chaque année des rencontres professionnelles où il propose aux investisseurs de nouveaux projets et sites à valoriser de manière thématique. Un état des lieux des patrimoines des 14 provinces du pays a ainsi été réalisé pour dégager des produits culturels – à partir des vestiges militaires, religieux et commerciaux (caravansérails) ; des produits écologiques dans les zones côtières, désertiques et montagneuses ; enfin des produits plus généralistes dans les centres urbains des principales villes syriennes.

Ces différents projets se concentrent surtout dans la capitale et sa rivale – Alep –, dans la région côtière et la zone montagneuse de Sweïda, ainsi qu'autour de l'ancien royaume de Palmyre de la légendaire Zénobie. Le tourisme constitue le pôle fort du secteur tertiaire qui emploie désormais près de la moitié de la population active. Lors d'une conférence sur les investissements touristiques qui s'est tenue à Damas le 27 avril 2010, le Premier ministre Naji Otri a expliqué que la valeur cumulée des investissements touristiques avait atteint 4,4 milliards de dollars, soulignant que les investissements en cours pouvaient être estimés à un montant de 6,3 milliards de dollars.

Sur le plan des échanges internationaux, la Syrie cherche à intégrer graduellement l'économie mondiale pour améliorer sa balance commerciale. Même si les Etats-Unis empêchent la Syrie de rejoindre l'Organisation mondiale du commerce (OMC) depuis octobre 2001, date à laquelle Damas a officiellement déposé sa candidature, plusieurs pays européens, dont la France, défendent son dossier d'adhésion[1]. Des traités de libre-échange ont été conclus avec plusieurs pays dont la Turquie, l'Arabie Saoudite, l'Egypte, le Liban et la Jordanie, tandis que les partenariats avec l'Iran se renforcent considérablement. Les échanges avec la Turquie voisine, consolidés par la suppression des visas pour les ressortissants des deux pays, atteignent 2 milliards de dollars en 2010 et devraient doubler en 2012. Comme le résume bien le gouverneur de la

1. Le 4 mai 2010, les Etats membres de l'OMC ont accepté d'entamer des négociations avec la Syrie en vue de son adhésion officielle à l'organisation. Damas fut l'un des 23 membres fondateurs en 1947 du GATT (*General Agreement on Tariffs and Trade* – Accord général sur les tarifs douaniers), qui a précédé l'OMC.

Banque centrale Adib Mayaleh, « la Syrie est la porte de la Turquie vers le Moyen-Orient et le Golfe, tout comme Ankara est la porte de Damas vers l'Europe et le monde ».

Parallèlement, le pays adhère à la Grande zone arabe de libre-échange[1]. Selon l'Agence syrienne d'investissement, les flux d'investissements directs étrangers auraient dépassé 2 milliards de dollars en 2008 et atteint 3,2 milliards en 2009, soit une croissance de 52 % en valeur et de 31 % en nombre de projets. La part des projets industriels serait en progression de 45,5 % en 2008 et voisinerait les 56 % pour 2009. Les échanges prospèrent également entre la Syrie et l'Union européenne, dopés par l'éventuelle signature d'un accord d'association, même si celui-ci a connu quelque retard dû à des maladresses protocolaires et des erreurs de chiffrage.

La Syrie exporte principalement du pétrole, des phosphates (dont les réserves sont estimées à plus d'un milliard de tonnes), des produits textiles, du coton, des produits alimentaires et agro-alimentaires ainsi que des composants chimiques. Elle importe principalement des biens d'équipement, des produits de consommation et des véhicules. Ses trois premiers clients sont l'Italie, la France et l'Irak, alors que les fournisseurs principaux du pays sont la Russie, la Chine et l'Italie.

A lui seul, le secteur des hydrocarbures correspond à 60 % des exportations avec 26 millions de tonnes par an à hauteur de 3,8 milliards de dollars. Les autorités espèrent développer la promotion de produits non pétroliers pour réduire la dépendance à l'égard des hydrocarbures. Hormis le secteur énergétique, l'industrie manufacturière demeure sous-développée et ne représente que 6 % du PIB. Elle repose principalement sur le secteur de l'agro-alimentaire.

---

1. Entrée en vigueur le 1er janvier 2005, la Grande zone arabe de libre-échange regroupe aujourd'hui 18 pays arabes. La création de ce marché commun arabe avait été décidée lors du sommet arabe d'Amman en 2001. Les pays membres ont progressivement réduit leurs droits de douane les uns vis-à-vis des autres, et ceux-ci ont été totalement éliminés depuis le 1er janvier 2005. La zone regroupe l'Algérie, l'Arabie Saoudite, Bahreïn, l'Egypte, les Emirats arabes unis, l'Irak, la Jordanie, le Koweït, le Liban, la Libye, le Maroc, Oman, l'Autorité palestinienne, le Qatar, le Soudan, la Syrie, la Tunisie et le Yémen.

L'agriculture est toujours l'un des piliers de l'économie syrienne. Depuis son arrivée au pouvoir, le Ba'ath a largement soutenu et subventionné ce secteur en affichant une priorité à la mécanisation et aux équipements collectifs. Les principales récoltes incluent le blé, l'orge, l'olive, le coton, les pommes de terre, les betteraves et les fruits. Les productions d'olives, d'amandes, de pistaches ou d'abricots constituent des secteurs d'excellence pour lesquels la Syrie figure parmi les premiers producteurs du monde. L'élevage de moutons, de bovidés et de volailles figure également parmi les principales activités de la branche. Mais depuis 2005, une vague de sécheresse frappe les régions défavorisées du Nord-Ouest. Entre 2006 et 2008, quelque 160 villages du Nord-Est ont été complètement vidés de leurs habitants à cause de la sécheresse qui a ravagé la région. Cette situation a poussé le gouvernement à lancer un programme d'urgence pour améliorer les infrastructures d'irrigation.

Un effort particulier est également accompli dans les secteurs de la santé et de l'éducation afin de promouvoir la formation des « cadres du futur », le président Assad répétant que la Syrie subit principalement « un problème de ressources humaines, de déficit de cadres et de techniciens de qualité[1] ». Le 17 juillet 2007, il dressait un bilan plutôt positif de ces deux secteurs : « Dans le domaine de la santé, 45 hôpitaux publics, 350 centres médicaux et 30 hôpitaux privés ont ouverts leurs portes [...]. L'espérance de vie est passé de 69 à 72 ans. [...] Pour l'éducation, plus de 2 500 écoles et 50 facultés ont été créées, de même que 8 universités privées. Onze autres sont en construction. »

« Les salaires ont augmenté dans le secteur public de 125 % depuis 2000 », souligne encore le président. Selon les chiffres officiels, les réformes ont permis de maintenir un taux de croissance de 5 % en abaissant le taux de chômage officiel à 8,3 %, alors que des experts indépendants l'estiment à 20 %. Le Bureau central des statistiques (BCS) attribue cette disparité à l'économie informelle qui emploierait entre 30 % et 40 % de la population active. Cette « économie grise », qui concerne notamment les services et le secteur privé en géné-

1. Entretien avec les auteurs, 27 août 2008.

ral, échappe souvent aux législations et aux taxes, précise le BCS. Il recouvre les emplois des petites entreprises non enregistrées, les ouvriers agricoles saisonniers et les travailleurs à temps plein ou partiel du secteur tertiaire indépendant du contrôle de l'Etat. Le vice-Premier ministre Abdallah Dardari évoque fréquemment cette faiblesse et annonce régulièrement qu'un train de mesures sera « mis en œuvre pour intégrer pleinement ces activités grises aux circuits normaux de l'économie nationale ».

Le bilan est encourageant, mais beaucoup reste à faire. En optant pour une « économie sociale de marché », le régime a résolument choisi la libéralisation de son économie sans renoncer au rôle régulateur de l'Etat central. Et celui-ci peut se targuer d'un endettement faible du pays et de la croissance enregistrée ces cinq dernières années – deux résultats qui ont protégé la Syrie des ingérences néfastes des institutions financières internationales. « Le problème de la dette extérieure a été réglé, et cela représentait un grand pas à franchir pour l'économie syrienne, souligne Bachar al-Assad. La dette restante s'élève aujourd'hui à moins de 3 milliards de dollars et ne représente plus que 8 % du PNB alors qu'elle était de 106 % en 2000. » Ainsi, la Syrie est devenue l'un des pays les moins endettés de la planète. Les investissements ont été multipliés par 12 depuis 2001, alors que les exportations atteignent 505 milliards de livres syriennes (11 milliards de dollars), soit le double de ce qu'elles étaient en 2000.

En visite à Damas en février 2010 à la tête d'une délégation de chefs d'entreprise, le Premier ministre français François Fillon dresse une image plutôt favorable de l'économie syrienne. « En dix ans, la Syrie a opéré une révolution économique silencieuse, en évoluant d'une économie fermée où prévalaient les monopoles publics et les prix administrés vers une économie ouverte sur l'économie mondiale. » S'adressant aux hommes d'affaires syriens, il ajoute : « La liste de toutes vos avancées est impressionnante, la quasi-totalité de votre législation est neuve : le Code du commerce, le Code maritime, le droit des sociétés, la loi qui incite les investissements, la loi organique de finances, la loi fiscale, la loi bancaire. Les banques privées ont retrouvé leur place après quarante ans d'absence et votre Bourse a rouvert ses portes. Et les résultats sont là puisque votre croissance est élevée depuis plus de cinq ans et vous avez bien résisté à la crise économique et financière mondiale. Bien entendu, il reste du chemin à parcourir; pour qu'un processus de réforme conserve toute sa fluidité et toute sa cohérence, il doit naturellement être permanent. Mais vous vous êtes engagés sur la voie de l'innovation et je ne doute pas que vous allez continuer à aller de l'avant, par exemple en explorant la piste du partenariat public-privé. Depuis 2005, les investissements étrangers décollent en Syrie, c'est le signe que votre attractivité se renforce et que la confiance des investisseurs s'approfondit. »

François Fillon exprime la détermination de la France à accompagner et soutenir les réformes en Syrie à travers « une coopération accrue ». Il cite en exemple une éventuelle coopération dans les domaines des « énergies renouvelables grâce à l'implantation de fermes éoliennes et de centrales solaires » et dans d'autres secteurs clés : « Je pense évidemment aux transports et, dans ce domaine, la construction du métro de Damas et celle du nouveau terminal d'aéroport pourraient être emblématiques d'une coopération fructueuse entre nos deux pays. » Selon le Premier ministre, la Syrie présente « tous les atouts d'une plate-forme régionale ».

L'arrivée des nouvelles technologies de l'information change lentement les procédures et les mentalités. Il y a encore une dizaine d'années, le secteur des télécommunications était sous la coupe des services de renseignements et les lignes téléphoniques étaient systématiquement écoutées. Avoir un fax était passible d'une peine de prison, l'accès à Internet relevait du fantasme et les programmes de la télévision nationale se réduisaient à deux chaînes entièrement dédiées au pouvoir. Aujourd'hui, selon les statistiques officielles, plus de 70 % des foyers syriens possèdent une antenne parabolique contre 18 % en 2000. Le bouquet de chaînes satellitaires disponibles ne cesse d'augmenter. Les trois chaînes officielles s'adaptent, peu à peu, à la concurrence internationale. Les cybercafés prospèrent et attirent une jeunesse de plus en plus concernée par le développement numérique. En quatre ans, le nombre d'utilisateurs d'Internet a décuplé et voisine les trois millions. Les tarifs du Net et du cellulaire ayant régulièrement baissé, plus de 3 millions d'internautes (sur 20 millions d'habitants) ont été recensés par la Syrian Telecommunication Establishment (STE). Quelque 10 millions de Syriens étaient abonnés au cellulaire en 2010.

Les villes syriennes offrent désormais un spectacle totalement différent de celui des années 1980, marquées par la paralysie économique et sociale. La libéralisation se traduit aussi par une véritable révolution vestimentaire. Même si le niveau de vie moyen reste bas et que les vêtements griffés demeurent le privilège d'une petite minorité de privilégiés, le label *made in Syria* offre une large gamme de prêt-à-porter à des prix abordables. Les panneaux publicitaires remplacent progressivement les portraits présidentiels autrefois omniprésents dans le paysage urbain. La modernisation du parc automobile constitue un autre indicateur, les vieux modèles rafistolés des années 1960 et 1970 cédant la place aux voitures neuves, deux fois moins chères, grâce à la réduction des taxes sur les produits importés.

La presse étrangère a fait son apparition dans les kiosques. Cette évolution a passablement bousculé les trois quotidiens officiels dont la ligne éditoriale s'essaie au pluralisme, sinon à l'irrespect. Le cinéma est encore à la traîne. En dehors des deux institutions damascènes – le Cham et Al-Sufara –, les salles modernes sont encore rares dans les villes syriennes. Les gigantesques centres commerciaux, calqués sur le modèle américain, se multiplient mais restent principalement fréquentés par les classes les plus favorisées.

Si la douce fraîcheur de la nuit damascène demeure immuable et toujours bienvenue, on déambule dans les ruelles des quartiers d'Abou Roummaneh ou de Malki, vers de nouveaux restaurants et cafés-trottoirs où se rend la nouvelle classe moyenne supérieure. D'autres gargotes, offrant des prix plus raisonnables, font l'affaire d'une clientèle moins argentée et ménagent des lieux de rendez-vous appropriés aux jeunes couples. Longtemps délaissée, la vieille ville de Damas connaît une seconde vie, dévoilant la splendeur de ses trésors cachés.

L'atmosphère du centre historique de la capitale traduit parfaitement ce renouveau socioculturel qui n'attire pas que la jeunesse estudiantine et les touristes étrangers, mais aussi de plus en plus de Syriens de l'intérieur. Les antiques maisons damascènes sont transformées en resto-pubs dans un style oriental unique en son genre, comme Marmar, Beit Jebri ou Elissar. Ici, l'ancien et le nouveau coexistent dans une étonnante harmonie. Nombre de bâtisses patriciennes ont été rénovées et transformées en musées ou habitations résidentielles, obéissant aux règles de l'architecture traditionnelle. Les principales artères de la ville historique, comme la fameuse via Recta romaine, connue sous son nom de Medhat Pacha, sont en cours de restauration : la société syrienne est visiblement en mutation.

La situation des femmes en est l'indicateur le plus pertinent. Et cette évolution concerne l'ensemble des secteurs d'activité. Représentant 33 % de la population active, la main-d'œuvre féminine syrienne est la plus importante du monde arabe. Elle occupe une place grandissante dans les administrations et les entreprises privées tout en restant sous-représentée au Parlement. Même si celui-ci n'exerce pas de réel pouvoir législatif, il n'en constitue pas moins l'une des vitrines de l'élite nationale.

D'autres analystes nuancent le tableau et contestent les résultats d'une transition réelle qui, selon eux, accentuerait les inégalités. Selon un rapport des Nations unies, la pauvreté touche 30 % de la population et 11 % des Syriens vivent encore sous le seuil de pauvreté.

Bachar al-Assad lui-même atténue les réussites de son bilan économique. Il impute la lenteur du résultat des réformes entreprises aux conséquences de l'invasion américaine de l'Irak, notamment à l'afflux de quelque 2 millions de réfugiés, et aux sanctions économiques qui ont considérablement réduit les opportunités d'investissement. Mais le président sait parfaitement aussi que la bureaucratie, la corruption, le clientélisme et les monopoles sont autant d'autres difficultés structurelles récurrentes. Autant d'obstacles à la modernisation du pays qui ne pourront être levés qu'au travers d'un train de sérieuses réformes politiques et l'installation d'un pouvoir judiciaire indépendant.

Une « révolution en tranches », comme l'ont baptisée les historiens, a progressivement permis l'émergence d'une classe de nouveaux riches issus des familles proches des cercles du pouvoir. Fils et filles, ou proches des hauts responsables politico-militaires, ces nouveaux entrepreneurs se sont érigés en décideurs économiques, partenaires privilégiés des appareils d'Etat. « Le centre de décision économique est désormais aux mains de cette classe politico-mercantile proche du pouvoir. C'est elle qui bénéficie principalement des réformes et de la libéralisation en cours », explique le politologue Yassine Hajj Saleh. Bien qu'ayant largement évincé les élites urbaines traditionnelles, cette reconfiguration sociale a par ailleurs recyclé la structuration traditionnelle de la Syrie profonde, c'est-à-dire à dominante rurale. Alan George estime que « de haut en bas, le système est criblé de réseaux de clientélisme officieux, souvent fondé sur de liens familiaux, tribaux, régionaux ou religieux[1] ».

Face à cette re-monopolisation financière par d'autres moyens, ajoutée à un système administratif toujours en proie à une corruption endémique ravivée par la libéralisation, la majorité de la population active déploie des capacités d'adaptation inouïe, mélange de créativité, de fatalisme et de système D. « Le système D à la syrienne demeure ainsi amusant à observer tant il met en exergue l'esprit de débrouillardise des citoyens. Mais il est pathétique aussi, du fait des dangers inhérents à la volonté des citoyens de combler le manque d'implication d'un Etat qui a pourtant des devoirs. Certes, les choses n'évoluent pas moins et la presse syrienne ne manque pas de se faire l'écho de plaintes de la part des citoyens en la matière. Mais beaucoup reste à faire[2]. » Quoi qu'il en soit, nombre d'entrepreneurs syriens se sont expatriés, alors que beaucoup d'étrangers hésitent encore à investir dans le pays. Des projets sont régulièrement abandonnés en raison de formalités bureaucratiques himalayennes, à cause de l'avidité de fonctionnaires subalternes, voire des commissions astronomiques exigées par des personnalités influentes proches des cercles du pouvoir.

« La corruption existe même dans les cercles les plus élevés de l'Etat », reconnaît Bachar al-Assad en affirmant qu'elle est

1. Alan George, *Syria : Neither Bred nor Freedom*, Zed Books, 2003.
2. Barah Mikaïl, *La Syrie en cinquante mots clés*, Paris, L'Harmattan, 2009.

devenue le handicap principal à l'avancée des réformes en chantier. « Nous avons besoin de mécanismes efficaces pour lutter contre la corruption. [...] Des sanctions sont nécessaires pour contrer ce fléau qui ne peut être éradiqué efficacement par des solutions temporaires. [...] Plusieurs dossiers ont été examinés par la justice, mais les délits n'ont pu être prouvés. La corruption renouvelle ses mécanismes, elle est intelligente et elle se développe plus rapidement que les réponses étatiques. Quelle est la solution efficace ? C'est la bonne gestion », ajoute le président.

« La bonne administration est une science à part entière qui fait défaut chez nous », poursuit-il tout en accusant à nouveau les Etats-Unis d'entraver la modernisation du pays par un système de sanctions dont le but principal est de maintenir les Etats-nations arabes en situation de sous-développement chronique, de dépendance extérieure et donc de satellisation politique. « Nous avons contacté plusieurs sociétés étrangères reconnues dans les secteurs du management public et privé. Il y a quelques années, j'ai tenu à rencontrer personnellement leurs représentants. Ces derniers étaient très enthousiastes à l'idée de nous assister dans la mise en œuvre d'une grande réforme de modernisation de l'Etat. Un mois plus tard, ces mêmes personnes nous ont envoyé une lettre expliquant que le gouvernement américain les avait fortement dissuadées d'entamer ce processus en Syrie. Beaucoup d'autres sociétés ne sont pas venues pour les mêmes raisons. Un terrible embargo nous est imposé non seulement dans nos tentatives de développement économique, mais aussi dans notre volonté d'améliorer et de réformer notre gouvernance, notion pourtant très en vogue dans les pays occidentaux. L'Occident n'a pas le monopole de la bonne gouvernance. D'autres expériences dans le monde ont fait leurs preuves. Nous nous en inspirerons pour trouver notre voie spécifique et la mener à bon port », conclut-il.

La transition d'un système dirigiste vers une économie sociale de marché ne va pas sans bouleversements et a certainement contribué, dans un premier temps, à accentuer les inégalités sociales. Les débuts de la libéralisation économique ont dégradé des services de base, notamment dans la santé, l'éducation et l'habitat, tandis que se développaient, dans les mêmes secteurs, des procédures plus coûteuses, parfois devenues prohibitives.

Cette évolution « duale » de la société se manifeste notamment par le développement d'une « ceinture de la misère » autour de Damas, résultat de l'exode rural accéléré des années 1980 et 1990. De véritables bidonvilles se développent à la périphérie des grandes villes du pays, parallèlement à l'apparition de quartiers de luxe pourvus de centres commerciaux, d'hôtels et de restaurants chics, d'écoles et d'universités privées inaccessibles aux classes moyennes. « La corruption, l'absence de rentabilité et la mauvaise gestion ont transformé le secteur public en un terrain de chasse réservé à une classe de privilégiés », estime l'hebdomadaire syrien *Bourses et marché*. Le journal évalue à 1,7 milliard de dollars le déficit public et s'en prend violemment au « désengagement social de l'Etat », tout en estimant que « la privatisation est désormais inéluctable ». « Près de 800 000 fonctionnaires sont syndiqués contre 1,5 million il y a dix ans, alors que la Syrie compte encore 3,5 millions d'employés », ajoute l'hebdomadaire. Tous les ans, plus de 300 000 demandeurs d'emploi arrivent sur le marché du travail dans un pays où 42 % de la population a moins de quinze ans. La démographie galopante, le chômage, l'inflation et la diminution drastique des subventions aux biens de première nécessité aggravent les données d'une équation sociale dont « la gestion politique pourrait s'avérer prochainement périlleuse », estime le chef du poste économique d'une ambassade européenne.

La Syrie d'aujourd'hui subit les mêmes difficultés que les pays d'Amérique latine acculés aux ajustements structurels dans les années 1970. En d'autres termes, la nouvelle grande bourgeoisie s'enrichit tandis que les plus démunis subissent de plein fouet la suppression des subventions publiques et l'inflation galopante. Comme toujours, la classe moyenne paie aussi le prix de cette évolution qui voit son poids quantitatif et son influence diminuer dans des proportions spectaculaires. « L'Etat sera-t-il en mesure de garantir un minimum de justice sociale au sein de cette nouvelle économie de marché ? A-t-il les ressources financières nécessaires pour répondre à ce double défi ? », s'interroge l'économiste syrien Nabil Sukkar. Ces questions méritent d'être posées, surtout au lendemain de l'annonce officielle par le ministre de l'Energie d'une suppression progressive des subventions aux carburants nationaux (essence, mazout et gaz).

Présentée comme une mesure visant à combattre la contrebande en direction des pays voisins (Liban, Jordanie, Irak et Turquie où le prix du mazout est dix fois plus élevé qu'en Syrie), la hausse des prix de l'énergie de 2008 s'est répercutée non seulement sur celui des transports, mais aussi sur la plupart des biens de consommation. Même si l'Etat a distribué des allocations correctives à ses ressortissants pour les aider à affronter ce brusque renchérissement de la vie, la mesure a dangereusement aggravé la situation des classes les plus défavorisées. Face à cette situation, une partie des membres du Ba'ath se cantonne dans l'opposition aux réformes menées par les ministres et les responsables indépendants à l'instar du vice-Premier ministre pour les affaires économiques Abdallah Dardari, qui bénéficie toutefois du soutien direct de la présidence de la République.

Au seuil de son deuxième mandat, Bachar al-Assad tient à rassurer la population sur le rôle de l'Etat providence syrien, en assurant que, « contrairement aux fausses rumeurs », les allocations aux familles défavorisées seront maintenues et revalorisées. Dans ce contexte d'inquiétude sociale, trois facteurs majeurs continuent d'entraver le décollage de la Syrie : le régime des sanctions américaines, le clientélisme et la corruption ainsi que l'état de guerre latente avec Israël. Depuis 1967, cette confrontation froide avec Tel-Aviv accapare environ près d'un tiers du budget de l'Etat.

Quoi qu'il en soit, Hervé de Charette a raison lorsqu'il privilégie l'impératif du développement économique[1] face à toute autre considération politique et géopolitique. En effet, c'est en fonction de ses évolutions en matière économique et sociale que la Syrie, à défaut de s'imposer de suite comme un « tigre oriental », pourra envisager plus sereinement et plus efficacement la modernisation de ses institutions à travers une série d'ajustements structurels nécessaires. Son besoin et son désir de participer pleinement à la mondialisation des

1. Entretien avec les auteurs, 23 novembre 2009.

échanges appellent les progrès que les belles âmes réclament, indépendamment de toutes considérations matérielles.

A défaut de dissoudre, sinon de digérer les problèmes politiques et stratégiques, comme a pu l'avancer Shimon Peres, les avancées économiques constituent – en dernière comme en première instance – le fondement de la paix et de la stabilité.

14

Le traité théologico-politique du grand mufti

« Nous avons ainsi montré :

1° qu'il est impossible d'enlever aux hommes la liberté de dire ce qu'ils pensent ;

2° que cette liberté peut être reconnue à l'individu sans danger pour le droit et l'autorité du souverain et que l'individu peut la conserver sans danger pour ce droit, s'il n'en tire point licence de changer quoi que ce soit aux droits reconnus dans l'Etat ou de rien entreprendre contre les lois établies ;

3° que l'individu peut posséder cette liberté sans danger pour la paix de l'Etat et qu'elle n'engendre pas d'inconvénients dont la réduction ne soit aisée ;

4° que la jouissance de cette liberté donnée à l'individu est sans danger pour la piété ;

5° que les lois établies sur les matières d'ordre spéculatif sont tout à fait inutiles ;

6° nous avons montré enfin que non seulement cette liberté peut être accordée sans que la paix de l'Etat, la piété et le droit du souverain soient menacés, mais que, pour leur conservation, elle doit l'être. »

SPINOZA, *Traité théologico-politique.*

Une douce nuit tombe sur Alep. Deuxième agglomération de Syrie, carrefour cosmopolite toujours en mouvement, Alep aux mille et une façades s'offre comme un défi. Capitale industrielle du pays et, à ce titre, passant pour la rivale de Damas, elle veille sur la porte de la Route de la soie, un havre d'échanges et de transits multiples entre l'Asie centrale, la Turquie et l'hinterland syrien, entre la Méditerranée, l'Irak et le désert. Ses souks deux fois millénaires, ses lieux de culte chrétiens et musulmans, ses ruelles labyrinthiques ainsi que ses anciennes bâtisses patriciennes burinées par les vents témoignent du passé glorieux et tourmenté de cette ville-monde où cohabitent en harmonie toujours recomposée Arabes, Kurdes, Arméniens, Assyriens et visiteurs.

Une brise estivale s'engouffre dans les rues parsemées de familles qui déambulent devant les nouvelles vitrines du centre-ville, alors que les restaurants gazouillent d'une clientèle hétéroclite, signe d'un temps nouveau. Et lorsque le chant des muezzins se confond avec la résonance des cloches des églises environnantes, c'est l'âme d'Alep qui affirme une cosmogonie unique où coexistent toutes les diversités et les contradictions des Proche et Moyen-Orient. Ici, laïcité, socialisme de marché, religions essaient de se tutoyer. Nous avons rendez-vous avec le mufti de la République cheikh Ahmad Badreddine Hassoun.

Dans sa *madafa*[1] du quartier résidentiel de Rawda, cheikh Ahmad Badreddine Hassoun reçoit régulièrement ses visiteurs : des amis, des responsables politiques, des commerçants, des étudiants, des dignitaires religieux ou de simples particuliers venus de partout, seuls ou en famille, en quête de conseils, de médiation ou de conversation sur les dernières affaires du pays et du monde.

Orateur éloquent et « résolument moderne », le mufti incarne aux yeux de ses proches collaborateurs la renaissance de l'islam éclairé qui fut à l'origine de la splendeur du règne des Omeyyades. Turban blanc, la barbe impeccablement taillée entourant un léger mais immuable sourire, il manie la langue arabe avec finesse et des accents dignes des grands poètes et philosophes alépins, n'hésitant jamais à plaisanter et rire avec ses interlocuteurs. Derrière des commentaires anecdotiques, parfois ironiques, il revient toujours à son credo essentiel : le dialogue, les échanges interculturels et la fraternité entre les hommes, abstraction faite de leur « être » identitaire, religieux ou social.

Ahmad Badreddine Hassoun a été élu grand mufti et chef

1. Salon arabe traditionnel réservé aux invités et visiteurs improvisés et dont l'accès est souvent indépendant de la maison.

suprême du Conseil de la Fatwa (la plus haute instance juridique religieuse) de Syrie en 2005. Auparavant, il était professeur d'université, prédicateur à la mosquée ainsi que membre du Parlement syrien durant deux législatures (1990-1994 et 1994-1998). Il a ensuite occupé les fonctions de second, puis de premier mufti d'Alep et de membre du Conseil suprême de la Fatwa, avant d'être élu grand mufti de la République.

Au cours de ses prêches dans les mosquées, les églises et d'autres lieux publics, il revient invariablement à ses trois credos : la tolérance, la fraternité et la paix. Un seul horizon indépassable : « Il n'y a qu'une seule et même civilisation. Les différentes cultures ont enrichi la même civilisation humaine[1], explique-t-il. Dans notre région, nous ne croyons pas au "choc des civilisations" car nous savons trop que cette notion de civilisation recouvre une réalité unique et polymorphe. En effet, les cultures sont différentes et la civilisation commune peut être victime de l'ignorance de ces différences, de l'incompréhension et du terrorisme. L'homme cultivé, quelles que soient sa religion et sa culture, participe à sa façon, à la civilisation universelle. Celle-ci ne saurait se définir par la religion. La civilisation est un patrimoine humain commun traversé par les différentes religions qui lui injectent des valeurs, autant de repères constitutifs de codes moraux, en vérité très semblables. Il n'existe pas de civilisation islamique, chrétienne ou juive, mais des chemins différents pour accéder à un savoir-vivre minimal en suivant l'un ou l'autre des codes moraux dont on peut faire l'histoire. »

Dans ses prêches, Ahmad Badreddine Hassoun rappelle toujours que l'être humain est au cœur « de tout et du grand tout ». Pour lui, « il ne devrait pas y avoir de guerre sainte, parce que la guerre ne peut être sacrée. C'est une incohérence, un dysfonctionnement de logique formelle qui nous ramène aux ruses de l'Histoire. Seule la paix peut être sainte. C'est la même histoire au sein de laquelle la place de l'homme doit être toujours reconsidérée. La Qaaba, la mosquée al-Aqsa, le mur des Lamentations et le Saint-Sépulcre ne sont pas ce qu'il y a de plus sacré dans le monde. C'est l'homme

1. Entretien avec les auteurs, 6 juin 2010.

qui occupe la place du sacré sur terre. Le sang d'un enfant est plus important que tous les lieux saints de la planète. Maudit soit celui qui détruit l'homme, car l'homme est la création de Dieu. Nous sommes responsables devant Dieu de la mort de chaque enfant palestinien, israélien ou irakien. Atteints par la destruction – et l'Histoire ne les a pas épargnés –, les lieux saints peuvent toujours être reconstruits. Mais lorsqu'un homme est tué, rien ne peut le ressusciter ».

Aux Musulmans et aux Chrétiens aussi bien qu'aux Juifs et aux autres, le grand mufti de Syrie prône le dialogue interculturel et rien de moins que... la séparation des Eglises et de l'Etat : « Les religions diffèrent, mais il existe un seul Dieu auquel nous sommes soumis. Aussi la civilisation doit-elle se fonder sur des bases humaines et non religieuses. Le dialogue des cultures doit s'effectuer sans aucune restriction, afin que l'on puisse bâtir des Etats sur des bases civiles et non pas religieuses et confessionnelles. La religion définit les rapports entre l'homme et Dieu. Mais les hommes vivent ensemble sur la même terre et les religions ne sauraient régir leurs interrelations terrestres qui relèvent des sphères politiques et étatiques. »

Cheikh Ahmad Hassoun insiste sur le caractère pacifique de la religion musulmane en récusant ses dérives fanatiques comme autant de ruptures avec ses fondements mêmes. « Il n'existe pas de fondamentalisme légitime chez les Musulmans. Les expressions d'extrémisme et de révolte constituent, le plus souvent, des réponses à des situations d'oppression politique, économique et sociale. Le christianisme s'est répandu dans le monde à travers un enseignement de paix. Ses déviations extrémistes sont le fait de sujets historiques qui ont rompu avec le message initial. Moïse, que la paix soit sur lui, n'a prêché que la paix. Celui qui se déclare Juif, Chrétien ou Musulman, alors qu'il cherche à tuer des hommes, viole les fondements de sa propre religion comme s'il se niait lui-même. »

Mais le message théologique du grand mufti revient toujours à la politique : « Si nous voulons que la paix règne dans le monde, il faut commencer par l'instaurer au cœur même des Lieux saints et dans leur environnement : Israël et la Palestine. Il y a quelques années, le pape a lancé un appel pour construire des ponts d'amour au lieu d'ériger des murs de la haine. Il a appelé à bâtir des écoles en souhaitant qu'on y amène les enfants palestiniens, chrétiens et musulmans, afin qu'ils apprennent à vivre en paix avec les enfants juifs. »

De la même génération que Bachar al-Assad, qu'il connaît personnellement, cheikh Ahmad Hassoun ne cache pas sa fibre patriotique et son attachement au projet de société de « son » président : « En Syrie, nous voulons une paix réelle, avec nos voisins comme entre chacune des communautés qui constituent notre pays », affirme-t-il en faisant référence aux « efforts constructifs de Bachar [...]. Nous croyons que nous pouvons vivre au sein d'une seule famille – Musulmans, Chrétiens, Juifs et laïcs. Cet équilibre intérieur peut et doit inspirer les relations avec notre voisinage immédiat et plus lointain. Foncièrement, le monde arabo-musulman a toujours voulu la paix mais des injustices ont créé des tensions, des conflits et continuent à favoriser l'extrémisme. »

A plusieurs reprises dans la conversation, le grand mufti se dit très impressionné par le « miracle européen », certainement « l'évolution historique la plus marquante du XXe siècle : voilà un vieux continent très divers qui fut ravagé par d'interminables guerres de Religion et, plus récemment, par deux guerres mondiales, une longue période de glaciation et qui a réussi, malgré tout, à abattre le mur de Berlin sans qu'une seule goutte de sang ne soit versée. A partir de cette exigence de paix, et à travers elle, l'Europe a ouvert de nombreux chantiers pour rassembler, sinon unifier ses potentiels et ses espoirs. Quelle aventure ! Celle-ci pourrait inspirer d'autres régions du monde à commencer par celles des Proche et Moyen-Orient. J'ai eu l'occasion de dire cela devant le Parlement européen et j'en suis très fier ».

L'islamisme comme un mouvement social

Vingt-cinq ans après la répression qui s'est abattue sur les Frères musulmans, l'islamisme a resurgi en Syrie, et constitue un mouvement social de plus en plus influent. Le discours de « cet islam identitaire et social », apparemment dénué de toute dimension politique, promeut une idéologie du recours face à la pauvreté et l'insécurité », explique le grand mufti, ajoutant aussitôt que « le processus est beaucoup plus complexe ». Les sociologues qui suivent de près cette évolution y perçoivent le point de convergence de trois causalités : les difficultés économiques et sociales ; l'autoritarisme et la corruption de l'administration et la politique israélo-américaine qui ne fait qu'élargir l'audience des islamistes quand les alliés de Washington, notamment les Saoudiens, n'en financent pas directement les associations et les factions armées.

La volonté affichée de modernité, de réformes et de progrès social du régime syrien tranche fortement avec la montée de ce courant islamiste de plus en plus populaire auprès de la jeunesse.

Phénomène caractéristique : de plus en plus de jeunes assistent aux prières du vendredi. Le nombre de chantiers de nouvelles mosquées a explosé ces quinze dernières années, comme jamais depuis l'arrivée du Ba'ath au pouvoir. Le port du voile est en hausse constante alors que les mœurs se libéralisent. Destinés aux femmes, les cours privées d'apprentissage du Coran à domicile se multiplient. Plusieurs librairies du centre-ville se sont spécialisées dans la vente de livres religieux. De plus en plus de restaurants refusent de servir vins et boissons alcoolisées. Les manifestations culturelles et caritatives islamiques accompagnent et prolongent les fêtes religieuses, particulièrement après le mois de jeûne du Ramadan. Frappées de commandements religieux, des banderoles fleurissent dans le paysage urbain jusqu'au cœur des centres administratifs et commerciaux.

Depuis la défaite des Frères musulmans, les islamistes ont adopté, non sans succès, une stratégie qui vise à irriguer la société « par le bas », en investissant les secteurs de l'aide sociale, de la santé et, dans une moindre mesure, de l'éducation. Cette stratégie a pu se développer grâce aux aides généreusement offertes par les *Waqfs* et d'autres institutions religieuses financées par des organisations wahhabites saoudiennes. Celles-ci contribuent activement à la construction de mosquées un peu partout dans le pays, en privilégiant les régions chrétiennes et druzes, où ce genre d'édifice n'avait jamais existé.

Le siège du mufti se cache dans une rue discrète du quartier chic de Rawda. Une fois le seuil franchi, la demeure s'ouvre sur une petite cour à l'ombre d'un limonier qui irradie une douce fraîcheur. Le mufti nous invite à le suivre dans la *madafa*. Le décor du salon oriental contraste avec l'austérité extérieure et la rumeur de la ville. La journée a été longue. Cheikh Hassoun a passé tout l'après-midi à recevoir des délégations en quête d'aide ou de conseils. Le dignitaire nous offre une tasse de thé et quelques dattes avant de raccompagner ses derniers invités : un commerçant alépin, un haut fonctionnaire et un père de famille, sa fille de deux ans dans les bras. « J'espère que le trajet depuis Damas n'a pas été fatigant », dit-il en rendant un double hommage à la communauté druze et à la société française.

Comment expliquez-vous ce repli religieux au moment même où le président Bachar al-Assad fait tout pour ouvrir et moderniser la société syrienne ?

Cheikh Ahmad Hassoun : « Vous parlez de deux processus différents : le religieux et le politique. Concernant le premier, je ne crois pas que nous assistions à un *repli* religieux. Je dirais plutôt qu'il s'agit simplement d'un phénomène de variation ou de condensation d'un invariant sociologique, d'une constante historique. Quelle que soit sa société d'appartenance, l'être humain a tendance à croire instinctivement en l'existence d'une force créatrice supérieure, ce que nous autres religieux appelons Dieu. Voyez ce qui s'est passé dans l'ancienne Union soviétique. Malgré toute la législation et les répressions antireligieuses, une majorité de la population a continué à exprimer, sinon à manifester ses besoins spirituels comme il existe des besoins vitaux pour la reconstitution du corps. Aucune force, aucune puissance... rien n'a pu éradiquer la croyance religieuse des cœurs et des esprits du nouvel homme socialiste. L'essentiel, c'est l'influence irrépressible qu'exerce le sentiment religieux sur le comportement de l'individu en société. Dans la mesure où cette influence se révèle positive, où elle fonctionne comme un facteur de cohésion et de survie, elle finit par s'imposer comme l'une des composantes consubstantielles à l'histoire de cette même société. En Europe, et malgré toutes les guerres de Religion passées, les besoins spirituels ont perduré comme une affaire individuelle et privée relevant du libre arbitre. Cette transformation capitale s'est accommodée des évolutions sociales et politiques. C'est ce qu'on appelle la laïcité : le temps a passé et les religions sont toujours là à cohabiter entre elles, grâce à une gestion gouvernementale indépendante de chacune d'elles. »

Salah Kaftaro, président de la fondation Kaftaro et fils de l'ancien mufti sunnite Ahmad Kaftaro[1], interprète la montée de l'islamisme chez les jeunes par l'échec des mouvements nationalistes et laïcs face à Israël. Cette évolution s'exprime aussi, selon lui, en réaction, sinon en symbiose avec la politique américaine menée aux Proche et Moyen-Orient. « Les Américains ont toujours été les meilleurs alliés des Frères musulmans de l'Egypte de Nasser jusqu'en Afghanistan, au Pakistan et dans les Territoires palestiniens », dit-il. Il prône le retour aux sources en se référant au passé prestigieux des Omeyyades et se dit partisan d'un islam éclairé à l'image de celui que le gouvernement Erdogan applique en Turquie.

Chef historique des Frères musulmans syriens, exilé en Allemagne depuis 1978, Issam al-Attar (quatre-vingt-trois ans)[2] estime de son côté que c'est une erreur de « criminaliser » les membres de la Confrérie en les rendant « responsables de tous les maux et les retards du pays ». Très influencé par le wahhabisme saoudien, ce dernier affirme au contraire que les Frères incarnent une tendance modérée, partout dans les pays arabes où ils ont la chance de participer au pouvoir[3].

Dès qu'il est question des progrès de l'islamisme, rejaillissent invariablement les questions de l'interprétation des textes et de leur légitimité, sources de nombreux malentendus théologiques et politiques[4]. « Il y a une très grande différence entre les enseignements religieux et les opinions de ces mêmes religieux, souligne le grand mufti. La confusion qui s'est amplifiée entre le texte coranique sacré et les opinions personnelles de ses exégètes est un phénomène historique

1. Décédé en décembre 2004.
2. La nouvelle vice-présidente de Syrie, la très laïque Najah al-Attar, n'est autre que la sœur d'Issam al-Attar.
3. Ian Hamel, « La mouvance islamique est majoritaire en Syrie », oumma.com, 31 octobre 2005.
4. Hamadi Redissi, *Le Pacte du Najd...*, *op. cit.*

récurrent. C'est ce qu'on appelle prosaïquement la politisation de la religion, autrement dit la confusion des genres. Le fait de plaquer sur la religion une interprétation politique finalisée, lorsque le texte est interprété en fonction d'intérêts politiques particuliers, constitue le paroxysme de cette confusion. Dans cette perspective, on finit, ou plutôt on commence toujours par dénaturer la rectitude du texte pour la faire correspondre à des finalités qui lui sont étrangères, sinon contradictoires. Souvent, on prend l'effet pour la cause et on veut finir avant d'avoir commencé... »

Une grande variété de discours islamistes s'exprime en Syrie, des courants soufis modérés, majoritaires, jusqu'aux factions salafistes les plus radicales. Les politologues reconnaissent que les Frères musulmans constituent l'organisation la plus influente du courant d'opposition islamiste. Soucieux de ne pas répéter les erreurs des années 1980, l'action des Frères s'inscrit désormais dans un temps long. « S'il n'est plus question de renverser le pouvoir par la force à court terme, il s'agit de se préparer à l'exercer un jour, lorsque les conditions seront favorables », explique l'un des porte-parole clandestins de la Confrérie.

Le régime a parfaitement saisi les subtilités de cette gestion d'« un temps qui n'appartient qu'à Dieu ». Et il sait en user, voire en abuser à l'encontre des chancelleries occidentales en agitant régulièrement l'épouvantail d'une fin de l'histoire islamiste. Même à Tel-Aviv, parmi les plus hautes autorités militaires, on estime que le régime syrien actuel constitue un moindre mal face à « une talibanisation possible du Croissant fertile. L'important pour nous est de favoriser la reproduction du plus juste équilibre entre un régime qui continue à soutenir le Hezbollah, les factions palestiniennes et des forces centripètes qui affaiblissent ce même régime », estime un officier israélien de renseignements[1].

Afin d'éviter une « algérianisation du problème », les autorités ont adopté une stratégie d'évitement excluant des réactions frontales susceptibles de reproduire les tragédies de 1982. Ainsi, la participation des plus hauts représentants du régime aux fêtes et cérémonies religieuses est toujours large-

1. Entretien avec Richard Labévière à Genève, 11 janvier 2008.

ment médiatisée. Les prières du Fitr et d'Al Adha sont diffusées dans leur intégralité et donnent lieu à des émissions spéciales réunissant dignitaires religieux, responsables politiques et figures de la société civile. « Il s'agit de montrer et de se convaincre que les progrès de l'islamisme n'affectent pas la cohésion sociale et nationale du pays », explique un journaliste du *Techrine*.

Sur le terrain social, largement inaccessible au Ba'ath trop marqué par son idéologie laïque, est apparu un mouvement islamiste modéré conjointement animé par le grand mufti, le député islamiste Mohammad Habache et Salah Kaftaro. La fondation de ce dernier gère des dizaines d'écoles et d'instituts spécialisés dans l'enseignement du Coran et la jurisprudence islamique. Le député Habache est directeur du Centre d'études islamiques de Damas. Le mouvement milite en faveur d'un islam progouvernemental dont l'objectif principal est de canaliser les progrès de l'islamisme. *Via* cette « stratégie d'évitement », le régime a autorisé l'ouverture de quelque 300 instituts spécialisés dans l'enseignement de la Charia, dont quelque 125 « écoles pour l'apprentissage du Coran ».

Ainsi, la Syrie compte près de 580 écoles et instituts religieux qui offrent, parallèlement à la formation religieuse, une assistance sociale et médicale dans les quartiers les plus défavorisés. La moitié de ces établissements aident quotidiennement près d'un million d'habitants, voire le double durant la période du Ramadan.

Mohammad Habache évalue à 9000 le nombre de mosquées en Syrie. Selon son estimation, « près de 60 % des Syriens assistent régulièrement aux prières du vendredi, soit environ près de 12 millions de personnes[1] ». Ce chiffre est probablement exagéré, si l'on tient compte des laïcs qui représentent une partie importante de la communauté sunnite de 14 millions de personnes, soit 70 % d'une population estimée à 20 millions d'habitants dont 12 % de Kurdes.

Ces chiffres augmentent régulièrement en fonction des difficultés économiques et d'une croissance démographique qui conduisent, chaque année, 220000 jeunes sur le marché du

1. Talal el-Atrache : « La mouvance islamiste en Syrie : entre mythe et réalité », *L'Hebdo Magazine*, 7 avril 2006.

travail. En coordination avec le Programme des Nations unies pour le développement (Pnud), le gouvernement syrien a lancé, en 2005, un programme visant à « former les oulémas à des tâches de développement social et économique ». C'est dire à quel point la priorité donnée au développement économique[1] constitue la colonne vertébrale des mesures d'« évitement » que le régime cherche à mettre en œuvre.

Si le port du voile est autorisé dans les lieux publics en Syrie, il n'en est pas de même pour le *niqab*[2]. Le 17 juillet 2010, *Syria News*, proche du pouvoir, rapporte que « le ministre de l'Enseignement supérieur Gheith Barakat a donné la consigne d'interdire aux étudiantes portant le *niqab* l'entrée dans le périmètre universitaire, tout en déclarant son refus d'un signe vestimentaire allant à l'encontre des valeurs académiques, des mœurs et de la culture de la cité universitaire[3] ».

Le site précise que cette mesure intervient à la suite de plaintes adressées par un nombre croissant d'étudiantes dans les universités privées, opposées au port du *niqab* dans les cours. « Nous ne laisserons pas nos étudiantes et étudiants devenir les victimes de la pensée extrémiste et de ses comportements », ajoute le ministre syrien. Il rappelle que « la société syrienne a toujours mis en échec les campagnes organisées depuis l'étranger afin de propager l'extrémisme », tout en appelant à « la cohabitation entre les différentes composantes de la société syrienne ». Concrétisant la prise de conscience du pouvoir face à la montée d'un courant islamiste radical, la mesure s'inscrit dans le cadre d'une politique visant à préserver la laïcité. Elle intervient après le licenciement en juin 2010 de quelque 1200 universitaires islamistes. En août 2010, le ministère des *Waqf* (les biens religieux) interdit au député

1. Voir chapitre 13 : « Un petit tigre oriental. »
2. *Niqab* est le nom donné au voile intégral islamique. Le *niqab* couvre la tête et le visage de la femme, ne laissant apparaître que les yeux. Outre le *niqab*, le *sittar* accompagne souvent le *niqab*. Il s'agit d'un fin tissu généralement noir rabattu par-dessus le *niqab*, cachant les yeux tout en permettant à la femme qui le porte de voir.
3. Journal électronique syrien : www.syria-news.com (1er site d'information en Syrie).

islamiste Mohammad Habache de poursuivre ses activités religieuses, politiques et médiatiques.

Ces décisions sont prises en plein Ramadan, quelques jours avant la diffusion par la télévision nationale d'un feuilleton critiquant les pratiques sexuelles des extrémistes religieux, critique radicale de leur dévoiement de la religion musulmane. Le feuilleton suscite une vive polémique, notamment à cause de son titre inspiré d'un verset coranique : *Ma malikat aymanoukom* (ceux que vos mains droites possèdent). S'il provoque une franche réprobation des religieux sunnites, le feuilleton emporte l'adhésion d'une grande partie de la population et provoque l'ouverture d'un débat national sur les pratiques extrémistes déformant l'islam.

Les Frères ne renoncent jamais...

Evincée de la scène politique au lendemain des combats de Hama en février 1982, la Confrérie des Frères musulmans n'a jamais pu reconstituer son appareil politico-militaire à l'intérieur du pays, malgré la montée en puissance du mouvement social islamiste. En dépit de la loi 49 de 1980, qui prescrit la peine de mort pour les Frères, des centaines de détenus islamistes, dont plusieurs dirigeants de la Confrérie, ont bénéficié de mesures d'amnistie. La plupart des exilés sont rentrés au pays dans les années 1990. Dès l'arrivée de Bachar al-Assad au pouvoir, les Frères ont manifesté leur intention de participer de nouveau à la vie politique. En octobre 2000, ils ont lancé un appel à la « réconciliation nationale » et prôné le multipartisme en faveur d'une « ouverture politique et nationale syrienne ». Jusqu'à cette conversion au multipartisme, la Confrérie prétendait s'imposer comme la seule alternative à un régime qualifié d'« athée » et d'« hérétique » et se référait principalement à une fatwa d'Ibn Taimiya datant du XIVe siècle et appelant à la guerre sainte contre les Druzes et les Alaouites[1].

1. Question d'interprétation encore... la pensée d'Ibn Taimiya s'est développée un siècle après l'invasion mongole et la disparition de l'Empire abbasside en 1258 à la suite de la destruction de Bagdad. Et les théo-

En 2006, les Frères signent un nouveau « Programme politique pour la Syrie de demain » qui tranche singulièrement avec leur conception totale, sinon totalitaire de la société et du pouvoir politique. Le texte appelle à l'instauration d'une « République islamique moderne », fondée sur la Charia. Ils revendiquent un Etat démocratique et pluraliste, « ni théocratique, ni laïc », doté d'un parlement *(Majless el-Choura)* représentatif et autorisé à destituer le président de la République. L'Etat islamique, selon les Frères, se baserait sur la primauté de la loi et des institutions publiques et garantirait les droits des femmes ainsi que ceux des minorités ethniques, culturelles et religieuses.

Affaiblie et divisée, mais disposant toujours d'une base sociale importante, la Confrérie espère désormais prendre le pouvoir par les urnes. C'est dans cette perspective qu'elle rejoint en 2006 un « Front national du salut » fondé par l'ancien vice-président syrien Abdel Halim Khaddam, entré en dissidence en décembre 2005 et vivant en exil à Paris.

Selon le politologue Akram al-Bounni, « la mouvance religieuse est paradoxalement alimentée par l'autoritarisme du régime[1] ». A ses yeux, « les freins à l'ouverture politique mis en place pour endiguer la montée de l'islamisme ne font que la favoriser, notamment chez les jeunes enclins à une contestation naturelle et spontanée de l'autorité. En l'absence de partis politiques, ces jeunes s'orientent vers les mosquées, seule tribune ou ils peuvent s'exprimer ». Réaliste et optimiste, il juge cependant que « la composition multiconfessionnelle de la population syrienne, formée d'une majorité sunnite et d'importantes minorités chi'ite, ismaélite, alaouite, chrétienne et druze, ainsi que la répartition géographique de ces minorités, constituent une garantie structurelle à la laïcité du pays, empêchant l'hégémonie d'un islam sunnite radical ». Remarque d'autant plus judicieuse que la majorité

---

logiens avertis, dont le grand mufti, soulignent à juste titre qu'il convient de la remettre dans son contexte historique : celui de la grande décadence de la civilisation islamique qui avait rayonné de l'Espagne jusqu'aux Indes.

1. Talal el-Atrache, « La mouvance islamiste en Syrie : entre mythe et réalité », *L'Hebdo Magazine*, 7 avril 2006.

sunnite est loin d'être acquise aux valeurs islamistes et de se reconnaître dans le mouvement social qu'elles suscitent.

Mais al-Bounni ajoute : « Seule la démocratisation du pays est susceptible de remédier au déséquilibre qui prévaut actuellement. La tendance islamiste s'affaiblira avec et par l'ouverture démocratique du pays. » Promise par le président Bachar al-Assad, la loi sur le multipartisme interdit toute formation à caractère confessionnel ou ethnique parce que voulant préserver la dimension laïque et multiconfessionnelle du pays. Dans ces conditions, souligne notre interlocuteur, on voit mal comment les Frères pourraient s'imposer dans la vie publique officielle.

« C'est la quadrature du cercle syrien », conclut al-Bounni, une équation que le grand mufti préfère poser en d'autres termes : « Je ne crois pas qu'il existe de conflit *stricto sensu* entre religion et laïcité. La laïcité préconise la séparation entre les Eglises et l'Etat et non pas entre la religion et les individus. Nous pensons que la laïcité est un état d'esprit qui incite à la lecture des textes dans leur signification profonde et qu'elle favorise la renaissance de la nation au moyen de la connaissance. Dans cette optique, la laïcité ne contredit nullement la religion qui elle-même établit une connexion organique entre la science et la vie. [...] La laïcité politique signifie que l'Etat n'exerce aucune autorité religieuse et que les Eglises n'exercent pas de pouvoir politique. Ce qui signifie, en définitive, que la laïcité rassemble les citoyens dans le cadre d'un seul Etat, sur la base du concept de citoyenneté. Ainsi, l'Etat protège les religions de dérives confessionnelles et sectaires, tout en défendant la liberté de croyance et de pensée. »

Mais il reconnaît que cette conception « orientale » de la laïcité syrienne reste très différente de son acception française, fruit de sa propre histoire. « La Charia s'impose dans la gestion des affaires civiles. La question des droits et des modalités de succession est la plus révélatrice à cet égard. Mais il en va tout aussi bien du cas des mariages. Si la loi syrienne reconnaît en effet les mariages dès leur inscription sur les registres civils, toute union célébrée entre une Musulmane et un Chrétien n'aura cependant pas de raison d'être aux yeux de la loi. Il demeure ainsi des cas dans lesquels des personnes ayant contracté de telles alliances ont, de surcroît, le malheur de voir leurs enfants privés de tous droits civiques, ceux-ci étant réputés illégitimes. Car, aussi laïques que puissent être les orientations d'un Etat, celui-ci ne pourra pour autant aller à l'encontre de préceptes fondamentaux de l'islam, tel celui considérant que si l'alliance d'un Musulman avec une Chrétienne est recevable, l'inverse n'est pas concevable[1]. »

Cette vision des affaires personnelles embrassée par le mufti contraste foncièrement avec le dialogue, la tolérance, la laïcité et l'esprit d'ouverture qu'il préconise. Elle découle d'une idéologie qui bénit les conversions à l'islam et condamne sévèrement l'apostasie. Plusieurs observateurs décèlent une volonté de propagation pacifique et graduelle à travers l'absorption des communautés non sunnites. Ainsi, aux minorités syriennes, notamment aux Druzes, le mufti prône l'union islamique, à travers laquelle certains suspectent une certaine tentative d'assimilation religieuse. Face aux mouvements féministes qui militent pour la reconnaissance du mariage civil et l'octroi des droits civiques aux enfants nés d'une telle alliance, la position du mufti ne favorise pas le changement.

Reconnaissant ces difficultés comme « des scories historiques pouvant être amendées », cheikh Ahmad Hassoun préfère insister sur le patrimoine culturel commun qui rapproche l'Est et l'Ouest de la Méditerranée. « Il faut qu'on se parle !, dit-il. Le dialogue entre les adeptes des religions célestes est recommandé par le Coran. Il s'agit d'une nécessité existentielle observée par le Prophète. Nous croyons tous en un Dieu unique et, partant de là, on doit pouvoir s'entendre... Le meilleur dialogue est celui qui privilégie la personne humaine et sa dignité. Bien sûr, cette exigence traverse la Méditerranée. Les pays qui forment aujourd'hui l'Union européenne sont parmi les premiers à avoir bénéficié des Lumières de la Chrétienté provenant, notamment, de Syrie. L'adhésion de mon pays à l'Union pour la Méditerranée actualise cette vieille filiation. Il s'agit maintenant de la faire fructifier concrètement à travers ses volets économique, social et culturel. Et c'est à nous de la faire... »

1. Barah Mikaïl, *La Syrie en cinquante mots clés, op. cit.*

Le multiconfessionnalisme à l'épreuve de la démocratie

Le dernier recensement confessionnel date de 1962. Selon les estimations actuelles, la population syrienne comporte 84 % d'Arabes et 12 % de Kurdes, avec d'importantes minorités arménienne, syriaque, assyrienne, tcherkesse et turkmène. Les Musulmans constituent près de 90 % de la population et se répartissent en différentes confessions (sunnite 70 %, alaouite 12 %, druze 3 %, chi'ite 2 % et ismaélite 1 %). Les Chrétiens représentent environ 9 %, de la population soit presque 2 millions de personnes.

Affichée par le régime, la laïcité demeure une exception régionale[1], notamment au regard du caractère confessionnel revendiqué par l'Etat d'Israël. Elle est présentée comme le seul moyen d'éviter la multiplication des tensions religieuses. Le grand mufti l'a dit, cette notion ne se décline pas intégralement dans tous les secteurs de la vie publique. Un article de la Constitution stipule que le président de la République doit être obligatoirement de confession musulmane. En 1973, le président Hafez al-Assad avait tenté de supprimer cet article, mais y avait renoncé sous la pression populaire.

« Berceau du nationalisme arabe, la Syrie fait aussi partie intégrante du monde arabo-islamique et, bien sûr, l'islam demeure son principal fondement anthropologique, explique le grand mufti, mais il ne constitue pas un facteur de discrimination. Les Syriens, toutes religions confondues, cohabitent ensemble et se respectent mutuellement. Les mariages mixtes sont fréquents même s'ils ne sont pas en augmentation. La société syrienne s'organise autour du concept de citoyenneté et non à partir de l'appartenance religieuse ou tribale. Les Syriens de toutes les confessions célèbrent mutuellement leurs festivités religieuses. C'est ainsi que nous avons toujours vécu et que nous voulons continuer à vivre. »

1. Depuis que l'Etat irakien a perdu son caractère laïc, qu'il avait sous le régime de Saddam Hussein, la Syrie reste le seul Etat arabe à se réclamer ouvertement de la laïcité qui régresse aussi nettement dans les Territoires palestiniens.

Contrairement à plusieurs pays arabes soutenus par les Etats-Unis et qualifiés de « modérés », la Syrie continue à garantir les libertés religieuses. En Egypte, la minorité chrétienne copte – forte de 6 à 10 millions de personnes – n'a pas le droit d'entretenir ses églises ni de construire de nouveaux lieux de culte. Elle est régulièrement la cible de véritables pogroms qui demeurent impunis. En Arabie Saoudite, le régime wahhabite, allié historique des grandes compagnies pétrolières américaines, continue à interdire toute autre religion que l'islam, tous lieux de culte et toute conversion. La consommation d'alcool est strictement interdite et d'autres infractions aux obligations religieuses restent passibles de la peine de mort. Le port du voile y est obligatoire pour les femmes, qui ne sont pas représentées au Parlement et sont encore privées de certains droits élémentaires, comme celui de conduire une voiture ou de sortir seule. Il en va de même, à des degrés variables, dans les autres pétromonarchies du Golfe.

Que le régime vienne à lâcher prise pour une raison ou une autre, et l'on voit mal en effet comment la Syrie pourrait se prémunir des polarisations ethnico-religieuses similaires à celles qui empoisonnent aujourd'hui la vie quotidienne des Irakiens. Ainsi, les Syriens de confessions chrétienne et druze bénéficient toujours d'une large autonomie en matière de statut personnel, de pratiques sociales et culturelles. Néanmoins, la notion de « discrimination positive » est inconnue et la règle des quotas n'a pas cours. Mais dans la pratique, l'Etat syrien, largement dominé par les Alaouites depuis l'arrivée au pouvoir de Hafez al-Assad, s'efforce désormais de créer un certain équilibre confessionnel au Parlement, dans les ministères et l'administration en général.

Forte d'environ 2,6 millions de personnes, la communauté alaouite représente près de 13 % de la population. Originaires des montagnes du littoral syrien, les Alaouites vivent avec les Sunnites et les Chrétiens dans les provinces côtières de Lattaquié et de Tartous, mais aussi dans les villes de Homs et Hama. Avec l'avènement de la Syrie moderne, au début des années 1970, l'exode rural a entraîné quelque 300 000 membres de la communauté alaouite vers Damas, centre névralgique du nouveau pouvoir.

Tout comme les Druzes, les Alaouites ont rejeté la conception de l'Etat confessionnel hérité de la période mandataire lors du partage du territoire en 1919[1]. La révolte armée de cheikh Saleh al-Ali cette même année illustre leur affirmation identitaire arabe. Si la création du Grand Liban et de l'Etat des Alaouites ont isolé Damas et Alep de leur littoral maritime au début des années 1920, la réunification nationale s'est effectuée par le rattachement de cette même région côtière à partir de 1946. Ces 180 kilomètres de débouché sur la Méditerranée constituent aujourd'hui l'un des poumons de l'économie nationale.

L'intégration de la Montagne alaouite à l'Etat national a aussi profité à cette communauté rurale. Historiquement isolés et marginalisés, les Alaouites vivaient à la merci des féodaux des provinces centrales de Homs et de Hama. Comme une majorité de jeunes d'origine paysanne, la nouvelle génération a largement investi les rangs de l'armée, perçue comme l'ascenseur social par excellence. L'adhésion massive des Alaouites au parti Ba'ath et la prise du pouvoir par le général Assad ont favorisé le décloisonnement des zones rurales. Le nouvel homme fort a nommé des hommes de sa communauté aux postes clés de l'armée et des services de renseignements, véritable colonne vertébrale du régime. Pour la première fois dans l'histoire du pays, les zones rurales traditionnellement délaissées par les Ottomans et les gouvernements successifs ont fait l'objet d'un véritable plan d'aménagement et de développement.

Contrairement aux idées reçues, les Alaouites ne représentent pas une branche « radicale » du chi'isme. D'inspiration soufie, leur identité intègre des enseignements de l'ancienne philosophie gréco-hindoue et de la tradition chrétienne. Cette particularité syncrétique a fait d'eux les partisans des formations nationalistes et laïques développées avant l'indépendance. Les Alaouites sont d'ailleurs souvent perçus par les autres minorités comme des garants de leurs droits et de leur sécurité. C'est le cas d'une partie des Chrétiens et des Druzes,

1. Henri de Wailly, *Liban, Syrie : le mandat, 1919-1940*, Paris, Perrin, 2010.

victimes d'une sanglante répression sous le régime militaire de Chichakli entre 1953 et 1954[1].

Si, aujourd'hui encore, les appareils d'Etat restent marqués par une forte dominante alaouite, « c'est en raison de règles, devenues coutumières, instaurées par Hafez al-Assad », affirme un sociologue d'Alep. Conscient de la nécessité d'élargir sa base sociale, le président syrien va associer à la marche de l'Etat des personnalités sunnites, chrétiennes et druzes, sans oublier de tisser des liens solides avec la bourgeoisie urbaine et commerçante. Par conséquent, et comme c'est généralement le cas, le régime ne peut être défini comme exclusivement alaouite. Plusieurs figures de l'opposition, comme l'écrivain Nabil Sleiman, le militant des droits de l'homme Aktham Naisseh ou l'ancien recteur de la faculté d'économie de Damas Aref Dalila, appartiennent, du reste, à la communauté alaouite.

Ses cadres et responsables sont certes surreprésentés, notamment dans les forces armées, les services de renseignements et la fonction publique. Mais cette anomalie correspond aussi aux affinités régionales, sinon régionalistes, qui caractérisent l'ensemble des pratiques sociales et politiques. Ce particularisme a toujours beaucoup pesé sur le comportement sociopolitique des Syriens, et singulièrement sur la composition des partis, et leur recrutement.

Jusqu'à l'arrivée au pouvoir du Ba'ath en 1963, aucun des partis politiques syriens – le Parti national et le Parti du Peuple – n'a échappé à cette règle. Le premier représenta en particulier la bourgeoisie damascène, la plupart de ses dirigeants étant originaires de la capitale, à l'instar de Choukri Quwwatli, deux fois président de la République, ou de Sabri Assali, plusieurs fois ministre et Premier ministre dans des gouvernements à forte majorité damascène. Le Parti du Peuple s'est constitué à partir des bourgeoisies commerçantes de Homs et d'Alep. Il a fourni des présidents de la République, du Parlement, et des chefs de gouvernement dans des cabinets à forte composante alépine et homsi. Cette dominante d'un pouvoir urbain, caractérisée par l'alternance

1. La communauté druze avait vu son statut se dissoudre sous Nasser, entre 1958 et 1961, pendant l'union avec l'Egypte.

entre l'élite damascène ou alépine, a abouti à la marginalisation des populations rurales pourtant largement majoritaires dans le pays. L'anomalie a donc une histoire. « La dimension régionaliste qui caractérise une grande partie des comportements politiques syriens résulte d'une série de comportements qui peuvent être corrigés », estime le sociologue alépin.

« Si quelqu'un attaque verbalement la reine d'Angleterre au *speaking-corner* de Hyde Park, rien ne se passe. Mais si quelqu'un critique ici les Chrétiens, il risque de déclencher une guerre civile », aime à dire Bachar al-Assad. C'est sa façon à lui d'expliquer que le maintien du *statu quo* dans la recherche continuelle d'équilibres incertains ne constitue pas un projet d'avenir pour la jeune génération. C'est aussi sa façon de dire que l'avenir de la laïcité syrienne et de la coexistence interreligieuse dont elle est garante est loin d'être assurée. En l'absence d'une société civile pouvant faire pièce à la montée de l'islamisme et d'un Etat de droit accompli, les institutions syriennes demeurent fragiles.

La pratique autoritaire du pouvoir fragilise en effet l'édifice laïc et multiconfessionnel. Elle favorise les replis religieux et identitaires, comme le démontrent la montée des Frères musulmans durant les années 1980 et l'islamisme social actuel. Mais tout changement brutal risque d'ébranler l'édifice et de paver la voie des ingérences régionales et internationales. « Bachar ne sera pas un Gorbatchev oriental, nous dit l'un de ses proches ; il veut mener ses réformes à son rythme, à celui dont il pense qu'il est adapté au pays et aux contraintes pesant sur la région. »

Le 2 juillet 2009, le président syrien, accompagné de son épouse, participait à la cérémonie organisée par le *Syria Trust for Development* pour le lancement de l'observatoire de Massar, l'un des quatre projets de l'organisation consistant à promouvoir « au sein de la jeunesse syrienne une compréhension et une appréciation plus profondes de leur monde, et de leur donner les moyens, en tant qu'individus, de construire de manière active et positive leur futur ». Le message des deux invités d'honneur a été gravé dans la pierre : « Marchons vers l'avenir au lieu de l'attendre. » Cette puissante *Government Operated-Non Governmental*

Organization (GO-NGO)[1], fondée en 2007 par la femme du président, incarne le nouveau projet de société de Bachar al-Assad axé sur les principes du « développement », de la « responsabilité » et du « partenariat ». Sur le site Internet de l'association, on peut ainsi lire en guise de présentation : « *Syria Trust for Development* est à la pointe du domaine émergent des ONG en Syrie, dans une conjoncture où le pays poursuit activement son programme politique en faveur du changement. Nous établissons des normes, encourageons le développement professionnel et favorisons une collaboration efficace entre les ONG, le gouvernement et le secteur privé[2]. »

Le projet réformateur annoncé par Bachar al-Assad et la première dame serait susceptible de débloquer la situation actuelle s'il était appliqué. Le président estime lui-même qu'un long chemin reste à parcourir afin de « moderniser » les pratiques politiques. « Bien qu'elles soient significatives, les mesures adoptées pour réformer la vie politique restent très inférieures à nos ambitions, car des contraintes et des bouleversements ont entravé leur plein épanouissement[3] », indique le président lorsqu'il dresse le bilan de son premier septennat.

Il rappelle les dangers qui ont menacé le pays après l'invasion de l'Irak. « Au milieu du chaos que des puissances étrangères ont introduit dans notre région, notre priorité suprême était de préserver la sécurité de nos concitoyens et de garantir la stabilité du pays, qui constituent les piliers de la souveraineté nationale, condition *sine qua non* de la dignité, de la prospérité et du progrès. » Mais bien conscient qu'on ne peut durablement justifier l'absence de réforme en raison des pressions extérieures, il redit sa volonté d'instaurer « une démocratie authentiquement syrienne », tenant compte de l'histoire et des particularités du pays.

Cette orientation qui accompagne la diminution des ressources publiques se traduit par un recours grandissant des

1. Le sigle GO-NGO désigne les structures associatives qui se veulent des ONG tout en ayant été créées par un gouvernement ou un organisme proche de celui-ci.
2. Laura Ruiz de Elvira : « L'Etat syrien de Bachar al-Assad à l'épreuve des ONG », *Maghreb-Machrek*, n° 203, Institut Choiseul, printemps 2010.
3. Bachar al-Assad, discours au Parlement à l'occasion de l'inauguration de son deuxième mandat, 17 juillet 2007.

autorités aux acteurs non étatiques. « Ce processus de redéfinition de l'action publique – basé sur le principe du partenariat et de la responsabilité – a eu comme effet la revitalisation d'une société civile sélectionnée, promue et contrôlée par les pouvoirs publics. La situation inédite d'interaction et de négociation entre les autorités syriennes et les organisations non gouvernementales a un double impact sur le champ associatif : d'une part, la multiplication rapide du nombre d'associations enregistrées auprès du ministère des Affaires sociales et du Travail depuis 2004 et, d'autre part, le renouvellement des acteurs et des projets mis en œuvre[1]. »

Dans cette perspective, « une telle démarche nécessite une forte préparation et des circonstances favorables » explique le président. A cet égard, il promet, pour son deuxième mandat, une série de réformes dont « une loi sur les partis » et « la création d'un conseil consultatif » *(Majless el-Choura)*, afin de donner plus d'importance au « pouvoir législatif et d'élargir le cercle de compétences dont dépend la prise des décisions ». Il annonce également la mise en chantier d'une décentralisation administrative afin d'augmenter les responsabilités des collectivités territoriales, notamment au niveau des municipalités.

Bien que lente et calculée, cette évolution tranche avec l'autoritarisme des quatre dernières décennies. En préconisant une évolution graduelle et pacifique des appareils d'Etat, la déclaration de Damas[2] ne disait pas autre chose. Toute libéralisation dépendra de l'évolution économique du pays, mais aussi et surtout du contexte politique régional. « Un retrait américain d'Irak, affirme le grand mufti, pourrait avoir des conséquences extrêmement positives pour toute la région. Ce changement favoriserait positivement l'évolution de la situation interne en Syrie et dans d'autres pays. »

Hormis le dossier irakien, « le rythme des réformes politiques en Syrie dépendra aussi de la tournure que prendra le conflit israélo-arabe. L'état de guerre et les dangers extérieurs sont évidemment de sérieux obstacles à l'évolution normale du pays. Sans fuir nos propres responsabilités en

---

1. Laura Ruiz de Elvira, *op. cit.*
2. Voir chapitre 4 : « L'héritage piégé... »

remettant la totalité des erreurs sur les autres, nous continuons à nous méfier des ingérences étrangères qui sèment toujours le trouble et la désolation », rappelle inlassablement cheikh Ahmad Hassoun.

« Que Dieu vous garde et que la raison et la connaissance guident vos pas », conclut-il, en ajoutant avant notre départ : « De retour en Europe, demandez seulement qu'on nous permette d'être nous-mêmes. »

15

Une certaine idée de la Syrie...

« La souveraineté demeure jusqu'à aujourd'hui, contre les entreprises de domination internes ou externes, le seul moyen connu de rendre précisément égales en droit des puissances par tout le reste inégales. On se demande comment peuvent aujourd'hui occulter un tel principe ceux qui par ailleurs assimilent la démocratie à l'"Etat de droit" et la liberté à un souci d'égalité entre les hommes. Que vaudraient, que dureraient le droit et la liberté que les hommes penseraient pouvoir conserver en tant qu'individus alors qu'ils les perdraient en tant que peuples, en cessant d'être souverains, c'est-à-dire de s'appartenir ? »

Philippe de SAINT-ROBERT,
Juin 40 ou les paradoxes de l'honneur.

La réforme du système politique et économique s'impose aujourd'hui au président syrien comme un impératif stratégique, de la même manière que la paix était devenue la priorité historique de Hafez al-Assad. Lente et contrôlée certes, l'ouverture est pourtant avérée.

Désormais, les nouveaux ministres et hauts responsables civils ne sont plus nommés en fonction de leur appartenance au Ba'ath. Ils sont choisis en raison de leurs compétences et de l'expérience acquise, parfois dans les organisations économiques internationales. C'est le cas du charismatique vice-Premier ministre pour les affaires économiques, Adballah Dardari, l'un des grands promoteurs de la libéralisation en cours. Le nouveau président s'est aussi séparé des gardiens du temple représentés par l'ancienne génération du Ba'ath qui avait servi son père.

La mise à l'écart de l'ambitieux vice-président Abdel Halim Khaddam a été l'une des premières décisions significatives. Il en va de même pour Ali Douba, chef historique des puissants services du renseignement militaire, qui fut progressivement marginalisé. Le général Mohammad Khouli a connu le même sort. Commandant des services de sécurité de l'armée de l'air puis chef des forces aériennes, il a été mis à la retraite, « atteint par la limite d'âge ». Chef d'état-major des armées pendant un quart de siècle, le général Hikmat Chehabi (Sunnite) n'a pas été reconduit dans ses fonctions pour la même raison. Ces différentes décisions faisaient partie de l'héritage de Hafez al-Assad, qui, avant de mourir, avait fait des recommandations très précises à son jeune héritier.

La décision la plus spectaculaire fut sans doute la mise à l'écart du général Ali Haidar, chef des Forces spéciales de l'armée. Bachar al-Assad commença dès lors à imposer son propre style et ses hommes aux postes clés de l'armée et des services de renseignements. Il s'entoure d'une nouvelle équipe, dont son propre frère Maher, promu chef de la Garde républicaine, unité d'élite de l'armée chargée de la protection du palais présidentiel. Il nomme aussi son beau-frère Assef Chawkat à la tête du renseignement militaire.

Le jeune président s'attelle ainsi à la modernisation du système. Il impose petit à petit son prénom, et un projet pour le pays qui va bien au-delà d'une simple continuité. Ainsi, Bachar va favoriser la promotion d'une nouvelle génération de cadres au sein du comité central du parti tout en rassurant l'autorité militaire sur son rôle central de gardienne des institutions, de la sécurité et de la stabilité du pays. Le 4 juin 2009, il nomme un Chrétien, le général Daoud Rajha, chef d'état-major de l'armée syrienne.

Dans un tout autre état d'esprit que celui ayant présidé au retrait de Khaddam et de Haidar, l'ancien ministre de la Défense, le très charismatique Mustafa Tlass, compagnon de route de Hafez al-Assad, et le général Bahijat Soleiman, le chef de la célèbre section 251 des Services des renseignements généraux (spécialisée dans les écoutes téléphoniques), ne seront pas reconduits. Cette mise à la retraite s'effectue avec l'accord des intéressés, qui restent néanmoins associés au cercle des plus fidèles conseillers, l'accent étant mis sur la modernisation, le regroupement des services et l'entrée en fonction d'une nouvelle génération d'officiers.

C'est justement à partir de ce pôle des Renseignements généraux, le cœur névralgique du régime, que Bachar va entreprendre les réformes qu'il juge nécessaires. Pour bien montrer qu'il entend rompre avec les logiques claniques et familiales, il nomme à sa tête un Sunnite, général de l'armée de l'air, la composante la plus sophistiquée des forces armées syriennes. Le choix d'Ali Mamelouk est emblématique. Homme d'expérience et de renseignement, cet officier d'une soixantaine d'années a une parfaite connaissance du pays, du contexte régional et des appareils d'Etat dont il a pu localiser les lourdeurs et les dysfonctionnements. En très bon termes avec son homologue français Bernard Squarcini, patron de la nouvelle Direction du renseignement intérieur (DCRI), il va s'inspirer de la réforme française pour instaurer continuum et coopération entre les différents services syriens de sécurité.

Ici s'exprime la vraie rupture : Hafez al-Assad avait toujours maintenu les différents services de sécurité en posture de concurrence permanente, estimant que la verticalité constituait leur vrai gage de loyauté et d'efficacité. Les différents services de renseignements de l'armée de terre, de l'air et des Renseignements généraux, soit une quinzaine de structures, se surveillaient mutuellement. Pendant quarante ans, cette guerre « institutionnalisée » des services a reproduit le système. Mais cette gestion continue de rivalités internes a progressivement contaminé l'ensemble des secteurs d'activité et, durant les années qui ont suivi la fin de la Guerre froide, a fini par fragiliser la totalité de l'édifice.

A partir de ce chantier, le général Mamelouk a pour mission de mettre en œuvre une réforme globale de l'Etat devant déboucher, à terme, sur la création de services publics modernisés. « D'abord appliqué à l'ensemble des services de sécurité, cet esprit d'une réforme moderne privilégiant la compétence aux vieux mécanismes de cooptation devrait inspirer, à moyen terme, l'ajustement des autres services publics de l'administration », explique un ancien responsable des services français[1]. Emblématique, la création d'un pôle moderne des Renseignements généraux a été pensée comme le fil rouge devant atteindre, par capillarité, toutes les branches de l'activité politique, économique et sociale du pays, notamment le secteur des affaires. Sur ce point précis, la priorité est donnée à la montée en puissance d'entrepreneurs professionnels au détriment des vieux oligarques alaouites.

L'idée que des entreprises puissent se développer sans être rackettées est nouvelle en Syrie. Il s'agit de rompre avec le contre-modèle égyptien d'une société duale : les riches, d'un côté, qui vivent de l'import-export, et les pauvres toujours plus pauvres, soumis au renchérissement continu des produits de première nécessité. L'ensemble du dispositif se présente donc comme une réforme globale de l'Etat, procédant par paliers successifs : partant de la sphère sécuritaire pour atteindre l'économie, avant de revenir progressivement au politique, en touchant les questions institutionnelles, la société civile et les libertés politiques.

Fin connaisseur du pays, notre interlocuteur explique : « Dans l'esprit du président, ce processus doit marcher sur deux jambes : les réformes intérieures et le désenclavement international. Celui-ci passe par des parrainages régionaux (Qatar et Turquie), de même que par une normalisation avec l'Arabie Saoudite et les Etats-Unis. A la marge, mais sans que cela soit prioritaire, Damas doit aussi retrouver des points d'appui forts en Europe et notamment avec la France. Enfin, la Syrie s'efforce de développer des partenariats avec les BRIC (Brésil, Russie, Inde et Chine), s'imposant elle-même comme un pays émergent. Lorsqu'on parle de son rôle pivot, celui-ci doit s'entendre comme le passage obligé entre l'Arabie Saoudite et l'Iran, entre les mondes sunnite et chi'ite. »

La continuité la plus invariable du régime concerne la relation avec Israël. « Bachar ne peut s'engager dans des choix stratégiques définitifs quels qu'ils soient, poursuit notre officier de renseignements. Damas s'efforce de ne pas provoquer de conflit ouvert avec son voisin tout en évitant d'ouvrir des négociations substantielles, et de proroger l'actuel *statu quo*

1. Entretien avec les auteurs, 4 mai 2010.

de “ni guerre/ni paix”. Cette posture garantit la reproduction de la principale rente diplomatique du pays qui fait de lui le pivot dont nous parlions. Cette rente consiste à gérer au mieux des capacités de nuisance qui disparaîtraient dans le cadre d'une solution régionale globale négociée. De fait, la Syrie continue à compter sur la scène régionale et internationale, beaucoup plus qu'en proportion de son poids réel. La diplomatie syrienne reste incontournable tant qu'elle conserve ses capacités d'influence sur les trois théâtres : palestinien, libanais et irakien. »

En définitive, la Syrie d'aujourd'hui est un pays adoptant une posture de transition à tous les niveaux : politique, économique, ainsi qu'en matière de relations régionales et internationales. Elle peut le faire parce qu'elle a su préserver l'héritage du Ba'ath et le noyau dur de sa philosophie politique, à savoir le fait national arabe.

« Certes, le régime sera encore confronté à des tentatives de déstabilisation, conclut notre espion, mais les grands équilibres ont été restaurés grâce aux différents cadrages d'un Etat-nation qui a su rester unitaire. » Et ce n'est pas la moindre des performances dans une région confrontée aux polarisations ethnico-religieuses comme à l'émiettement politique et territorial. Ce constat recoupe les conclusions de notre intervention devant la Mission parlementaire française sur « la place de la Syrie dans la communauté internationale[1] ».

Enregistré par la présidence de l'Assemblée nationale le 16 juin 2010, publié[2] et aussitôt abandonné à la critique rongeuse des souris, ce rapport constitue un petit chef-d'œuvre de prose parlementaire. D'une grande originalité, son titre – *Quel chemin pour Damas ?* – anticipe la qualité du contenu. Sans en exagérer le poids politique, il mérite attention car il accumule les lieux communs ayant cours sur la Syrie

1. Elisabeth Guigou, présidente; Renaud Muselier, rapporteur; Jean-Michel Boucheron; Jean-Jacques Guillet; Robert Lecou; François Loncle; Jacques Myard; Jean-Marc Nesme; Eric Raoult; Dominique Souchet; Michel Vauzelle. Voir notre Introduction : « Trois obstacles épistémologiques. »

2. Rapport d'information n° 2628 : « Quel chemin pour Damas ? », commission des Affaires étrangères, documents d'information. www.assemblee-nationale.fr

contemporaine. Mieux, il illustre à la perfection les *a priori* idéologiques et les obstacles épistémologiques durables que nous mettions en exergue pour essayer de comprendre pourquoi et comment ce pays a si mauvaise presse en France et dans les pays occidentaux.

Derrière la diversité et le pluralisme formel des personnalités consultées, la machinerie rapporteuse accouche d'une belle mythologie. Après une première partie qui énumère, sans les apprécier politiquement, « des signes d'ouverture incontestables », la deuxième moitié fait l'inventaire des « hésitations syriennes ». Après avoir émis les plus grands doutes sur la normalisation des relations syro-libanaises, c'est l'alliance avec le grand Satan iranien qui constitue le premier élément de conclusion : « L'alliance syro-iranienne est-elle affectée par l'ouverture diplomatique syrienne ? »

Ici, le rapport se fonde, notamment, sur le sentiment de Samir Aïta[1], qui fut proche d'Abdel Halim Khaddam. Il « estime que l'Occident devrait voir la Syrie (ainsi, d'ailleurs que la Turquie) comme une courroie de transmission positive pour obtenir une évolution des positions iraniennes » (p. 88). Est assigné à la Syrie « un rôle de médiation entre l'Occident et Téhéran » (p. 89). Plus précisément, « étant donné l'absence de toute avancée sur le dossier nucléaire iranien, en dépit des gestes d'ouverture consentis par les Etats-Unis et le durcissement du régime de la république islamique d'Iran depuis les manifestations qui ont suivi la réélection contestée du président Ahmadinejad en juin 2009, la Mission estime que l'Occident ne peut se priver d'aucune voie de dialogue avec l'Iran, aussi indirecte et incertaine soit-elle » (p. 89). Sans vraiment préciser d'où nous arrive ce concept d'« Occident », le rapport nous apprend que les intérêts de la France s'identifient désormais à cette nouvelle entité présentée comme un acteur, à part entière, des relations internationales.

Deuxième conclusion, sous forme de question : « La paix avec Israël est-elle envisageable ? » (p. 90). Réponse : « Une hostilité constante à l'égard d'Israël » (p. 93). On apprend sur la même page que « l'animosité des autorités syriennes à

1. Rédacteur en chef du *Monde diplomatique* en arabe.

l'égard d'Israël est très sensible, notamment depuis le bombardement israélien du site de Deir ez-Zor» (p. 93). Outre le constat très pertinent qu'une population nourrisse une certaine hostilité à l'encontre de gens qui lui jettent régulièrement des bombes sur la tête, la chute est encore plus sidérante : «M. Christophe Bigot partage cette analyse. La Syrie lui apparaît en fait le meilleur allié d'Israël dans la région...» (*sic*). Ambassadeur de France à Tel-Aviv et protégé de Bernard Kouchner, l'interviewé n'est certainement pas la personne la plus qualifiée pour trancher la question.

Troisième conclusion : «Où en sont les droits de l'homme?» (p. 101). Poser la question de cette façon c'est y répondre. «Selon M. Samir Aïta, cette situation ne s'est pas améliorée depuis le début des années 2000» (p. 103). Dans ce chapitre final, le rapport estime que «de manière classique, les meilleurs avocats de la Syrie relativisent le problème des droits de l'homme en replaçant la situation syrienne dans le contexte régional» (p. 106). Nouvelle manifestation d'une taxinomie dualiste : on parle des «avocats» de la Syrie sans citer leurs propos exacts alors que sont littéralement reproduites les remarques des «experts» critiques, visiblement seuls dignes de foi. Sur le plan méthodologique, le rapport ne sort pas de la dualité pro et antisyriens qu'affectionne particulièrement la grande presse. Aucune approche dialectique, aucune ambition, aucun pari d'intelligence : «La Syrie ne renoncera pas à soutenir les "forces de la résistance" (Hezbollah, Hamas)» (p. 125). A aucun moment on essaie de définir cette résistance, dont on suppose qu'elle n'est pas complètement légitime puisque mise entre guillemets.

Au-delà d'une simple reproduction de l'idéologie dominante, la hiérarchisation des thèmes de conclusion traduit une méthode de travail qu'on pouvait anticiper après une discussion informelle avec la présidente de la mission[1], obsédée par «les armes du Hezbollah». La genèse historique du dossier et ses caractéristiques géopolitiques actuelles ne sont pas prises en considération. Les auteurs du rapport ne cessent de privilégier la sécurité d'Israël sur celle de tout autre Etat de la région. A l'évidence, c'est un point de vue

1. Entretien avec les auteurs, 18 mars 2010.

partagé par nombre de parlementaires français, quelle que soit leur appartenance politique ! Ce point de vue suscite trois questions immédiates :

1) Qui a décrété que la question de la sécurité d'Israël devait supplanter celle des intérêts de la France dans la région ?
2) Qui a décrété que la bombe iranienne était plus dangereuse que la bombe pakistanaise, chinoise ou israélienne ? Subsidiairement, qui a décrété qu'il s'agissait de la menace la plus grave à l'encontre de la paix et la stabilité mondiales ?
3) Enfin, qui a décrété qu'il devait obligatoirement y avoir une réponse occidentale à cette menace ? Subsidiairement, encore, qui a décrété que la France, devait se confondre avec un Occident, considéré comme un acteur monolithique des relations internationales ?

A aucun moment le fait national syrien n'est analysé pour lui-même. A l'évidence, pour nos rapporteurs, la figure de l'Etat-nation reste une anomalie inconcevable sous ces latitudes, alors qu'elle représente certainement le point d'appui le plus fiable à partir duquel fabriquer de la stabilité dans cet Orient compliqué, constamment travaillé par la fragmentation, l'entropie et la mort. Nouvelle figure de l'orientalisme[1] contemporain : l'Etat-nation ne serait pas adapté aux « mentalités » orientales. Face au démantèlement de l'Etat-nation irakien, face à l'impossibilité récurrente d'un Etat-nation palestinien, comment l'Etat-nation syrien pourrait-il exister, sinon constituer un modèle ? C'est notamment à l'historien britannique Bernard Lewis, référence principale des néoconservateurs américains, que l'on doit cette approche essentialiste. Dans cette perspective, l'Orient doit être « traité » comme un grand corps malade et faire l'objet d'interventions, sinon d'ingérences humanitaires, politiques et sécuritaires sous couvert des multilatéralismes onusien, européen et des ONG. Il s'agit de ramener, constamment, les Orientaux à leur vraie « nature » : celle d'un attachement indéfectible à une conception tribale de la vie politique et de la vie tout court.

1. Edward Saïd, *L'Orientalisme. L'Orient créé par l'Occident*, Paris, Le Seuil, 1980.

En convergence avec cette idéologie allergique au fait national, le rapport énonce des certitudes eurocratiques : « l'Union européenne a aussi un rôle à jouer. La densité de ses relations politiques et économiques avec l'Etat hébreu lui confère incontestablement les moyens de peser en faveur de la paix » (p. 101). Peser ? Le « poids » diplomatique de l'Union européenne reste hélas théorique. On se souvient de quelle manière Ehoud Olmert et Benyamin Netanyahou interdirent à ce pauvre Javier Solana, l'ancien chef de la diplomatie européenne, une simple entrée dans les Territoires palestiniens de Gaza et de Cisjordanie. Chacun sait hélas que l'UE, pourtant premier bailleur de fonds de l'Autorité palestinienne, est incapable de protester efficacement, sinon de se faire rembourser le coût des infrastructures publiques de Gaza régulièrement détruites par la chasse israélienne. Aussi, le retard de la signature syrienne pour l'accord d'association avec l'UE[1] a évidemment partie liée avec cette faiblesse, ainsi qu'avec une certaine exaspération face au double jeu de l'Union qui ne cesse de renforcer ses coopérations économique, technologique, universitaire et militaire avec Tel-Aviv.

On connaît les raisons pour lesquelles l'Union est incapable de peser en faveur de la paix aux Proche et Moyen-Orient. Reste l'approche bilatérale, aujourd'hui encore pertinente. Par conséquent, toute espèce d'effort susceptible de consolider les Etats-nations de la région nous semble d'une urgence salutaire. La Syrie est justement l'un d'entre eux et pourrait constituer l'un des points d'appui de ce vaste chantier.

La vieille terre des Omeyyades est donc confrontée à trois défis majeurs. D'abord, celui de l'ouverture. En conclusion de son très beau livre[2], Marie-Thérèse Oliver-Saidi écrit : « Sortie de l'ombre à la faveur d'événements tragiques, la Syrie arrivera-t-elle à émerger dans l'imaginaire français autrement que sous forme de repoussoir ? Une ouverture raisonnée sur l'Occident, sur les pratiques libérales et démocra-

1. Les Etats membres de l'UE avaient donné leur accord pour que la signature de l'accord se déroule le 27 octobre 2009. A la surprise générale, les autorités syriennes ont demandé le report de cette signature.

2. Marie-Thérèse Oliver-Saidi, *Le Liban et la Syrie au miroir français (1946-1991)*, Paris, L'Harmattan, 2010.

tiques, pourrait permettre à la Syrie de se faire une place propre, sans fatalement y perdre son âme ou sa spécificité arabe. » Dans la droite ligne de la recommandation d'Hervé de Charette[1], cette évolution nécessaire engage à la poursuite du développement économique, passage obligé d'une modernisation politique maîtrisée.

L'autre défi est sans conteste la préservation et la modernisation de sa « laïcité[2] ». Ici aussi, le contre-modèle égyptien fait référence. En effet, croyant apporter une réponse à l'islamisation de la société « par le bas », les gouvernements successifs d'Anouar al-Sadate et de Hosni Moubarak se sont attachés à promouvoir une « islamisation par le haut ». Cette voie se révèle un fiasco complet, à double titre : non seulement elle n'a pas enrayé les progrès des Frères musulmans, qui s'affirment aujourd'hui comme la seule alternative politique en Egypte, mais elle a surtout fragilisé les appareils d'Etat en favorisant leur communautarisation. Cette évolution a durablement placé le pays sous la dépendance des subventions que lui alloue chaque année le gouvernement américain[3]. La Jordanie se trouve aujourd'hui dans la même situation de dépendance structurelle. Quant aux pays du Golfe, leur avenir dépend essentiellement de ressources énergétiques dont l'exploitation, le raffinage, le transport et la vente sont inféodés à un système dominé par l'Arabie Saoudite et les Etats-Unis.

Le troisième grand défi de la nouvelle Syrie est tout aussi capital. De 1991 à 2000[4], Hafez al-Assad a toujours considéré que la recherche d'un équilibre régional durable passait avant tout par une médiation des Etats-Unis. Le nouveau président syrien a partagé cette approche jusqu'à très récemment. Depuis les efforts ultimes du président Bill Clinton à Camp David en juillet 2000, depuis les dernières et vaines tentatives de Barack Obama de faire cesser la colonisation israélienne dans les Territoires palestiniens, les espoirs de voir émerger un « Oslo II » se sont amenuisés. Les opinions

---

1. Voir chapitre 13 : « Un petit tigre oriental. »
2. Voir chapire 14 : « Le traité théologico-politique du grand mufti. »
3. Plus de 3 milliards de dollars chaque année.
4. Voir chapitre 10 : « En attendant Godot... »

arabes savent depuis longtemps, dans la douleur de leur chair, que le partenaire américain ne peut qu'être juge et partie. Par conséquent, elles savent aussi qu'il faut impérativement fabriquer d'autres mécanismes de médiation en associant des pays émergents comme la Turquie et le Brésil, qui ont mené de concert une négociation sur le dossier nucléaire iranien.

A travers sa tournée latino-américaine, Bachar al-Assad montre, à sa façon, que nous sommes entrés dans un « autre monde », un monde où les pays émergents cesseront d'être considérés comme de simples marchés, comme de simples débouchés pour les économies développées. Désormais, ces Etats-nations émergents s'invitent à la table des grands pour participer aussi au règlement des problèmes de paix et de sécurité. La nouvelle Syrie devra montrer qu'elle veut et qu'elle peut participer à ce nouveau monde multipolaire dans lequel l'hyperpuissance américaine ne fait plus la loi.

Achevant provisoirement nos voyages politiques en Orient, nous revient en mémoire la remarque de Samir al-Taqi, directeur du Centre d'études orientales de Damas : « C'est vrai que pour comprendre un peu, il faut aimer un peu aussi... » Comment ne pas partager cette réflexion alors que nous sortons des souks d'al-Hamidiyé, après une longue conversation avec un créateur de parfums ? La nuit est tombée sur le djebel Qassioun d'où l'on a l'impression de survoler la ville.

Minarets et immeubles modernes dépassent un premier plan de médinas compactes. Au loin, une ceinture verte encercle le grand Damas comme un rempart protecteur. Plus loin, l'obscurité qui s'épaissit laisse filtrer une brume rose qui voile les sommets de l'Anti-Liban et du mont Hermon. Dans la grande diversité des personnes que nous avons rencontrées durant ces voyages, c'est la quête de dignité et le besoin d'honneur qui recouvrent les analyses les plus savantes. Une certaine idée de la Syrie...

Comme l'écrivait Georges Bernanos dans *Les Grands Cimetières sous la lune* : « Le monde a besoin d'honneur. C'est d'honneur que manque le monde. Le monde a tout ce qu'il lui faut, et il ne jouit de rien parce qu'il lui manque l'honneur. »

CONCLUSION

Un autre monde...

« L'Onu ne doit pas, ne peut pas, rester en marge de l'impulsion de la réforme de la gouvernance mondiale. Si les changements en faveur de la réforme du Conseil de sécurité ne produisent pas de résultats palpables, les pays émergents qui se sentent en condition d'avoir plus d'influence dans les questions internationales ne resteront pas inertes. Ils chercheront d'autres forums, formels ou informels, pour faire valoir leurs aspirations. Le risque d'érosion de l'autorité du Conseil de sécurité des Nations unies n'est positif pour personne. »

Celso Amorim,
ministre des Affaires étrangères du Brésil.
Paris, 27 août 2009,
XVIIe *conférence des ambassadeurs.*

15 juin 2010. La scène se déroule dans la salle de conférence d'un grand hôtel de la place Vendôme à Paris. Devant une cinquantaine d'invités, Celso Amorim, le ministre brésilien des Affaires étrangères, et l'ancien chef de la diplomatie française Hubert Védrine viennent d'interpréter et de qualifier la négociation menée par Ankara et Brasilia sur le dossier nucléaire iranien comme un pas positif vers un « nouveau monde » en train d'émerger.

Avec beaucoup de candeur, une jeune journaliste[1] du

1. Pour essayer de comprendre l'état actuel de la presse quotidienne parisienne – exercice qui dépasserait les limites de nos voyages en

Figaro pose la première question, interpellant le ministre brésilien sur un ton quelque peu bravache : « Alors, la bombe iranienne ne vous fait pas peur ! » Le diplomate brésilien, qui en a vu d'autres, se redresse en souriant : « La peur n'évite pas le danger, madame ! Comme on dit en français ! Mais plus sérieusement, je vois bien que les pays occidentaux et tout spécialement leurs journalistes n'ont pas compris l'initiative que nous avons prise avec la Turquie sur le dossier nucléaire iranien. »

Signé le 17 mai 2010 à Téhéran après dix-huit heures de discussion, l'accord Iran-Brésil-Turquie prévoyait l'échange, en Turquie, de 1 200 kilos d'uranium iranien faiblement enrichi (3,5 %) contre 120 kilos de combustible enrichi à 20 % par les grandes puissances. Cet échange était destiné à alimenter le réacteur iranien de recherche TRR[1] qui produit, à Téhéran, des radio-isotopes indispensables pour le secteur médical.

Malgré cette nouvelle offre, les Etats-Unis sont parvenus à convaincre la Russie et la Chine de soutenir un projet de résolution du Conseil de sécurité prévoyant un quatrième train de sanctions contre l'Iran. Celso Amorim avait immédiatement reconnu que l'accord « ne pouvait résoudre tous les problèmes existants ». Mais, selon lui, « il constituait un passeport pour favoriser de plus amples discussions afin de créer la confiance au sein de la communauté internationale, permettant ainsi à l'Iran d'exercer son droit légitime à l'énergie nucléaire civile ». Et le ministre brésilien d'ajouter : « Pourtant, nous avons obtenu ce que les pays occidentaux ont toujours réclamé en disant qu'il était nécessaire d'obtenir un tel accord de principe sur l'échange afin de continuer la discussion[2]. » En effet, l'AIEA avait elle-même proposé à Téhéran un programme d'échange d'uranium similaire qui avait finalement achoppé sur les quantités et les modalités de transfert[3].

Orient –, on peut toujours relire *Bel-Ami* de Guy de Maupassant. Ce grand roman reste d'une singulière actualité.

1. TRR *(Teheran Research Reactor)*.
2. Entretien avec les auteurs, 14 juin 2010.
3. A l'époque, en effet, « la proposition portait sur 1 700 kilos faiblement enrichis à 3,5 % alors qu'au moment de la négociation brésilo-

Cet accord représentait pourtant une véritable avancée susceptible de relancer la négociation globale. Dans un premier temps, du reste, l'initiative brésilo-turque a été bien accueillie. Le commandant en chef de l'Otan en Europe, l'amiral américain James Stavridis, a jugé que « l'accord conclu par l'Iran avec la Turquie et le Brésil constituait un "développement potentiellement positif" pour résoudre la crise autour du programme nucléaire iranien ». Même son de cloche chez le ministre égyptien des Affaires étrangères Ahmed Aboul Gheit qui félicitait Brasilia et Ankara. Mais l'embellie n'a pas duré longtemps : « Convenir de l'apport en combustible pour le réacteur iranien ne va pas changer la donne aux yeux de la communauté internationale », résumait ainsi un diplomate européen en poste à Vienne, rappelant qu'avant même la tenue du sommet tripartite Iran-Brésil-Turquie, la secrétaire d'Etat américaine Hillary Clinton avait prédit son échec.

Celso Amorim devait conclure en évoquant *La Peur* de Stefan Zweig[1] : « Le grand écrivain décrit magistralement que la peur ne change pas la marche des choses. En fait, comme les antihéros de Zweig, les membres permanents du Conseil de sécurité des Nations unies ont peur de perdre leurs privilèges de membres du directoire, du club qui gère les affaires sérieuses du monde. Ils ne sont pas prêts à accepter que les pauvres s'invitent à la table de négociation où se gèrent les grands dossiers. Alors que nous, avec d'autres, demandons un peu d'audace... pour tenter de répondre aux problèmes du nouveau monde qui s'affirme de plus en plus, chaque jour... Nous revendiquons une refondation des institutions internationales qui datent de 1945. Nous ne sommes plus au sortir de la Seconde Guerre mondiale ! Les Occidentaux parlent

---

turque le stock iranien devait représenter quelque 2 400 kilos, parce que entre-temps les centrifugeuses avaient continué à tourner. Par conséquent, l'accord ne portait que sur la moitié du stock iranien réel. Voilà pour l'aspect technique », explique Bernard Sitt, directeur du CESIM (Centre d'études de sécurité internationale et de maîtrise des armements). « Sur le plan politique, les Occidentaux considèrent que les mesures de confiance devaient porter sur les trois quarts de la production. Par ailleurs, d'autres questions concernant le programme restaient sans réponse. »

1. Avant de se suicider au Brésil, Stefan Zweig a écrit, en 1935, un recueil de six nouvelles dont le fil rouge est la peur.

sans cesse d'un monde multipolaire, mais ils ne sont pas prêts à le voir émerger et à en accepter les nouvelles règles qui, de toute façon, finiront par se mettre en place. »

En phase avec son collègue brésilien, Hubert Védrine déplore « une régression occidentaliste alors que le monde aurait bien besoin d'un Occident intelligent ». Et l'ancien ministre français des Affaires étrangères développe une autre idée qui lui est chère : la mondialisation en cours n'est pas un long fleuve tranquille mais s'apparente davantage à « une compétition tous azimuts, à l'expression de confrontations et de conflits de plus en plus complexes. D'un monde devenu multipolaire qui n'a jamais été lisse, nous passons, d'une manière accélérée, aux dures réalités d'une compétition multipolaire et polymorphe ». Dans le même ordre d'idées, le politologue Pierre Hassner parle souvent d'« un nouveau désordre stratégique ». C'est bien conscient de cette accélération historique que Celso Amorim demande de l'audace pour réformer, ce que la plupart des chancelleries appellent – d'une manière plutôt fumeuse – la « gouvernance mondiale ».

Les choses ont commencé à évoluer au sujet du commerce mondial. Lors de la réunion ministérielle du cycle de Doha à Cancún en 2003, le Brésil, l'Inde, l'Argentine et d'autres pays en développement ont choisi de s'opposer aux décisions des grands acteurs traditionnels – en particulier les Etats-Unis et l'Union européenne –, qui ne prenaient pas en compte leurs intérêts, principalement dans le secteur agricole. Cette mini-crise a transformé les procédures de négociation multilatérale sur le commerce. Les crises financières successives ont accentué le besoin de participation des nouveaux acteurs. Composé à la fois de pays riches et en développement, le G20[1] financier a fini par supplanter le

1. Le Groupe des 20 (ou G20) est une association de 19 pays plus l'Union européenne dont les ministres, les présidents des banques centrales et les chefs d'Etat se réunissent régulièrement. Il a été créé en 1999, après la succession des crises financières des années 1990. Il veut favoriser la concertation internationale en privilégiant le principe d'un dialogue élargi tenant compte du poids économique croissant d'un certain nombre de pays du Sud. Le G20 représente les deux tiers du commerce et de la population mondiale et plus de 90 % du produit mondial brut (somme des PIB de tous les pays du monde).

G8[1] comme premier forum de débats concernant l'économie mondiale, même si ses résultats sont loin d'être spectaculaires.

La même évolution s'est imposée dans le domaine du changement climatique, dossier sur lequel les pays émergents ont toujours été des acteurs importants. Mais ce n'est que lors de la quinzième Conférence des parties à Copenhague[2] qu'un « accord » – certes insuffisant – a pu sauver la réunion grâce à un texte négocié avec le président des Etats-Unis par les leaders du BASIC, le groupe formé du Brésil, de l'Afrique du Sud, de l'Inde et de la Chine. « Le 15 avril 2010, Brasilia a accueilli deux rencontres de haut niveau : le deuxième sommet du BRIC (Brésil, Russie, Inde et Chine) et le quatrième sommet IBAS (Inde, Brésil, et Afrique du Sud). Ces deux groupes, quoique différents, illustrent la volonté des puissances émergentes de redéfinir la gouvernance mondiale [...]. De nombreux commentateurs ont considéré ces deux rencontres jumelles comme étant plus pertinentes que les récents rassemblements du G7 ou du G8. Le fait que le Brésil et la Turquie se soient aventurés dans un domaine typiquement réservé au groupe des cinq membres permanents du Conseil de sécurité chargé des négociations sur le dossier nucléaire iranien a bouleversé le *statu quo*[3]. »

L'accord Iran-Brésil-Turquie est une vraie rupture dans l'histoire des relations internationales en matière de paix et de sécurité. « Que les Etats-Unis n'entendent rien à cette problématique ou ne veulent rien entendre pour s'enfermer dans leur posture aléatoire et récurrente ouverture/isolement, ce n'est pas grave parce que leur position d'hyperpuissance protégera, pour quelques années encore, la sauvegarde de leurs intérêts vitaux, explique un diplomate français. En revanche,

1. Le G8 est un groupe de discussion et de partenariat économique des huit pays parmi les plus puissants économiquement du monde : Etats-Unis, Japon, Allemagne, France, Royaume-Uni, Italie, Canada et Russie. Ensemble, ils représentent 61 % de l'économie mondiale. D'abord G6 (Groupe des Six) à sa création en 1975, puis rapidement G7 avec l'intégration du Canada en 1976, le groupe s'est élargi à la Russie en 1998 pour devenir le G8.
2. Elle s'est tenue dans la capitale danoise du 7 au 18 décembre 2009.
3. Celso Amorim, *Herald Tribune*, 15 juin 2010.

une surdité et une inertie face à l'émergence de ce nouveau monde serait beaucoup plus dommageable pour des puissances moyennes comme la France, qui finiront par payer la note... Dans ce contexte, le retour de la France dans le commandement intégré de l'Otan est une absurdité car elle signifie l'abandon de sa spécificité gaullienne d'un certain non-alignement sans rien obtenir en retour[1]. »

Un ancien ministre iranien[2] renchérit : « Cette décision est un très mauvais message envoyé au monde multipolaire actuel. Elle correspond à un abandon, sans contrepartie, de l'héritage du général de Gaulle. Non seulement la France éternelle rejoint un improbable camp occidental dont elle s'est toujours démarquée, et, ce faisant, elle se banalise comme un pays européen de moindre importance. De plus, c'est le moment qu'elle choisit pour casser son outil diplomatique qui servait pourtant de référence à de nombreuses puissances moyennes. »

Enfin, un ambassadeur de France[3], et non des moindres, se montre encore plus sévère lorsqu'il estime que « l'actuel gouvernement français est le plus pro-israélien de toute l'histoire de la Ve République sans que ce positionnement surréaliste ne corresponde à quelque intérêt national que ce soit ! La réconciliation spectaculaire avec la Syrie n'aura été qu'un feu de paille dicté par quelques contrats commerciaux et surtout par l'illusion que Paris pourrait détacher Damas de Téhéran. On a vu qu'il n'en est rien et qu'il ne peut en être ainsi. Encore une fois, l'agenda américano-israélien aura prévalu sur les intérêts de la France. Si les diplomates qui connaissent le dossier avaient été consultés et associés à ce processus, la réconciliation franco-syrienne aurait pu s'effectuer plus efficacement sur d'autres bases et surtout déboucher sur une diplomatie française construite, cohérente et pro-active aux Proche et Moyen-Orient. Eût-il encore fallu avoir un ministre des Affaires étrangères... »

La fermeture occidentale à la tentative brésilo-turque sur le nucléaire iranien laissera des traces durables. Elle envoie

1. Entretien avec les auteurs, 12 juin 2010.
2. Entretien avec les auteurs, 8 mai 2010.
3. Entretien avec les auteurs, 6 avril 2010.

surtout le message que, pour l'heure, les grandes puissances n'acceptent pas l'existence d'une multipolarité efficiente dans laquelle les pays du Sud finiront par compter.

La tournée internationale entreprise le 26 juin 2010 par Bachar al-Assad n'est certainement pas étrangère aux déceptions brésilienne et turque. C'est sa première visite en Amérique latine depuis son arrivée au pouvoir, qui l'emmène successivement au Venezuela, à Cuba, au Brésil et en Argentine. L'objectif affiché de cette tournée est économique : il s'agit à la fois de se rallier la riche diaspora syrienne du sous-continent et de nouer des partenariats énergétiques. Mais ce voyage revêt aussi une forte tonalité politique. Le choix de rencontrer d'abord Hugo Chavez puis Raul Castro n'est pas innocent. Le président syrien choisit d'envoyer à Washington et ses alliés un message fort : comme le Brésil et la Turquie, la Syrie est aussi un acteur dont il faut maintenant tenir compte.

Au Venezuela, en marge de la signature d'une série d'accords concernant le raffinage du pétrole, les deux présidents se sont également engagés à créer un fonds de 100 millions de dollars pour financer des projets communs. Sur le plan diplomatique, Bachar al-Assad a tenu à préciser qu'il n'était l'ennemi de personne, mais il s'est dit heureux de commencer sa visite dans un pays connu pour son opposition à Washington : « Peu de dirigeants politiques ont le courage de dire non quand il le faut. Hugo Chavez a révélé l'image d'un Venezuela qui résiste et a placé son pays sur la scène internationale. Il a pris parti pour les causes justes, que ce soit en Amérique latine, dans notre région ou ailleurs dans le monde. »

En recevant la décoration de l'ordre de Simon Bolivar, il a déclaré : « Le Venezuela est le symbole de la résistance contre les vents qui viennent du Nord, il est le cœur qui unit la Syrie à toute l'Amérique latine. » Aux côtés de Hugo Chavez, il a également apporté son soutien à l'initiative turco-brésilienne sur le dossier nucléaire iranien et critiqué fermement Israël, allant jusqu'à le qualifier d'« Etat terroriste ».

Le 31 mai 2010, les commandos de la marine israélienne avaient donné l'assaut contre une flottille humanitaire internationale se rendant à Gaza. Bilan : neuf morts. Effectuée dans les eaux internationales, cette attaque correspond à un acte de piraterie selon les experts du droit international de la mer. Un service européen de renseignements a clairement établi que « l'opération avait pour objectif l'assassinat ciblé de trois responsables d'ONG turques proches du Hamas. L'attaque visait également à identifier la Turquie comme ayant rejoint le camp arabe après la tentative de négociation menée avec le Brésil sur le dossier du nucléaire iranien ».

Début juillet 2010, la tournée latino-américaine de Bachar al-Assad se termine par le Brésil et l'Argentine. Le président syrien a sollicité l'aide de son homologue brésilien pour négocier la paix au Proche-Orient. Dans une interview publiée par le quotidien *Estado de S. Paulo*, il annonce qu'il est question d'une initiative brésilienne pour amener Israël à négocier avec d'autres pays arabes, afin de désamorcer les tensions nées de sa politique à Gaza. Celso Amorim a confirmé que le Brésil entendait s'investir dans ce processus de paix. Bachar al-Assad a répondu avec beaucoup de solennité : « Nous saluons l'aide du Brésil ! »

Mais, en définitive, quel intérêt le Brésil a-t-il à s'investir dans une telle négociation ?

Le ministre brésilien des Affaires stratégiques Samuel Pinheiro Guimarães[1] répond : « N'oubliez pas le passé colonial de notre pays et de notre continent, sa population pluriculturelle et l'existence de communautés libanaise, syrienne et juive numériquement importantes au Brésil comme dans d'autres pays d'Amérique latine. Ces trois dimensions confèrent à mon pays une sorte d'obligation historique de se mettre au service de la paix. Ces trois dimensions en font un interlocuteur crédible et digne d'offrir une médiation réelle et crédible dans un temps où tous les acteurs ont bien compris que le négociateur américain avait choisi un camp contre l'autre. Le temps d'un monopole des médiations diplomatiques américaines est, semble-t-il, révolu. La négociation menée par la Turquie et le Brésil sur le dossier nucléaire iranien prouve par l'acte que nous sommes entrés dans un autre

1. Entretien avec les auteurs, 5 juillet 2010. Voir aussi le « Grand entretien » de la revue *Défense*, n° 144, mars-avril 2010.

monde[1]... Un monde où les pays émergents aussi ont leur mot à dire sur l'avenir stratégique de la planète. Le facteur "émergent" de plusieurs pays, comme le Brésil où l'Afrique du Sud, ne peut se cantonner exclusivement aux questions de développement économique et d'équilibres financiers. Fatalement, et j'ose dire à dessein "matériellement", il finira par se traduire aussi en actions diplomatiques et politiques sur les dossiers fondamentaux concernant la paix et la sécurité mondiales. C'est cela la signification concrète, le contenu historique et le sens profond d'un monde multipolaire. Ce n'est pas qu'une expression de diplomates fatigués. C'est matériellement et politiquement l'autre monde dans lequel nous vivons désormais... »

Rio de Janeiro, le 26 août 2010.

1. Samuel Pinheiro Guimarães : *Cinco siglos de periferia. Una contribucion al estudio de la politica internacional*, Prometo Libros, 2005.

ANNEXE

Bachar al-Assad : « Notre première attente concerne la paix[1]... »

Q. : *Après cinq ans de gel de la relation bilatérale franco-syrienne, quelles raisons, quelles causes ont présidé à son rétablissement ?*

Bachar al-Assad : Le changement d'administration et l'arrivée du président Sarkozy aux commandes ont pesé d'un poids décisif dans ce changement. Nous avons repris des contacts directs voilà huit mois. Un dialogue syro-français s'est engagé autour du dossier libanais pout trouver une juste issue à la crise, sans grand succès, par manque de compréhension de la position syrienne, de la perception des réalités du Liban, de la Syrie et de la région. Finalement, l'évolution a confirmé la justesse de la position syrienne. Vous savez, la Syrie désire le juste règlement des crises persistantes que ce soit au Liban ou concernant le processus de paix régionale. Cette position s'est renforcée après l'ouverture des négociations indirectes avec Israël par l'intermédiaire de la Turquie. Je pense que l'ensemble de ces évolutions a donné un nouvel élan aux relations franco-syriennes. De plus, l'initiative française de l'Union pour la Méditerranée va dans le bon sens et c'est pourquoi nous entendons y participer pleinement.

Q. : *Suite à l'élection de Michel Sleiman à la présidence de la République libanaise, comment vont évoluer vos rapports avec le Liban et quelles en seront les conséquences sur la nouvelle relation avec la France ?*

Bachar al-Assad : Les relations franco-libanaises sont historiques, importantes et bénéfiques, à la fois pour le Liban et la Syrie qui ne s'opposent en rien à cet héritage que nous considérons comme un acquis extrêmement positif. En même temps, la relation syro-libanaise est une donnée d'exception et aucun Etat au monde ne devrait s'y opposer. Pour la Syrie, c'est une donnée objective qui s'inscrit dans un cadre de voisinage et de proximité et il est normal que la France l'admette aussi. Par conséquent, la relation entre ces trois pays conserve une singularité particulière, mais cela ne signifie pas que la relation entre Damas et Paris doive obligatoire-

1. Réalisée par Richard Labévière, cette interview a été enregistrée conjointement pour Radio France Internationale (RFI) et TV5-Monde, le 8 juillet 2008 au Palais du peuple à Damas.

ment passer par Beyrouth, ni que la relation entre Paris et Beyrouth doive obligatoirement passer par Damas. Voilà notre conception de l'impact de la relation syro-libanaise sur notre relation avec la France. D'un autre coté, l'instabilité chez notre voisin reste une menace pour la région et il est donc naturel que la France s'en préoccupe à travers son action en faveur du règlement de la crise libanaise. C'est un processus normal que nous comprenons et qui sert conjointement les intérêts de la France comme ceux de la Syrie, ce qui signifie clairement qu'il y a, sur cette question, une communauté de vue entre nos deux pays.

Q. : *Dans quel délai pensez-vous pouvoir ouvrir une ambassade à Beyrouth ?*

Bachar al-Assad : En vérité, c'est moi qui ai lancé cette idée et non les Libanais – il y a trois ans en 2005 –, mais entre-temps, les relations intergouvernementales se sont détériorées. D'ordinaire, pour établir des relations diplomatiques entre vous et un pays tiers, vous attendez qu'il existe des relations positives. Si vous avez une ambassade dans un pays avec lequel vos rapports deviennent négatifs, vous pouvez être amené à fermer la dite ambassade. Pour notre part, nous avons lié l'ouverture d'une ambassade à Beyrouth à la formation d'un gouvernement d'union nationale au Liban. Vous savez, durant les dernières années, les Libanais étaient divisés autour de plusieurs questions dont celle de la formation du gouvernement. Si un tel gouvernement se forme, il pourra engager immédiatement un dialogue direct avec la Syrie sur cette question. Sur le principe, nous n'avons aucun problème. Quant au délai, il reste tributaire de relations actuellement gérées par un conseil syro-libanais et de l'instauration de relations plus directes qui nécessitent l'échange d'ambassadeurs. Dans tous les cas de figure, je ne crois pas que cela prendra beaucoup de temps, mais à ce stade le calendrier n'est pas fixé.

Q. : *Qu'attendez-vous du lancement de l'Union pour la Méditerranée (UPM) et quels sont les intérêts de la Syrie dans cette affaire ?*

Bachar al-Assad : Dans son principe, l'idée est excellente pour l'Europe et les pays du Sud de la Méditerranée dont la Syrie. Nous pourrons en tirer profit comme les autres pays. Cette affaire comporte deux volets essentiels : le premier est économique et le second politique. Au départ, l'initiative était surtout économique, peut-être parce qu'on croyait encore que l'économie seule permettrait de faire la paix. C'était l'esprit de l'initiative de Barcelone lancée au milieu des années 1990. Malheureusement, une telle approche s'est révélée insuffisante et irréaliste. En tant que partenaire arabe, nous avons demandé que le volet politique reprenne une place centrale. Pour que nous puissions tirer des bénéfices économiques de cette initiative – vous au nord de la Méditerranée et nous au sud –, il faut que la paix devienne une réalité, d'où la prédominance du volet politique dont l'enjeu est une paix régionale globale. Ce que nous attendons ? C'est plus de développement, de progrès et de prospérité bien sûr, mais avant tout la clé principale réside dans l'instauration d'une paix juste aux

Proche et Moyen-Orient. Je pense que les progrès sur ces deux volets permettront le traitement d'autres dossiers comme les flux migratoires, l'environnement et la culture.

Q. : *Israël participe aussi à l'UPM. Par l'intermédiaire de la Turquie, vous venez d'ouvrir avec Tel-Aviv des négociations indirectes. Quelles conditions doivent êtres réunies pour le passage à des négociations directes ?*

Bachar al-Assad : La formule de négociations indirectes signifie tester les intentions de chaque protagoniste, surtout après huit années de paralysie du processus de paix et suite à la guerre de l'été 2006 contre le Liban ainsi que plusieurs agressions israéliennes contre la Syrie. Dans un tel contexte, il n'est pas surprenant que la confiance fasse défaut. Nous devons donc commencer par reconstruire la confiance en définissant une base commune aux deux parties afin de pouvoir passer à des négociations directes. Nous n'en sommes pas là puisque nous commençons seulement cette phase de reconstruction d'une méthodologie commune. Il y a déjà eu trois sessions pour établir les principes généraux qui régiront les négociations directes. Pour nous, la question centrale – vous le savez depuis longtemps – c'est la récupération de notre terre. Il ne s'agit pas là d'une condition syrienne, il n'y a pas de condition proprement syrienne ! C'est simplement le respect et l'application des résolutions internationales qui doivent servir de référence et de cadrage pour avancer dans la suite du processus. Nous essayons de nous accorder avec les Israéliens sur le cadrage des résolutions des Nations unies dont la 242 qui prévoit le retour à la Syrie de ses territoires occupés. C'est la seule condition. C'est une condition internationale et non syrienne ! Si nous nous accordons sur ce préambule : le retour de la terre et les arrangements de sécurité, alors la négociation des problèmes en suspens sera grandement facilitée et nous pourrons entrer dans le vif du sujet *directement*. C'est un aspect des choses. Ensuite, pour passer à des négociations directes, nous avons besoin d'un parrainage international, à commencer par celui des Etats-Unis. Bien sûr, nous sommes favorables à un rôle européen complémentaire. Il ne s'agit pas là d'une condition mais d'un préalable nécessaire à la réussite des négociations. Mais pour le moment, rien de cela n'existe...

Q. : *Quel rôle l'Union européenne (UE) et la France peuvent-elles jouer dans l'établissement de négociations directes avec Israël ?*

Bachar al-Assad : Puisque nous ne pouvons pas réengager le processus de paix sans un rôle actif des Etats-Unis, il est difficile pour l'instant d'imaginer une intervention complémentaire de l'Union européenne et de certains de ses Etats membres. De fait, il est nécessaire d'attendre l'arrivée de la prochaine administration américaine qui, je l'espère, sera porteuse d'une vision de paix et d'une volonté de la concrétiser, qualités qui manquent cruellement au gouvernement américain actuel. Lorsque nous aurons affaire à cette nouvelle équipe, nous pourrons alors déterminer un rôle européen direct dans ce processus de paix et notamment celui de la

France, qui est concernée au premier chef. A cet égard, nous avons entendu des propos très positifs de la part des émissaires français qui se sont rendus dernièrement en Syrie. S'agissant d'Israël, sa position reste tributaire de la stabilité de son gouvernement et des conflits en son sein. Le processus de paix a besoin de stabilité et d'un leadership puissant, car faire la paix est plus difficile que la guerre. C'est, à ce stade, un enjeu israélo-israélien et nous ne savons pas ce qui en résultera.

Q. : *A ce stade et sur ce point précisément, qu'attendez-vous spécifiquement de la France ?*

Bachar al-Assad : Si nous parlons d'un rôle complémentaire à celui des Etats-Unis, la France reste indispensable pour trois raisons : sa connaissance de notre région, ses différents engagements proche et moyen-orientaux et ses relations historiques avec la Syrie. Autant d'aspects qui peuvent aider les Américains à élaborer une vision construite et équilibrée. Les Etats-Unis sont éloignés de cette région et il est difficile pour eux de bien comprendre le détail de beaucoup d'événements qui se produisent aux Proche et Moyen-Orient. Là intervient le rôle de la France non pas en tant que simple intermédiaire, mais plutôt comme partenaire des Etats-Unis dans l'accompagnement et le parrainage d'un processus de paix, lorsque celui-ci entrera dans sa phase directe.

Q. : *Vous venez de recevoir le président de l'Autorité palestinienne Mahmoud Abbas. Pouvez-vous favoriser la réunion du mouvement national palestinien et si oui, comment ?*

Bachar al-Assad : Nous œuvrons pour cela et nous avons trouvé le président Abbas dans de bonnes dispositions, mais il reste à définir un mécanisme. Nous nous sommes mis d'accord avec Mahmoud Abbas pour qu'il ouvre des discussions dans ce sens avec les différentes factions palestiniennes afin de dégager la vision commune d'une vraie réconciliation nationale. Car nous ne pouvons pas parler de paix sur le volet palestinien tant que l'unité palestinienne ne sera pas rétablie. Et si nous n'enregistrons pas de progrès réels sur le volet palestinien du processus de paix, sa dimension syrienne n'avancera pas non plus. Nous ne pourrons instaurer une paix régionale globale qu'en articulant les volets palestinien, syrien et libanais.

Q. : *La scène diplomatique régionale est monopolisée par les mises en garde d'Israël contre l'Iran. Voyez-vous le risque d'une nouvelle guerre ?*

Bachar al-Assad : Je crois qu'il n'y aurait rien de plus dangereux qu'une attaque ou qu'une guerre contre l'Iran. Celle-ci et ses conséquences ne pourraient se cantonner à l'Iran, au Golfe et aux Proche et Moyen-Orient. L'onde de choc se propagerait à l'ensemble du monde, tant sur les plans sécuritaire qu'économique et je ne pense pas seulement à l'approvisionnement énergétique des industries occidentales, mais aussi à l'ensemble du secteur des services de plus en plus mondialisé et interdépendant.

Evidemment la solution ne peut pas être militaire et, là aussi, doit passer par la table d'une négociation politique équitable et équilibrée. Il faut que les négociations se poursuivent avec l'aide des Etats européens, qu'elles soient menées sur la base du droit international et du cadrage du traité de non-prolifération nucléaire (TNP). C'est la seule solution ! Je suis persuadé qu'il n'y en a pas d'autres...

Q. : *Plus précisément, pensez-vous que des objectifs iraniens pourraient être prochainement ciblés par l'armée israélienne ?*

Bachar al-Assad : Logiquement, je ne vois pas de justification ni de raison qui puissent pousser à la guerre. Mais malheureusement notre expérience avec l'administration américaine actuelle n'est pas encourageante. C'est un gouvernement dont la politique est fondée sur la guerre et les agressions militaires. Il cherche à créer tous les prétextes possibles et imaginables pour relancer la politique de la canonnière. Concernant l'Iran, contrairement à beaucoup d'observateurs occidentaux, je ne crois pas qu'ils cherchent à se doter de l'arme atomique. L'Iran dit qu'il a le droit de disposer d'un réacteur nucléaire et qu'il peut enrichir son uranium à des fins civiles. L'Agence internationale de l'énergie atomique (AIEA) peut superviser directement ce processus. Où est le problème si on peut organiser cette production sous la supervision directe de l'AIEA ? Et que je sache, l'Iran ne s'oppose pas à cette solution. Celle-ci, bien sûr, nécessite certaines garanties, qui, pour l'instant, ne sont pas réunies.

Q. : *Sur le plan intérieur, quelle est la situation concernant le respect des droits de l'homme et des opposants politiques syriens ?*

Bachar al-Assad : Nous lisons toujours dans une certaine presse occidentale que certaines personnes ont été emprisonnées en Syrie parce qu'elles étaient opposantes. Vous pouvez rencontrer en différents lieux en Syrie différentes personnes qui font partie de l'opposition et qui critiquent ouvertement et librement le gouvernement et l'Etat. En prison nous avons, bien sûr, des personnes qui ont violé la loi et d'autres considérées comme terroristes. La Syrie a des lois et ceux qui les violent subissent des sanctions pénales parmi lesquelles la prison. Aucune personne n'a été en prison pour s'être opposée au gouvernement ou à l'Etat. Nous détenons des terroristes qui ont menacé la sécurité du pays et de l'Etat comme c'est le cas dans bien des pays à travers le monde. La Syrie ne prétend pas avoir finalisé toutes les réformes nécessaires à l'amélioration des libertés civiles et politiques. Mais nous avons engagé ce processus qui avance à son rythme et selon nos possibilités liées au maintien de la stabilité du pays. Cette tâche s'inscrit dans la longue durée. Il ne suffit pas de décréter des lois à l'aveuglette en risquant de provoquer des réactions imprévisibles. La démocratie et les droits de l'homme ne se décrètent pas et doivent correspondre à l'évolution globale d'une société, de ses progrès et de la reproduction de ses propres équilibres.

Q. : *Le dernier rapport de la Commission internationale d'enquête sur l'assassinat de Rafic Hariri se félicite d'une bonne coopération avec la Syrie. Comment envisagez-vous l'installation du Tribunal spécial sur le Liban (TSL) ?*

Bachar al-Assad : Depuis le début, nous avons soutenu toute mesure susceptible d'aider à démasquer les assassins de l'ancien Premier ministre libanais Rafic Hariri, à commencer par les commissions d'enquête des Nations unies formées à la demande des gouvernements. Nous sommes également en phase avec l'installation du TSL. Aucune partie, à ma connaissance, en Syrie comme au Liban, ne s'oppose à la création de ce tribunal. Mais cette acceptation ne signifie pas que la Syrie doive admettre une remise en cause de sa souveraineté. La coopération entre la Syrie et le TSL suppose un accord de coopération avec l'Onu. S'agissant d'une coopération de ce type, je peux vous assurer que nous n'avons aucun problème et aucune inquiétude.

Q. : *Si l'on revient à la relation syro-française et franco-syrienne, quelles sont les principales attentes de votre séjour parisien ?*

Bachar al-Assad : Notre première attente concerne la paix. Nous allons discuter avec le président Sarkozy et nous allons inviter la France à agir avec nous d'une façon plus active au sujet de l'établissement d'une paix régionale et globale aux Proche et Moyen-Orient. La dimension économique des relations entre nos deux pays est également très importante. Elle comporte plusieurs secteurs dont l'énergie, la prospection pétrolière et les transports. Nous évoquerons toutes ces questions avec le président Sarkozy. Et puis, bien sûr, nous devons échanger nos vues sur les dossiers régionaux et internationaux. Prioritairement, il s'agira de la question irakienne avec tous les dangers qu'elle comporte, de celles du terrorisme et du contre-terrorisme auxquelles nous sommes confrontés de la même manière en Europe et au Proche-Orient. Il y a enfin, et j'aurais dû commencer par là, le sujet central du lancement de l'Union pour la Méditerranée. Comment mener cette entreprise à bien? C'est un très beau projet mais qui a besoin d'un mécanisme réaliste, qui tienne compte des réalités de notre région et de la situation européenne. Toutes ces questions constituent de grands chantiers qui requièrent volonté, détermination et beaucoup de générosité.

Q. : *Enfin, cette nouvelle page de la relation bilatérale sera-t-elle positive et durable ?*

Bachar al-Assad : En réalité, cette relation a beaucoup souffert sur son volet politique mais sans véritablement affecter ses autres composantes. Je veux dire que nous allons écrire, ensemble – la Syrie et la France –, une nouvelle page politique, tout en renforçant notre coopération dans les domaines économique et culturel. Dans tous les cas de figure, c'est une belle entreprise.

Repères chronologiques

1516-1918	Période ottomane, la Syrie devient province secondaire d'un immense empire.
1798-1801	Expédition française en Egypte, incursion en Syrie méridionale.
1860	Druzes et Musulmans se révoltent contre les Chrétiens au Liban et en Syrie. Massacres à Damas et débarquement français.
1914	Début de la Première Guerre mondiale.
1916	La Grande-Bretagne promet aux Arabes la création d'un royaume indépendant au sud du 36e parallèle en contrepartie de leur soulèvement contre les Ottomans. Révolte du Hedjaz : le chérif Hussein et ses fils appellent à la révolte contre les Ottomans. Contrairement à ses engagements, Londres signe secrètement avec Paris les accords Sykes-Picot, prévoyant le partage du Croissant fertile entre la France et la Grande-Bretagne après le démantèlement de l'Empire ottoman. L'Angleterre obtient la Mésopotamie et la Palestine alors que la France est chargée de la Syrie.
1917	Le chérif Hussein dirige la grande révolte arabe avec le soutien de Londres.
2 novembre 1917	Le ministre britannique des Affaires étrangères Lord Arthur James Balfour déclare dans une lettre à Lord Walter Rothschild, représentant de la commu-

nauté juive britannique, que « le gouvernement de Sa Majesté envisage favorablement l'établissement en Palestine d'un foyer national pour le peuple juif». Accélération de l'émigration clandestine juive en Palestine.

30 septembre 1918 Entrée de troupes arabes à Damas. Fin de l'occupation ottomane en Syrie.

8 mars 1920 Les nationalistes arabes proclament Fayçal, fils du chérif Hussein, roi de Syrie (qui inclut la Palestine et le Liban). En avril, la Syrie est officiellement placée sous mandat français par la Société des Nations.

24 juillet 1920 Défaite de l'armée syrienne à Mayssaloun. Début du mandat français. La Syrie est morcelée en quatre mini-Etats : Etat de Damas, Etat d'Alep, Etat alaouite et Etat du Djebel Druze.

1925-1927 Les Druzes déclenchent la grande révolte syrienne contre la présence française et exigent la réunification de la Syrie. La France bombarde Damas à deux reprises.

23 juin 1939 La France cède le sandjak d'Alexandrette (actuelle province turque d'Hatay) à la Turquie en échange de sa neutralité dans la Seconde Guerre mondiale.

1941 Michel Aflaq et Salah Bitar fondent le Ba'ath, parti de la « résurrection arabe ».

17 avril 1946 Evacuation des troupes françaises, la Syrie accède à l'indépendance.

Mars-avril 1948 Les milices juives de l'Irgoun et de la Hagana procèdent à une expulsion méthodique des Arabes en Palestine. Le 9 avril, une partie des 750 habitants du village de Deir Yassine est fusillée de sang-froid par les milices juives de l'Irgoun dirigées par Menahem Begin.

14 mai 1948 David Ben Gourion proclame l'indépendance d'Israël au moment même où prend fin le mandat britannique en Palestine. Début de la première guerre israélo-arabe. Le 23 mai, près de 200 villageois arabes sont massacrés à Tantoura par les milices juives.

12 juillet 1948 Les milices juives massacrent une centaine d'habitants arabes du village de

	Lodd. Le 19 octobre, près de 70 civils arabes sont tués à Safad.
17 septembre 1948	Le comte Folke Bernadotte, médiateur de l'Onu en Palestine, est assassiné par les milices juives du Lehi.
1949-1954	La débâcle arabe de 1948 suscite une série de coups d'Etat militaires en Syrie.
1er février 1958	La Syrie fusionne avec l'Egypte sous la présidence de Nasser et devient la province septentrionale de la République arabe unie (RAU).
28 septembre 1961	Coup d'Etat sécessionniste en Syrie. Fin de la RAU.
8 mars 1963	Le parti Ba'ath prend le pouvoir en Syrie.
23 février 1966	L'aile militaire du Ba'ath conduite par Salah Jedid prend le pouvoir le 23 février et Hafez al-Assad, commandant en chef de l'aviation, devient ministre de la Défense.
5 juin 1967	Guerre des Six-Jours. Israël occupe la Cisjordanie, la Bande de Gaza, la péninsule du Sinaï et le Golan. Plus de 150 000 Syriens sont expulsés du Golan.
17 juillet 1968	Le parti Ba'ath accède au pouvoir en Irak.
16 novembre 1970	Le général Hafez al-Assad accède au pouvoir et devient secrétaire général du Ba'ath.
12 mars 1971	Hafez al-Assad est élu président de la République pour un mandat de sept ans.
Janvier 1973	Nouvelle constitution, adoptée par référendum le 13 mars. Le parti Ba'ath devient « le dirigeant de l'Etat et de la société ». Le président Hafez al-Assad est nommé commandant suprême des forces armées.
6 octobre 1973	La Syrie et l'Egypte lancent une offensive militaire contre Israël pour récupérer le Golan et le Sinaï. Les Syriens prennent le mont Hermon et s'infiltrent dans le sud jusqu'au lac de Tibériade. Le 9 octobre, et contrairement au plan prévu, les Egyptiens interrompent brusquement leurs opérations dans le Sinaï. La Syrie poursuit seule la guerre contre Israël, mais perd l'avantage initial.
29 mai 1974	Accord de désengagement syro-israélien conclu par l'intermédiaire du secrétaire d'Etat américain Henry Kissinger. Damas

récupère la ville de Quneitra, qui est détruite par l'armée israélienne avant son évacuation.

13 avril 1975 Début de la guerre civile au Liban.

6 juin 1976 Intervention de l'armée syrienne, à l'appel des formations chrétiennes libanaises, en mauvaise posture après quatorze mois de guerre contre les forces palestino-progressistes dirigées par Kamal Joumblatt. En octobre, les sommets arabes de Riyad et du Caire décident l'envoi d'une Force arabe de dissuasion (FAD), composée en majorité de Syriens. La Syrie portera ses effectifs à près de 40 000 hommes.

8 février 1978 Le président Hafez al-Assad est réélu pour un nouveau mandat de sept ans.

Mars-juin 1978 Israël occupe militairement le Liban-Sud jusqu'au fleuve Litani. Résolution 425 de l'ONU exigeant un retrait israélien.

17 septembre 1978 Signature des accords israélo-égyptiens de Camp David, qui débouchent l'année suivante sur un traité de paix entre Le Caire et Tel-Aviv. L'Egypte reconnaît officiellement l'Etat hébreu et récupère la péninsule du Sinaï.

2-5 novembre 1978 Sommet arabe de Bagdad. L'Egypte est mise au ban de la communauté arabe. Le siège de la Ligue arabe est transféré du Caire à Tunis.

8 octobre 1980 Hafez al-Assad et Leonid Brejnev signent à Moscou un traité d'amitié et de coopération syro-soviétique.

14 décembre 1981 Tel-Aviv annexe le Golan. Les Nations unies condamnent la décision israélienne.

14 avril 1982 Début de l'Intifada druze du Golan contre l'occupation israélienne. Les habitants du plateau revendiquent leur identité syrienne. Plusieurs centaines d'entre eux sont incarcérés.

Février 1982 Les Frères musulmans en guerre contre le pouvoir laïc de Damas s'emparent de la ville de Hama. L'armée dirigée par Rifaat, le frère de Hafez al-Assad, bombarde la ville. Les combats font entre 15 000 et 25 000 morts.

Juin 1982 Israël envahit le Liban jusqu'à Beyrouth. Violents affrontements aériens et terrestres entre les armées syrienne et israélienne au Liban. Les Syriens subissent de lourdes pertes et quittent Beyrouth en même temps que les Palestiniens. Ils se replient dans le centre (Bekaa) et le nord du pays.

17 mai 1983 Accord de paix libano-israélien, condamné par Damas. Il sera abrogé par les autorités libanaises sous la pression et l'action coordonnée des factions libanaises druzes et chi'ites soutenues par Damas.

23 octobre 1983 Attentats contre les états-majors américain et français à Beyrouth, 241 Américains et 58 Français sont tués. La Force multinationale, dont Damas souhaite le départ, se retirera début 1984.

13 mars 1985 Hafez al-Assad est réélu pour un troisième mandat.

20-26 février 1987 Retour de l'armée syrienne à Beyrouth-Ouest.

14 mars 1989 Le général Michel Aoun, à la tête d'un gouvernement militaire chrétien, lance une « guerre de libération » contre les troupes syriennes stationnées au Liban.

22 octobre 1989 Les accords interlibanais de Taëf (Arabie Saoudite) établissent un nouvel équilibre entre les communautés et définissent le cadre de la présence syrienne.

24 octobre 1989 Election du président libanais Elias Hraoui. La Constitution est amendée pour prolonger son mandat de trois ans en octobre 1995.

2 août 1990 Les troupes irakiennes envahissent le Koweït. La Syrie s'allie à la coalition pro-américaine contre l'Irak.

13 octobre 1990 A la suite d'une offensive syro-libanaise, le général Aoun est évincé du pouvoir et se réfugie en France. Fin de la guerre civile libanaise.

4 mai 1991 Loi n° 10 favorisant les investissements étrangers en Syrie.

22 mai 1991 Signature d'un traité de fraternité, de coordination et de coopération entre le Liban et la Syrie, qui consacre le rôle central de Damas au pays du Cèdre.

30 octobre 1991 Ouverture de la conférence de Madrid sur la paix au Proche-Orient.

2 décembre 1991	Hafez al-Assad est reconduit à la tête de l'Etat pour un quatrième septennat.
Septembre 1992	Premières élections législatives libanaises de l'après-guerre. Le Chi'ite Nabih Berri, allié de Damas, est élu président de l'Assemblée. Rafic Hariri devient Premier ministre.
21 janvier 1994	Mort accidentelle de Bassel al-Assad, fils aîné du président.
1994-1995	Pourparlers de paix syro-israéliens. Yitzhak Rabin accepte de rétrocéder l'intégralité du plateau du Golan à la Syrie en échange de relations diplomatiques et d'arrangements sécuritaires avec Damas. Cette entente, réalisée sous l'égide des Etats-Unis, restera connue comme « la promesse de Rabin ».
4 novembre 1995	Yitzhak Rabin est assassiné à Tel-Aviv par un extrémiste juif opposé à la paix avec les Arabes.
15 octobre 1998	Le général Emile Lahoud est élu président de la République du Liban. Il succède à Elias Hraoui.
10 février 1999	Reconduction de Hafez al-Assad pour un nouveau mandat de sept ans.
15-16 décembre 1999	Reprise des pourparlers israélo-syriens interrompus en 1996. Tel-Aviv refuse l'application des résolutions internationales.
24 mai 2000	Israël retire ses troupes du Liban-Sud sous la pression du Hezbollah, mettant fin à vingt-deux ans d'occupation.
10 juin 2000	Décès de Hafez al-Assad. Son fils Bachar prend la relève. Début du « printemps de Damas », une brève période d'ouverture politique marquée par l'émergence de dizaines de forums de discussion.
14-19 juin 2001	Les forces syriennes se retirent de Beyrouth et de sa région, maintenant 14000 hommes sur le reste du territoire, sauf dans le Sud.
11 septembre 2001	La Syrie entame une coopération sécuritaire sans précédent avec la CIA et contribue au démantèlement des cellules d'al-Qaïda en Europe et dans les pays du Golfe.
7 octobre 2001	Les forces de l'Otan envahissent l'Afghanistan.

8 octobre 2001 La Syrie est membre non permanent du Conseil de sécurité des Nations unies.

31 décembre 2001 Le Pentagone soumet au Congrès la nouvelle stratégie nucléaire américaine (*Nuclear Posture Review*, 2002) qui autorise l'utilisation de l'arme atomique contre sept pays, dont la Syrie.

1er juin 2002 Le président George Bush annonce la doctrine de la « guerre préventive ».

21 mars 2003 Début de l'invasion américaine de l'Irak. La Syrie dénonce la destruction systématique de ce pays et s'oppose à la guerre. Washington accuse Damas de déstabiliser la région et menace d'intervenir militairement en Syrie.

17 avril 2003 Retour de Rafic Hariri à la tête du gouvernement, fonction qu'il avait quittée à l'arrivée d'Emile Lahoud à la présidence de la République libanaise.

7 octobre 2003 Israël bombarde un camp d'entraînement désaffecté dans la région frontalière syro-libanaise de Ain Saheb.

12 décembre 2003 Sous la pression du lobby pro-israélien (AIPAC), le *Syrian Accountability Act*, édictant des sanctions économiques contre Damas, est approuvé par une majorité, presque absolue, de 398 voix contre 4 au Congrès.

3 septembre 2004 Un amendement constitutionnel prolonge de trois ans le mandat d'Emile Lahoud à la présidence de la République libanaise. Résolution 1559 de l'ONU visant implicitement la Syrie et appelant au retrait des forces étrangères.

26 octobre 2004 Omar Karamé forme un nouveau gouvernement libanais, après la démission de Rafic Hariri.

14 février 2005 Rafic Hariri, ancien Premier ministre libanais, est victime d'un attentat à Beyrouth. Mise en cause, la Syrie dément. Face à la pression internationale, elle retire ses troupes du Liban.

28 février 2005 Au Liban, sous la pression de la rue, le gouvernement Karamé démissionne.

5 mars 2005 Le président syrien Bachar al-Assad annonce un redéploiement total, en deux

	temps, des forces syriennes vers la Bekaa, puis vers la frontière syrienne.
24 avril 2005	La Syrie achève son retrait du Liban.
Juin 2005	Le 10e congrès du Ba'ath opte pour la mise en œuvre d'une « économie sociale de marché ». Les banques privées font leur retour en Syrie après quarante ans de glaciation financière.
Juillet-août 2006	Israël lance une vaste offensive contre le Hezbollah et bombarde violemment le Liban. Le Hezbollah pilonne le nord de l'Etat hébreu. La campagne israélienne se solde par un fiasco.
1er décembre 2006	Les pertes américaines en Irak s'élèvent à plus de 3 000 militaires tués et 22 000 blessés depuis le début de l'invasion.
Janvier 2007	Aux Etats-Unis, le rapport bipartisan Baker-Hamilton préconise la reprise du dialogue avec la Syrie.
6 septembre 2007	Israël bombarde un site syrien affirmant qu'il abrite des installations nucléaires. La Syrie dément.
29 mai 2007	Bachar al-Assad est reconduit à la présidence de la République pour un deuxième mandat de sept ans.
28-29 mars 2008	Sommet arabe de Damas. La fin de l'isolement diplomatique de la Syrie débute.
12-15 juillet 2008	Le président Bachar al-Assad est en France pour le lancement du sommet de l'Union pour la Méditerranée. Cette visite confirme la fin de l'isolement diplomatique de la Syrie.
3-4 septembre 2008	Le président français Nicolas Sarkozy en visite à Damas.
15 octobre 2008	Le président Bachar al-Assad annonce l'établissement de liens diplomatiques avec le Liban.
Décembre 2008-janvier 2009	Israël lance une offensive d'envergure contre la bande de Gaza gouvernée par le Hamas. L'opération militaire israélienne échoue, mais Gaza est ravagée.
27-29 avril 2009	La Syrie et la Turquie effectuent des manœuvres militaires communes à la frontière entre les deux pays.
13 octobre 2009	La Syrie et la Turquie signent un accord de libre circulation qui exonère de visa les ressortissants des deux pays.

20 février 2010 Le Premier ministre français François Fillon est à Damas avec une trentaine de chefs d'entreprise.

25 février 2010 Sommet tripartite à Damas entre les présidents Bachar al-Assad, Mahmoud Ahmadinejad et le secrétaire général du Hezbollah Hassan Nasrallah. Elaboration d'une stratégie de défense commune face à Israël. La Syrie et l'Iran décident la suppression des visas pour les ressortissants des deux pays.

11-12 mai 2010 En visite à Damas, le président russe Dimitri Medvedev et son homologue syrien décident la mise en place d'un Conseil de coopération stratégique entre les deux pays.

17 mai 2010 L'accord Iran-Brésil-Turquie prévoit l'échange, en Turquie, de 1200 kilos d'uranium iranien faiblement enrichi (3,5 %) contre 120 kilos de combustible enrichi à 20 % par les grandes puissances. Cet accord est rejeté par les membres permanents du Conseil de sécurité des Nations unies qui discutent simultanément de nouvelles sanctions contre l'Iran.

9 juin 2010 Le Conseil de sécurité de l'ONU inflige à l'Iran, pour la quatrième fois depuis 2006, des sanctions économiques. Le Conseil adopte la résolution 1929, rédigée par les Etats-Unis et coparrainée par l'Allemagne, la France et la Grande-Bretagne, par 12 voix contre 2 et une abstention. Le Brésil et la Turquie ont voté contre, le Liban s'est abstenu.

10 juin 2010 La Syrie, la Turquie, le Liban et la Jordanie signent un accord de libre-échange.

Juin 2010 Le président Bachar al-Assad effectue une tournée en Amérique latine (Venezuela, Cuba, Brésil et Argentine), où réside une influente colonie syrienne forte de près de 6 millions de personnes.

Repères bibliographiques

La bibliographie en français concernant la Syrie est extrêmement réduite. Dans les parutions récentes, nous tenons à mentionner le livre de Marie-Thérèse Oliver-Saidi comme un ouvrage de référence : *Le Liban et la Syrie au miroir français (1946-1991)*, Paris, L'Harmattan, 2010. Les publications le l'IFPO (Institut français du Proche-Orient) constituent le pôle d'excellence concernant les études syriennes[1].

Ouvrages et articles généraux

Ali Allawi, *The Occupation of Iraq : Winning the War, losing the Peace*, Yale University Press, New Haven and London, 2007.

Alain Badiou, *De quoi Sarkozy est-il le nom?* Paris, Nouvelles Editions Lignes, 2007.

Hassan Balawi, *Gaza, dans les coulisses du mouvement national palestinien*, Paris, Denoël, 2008.

Roland Barthes, *Mythologies*, Paris, Le Seuil, 1957.

Georges Bataille, *La Part maudite*, Paris, Minuit, 1967.

Isaac Ben-Israël, *Philosophie du renseignement. Logique et morale de l'espionnage*, Paris, éditions de l'Eclat, 1999.

Jean-Marie Benjamin, *Irak, l'apocalypse*, Paris, Editions Favre, 1999

Jacques Brosse, *Histoire de la chrétienté d'Orient et d'Occident*, Paris, Albin Michel, 1995.

Yaacov Caroz, *Moukhabarat. Les services secrets arabes*, Montréal, Stanké, 1978.

Zaki Chehab, *Inside Hamas*, Londres, I.B. Tauris, 2007.

Alain Chouet, *La Sagesse de l'espion*, Paris, LŒil neuf éditions, 2010.

–, « Contre le terrorisme, il faut résoudre les conflits régionaux », débat avec Michel Rougier animé par Yann Mens in *Alternatives internationales*, n° 41, 12/2008, Paris.

1. Site internet : http ://ifporient.org

–, « La coopération antiterroriste transatlantique, entre succès techniques et interrogations politiques », in *Sécurité globale,* n° 4, La Documentation française, Paris, juillet 2008.
–, « Le terrorisme, mal du siècle ou art renouvelé de la guerre », in *Pour une stratégie globale de sécurité nationale*, ouvrage collectif sous la direction de Nicolas Arpagian, Paris, Dalloz, « Présage », avril 2008.
–, « Les services extérieurs face à la menace terroriste » in *Défense-Union IHEDN*, n° 130, novembre-décembre 2007, Paris.
–, « La défense nationale face aux nouvelles menaces stratégiques non militaires », in *Revue de l'électricité et de l'électronique*, n° 10, novembre 2007, Paris.
–, « Pourquoi l'Iran aura la bombe », note d'analyse pour l'ESISC (European Security Intelligence and Strategy Center), Bruxelles, mai 2007.
–, « La guerre contre la terreur est-elle la mère de toutes les guerres ? », note d'analyse pour l'ESISC (European Security Intelligence and Strategy Center), Bruxelles, août 2006.
–, « L'Association des Frères musulmans, chronique d'une barbarie annoncée », note d'analyse pour l'ESISC (European Security Intelligence and Strategy Center), Bruxelles, mars 2006.
–, « "How?" or "Why?", two key questions in rethinking homeland security », in *Changing Identities – Evolving Values*, ouvrage collectif sous la direction d'Esther Brimmer, Center for Transatlantic Relations, SAIS, Johns Hopkins University, 2006, Washington DC.
–, « La violence islamiste est-elle soluble dans le judiciaire ? », contribution au bulletin novembre 2004 de l'Union syndicale des magistrats, février 2005, Paris.
–, « Terrorismes islamistes, la religion en otage », in *Questions internationales*, n° 8, La Documentation française, juillet 2004, Paris.
–, « Violence islamique et réseaux du terrorisme international », in *Politique étrangère*, n° 3-4/2003, revue de l'IFRI, décembre 2003, Paris.
–, « L'Islam confisqué », in *Moyen-Orient : médiations, migrations, démocratisations*, sous la direction de R. Bocco et M.R. Djalili, Paris, PUF, mai 1994.
–, « Syria : The impact of wielding power on Alawi cohesiveness », in *Daily report supplement of the FBIS*, University of Michigan (Detroit), Octobre 1995.
Pierre Clastres, *La Société contre l'Etat*, Paris, Minuit, 1974.
Bill Clinton, *Ma vie*, Paris, Odile Jacob, 2004.
John K. Cooley, *CIA et jihad, 1950-2001*, Paris, Autrement, 2002.
Charles Corm, *6000 ans de génie pacifique au service de l'humanité,* Editions de la revue phénicienne, 1949.
Georges Corm, *Histoire du pluralisme religieux dans le bassin méditerranéen*, Librairie orientaliste Paul Geuthner, 1998.
–, *La Méditerranée, espace de conflit, espace de rêve*, Paris, L'Harmattan, 2002.
–, *Orient-Occident, la fracture imaginaire*, Paris, La Découverte, 2002.

–, *La Question religieuse au* XXIe *siècle*, Paris, La Découverte, 2006.
–, *L'Europe et le mythe de l'Occident. La construction d'une histoire*, Paris, La Découverte, 2009.
Uri Dan, *Mossad, 50 ans de guerre secrète*, Paris, Les Presses de la Cité, 1995.
Mahmoud Darwich, *Etat de siège*, Arles, Actes Sud, 2004.
Moshe Dayan, *Histoire de ma vie*, Paris, Fayard, 1970.
Luc Debieuvre, *A Safer World ?*, South Street Press/Garnet Publishing, 2006.
Régis Debray, *A un ami israélien*, Paris, Flammarion, 2010.
Hichem Djaït, *La Grande Discorde. Religion et politique dans l'Islam des origines*, Paris, Gallimard, 1989.
Jean Duvignaud, *L'Anomie. Hérésie et subversion*, Paris, Anthropos, 1973.
Bernard Eck (dir.), *Le Massacre, objet d'histoire*, Paris, Gallimard, 2005.
Dominique Eddé, *Pourquoi il fait si sombre ?*, Paris, Le Seuil, 1999.
Rachid El-Daïf, *Passage au crépuscule*, Arles, Actes Sud, 1992.
Jean-Michel Foulquier, *Arabie Saoudite, la dictature protégée*, Paris, Albin Michel, 1995.
Alain Gresh et Dominique Vidal, *Les 100 portes du Proche-Orient*, Paris, Autrement, 1998.
Joseph Henrotin (dir.), *Au risque du chaos. Leçons politiques et stratégiques de la guerre d'Irak*, Paris, Armand Colin, 2004.
Seymour Hersh, *Chain of command*, Penguin Books Ltd, 2005.
Fereydoun Hoveyda, *Que veulent les Arabes ?*, Paris, éditions First, 1991.
Gilles Kepel, *Le Prophète et le Pharaon*, Paris, Le Seuil, 1993.
Rashid Khalidi, *Palestine. Histoire d'un Etat introuvable*, Arles, Actes Sud, 2007.
Henry Kissinger, *Les Années de renouveau*, Paris, Fayard, 2000.
Stéphane Lacroix, *Les Islamistes saoudiens. Une insurrection manquée*, Paris, PUF, 2010.
Henry Laurens, *Le Grand Jeu. Orient arabe et rivalités internationales*, Paris, Armand Colin, 1991.
Jean Lartéguy, *Dieu, l'or et le sang*, Paris, Editions Paris Match/Presses de la Cité, 1980.
Léon Lehureaux, *Sur les pistes du désert*, Paris, Librairie Plon, 1928.
Laurence Louër, *Chi'isme et politique au Moyen-Orient*, Paris, Perrin, 2010.
Camille Mansour, *Israël et les Etats-Unis, ou les fondements d'une doctrine stratégique*, Paris, Armand Colin, 1995.
John J. Mearsheimer et Stephen M. Walt, *Le Lobby pro-israélien et la politique étrangère américaine*, Paris, La Découverte, 2007.
Benny Morris, *Victimes. Histoire revisitée du conflit arabo-sioniste*, Paris, Complexe/CNRS, 1999.
John Julius Norwich, *Histoire de la Méditerranée*, Paris, Perrin, 2008.
Victor Ostrovsky et Hoy Claire, *Mossad, un agent des services secrets israéliens parle*, Paris, Les Presses de la Cité, 1990.

Karim Pakradouni, *Le Piège. De la malédiction libanaise à la guerre du Golfe,* Paris, éditions FMA/Grasset, 1991.
Ilan Pappe, *The Ethnic Cleansing of Palestine,* Oneworld Publications Limited, 2006.
Pierre Péan et Richard Labévière, *Bethléem en Palestine,* Paris, Fayard, 1999.
Pierre Péan, *Le Monde selon K.*, Paris, Fayard, 2009.
Avi Primor, *Le Triangle des passions. Paris, Jérusalem, Berlin,* Paris, Bayard, 2000.
Pierre Razoux, *Tsahal. Nouvelle histoire de l'armée israélienne,* Paris, Perrin, 2006.
Myriam Revault d'Allonnes, *Pourquoi nous n'aimons pas la démocratie,* Paris, Le Seuil, 2010.
Bernard Rougier, *Qu'est-ce que le salafisme ?*, Paris, PUF, 2008.
Edward Saïd, *Orientalism,* New York, Random House, 1978.
Philippe de Saint-Robert, *Le Jeu de la France,* Paris, Juliiard, 1967.
Ghassan Salamé, *Quand l'Amérique refait le monde,* Paris, Fayard, 2005.
Shlomo Sand, *Comment le peuple juif fut inventé,* Paris, Fayard, 2008.
Eric Sarner (dir.), *Villes en guerre,* Paris, Autrement, 1986.
Patrick Seale, *La Lutte pour l'indépendance arabe. Riad el-Solh et la naissance du Moyen-Orient moderne,* Paris, Fayard, 2010.
Tom Seguev, *1967. Israel, the War and the Year that transformed the Middle East,* Metropolitan Books, 1977.
Desmond Seward, *Les Chevaliers de Dieu. Les ordres religieux militaires du Moyen Age à nos jours,* Paris, Perrin, 2008.
Walter Scott, *Richard en Palestine,* Paris, Jouvet et Cie, Garnier Frères, libraires-éditeurs, 1913.
Bouthaina Shaaban, *Arab Women talk about their Lives,* First Midland Book Editions, 1991.
Yitzhak Shamir, *Ma vie pour Israël. Mémoires de combat,* Paris, Ramsay, 2000.
Moshe Sharett, *Journal,* Tel-Aviv, Editions Maariv, 1978, 8 vol.
Jean Soler, *La Violence monothéiste,* Paris, Editions de Fallois, 2009.
Gordon Thomas, *Histoire secrète du Mossad, de 1951 à nos jours,* Paris, Nouveau Monde éditions, 2006.
–, *Les Armes secrètes de la CIA. Tortures, manipulations et armes chimiques,* Paris, Nouveau Monde éditions, 2006.
Sun Tzu, *L'Art de la guerre,* Paris, Flammarion, 1972.
Jean-Pierre Valognes, *Vie et mort des chrétiens d'Orient, des origines à nos jours,* Paris, Fayard, 1994.
Dominique Vidal et Joseph Algazy, *Le Péché originel d'Israël. L'expulsion des Palestiniens revisitée par les « nouveaux historiens » israéliens,* Paris, L'Atelier, 2001.
Stéphane Yerasimos, *Questions d'Orient, frontières et minorités, des Balkans au Caucase,* Paris, La Découverte, 1993.
Jean Ziegler, *La Haine de l'Occident,* Paris, Albin Michel, 2008.

Ouvrages sur la Syrie

Général Andréa, *La Révolte druze et l'insurrection de Damas, 1925-1926*, Paris, Payot, 1937.

Fabrice Balanche, *La Région alaouite et le pouvoir syrien*, Paris, Karthala, 2006.

Hanna Batatu, *Syria's Peasantry, the Descendants of Its Lesser Rural Notables, and Their Politics*, Princeton University Press, 1999.

Anne-Marie Bianquis, *Damas. Miroir brisé d'un Orient arabe*, Paris, Autrement, 1993.

Lenka Bokova, *La Confrontation franco-syrienne à l'époque du mandat (1925-1927)*, Paris, L'Harmattan, 1990.

Lucien Bitterlin, *Hafez al-Assad. Le parcours d'un combattant*, Les éditions du Jaguar, 1986.

Vincent Cloarec, *La France et la question de Syrie (1914-1918)*, Paris, CNRS-éditions, 2002.

Helena Cobban, *The Israeli-Syrian Talks (1991-1996) and Beyond*, United States Institute of Peace Press, 1999.

Marwa Daoudy, *Le Partage des eaux entre la Syrie, la Turquie et l'Irak. Négociation, sécurité et asymétrie des pouvoirs*, Paris, CNRS-Editions, 2005.

Gérard Degeorges, *Damas, des Ottomans à nos jours*, Paris, L'Harmattan, 1977.

Laurence Deonna, *Syriennes, Syriens (1992-1994)*, Paris, éditions Zoé, 1995.

Caroline, Donati, *L'Exception syrienne. Entre modernisation et résistance*, Paris, La Découverte, 2009.

Alan George, *Syria : Neither Bred nor Freedom*, Zed Books, 2003.

Derek Hopwood, *Syria 1945-1986. Politics and Society*, Londres, Unwin Hyman, 1988.

Daniel Le Gac, *La Syrie du général Assad*, Bruxelles, Complexe, 1991.

Barah Mikaïl, *La Syrie en cinquante mots clés*, Paris, L'Harmattan, 2009.

Alice Poulleau, *Damas sous les bombes. Journal d'une Française pendant la révolte syrienne (1924-1926)*, Bretteville frères, imprimeurs (rue de la République, Yvetot), 1927.

Edmond Rabbath, *Unité syrienne et devenir arabe*, Paris, Librairie Marcel Rivière et Cie, 1937.

Philippe Rondot, *La Syrie*, Paris, PUF, 1978.

Patrick Seale, *The Struggle for Syria*, Oxford University Press, 1965.

–, *Assad of Syria : The Struggle for the Middle East*, Londres, I.B. Tauris & Co. Ltd, 1988.

Ghassan Shami, *In the Lands of Mar Maron*, Al-Fanar, 2010.

Jean et Jérôme Tharaud, *Alerte en Syrie !*, Paris, Librairie Plon, 1937.

Pierre Vallaud et Xavier Baron, *Atlas géostratégique du Proche et du Moyen-Orient*, Beyrouth, Presses de l'université Saint-Joseph, 2009.

Stéphane Valter, *La Construction nationale syrienne*, Paris, CNRS-Editions, 2002.

Nikolaos Van Dam, *The Struggle for Power in Syria. Politics and Society under Assad and Ba'th Party,* Londres, Tauris Publishers, 1996.

Constantin-François Volney, *Voyage en Egypte et en Syrie*, Paris, Mouton et Cie, 1959.

Eyal Zisser, *Commanding Syri. Bashar A-Assad and the First Years in Power*, Londres, I.B. Tauris, 2007.

Ouvrages sur le Liban

Selim Abou, *Liban déraciné. Immigrés dans l'autre Amérique*, Paris, Plon, « Terre humaine », 1978.

–, *Béchir Gémayel ou l'esprit d'un peuple*, Paris, Anthropos, 1984.

Joseph Abou Khalil, *Les Maronites dans la guerre du Liban*, Beyrouth, EDIFRA, 1992.

Denise Ammoun, *Histoire du Liban contemporain* (tomes I et II), Paris, Fayard, 2004.

Général Aoun (entretiens avec Frédéric Domont), *Une certaine vision du Liban*, Paris, Fayard, 2007.

Roger J. Azzam, *Liban, l'instruction du crime. Trente ans de guerre*, Editions Cheminements, 2005.

Ahmad Beydoun, *Le Liban. Itinéraires dans une guerre incivile*, Paris, Editions Karthala/CERMOC, 1993.

Nicholas Blanford, *Killing Mr Lebanon*, Londres, I.B. Tauris, 2006.

Henry Bordeaux, *Yamilé sous les cèdres*, Paris, Plon, 1923.

Camille Chamoun, *Crise au Moyen-Orient*, Paris, Gallimard, 1963.

Walid Charara et Frédéric Domont, *Le Hezbollah, un mouvement islamo-nationaliste*, Paris, Fayard, 2004.

Michel Chebli, *Une histoire du Liban à l'époque des émirs (1635-1841)*, éditions de Beyrouth, 1955.

Georges Corm, *Le Liban contemporain. Histoire et société*, Paris, La Découverte, 2003.

Franck Debié et Pieter Danuta, avec la collaboration d'Eric Verdeil, *La Paix et la crise : le Liban reconstruit ?*, Paris, PUF, 2003.

Boutros Dib (dir.), *Histoire du Liban. Des origines au* XXe *siècle*, Paris, éditions Philippe Rey, 2006.

Pierre Dufour, *La France au Levant. Des croisades à nos jours*, Paris, Pygmalion, 2001.

Nathalie Duplan et Valérie Raulin, *Le Cèdre et la croix. Jocelyne Khoueiry, une femme de combat*, Paris, Presses de la Renaissance, 2005.

Henri Eddé, *Le Liban d'où je viens*, Paris, Buchet-Chastel, 1997.

Rachid El-Daïf, *Learning english*, Arles, Actes Sud, 1998.

Georges Farchakh, *Oum Farès, une mère dans la tourmente libanaise*, Paris, Publisud, 1995.

–, *Sleimane Frangieh 1992-2002*, Editions Bissan, 2004.

Ali Fayyad, *Fragile States. Dilemmas of Stability in Lebanon and the Arab World,* International NGO Training and Research Center, 2008.

Jean Feki et Arnaud de Ficquemont, *Géopolitique du Liban*, Editions Studyrama, 2008.

Amine Gémayel, *L'Offense et le pardon*, Paris, Gallimard, 1988.

Marwan Harb, *Le Chehabisme ou les limites d'une expérience de modernisation politique du Liban* (Prix Samir Kassir 2008).

Paul-Marc Henry, *Les Jardiniers de l'enfer*, Paris, Olivier Orban, 1984.

Bernard Heyberger (dir.), *Chrétiens du monde arabe. Un archipel en terre d'Islam*, Paris, Autrement, 2003.

Hala Jaber, *Hezbollah*, Londres, Fourth Estate, 1997.

Kamal Joumblatt, *Pour le Liban*, Paris, Stock, 1978.

Samir Kassir, *Histoire de Beyrouth*, Paris, Fayard, 1999.

–, *La Guerre du Liban. De la dissension nationale au conflit régional*, Editions Karthala/CERMOC, 1994.

Gérard D. Khoury, *La France et l'Orient arabe, naissance du Liban moderne*, Paris, Armand Colin, 1992.

–, *Une tutelle coloniale. Le mandat français en Syrie et au Liban (Ecrits politiques de Robert de Caix)*, Paris, Belin, 2006.

–, *La France et l'Orient arabe. Naissance du Liban moderne 1914-1929*, Paris, Albin Michel, 2009.

Robert Khouri, *Liban 1860. Chronique des événements*, Editions Daccache, 2003.

Boutros Labaki et Khalil Abou Rjeily, *Bilan des guerres du Liban, 1975-1990*, Paris, L'Harmattan, 1993.

Annie Laurent et Antoine Basbous, *Guerres secrètes au Liban*, Paris, Gallimard, 1987.

Amin Maalouf, *Le Rocher de Tanios*, Paris, Grasset, 1993.

Alain Ménargues, *Les Larmes de la colère*, Paris, Presses de la Cité, 1991.

–, *Les Secrets de la guerre du Liban. Du coup d'Etat de Bachir Gémayel aux massacres des camps palestiniens*, Paris, Albin Michel, 2004.

Patrick Meney, *Même les tueurs ont une mère*, Paris, La Table ronde, 1986.

Franck Mermier et Elisabeth Picard (dir.), *Liban, une guerre de 33 jours*, Paris, La Découverte, 2007.

Franck Mermier et Christophe Varin (dir.), *Mémoires de guerres au Liban (1975-1990)*, Arles, Actes Sud, 2010.

Sabrina Mervin (dir.), *Le Hezbollah, état des lieux*, Arles, Actes Sud, 2008.

René Naba, *Rafic Hariri, un homme d'affaires Premier ministre*, Paris, L'Harmattan, 1999.

Alexandre Najjar, *L'Ecole de la guerre*, Paris, Balland, 1999.

Nahida Nakad, *A la recherche du Liban perdu*, Paris, Calmann-Lévy, 2008.

Kovacs Nassif Tar, *Les Rumeurs dans la guerre du Liban. Les mots de la violence*, Paris, CNRS-éditions, 1998.

Barbara Newman, *The Covenant. Love and Death in Beyrouth*, New York, Crown Publishers, INC, 1989.

Karim Pakradouni, *La Paix manquée. Le mandat d'Elias Sarkis (1976-1982)*, Editions FMA, 1984.

Pierre Pinta, *Introduction au Liban, le Pays des cèdres*, Editions Olizane, 1994.

Na'ïm Qâssem, *Le Hezbollah, la voie, l'expérience, l'avenir*, Editions Abouraq, 2008.
Jonathan Randal, *La Guerre de mille ans. Jusqu'au dernier chrétien, jusqu'au dernier marchand, la tragédie du Liban*, Paris, Grasset, 1984.
René Ristelhueber, *Traditions françaises au Liban*, Paris, Librairie Félix Alcan, 1918.
Bernard Rougier, *Le jihad au quotidien*, Paris, PUF, 2004.
Kamal Salibi, *Une maison aux nombreuses demeures. L'identité libanaise dans le creuset de l'histoire*, Editions Naufal, 1989.
–, *Histoire du Liban du* XVIIe *siècle à nos jours*, Editions Naufal, 1998.
Albert Sara, *Liban, survol de trente années tragiques*, Bruxelles, Foyer oriental chrétien, 2002.
Régina Sneifer, *Guerres maronites, 1975-1990*, Paris, L'Harmattan, 1995.
–, *J'ai déposé les armes. Une femme dans la guerre du Liban*, Paris, L'Atelier, 2006.
Bendiab Taleb, *Le Liban à la veille de la guerre civile. Journal d'un ambassadeur 1967-1970*, Casbah-Editions, 2007.
Toufic Touma, *Paysans et institutions féodales chez les Druzes et les Maronites du Liban, du* XVIIe *siècle à 1914* (tomes I et II), Beyrouth, Publications de l'université libanaise, 1986.
Ghassan Tuéni, *Une guerre pour les autres*, Paris, JC Lattès, 1995.
Eric Verdeil, Ghaleb Faour et Sébastien Velut, *Atlas du Liban*, Institut français du Proche-Orient (IFPO), 2007.
Massoud Younes, *Ces morts qui nous tuent. La vengeance du sang dans la société libanaise contemporaine*, éditions Almassar, 1999.

Articles divers

A Clean Break : A New Strategy for Securing the Realm, Institute for Advanced Strategic and Political Studies, 8 juillet 1996.
Al-Qaïda dans le texte, présenté par Gilles Kepel, Paris, PUF, 2005.
Charte du parti Ba'ath arabe socialiste, www.baath-party.org/old/constitution2.htm.
Coping with Crumbling States : A Western and Israeli Balance-of-Power Strategy for the Levant, Institute for Advanced Strategic and Political Studies, décembre 1996.
FMA/*Les Fiches du monde arabe*, Lucien George.
Géostratégiques n° 22 : *La géostratégie au «Grand Moyen-Orient»*, Publication trimestrielle de l'Institut d'études stratégiques, février 2009.
Histoire, sociétés et pouvoir aux Proche et Moyen Orient (tomes I et II), Librairie orientaliste Paul Geuthner S.A., 2001.
La France face au terrorisme. Livre blanc du Gouvernement sur la sécurité intérieure face au terrorisme, La Documentation française, 2006.
La pensée de Midi, «Beyrouth XXIe siècle», n° 20, mars 2007, Arles, Actes Sud.
La Nouvelle Société libanaise dans la perception des Fa'aliyat (Decision

Makers) des communautés chrétiennes (tomes I, II et III), Bibliothèque de l'université Saint-Esprit, Kaslik, Liban, 1984.

Revue d'études palestiniennes, n° 5, automne 1982.

Revue d'études palestiniennes, n° 85, automne 2002.

Les Cahiers de l'Orient, « Les paradoxes libanais », n° 52, 4e trimestre 1998.

Les Cahiers de l'Orient, « Liban, Syrie/Israël. Entre le conflit et l'entente », n° 11, 3e trimestre 1988.

Les Temps Modernes, « Le conflit israélo-arabe » (dossier), n° 253, 1967.

L'Histoire, « Rome et les barbares », n° 327, janvier 2008.

L'Irak assiégé, les conséquences mortelles de la guerre et des sanctions, éditions Parangon, 2003.

L'Orient-Le Jour (numéro spécial), « Identité, pluralisme, Etat de droit. L'avenir en points d'interrogation », mars 2007.

L'Orient-Le Jour (numéro spécial), « Réinventer le Liban », mars 2008.

Rebuilding America's Defences, Strategy, Forces and Resources for a New Century. A Report of The Project for The New American Century, septembre 2000.

« Reconstruire Beyrouth. Les paris sur le possible », sous la direction de Nabil Beyhum, *Etudes sur le monde arabe*, n° 5, Maison de l'Orient, 1991.

Revue du monde musulman et de la Méditerranée, « Etat moderne, nationalismes et islamismes », Edisud, n° 68-69, juin 1994.

Revue *Maghreb/Machrek*, « Liban, la montée des périls », n° 192, été 2007, éditions Choiseul.

Revue *Maghreb/Machrek*, « La Syrie, ouverture ? », n° 203, printemps 2010, éditions Choiseul.

Table

La photocomposition de cet ouvrage
a été réalisée par
GRAPHIC HAINAUT
59163 Condé-sur-l'Escaut

Cet ouvrage a été imprimé en France
par CPI Bussière
à Saint-Amand-Montrond (Cher)
en décembre 2010

N° d'édition : 2687. – N° d'impression : 103581/1.
Dépôt légal : janvier 2011.